代表作

张明楷代表作

张明楷 著

犯罪论的基本问题

法律出版社
——北京

张明楷　1959年生，湖北仙桃人。1982年毕业于湖北财经学院（现中南财经政法大学）法律系。曾是日本东京大学客员研究员、日本东京都立大学客员研究教授、德国波恩大学高级访问学者和中南政法学院（现中南财经政法大学）教授。现为清华大学法学院教授、博士生导师，中国人权研究会常务理事、中国刑法学研究会副会长、中国警察法学研究会副会长。独著《犯罪论原理》（武汉大学出版社1991年版）、《刑事责任论》（中国政法大学出版社1992年版）、《刑法的基础观念》（中国检察出版社1995年版）、《市场经济下的经济犯罪与对策》（中国检察出版社1995年版）、《刑法学》（法律出版社1997年第1版、2003年第2版、2007年第3版、2011年第4版、2016年第5版）、《未遂犯论》（法律出版社·成文堂1997年联合出版）、《刑法格言的展开》（法律出版社1999年第1版、2003年第2版、北京大学出版社2013年第3版）、《外国刑法纲要》（清华大学出版社1999年第1版、2007年第2版）、《刑法学（教学参考书）》（法律出版社1999年版）、《法益初论》（中国政法大学出版社2000年第1版、2003年修订版）、《全国律师资格考试指定用书·刑法》（法律出版社2001年版）、《刑法的基本立场》（中国法制出版社2002年版）、《刑法分则的解释原理》（中国人民大学出版社2004年第1版、2011年第2版）、《全国高等教育自学考试指定教材·刑法学》（北京大学出版社2006年第1版、2014年新版）、《诈骗罪与金融诈骗罪研究》（清华大学出版社2006年版）、《刑法学教程》（北京大学出版社2007年第1版、2010年第2版、2011年第3版）、《罪刑法定与刑法解释》（北京大学出版社2009年版）、《犯罪构成体系与构成要件要素》（北京大学出版社2010年版）、《刑法原理与实务》（北京大学出版社2010年版）、《刑法原理》（商务印书馆2011年版）、《行为无价值论与结果无价值论》（北京大学出版社2012年版）；《刑法的私塾》（北京大学出版社2014年版）、《责任刑与预防刑》（北京大学出版社2015年版）；译《日本刑法典》（法律出版社1998年第1版、2006年第2版）；在《中国社会科学》《法学研究》《中国法学》等刊物上发表学术论文四百余篇。

序 言

走上无比喜爱的学术之路后,我就给自己确立了一些规则,其中之一便是不出版论文集(当然,我从来不反对其他学者出版论文集)。确立这一规则是基于以下三点想法:第一,既然论文已经公开发表,读者就可以找到论文,出版论文集对读者的意义不大;第二,由于各种原因,收入论文集的论文可能已经不合时宜,如若修改,似乎又不是论文集;第三,许多论文是作为著作(项目)的前期成果发表的,后来已经融入相关著作中,出版论文集会形成重复发表。因为存在以上想法,所以,即使在清华大学法学院院庆二十周年出版"清华法学文丛",要求每位老师编辑一本代表自己学术水平的论文集时,我也没有参与其中。

但是,法律出版社的吴昉编辑近年来反复劝说我出版一部"代表作",我原本一直深闭固拒或者推三宕四,但吴昉编辑实在过于执着,可谓百折不挠,真让人盛情难却,终促成本文集出版。遵守规则真难!好在规则总有例外。

确定出版文集后,首先遇到的问题是如何筛选论文。如若在整个刑法学领域筛选已发表的论文,定会导致文集内容杂乱无章,于是我将选择范围限定在犯罪论领域。因为犯罪论是我国刑法理论近几年来争论最大的领域,选择这一领域的论文,或许还有一点学术价值与实践意义。由于篇幅有限,本文集只收录了以下十三篇论文。

《犯罪论体系的支柱》一文是针对我国传统的四要件理论体系撰写的论文。传统的四要件体系虽然强调犯罪的本质特征是社会危害性,但对犯罪实体的认识仅停留在"客观"与"主观"两个概念上,并且采取了主观的违法性论,也没有区分违法与责任(如犯罪主体要件中既有违法要素,也有责任要素),导致诸多问题不能解决或难以自圆其说。例如,主客观相统一的四要件体系,不能区分违法阻却事由与责任阻却事由;主观的违法性论,不能说明作为正当防卫对象的“不法侵害”的内涵与外延,不能妥当处理共同犯罪的相关问题。犯罪论体系应当以价值或目的作为出发点,从而体现评价;以违法(不法)与责任为支柱构建犯罪论体系,具有充分根据与内在合理性。责任是对符合构成要件且违法的不法事实的责任,只有客观地判断了行为是否具备构成要件符合与违法性后,才能进一步判断行为人是否具有责任,而不能相反。很多司法人员在分析案件时,一张口就讲行为人具有故意、过失或者非法占有目的等,一些辩护人也是一开口就讲行为人没有故意、过失与非法占有目的。这是没有正确处理违法与责任的关系所致。该文所强调的是,犯罪的实质是违法与责任,所以,认定为犯罪要从违法到责任。在实行罪刑法定原则的时代,并不是任何违法行为都构成犯罪,只有当违法行为被刑法类型化为构成要件行为,因而只有当行为符合构成要件且违法时,才有可能构成犯罪。所以,认定犯罪时,首先要判断行为是否符合构成要件,然后判断是否存在阻却违法的事由,最后判断行为人是否具有责任。

《构成要件与量刑规则》一文所讨论的是,如何区分构成要件(尤其是加重构成要件)与量刑规则。构成要件是一个特殊的技术性概念,其中包括普通的构成要件、加重的构成要件与减轻的构成要件。但是,我国刑法理论与司法实践一直没有区分加重的构成要件与量刑规则,因而导致犯罪形态的认定与量刑出现偏差。例如,最高人民法院、最高人民检察院 2013 年 4月 2 日《关于办理盗窃刑事案件适用法律若干问题的解释》第 12 条第 2 款规定:“盗窃既有既遂,又有未遂,分别达到不同量刑幅度的,依照处罚较重的规定处罚;达到同一量刑幅度的,以盗窃罪既遂处罚。”倘若数额特别巨大的数额起点为 40 万元,那么,对盗窃 39 万元既遂的行为人适用的是“三年以上十年以下有期徒刑”的法定刑,而对盗窃 40 万元未遂的行为人适用的是“十年以上有期徒刑或者无期徒刑”的法定刑。这显然不当。之所以形成这种局面,就是因为司法解释没有区分加重构成要件与量刑规则。刑法分则条文单纯以情节(特别)严重(恶劣)、数额(特别)巨大、首要分子、多次、违法所得数额巨大、犯罪行为孳生之物数量(数额)巨大作为法定刑升格条件时,只能视为量刑规则。刑法分则条文因为行为、对象等构成要件要素的特殊性使行为类型发生变化,进而导致违法性增加,并加重法定刑时,才属于加重的构成要件。加重的构成要件存在未遂犯,量刑规则不存在未遂犯。例如,一个人还没有成为首要分子时,就不能认定为首要分子的未遂;一个人的犯罪情节并不严重时,不能认定为情节严重的未遂;同样,一个人的犯罪数额没有达到巨大时,就不能认定为数额巨大的未遂。

《不作为犯的先前行为》一文所讨论的是,先前行为能否成为不作为犯中的作为义务的来源,以及先前行为成为作为义务来源的条件。该文的基本观点是,应当以形式考察与实质考察相结合的方法,探讨不作为犯的作为义务的发生根据。仅肯定先前行为是作为义务的发生根据,或者完全否定先前行为是作为义务的发生根据,都不妥当。但是,如果不对先前行为进行实质的限定,就会无限扩大不作为犯的处罚范围。由于先前行为原本就是一种形式的法义务(不作为犯的行为主体就是实施了先前行为的人),所以,只要对先前行为进行实质的限定,使先前行为同时具备实质的法义务根据,一定的先前行为就能成为作为义务的发生根据。在我国,要求不作为与作为具有等价性,只是意味着不作为必须符合刑法规定的构成要件。在作为犯的场合,作为方式的杀人是死亡的原因,行为人支配了这一原因。因此,要认定不作为成立杀人罪,也要求行为人支配了死亡的原因。就此而言,将实质的法义务限定为对结果原因的支配,是正当的、可取的。问题在于,在行为人实施了危险的先前行为时,不防止实害结果发生的行为是否属于对结果原因的支配。该文持肯定回答。具体而言,具备下列条件的先前行为,能够成为不作为犯的作为义务的发生根据:第一,先前行为对刑法所保护的具体法益造成了危险。第二,危险明显增大,如果不采取积极措施,危险就会立即现实化为实害。第三,行为人对危险向实害发生的原因具有支配性,亦即,在当时的情况下,先前行为人是最应当防止实害结果的发生的人。不作为、具备违法阻却事由的行为、过失犯罪行为与故意犯罪行为,均可能成为产生作为义务的先前行为。危险的先前行为不仅是不真正不作为犯的义务来源,而且也是非典型的真正不作为犯的义务来源。

《因果关系与结果归属》一文是针对周光权和刘艳红两位教授关于客观归责理论的观点所撰写的一篇商榷性论文。刘艳红教授不赞成引入德国的客观归责理论,周光权教授撰写论文与刘艳红教授商榷,该文则同时与两位教授商榷。该文的基本观点如下:新康德主义是客观归责理论得以形成的理论基础;杀人、伤害等罪的实行行为缺乏定型性以及条件说的无限溯及,是形成客观归责理论的基本原因;客观归责理论以法益保护为导向,与结果无价值论并不矛盾。客观归责理论不是事实的因果关系理论,而是以事实的因果关系为前提的规范评价理论,也是构成要件理论。客观归责理论可以克服单纯采用条件说所形成的缺陷,能够从存在论到规范论进行类型化判断,但也有不能令人满意之处。例如,客观归责理论将所有限缩客观构成要件的问题都当作结果归责来处理,而且没有分别讨论构成要件要素。在我国,应当强调构成要件符合性概念以及各个要素的重要性,并应保留实行行为概念,故不能直接照搬德国的客观归责理论。但是,在构成要件部分维持实行行为、行为对象、结果、因果关系的基本构架下,应当充分借鉴客观归责理论的具体内容:"实行行为"部分,应当借鉴制造不允许的危险的全部具体内容,以及危险实现与构成要件的效力范围的部分内容;"结果"部分,应当采取规范判断的立场;"因果关系"部分,应当借鉴危险实现的基本内容,将现行的因果关系分为事实的因果关系与结果归属两部分,分别进行事实判断与规范判断。

《行为功利主义违法观》一文是将伦理学运用到违法性领域的论文。2010年3月20日下午,我在中国法学创新讲坛(第3期)做了题为"行为功利主义刑法观"的演讲。之后,我对演讲稿标题与内容进行了修改,形成了本文。行为功利主义与规则功利义是功利主义的两种立场,其中,行为功利主义与结果无价值论完全一致,规则功利主义则与行为无价值论中的法规范违反说相一致。规则功利主义虽然也是相当有力的学说,但其地位十分尴尬,缺乏内在一致的理论体系。如果规则功利主义者强调,经验证明违反某些规则通常造成恶的结果时,人们就无论如何都必须遵守这些规则,便成为义务论者;如果规则功利主义否认自己是义务论者,时时刻刻用行为的结果来辩护规则,那么,它便转向了行为功利主义。之所以如此,是因为当规则与功利(最终结果)有冲突时,规则功利主义要么违反规则追求好的结果,要么维护规则舍弃好的结果。我比较喜欢并经常阅读伦理学方面的论著,感觉行为功利主义为自己所持的结果无价值论的立场提供了哲学依据。该文的基本观点如下:刑法绝对排斥对正当行为的处罚;因此,如何评价行为正当与否,就成为刑法领域特别重要的问题。评价行为正当与否,应当采取行为功利主义,因而应当采取结果无价值论;在两种法益存在冲突的情况下,应当通过法益的衡量,判断行为正当与否;符合构成要件的行为,即使违反了某种规则,但只要保护了更为优越或者同等的法益,就成为正当化事由(在业务过失领域,符合规则的行为不可能成为符合构在要件的行为,例如,符合交通运输管理法规的行为,不可能成为符合交通肇事罪构成要件的行为);当然,侵害了法益的行为,如果不符合构成要件,或者虽然符合构成要件但缺乏有责性(行为人在行为时遵守规则的,难以认定其有故意和过失),就不能以犯罪论处。行为正当与否与行为人应否受谴责不是同一问题,因此,刑法理论必须严格区分违法与有责。

《偶然防卫的基本性质》一文所讨论的偶然防卫现象虽然十分罕见,但对偶然防卫的看法却标志着论者是结果无价值论者还是行为无价值论者。所以,讨论偶然防卫具有重要的理论价值。行为无价值论的既遂说认为,偶然防卫成立故意犯罪既遂,但这实际上是主观主义的观点,其理由存在缺陷。行为无价值论(二元论)的未遂说认为,偶然防卫时,行为人造成的结果是法律所允许的,故不存在结果无价值,但由于行为人出于犯罪故意实施了构成要件行为,存在行为无价值,因而应以未遂犯论处。但是,这一观点形成了“偶然防卫虽然违法但在行为当时必须允许”、“偶然防卫在行为当时应当允许但事后应当受到处罚”等诸多无法克服的矛盾现象,所以也不可取。结果无价值论的未遂论认为,正当防卫的成立不以防卫人具有防卫意识为前提,但偶然防卫没有造成法益侵害结果只是一种偶然,就像其他未遂犯没有造成法益侵害结果只是一种偶然一样,由于仍然存在侵害法益的危险,故应认定为未遂犯。然而,这一观点忽视了偶然防卫的危险判断与一般故意行为的危险判断的区别,其结论存在疑问。况且,既然认为正当防卫的成立不以防卫人具有防卫意识为前提,那么,偶然防卫就完全符合了正当防卫的成立条件;既然行为完全符合正当防卫的成立条件,就不应以行为具有危险为由认定为未遂犯。结果无价值论的二分说认为,紧急救助型的偶然防卫属于正当防卫,自己防卫型的偶然防卫成立犯罪未遂。这一观点的确有一定的合理之处,也可能符合一般人的法感情,但是,本文对此持不同看法。因为这种观点实际上认为,保护了第三者法益的偶然防卫不成立犯罪,但保护了自己法益的偶然防卫则成立犯罪未遂。这多多少少将伦理的判断纳入了刑法领域。结果无价值论（防卫意识不要说）的无罪说认为，防卫意识不是正当防卫的成立条件，而且，偶然防卫保护了优越的法益，故不成立犯罪。该文即持结果无价值论的无罪论。当然，无罪说仅限于偶然防卫人的行为与故意针对客观上的不法侵害者而言。如果偶然防卫人的行为与故意是针对无辜者，而偶然造成不法侵害者伤亡时，则是需要另外讨论的问题。例如，逃犯甲、乙均持枪瞄准追逃的警察丙开枪射击，但甲的子弹射中了乙。在这种情况下，虽然甲对乙的行为属于偶然防卫，不成立犯罪，但由于甲是瞄准警察丙开枪的，其行为具有杀害警察丙的危险性，因而，对丙成立故意杀人未遂。此外，说偶然防卫无罪，只是就偶然防卫行为本身而言。所以，并不排除偶然防卫之前的行为成立犯罪预备。显然，得出上述结论没有任何矛盾。

《危险接受的基本法理》一文所讨论的问题在我国还没有展开深入研究。在德国、日本等国，刑法理论的主流观点似乎是，对危险接受的各种情形均不应以犯罪论处，但理由五花八门，因此，危险接受究竟属于哪一领域的问题，也存在争议。另外，在我国的司法实践中，对危险接受则几乎没有例外地均以犯罪论处。该文采取了折中的立场。根据是自己侵害还是他者侵害这一标准，危险接受分为两种情形：被害人自己支配实害结果发生的，被告人的行为属于自己危险化的参与；被告人的行为支配了实害结果发生的，则是基于合意的他者危险化。被害人承诺、规范的保护范围、被害人自我答责、被害人信条学、行为的危险性否定说等理论，均不能妥当说明危险接受的法理。其中几乎占据通说地位的被害人自我答责的理论，为了得出无罪结论所提出的各种具体条件，缺乏妥当根据；而且，被害人自我答责与被害人承诺是基于相同的理论根基——被害人的自我决定权，既然对基于合意的他者危险化不能通过被害人承诺排除不法，就没有根据通过基于相同理论根基的自我答责性原则来排除不法。在自己危险化的参与的场合，应当运用共犯从属性的原理，认定被害人支配实害结果发生的行为并不符合任何犯罪的构成要件，故参与者（被告人）的行为不可能成立犯罪。对被告人与被害人共同导致实害结果发生的情形，也应当视为自己危险化的参与，否认被告人的行为成立犯罪。在基于合意的他者危险化的场合，被告人支配实害结果发生的行为，符合过失犯的构成要件且不具有违法阻却事由，原则上并不排除犯罪的成立；但是，如果能够认定被害人对被告人实施强制行为,或者具有优越的知识,支配了因果发生进程,对实害结果的发生处于间接正犯的地位,则被告人的行为不成立犯罪。

《罪过形式的确定标准》一文所讨论的问题是,如何确定刑法分则所规定的犯罪是故意犯罪还是过失犯罪。故意与过失是两种罪过(责任)形式。刑法第 14 条第 2 款规定:“故意犯罪,应当负刑事责任。”第 15 条第 2 款则规定:“过失犯罪,法律有规定的才负刑事责任。”这两款规定既说明了刑法以处罚故意犯罪为原则、以处罚过失犯罪为例外,也说明分则条文没有规定罪过形式的犯罪只能由故意构成,分则条文规定了处罚过失犯罪时,该犯罪才能由过失构成。问题在于,如何理解和判断“法律有规定”?有的学者只是在对相关行为人的心理事实进行分析与归纳,仅仅考虑了行为人通常可能出于何种心理状态实施某种犯罪的客观行为,而没有关注相关犯罪是否属于刑法第 15 条第 2 款所称的“法律有规定”的过失犯罪,也未能提出确定罪过形式的标准与方法。有的学者提出了确定罪过形式的基本方法,即区分条文规定的犯罪是行为犯、危险犯,还是结果犯;行为犯只能是直接故意犯罪;犯罪为危险犯时,则需要比较法定刑;犯罪为结果犯时,应当分析结果与行为人的主观愿意是否矛盾。但是,这种确定罪过形式的方法存在明显的缺陷。该文的基本观点是,确定具体犯罪的罪过形式时,不能以“事实上能否出于过失”的归纳取代“法律有无规定”的判断,而应当充分考虑并贯彻刑法第 15 条第 2 款“过失犯罪,法律有规定的才负刑事责任”的规定。将某种犯罪确定为过失犯罪的法定标准,是法律有文理规定。根据尊重人权主义的原理,对于法益侵害并非严重的行为,不宜确定为过失犯罪;按照责任主义原理,不能出现某种犯罪只能由过失构成而不能由故意构成的局面;依循刑法的谦抑性原理,罪过形式的确定不能以其他法领域规定的过错形式为标准。

《具体方法错误的处理》一文所讨论的是国内外刑法理论争议最激烈的问题之一。如所周知,事实认识错误分为具体的事实认识错误与抽象的事实认识错误。具体的事实认识错误,是指行为人认识的事实与实际发生的事实虽然不一致,但没有超出同一犯罪构成范围的情形(因而也被称为同一犯罪构成内的错误)。刑法理论一般认为,具体的事实错误包括对象错误、方法错误与因果关系的错误。就对象错误与因果关系的错误而言,刑法理论基本上没有争议或者争议不大。对于具体的事实错误,主要存在具体符合说与法定符合说的争论（此外还有行为计划说）。前者认为，行为人所认识的事实与实际发生的事实具体地相一致时，才成立故意的既遂犯；后者主张，行为人所认识的事实与实际发生的事实，只要在犯罪构成范围内是一致的，就成立故意的既遂犯。错误论是故意论的反面。换言之，刑法理论所讨论的事实错误，并非主观方面与客观方面之间存在不一致的所有情形，而是仅限于故意犯的成立与否存在疑问的情形。客观方面发生了某种重大的不法事实（如发生了他人死亡的结果），主观方面对一定的事态具有认识时，主观方面的这种认识能否成为与该客观事实相对应的故意（如杀人罪的故意），才是刑法理论讨论的错误论的问题。显然，认识错误与故意是表里关系，对认识错误的处理旨在解决行为人对发生的结果是否具有故意责任。换言之，对认识错误如何处理与成立故意犯罪要求行为人对不法事实认识到何种程度，是一个问题的正反面。不可否认，法定符合说与具体符合说都存在缺陷，行为计划说也不例外。但我还没有能力提出一种没有缺陷的学说（单纯将两种学说的合理结论拼凑起来所形成的学说，必然缺乏内在的一致性），当下只能在法定符合说与具体符合说之间选择缺陷较小的学说。从我国刑法分则规定的特点来看，选择具体符合说会存在较多的缺陷，而且容易形成理论上的自相矛盾。所以，该文选择了法定符合说。

《期待可能性的法理》一文对国内外有关期待可能性的理论进行了梳理，并提出了自己的看法。在笔者看来，有必要站在非决定论的立场来讨论期待可能性。有关期待可能性的部分观点分歧，缘于在不同意义上使用期待可能性概念。期待可能性理论虽然在德国受到冷落，但这仅限于故意的作为犯的情形，而且有其特定原因。例如，期待可能性理论是规范责任论的当然结论，但德国部分学者采取了功能责任论；期待可能性的基本原理在不同场合以其他概念发挥了不同作用；缺乏期待可能性的情形已基本上被德国刑法明文规定为责任阻却事由；由于社会的充分发展，国民在行为时缺乏期待可能性的情形的确罕见。但是，功能责任论存在明显缺陷，我国当前应当采取规范责任论，使期待可能性理论发挥应有的作用；由于我国刑法仅规定了部分责任阻却事由，所以，缺乏期待可能性既是某些法定的责任阻却事由的根据，也是超法规的责任阻却事由；对于期待可能性的积极错误，宜在期待可能性的判断内部予以解决。另一方面，也不能随意以行为人缺乏期待可能性为由宣告行为无罪；对于刑法应当类型化而还没有类型化的缺乏期待可能性的事由，刑法理论应当予以类型化；在类型化之外，只有在极为特殊的情形下，才可能得出因缺乏期待可能性而无罪的结论。

《中止犯的法律性质》一文讨论的是中止犯的减免处罚的根据问题。中止犯减免处罚的根据直接影响中止犯的成立条件，不管是在德国还是在日本，中止犯的法律性质都是刑法理论必须讨论且存在争论的问题，但德国刑法理论的通说是刑事政策说（刑罚目的说），日本刑法理论的通说则是法律说与政策说相结合的并合说。两国学说之所以不同，重要原因之一是刑法对中止犯的法律后果规定的不同。我国1979年刑法关于中止犯法律后果的规定与日本刑法的规定相同，故我国刑法理论一直借鉴日本的学说，即主流观点采取法律说（违法减少、责任减少）与政策说（金桥理论）的并合说。诚然，与既遂犯相比，中止犯的违法性与有责性明显减少，但是，中止之前的犯罪行为所形成的违法性与有责性不可能因为事后的中止行为而减少，所以，中止犯的违法性与有责性并不轻于未遂犯；金桥理论存在明显的缺陷，其与法律说的并合难以说明中止犯减免处罚的根据。我国刑法第24条规定，对于没有造成损害的中止犯免除处罚，这与德国刑法的规定相同。在我国，应当首先讨论中止犯免除处罚的根据，然后讨论为什么对"造成损害"的中止犯不得免除处罚。该文认为，中止犯免除处罚的根据，在于其违法性与有责性比既遂犯减少，以及行为人的自动中止表明其不具有特殊预防的必要性；对"造成损害"的中止犯减轻处罚，是因为其先前行为形成了轻罪的既遂犯，行为人必须对轻罪的既遂犯承担责任，因而不可能免除处罚。因此，只有当行为符合某种重罪的中止犯的成立条件，同时构成了某种轻罪的既遂犯时，才能认定为中止犯中的"造成损害"；在对"造成损害"的中止犯减轻处罚时，应当考虑与轻罪的法定刑的协调关系。

《共同犯罪的认定方法》一文是针对传统的共同犯罪理论所撰写的论文。我国认定共同犯罪的传统方法，存在不区分不法与责任、不区分正犯与狭义的共犯、不分别考察参与人行为与正犯结果之间的因果性三个特点，这种认定方法导致难以解决诸多复杂案件。例如，15周岁的甲入户盗窃时，请17周岁的乙为其盗窃望风。在乙的帮助下，甲顺利窃取了丙的2

万元现金。按照通说,由于甲没有达到责任年龄,故甲与乙不成立共同犯罪,对乙不能以共犯论处。但是,这种结论不能被人接受(对乙也不可能认定为直接正犯与间接正犯)。再如,甲意欲盗窃他人汽车,让乙提供了用于盗窃汽车的钥匙,但甲在使用乙提供的钥匙时,却不能打开车门。于是,甲用其他方法盗走了汽车。按照传统的认定方法,乙与甲有盗窃的共同故意和共同行为,故成立盗窃罪的共犯,乙对盗窃汽车的结果承担刑事责任。可是,乙虽然对甲盗窃汽车实施了帮助行为,但其帮助行为与甲盗窃汽车既遂的结果之间既没有物理的因果性,也没有心理的因果性,让乙承担盗窃既遂的刑事责任,明显不当。该文提出,认定共同犯罪应当采取相反的方法:第一,共同犯罪是不法形态,认定二人以上的行为是否成立共同犯罪,只是解决二人以上的客观归责问题,或者说,只是认定二人以上的行为是不是造成法益侵害结果(包括危险)的原因;只要认定共同犯罪的成立,就要将法益侵害结果客观归属于参与人(而不论参与人是否具有主观责任)。至于各参与人对归属于他的结果是否承担主观责任,则需要个别的判断,但参与人是否具有责任以及具有何种责任,在共同犯罪中没有任何特殊性。换言之,共同犯罪的特殊性仅存在于不法层面,应当以不法为重心认定共同犯罪;至于其中的责任判断,则与单个人犯罪的责任判断没有区别。第二,正犯是构成要件实现过程中的中心人物。因为犯罪的本质是侵害或者威胁法益,具体表现为对法益造成侵害结果或者危险结果,而支配这种结果发生的人正是正犯。所以,在处理共同犯罪案件时,先确认正犯,在正犯的行为符合构成要件且违法的前提下,判断是否存在教唆犯、帮助犯,就变得相对容易。这是认定共同犯罪的最佳路径,没有必要抽象地讨论共同犯罪的成立条件。易言之,应当以正犯为中心认定共犯;当正犯造成了法益侵害结果(包括危险)时,只要参与人的行为对该结果做出了贡献,就属于不法层面的共犯。第三,由于犯罪有既遂与未遂之分,所以,在共同犯罪案件中,参与人是否为共犯人与参与人应否对法益侵害结果负责是两个不同的问题。共犯的因果性问题,既关系到共犯成立与否,也关系到共犯应在什么范围内承担责任。只有当参与人的行为与正犯结果之间具有因果性时,才承担既遂犯的刑事责任,故共犯的认定应当以因果性为核心。在该文看来,刑法理论与司法实践完全可以淡化“共同犯罪”的概念。换言之,只要以不法为重心、以正犯为中心、以因果性为核心判断数人参与犯罪的案件,那么,首先要在不法层面认定正犯(包括共同正犯),确定了正犯之后,就必须将结果或者危险客观归属于正犯行为;其次,判断哪些参与人的行为与正犯结果之间具有因果性,只要具有因果性,就可以肯定其为不法层面的共犯;再次,分别判断各参与人的责任(如责任年龄、故意的内容等),进而确定参与人所触犯的罪名;最后,按照我国刑法关于主犯、从犯、胁从犯、教唆犯的处罚原则,分别给各参与人量刑。不难看出,在其中的任何一个步骤,都没有必要提出和回答"谁和谁成立共同犯罪"、"共同犯罪犯的什么罪"这样的问题。所以,即使不使用"共同犯罪"的概念,也完全可以认定数人共同参与犯罪的现象。诚然,我国刑法使用了"共同犯罪"的概念,但我国刑法有关共同犯罪的规定的确存在多种解释的可能性。

《法条竞合与想象竞合》一文讨论的是法条竞合与想象竞合的区分标准。法条竞合与想象竞合的法律后果存在明显区别,必须严格区分。长期以来,我国刑法理论基本上采用了单一的形式标准区分法条竞合与想象竞合,甚至通过介入案件事实判断两个法条之间是否存在包容(包摄)与交叉等关系,结果是将大量的想象竞合纳入法条竞合(尤其是其中的特别关系),进而导致案件的处理不能贯彻罪刑相适应原则。换言之,我国的许多学者虽然严格坚持德国、日本处理法条竞合中的特别关系的原则(即特别法条优于普通法条),却又没有按照德国、日本的刑法理论确定特别关系,导致特别关系的范围包含了德国、日本的吸收关系与想象竞合。同样,我国刑法理论与司法实践虽然接受了源于德国的想象竞合概念,却忽略了想象竞合最重要的、德国刑法理论与司法实践最强调的明示机能,导致原本属于想象竞合的交叉关系都成为法条竞合。笔者始终反对宽泛地确定法条竞合的范围,不顾及处理结论是否合理而坚持特别法条优于普通法条原则的做法。换言之,为了处理结论合理,实现刑法的正义理念,实现特殊预防与一般预防目的,要么有限地适用重法条优于轻法条的原则,要么限缩法条竞合的范围,将需要适用重法条的情形排除在特别关系之外。笔者以前赞成有限地适用重法条优于轻法条的原则,采取的是前一路径;该文所提出的法条竞合与想象竞合的重新区分,采取的是后一路径。该文的基本观点如下:不借助具体案件事实的联结,仅通过对构成要件的解释就能够肯定两个法条之间存在包容关系或交叉关系,是法条竞合的形式标准;

实质标准之一是法益的同一性，即一个行为侵害了两个以上犯罪的保护法益时，不可能是法条竞合，只能认定为想象竞合；实质标准之二是不法的包容性，即在一个行为同时触犯两个法条时，只适用其中一个法条就能够充分、全面评价行为的所有不法内容时，两个法条才可能是法条竞合；倘若适用任何一个法条都不能充分、全面评价行为的不法内容，即使符合形式标准与法益的同一性标准，也只能认定为想象竞合。当然，法条竞合与想象竞合的区分并不是固定不变的。

以上是对本文集所录论文内容的简要说明。筛选论文时，并没有以自己的满意度为标准，而是照顾到了犯罪论领域的各个具体方面。基于各种原因，即使是自己比较满意的论文，也未能收入其中。例如，《“客观的超过要素”之提倡》（发表于《法学研究》1999 年第 3 期）一文，虽然受到了很多学者的批判，但我对自己制造的这一概念还是相当满意的。但由于该文已经融入《犯罪构成体系与构成要件要素》一书，只好舍弃。此外，《论短缩的二行为犯》（发表于《中国法学》2004 年第 3 期）、《严格限制结果加重犯的范围与刑罚》（发表于《法学研究》2005 年第 1 期）、《规范的构成要件要素》（发表于《法学研究》2007 年第 6 期）、《行政违反加重犯初探》（发表于《中国法学》2007 年第 6 期）、《犯罪之间的界限与竞合》（发表于《中国法学》2008 年第 4 期）、《论表面的构成要件要素》（发表于《中国法学》2009 年第 1 期）、《构建犯罪论体系的方法论》（发表于《中外法学》2010 年第 1 期）、《共犯对正犯故意的从属性之否定》（发表于《政法论坛》2010 年第 5 期）、《论被允许的危险的法理》（发表于《中国社会科学》2012 年第 11 期）等论文，虽然也曾被列入清单，收录时也不需要再作修改，但囿于文集篇幅，只好“割爱”。

说实话，事后阅读自己的论文时，几乎没有几篇是自己满意的；即使是自己略为满意的论文，也多多少少存在缺憾。对于收入文集的论文，除文字方面略有删改之外，在内容方面没有修改（个别地方由于法条修改或者观点变化有所增补、删改）。还需要说明的是，文集收录的论文是依照笔者提交给相关刊物的电子文档编辑而成的，由于刊物编辑可能对笔者提交的论文有所删改，故部分论文与原来发表的论文在某些方面会有差异。

文集所收录的论文，大多都受到了学者们的批判（当然也得到了一些学者的赞同）；收录于文集成为“代表作”之后，也希望学者们继续批判。

我一直主张学术批评，所以，无论学者们如何攻瑕指失，我都会特别感激。最后，还要十分感谢发表原文的《法学研究》、《中国法学》、《中外法学》、《清华法学》、《现代法学》等刊物的同仁们！

目录

张明楷

代表作

壹

犯罪论体系的支柱

当前关于犯罪论体系的讨论,显然比较形式化,大多是围绕犯罪构成是法律规定还是理论概念、犯罪构成应当由几要件组成、构成要件应当如何排列而展开,并没有讨论应当以什么作为支柱构建犯罪论体系。本文旨在说明,应以违法与责任为支柱构建犯罪论体系。

一、主客观相统一的犯罪论体系的成因与缺陷

大体可以认为,我国传统的犯罪论体系,是以“客观”与“主观”为支柱建立起来的,亦即,犯罪构成是犯罪客体、犯罪客观方面、犯罪主体、犯罪主观方面的有机统一(以下简称四要件体系);刑法理论将客体与客观方面进一步提升为“客观”,将主体与主观方面进一步提升为“主观”;主观与客观的统一(主客观相统一),成为我国犯罪论体系的基本特点乃至核心。

在我国,以客观与主观两个概念为支柱建立犯罪论体系,主要基于以下原因:

首先,受苏联刑法理论的影响,以客观与主观为支柱的犯罪论体系得以形成。

苏联刑法理论,对德国刑法理论存在一些误解,再加上意识形态的原因,对德国刑法理论的不当批判,使其强调客观要素与主观要素的结合与统一。例如,费尔巴哈虽然仅将行为或客观事实特征列入构成要件,但他并没有忽略罪过(责任)的意义,只是没有将罪过列入构成要件之内。施就别尔认为,罪过、责任能力与构成要件无关。特拉伊宁便认为,费尔巴哈

注 原文标题为“以违法与责任为支柱构建犯罪论体系”,发表于《现代法学》2009 年第 6 期。

与施就别尔"人为地割裂犯罪构成的统一的概念"。[1]于是，特拉伊宁强调犯罪构成应当包括罪过、责任能力等内容。再如，特拉伊宁认为旧派所主张的行为刑法，"是同资产阶级'民主'的整个体系所特有的趋向有机地联系着的"；而新派所主张的行为人刑法，"实际上就意味着使刑罚适合受审人的阶级面貌，并使坐监狱成为对无产者的刑罚"。于是进一步指出："资产阶级刑法学者在犯罪'行为'和'行为人'两者究竟哪个重要的问题上长期间纠缠不清的争吵，造成并且助长了一种错觉，似乎除了这两个根据——'行为'和'行为人'以外，再没有其他具有刑法意义的标准能够影响对犯罪的评定从而影响刑罚的种类和方法了。"与之相反，"在社会主义的刑法体系中，对人身的这种深刻的考虑，并不意味而且也不可能意味'主体'与'行为'的脱离；并不意味而且也不可能意味对犯罪的客观方面评价过低。社会主义的刑法不是建立在客观因素与主观因素的脱离或对立的基础上，而是以辩证地结合对主体和他的行为的评价为基础的。"[2]从特拉伊宁的论述可以看出，他所强调的客观与主观的统一，旨在与资产阶级刑法理论相区别。不过，特拉伊宁所称的客观与主观的统一，究竟是在处罚基础（根据）、处罚对象上的客观与主观的统一，还是在犯罪成立条件上的客观要素与主观要素的统一，似乎并不十分明确。

"从 1949 年到 1953 年，是新中国刑法学的创建时期，这一阶段是以否定旧中国的刑法学、照搬苏维埃的刑法学为主要特征的。"[3]所以，我国 20 世纪 50 年代的刑法教科书就指出："每一犯罪行为，都是人所实施的危害社会的行为的客观要件和主观要件的统一。主观（人的故意或过失）表现在客观上，即表现在由于人的行为所引起的（或可能引起的）危害社会的损害上，才能认为是犯罪行为。还没有表现在客观行为上的故意或过失，或者不是由于故意或过失所造成的客观上的损害，就都不能认为是犯罪行为……犯罪构成永远是犯罪行为所必要的客观要素和主观要件的统一。"[4]在改革开放以后，我国也只能沿用原有的犯罪论体系，而不可能在短时间内建立新的犯罪论体系。在此意义上说，采用以主观与客观为支柱的四要件体系，具有历史的必然性。

其次，鉴于"文化大革命"的历史教训，为了杜绝确实大量存在的客观归罪与主观归罪现象，将主观与客观的统一作为构建犯罪论体系的指导思想。

如所周知，在“文化大革命”期间，存在大量主观归罪与客观归罪的现象。为了杜绝主观归罪与客观归罪的现象，就要求主观与客观的统一。例如，较早将主客观相统一作为刑法原则的教科书指出：“人的思想支配人的行为，人的行为反映人的思想，这是辩证唯物主义的一个基本原理。根据这一基本原理，我国刑法在确定犯罪和追究刑事责任问题上，坚持主客观一致的原则，既反对‘主观归罪’，也反对‘客观归罪’。所谓‘主观归罪’，是指不顾客观上是否实施了危害社会的行为，只是片面地根据行为人主观思想、心理和犯意来认定犯罪。所谓‘客观归罪’，是指不顾主观上是否有犯罪的故意和过失，只是片面地根据行为人客观上造成的损害后果来认定犯罪。很显然，‘主观归罪’和‘客观归罪’，由于把人的思想和行为割裂开来，必将导致错误地追究刑事责任，混淆罪与非罪的界限，破坏社会主义法制原则。主客观相统一原则的含义是，构成犯罪和追究刑事责任的前提，必须是行为人在客观上实施了危害社会的行为，同时主观上对危害行为及其危害结果具有故意与过失，这两个方面缺一不可，否则，就不能构成犯罪，不能追究刑事责任。”[5]显然，将主观与客观的统一作为构建犯罪论体系的指导思想，旨在禁止主观归罪与客观归罪的现象。在此意义上说，将主观与客观的统一作为定罪量刑的要求，具有重要实践意义。

再次，将犯罪的本质理解为社会危害性，并且强调社会危害性由客观要素与主观要素构成，使以客观与主观为支柱的四要件体系得以维持。

受苏联刑法理论的影响，我国刑法理论从 20 世纪 50 年代至今，都认为犯罪的本质是社会危害性，并且认为，社会危害性的内部结构是客观因素与主观因素的结合或统一。例如，50 年代的刑法教科书就指出：“行为对于社会的危害性乃是犯罪的最本质的特征。”社会危害性的程度“主要是取决于下述三种具有相互密切联系的情况”：“行为本身的性质”、“损害结果的有无与大小”、“行为人主观方面的情况”。换言之，“作为区分罪与非罪的标准的社会危害性的程度，是这三种情况互相结合起来辩证的、统一地考虑的结果，也就是说，社会危害性的程度，乃是取决于行为的全部客观情况和主观情况”。[6]改革开放以后，我国刑法理论的通说，依然坚持社会危害由客观要素与主观要素构成的观点。例如，有的教科书指出：“行为具有一定的社会危害性，是犯罪最基本的特征。”“那么，社会危害性的轻重大小是由什么决定的呢？主要决定于以下几个方面：一是决定于行为侵犯的客体,即行为侵犯了什么样的社会关系……二是决定于行为的手段、后果以及时间、地点……三是决定于行为人的情况及其主观要素。”[7]概言之,社会危害性的轻重是由四个要件决定的,也可以说是由客观危险与主观恶性决定的。

由于犯罪的本质是社会危害性,犯罪构成是犯罪概念的具体表现或者说是社会危害性的法律表现形式,而社会危害性的程度是由主客观要素综合、统一决定的,所以,犯罪构成必须是主观与客观的统一体,主观与客观成为犯罪论体系的支柱。

最后,对德国、日本的犯罪论体系的一些误解,也是以客观与主观为支柱的犯罪论体系得以坚持的一个原因。

改革开放后,国内开始了解德国、日本的刑法理论。遗憾的是,存在一些误解。德国、日本通行的犯罪论体系是构成要件符合性、违法性与有责性。如同苏联学者将德国的构成要件与苏联的犯罪构成混为一谈一样,我国的不少学者也将德国、日本的构成要件与我国的犯罪构成等同看待,认为德国、日本的古典犯罪论体系,割裂了成立犯罪的客观要素与主观要素。于是,要求将主观要素也纳入构成要件。如苏联学者指出:“每一个犯罪行为都是一定的危害社会的行为的客观特征和主观特征的统一。犯罪行为的客观要件永远是和主观要件统一的,辩证地理解客观和主观的统一,是正确地理解社会主义刑法中犯罪构成的基础。”[8]我国学者也指出:“在构成要件理论的沿革上,近代构成要件理论的先驱贝林格所提出的构成要件论,主张构成要件只包括客观的要件,而将主观的要件即故意或过失等完全排除在构成要件之外。这种观点是片面的、不正确的,因而受到一些学者的批评或修正。我国刑法中的犯罪构成包含决定行为构成犯罪的一切要件,既包含成立犯罪所必须具备的客观要件,也包含成立犯罪所不可缺少的主观要件,它是一系列客观要件与主观要件的有机统一的整体……这直接体现了我国刑法的主客观相统一的基本原则;同时表明我国刑法不论对‘客观归罪’或‘主观归罪’都是反对的。”[9]

其实,古典犯罪论体系,是将责任能力、故意与过失作为责任要素对待的,不将它们纳入构成要件,并不等于它们是在客观归罪。我国的犯罪构成是成立犯罪的全部条件,而德国、日本的构成要件只是成立犯罪的一个条件。显然,我国刑法理论强调主观与客观的统一,是因为我国将犯罪构成作为认定犯罪的唯一依据，同时将德国、日本的构成要件与我国的犯罪构成作相同理解，或者要求德国、日本的构成要件也必须具备与我国犯罪构成一样的机能。

将犯罪构成作为成立犯罪的全部条件时，要求犯罪构成包括主观要素与客观要素，并不存在错误。如果犯罪构成是成立犯罪的全部条件，而仅将客观要素或者只将主观要素纳入犯罪构成，就必然造成客观归罪或者主观归罪的现象。但是，仅仅将犯罪的支柱停留在客观与主观两个概念上，是不够的。

首先，主观与客观这对范畴，在不同场合具有不同意义，构建犯罪论体系时，需要明确主观与客观的真实含义。一方面，在传统的四要件体系中，说行为是客观要件，故意、过失是主观要件，是从实践结构上而言的；说犯罪客体是客观要件，是从存在论意义而言的；在何种意义上说责任年龄与责任能力属于"主观"，则是不明确的，因为责任年龄与责任能力并不是内在心灵。所以，传统的四要件体系中的主观与客观的分类，并不理想。另一方面，在传统的四要件体系中，社会危害性是客观要素与主观要素的统一。于是，客观要素与主观要素本身都不能说明行为的社会危害性，客观要素与主观要素的统一才能说明行为的社会危害性。因此，客观要素与主观要素各自的作用与意义究竟是什么，并不明确。"在开始尝试建立一个刑法体系时，会有这样的问题，是否体系的基础应该使用描述性的或规范性的语言，也就是说，形成体系的要素是评价抑或经验上可予以描述的事实。"[10]笔者赞成以价值或目的作为出发点构建犯罪论体系。倘若说"客观"是一个外界事物，"主观"是内在心灵，那么，二者本身还只是停留在描述上。[11]然而，"外界事物与内在心灵的描述性区分只能在有关评价的范围中进行，亦即要从超越这种区分的法律重要性来看才有实益可言。所以一开始对客观与主观要素明确区分，并不具有启发性与检验方法上的意义，也不会产生很有体系的秩序；相反的，将客观事实归于不法构成要件而把主观事实归于罪责才具有意义"。[12]

其次，仅仅要求客观与主观的统一或者一致，还难以理顺客观与主观的关系，不能保障从客观到主观认定犯罪。如果仅要求犯罪构成由客观与主观组成，如同水在化学上由氢气与氧气组成一样，只是要素的集合，那么，是先认定客观还是先认定主观，就是无所谓的。于是，出现了从主观到客观的犯罪论体系(犯罪主体、犯罪主观方面、犯罪客观方面、犯罪客体)。这种体系更加强化了“故意、过失支配行为人实施特定的犯罪行为”的观念,导致故意、过失的内容决定行为性质,进而导致从主观到客观认定犯罪。最能说明这一点的是,刑法理论在不能犯与未遂犯的区分问题上,采取了抽象的危险说乃至主观的危险说。

再次,将犯罪的支柱停留在客观与主观两个概念上,导致在某些场合难以限制处罚程度。因为四要件理论认为,犯罪的本质是社会危害性,而社会危害性由客观危害与主观恶性构成,于是,只要客观危害与主观恶性的综合使社会危害性达到了严重程度,就构成犯罪。四要件体系使客观危害与主观恶性都积极地为犯罪提供根据,因而难以发挥限制犯罪的作用。其实,主观要素是为了解决主观归责的问题,即在客观地决定了行为性质及其结果后,判断能否将行为及结果归咎于行为人。所以,责任能力、故意与过失等要素虽然为非难可能性提供根据,但同时对限制犯罪的成立起着关键作用。例如,甲侵入普通民宅,误将世界名画当作普通绘画而盗走。四要件体系常常认为,行为人客观上实施了盗窃行为,主观上有盗窃的故意,所以,主客观相统一了,行为人应对数额特别巨大处罚。但是,这种做法并不妥当。正确的做法是,客观上盗窃的是何种价值的财物,再考察行为人对此是否具有认识。客观上虽然盗窃了数额特别巨大的财物,但行为人仅认识到是数额较大的财物时,对数额特别巨大就没有责任,因而只能按数额较大的法定刑处罚。反之,当甲侵入博物馆后误将普通绘画当作世界名画而盗走时,四要件体系往往认为,行为人主观上有盗窃数额特别巨大财物的故意,客观上虽然仅盗窃了数额较大的财物,但实现了主客观相统一,所以应按盗窃数额特别巨大(未遂)予以处罚。然而,正确的做法应是,在违法层面,认定行为人客观上窃取了数额较大的财物,在责任层面,判断行为人是否对此承担责任。结局是,只能对行为人适用盗窃数额较大的法定刑。

最后,客观与主观是否能够对应于客观危害与主观恶性(或主观罪过),也存在疑问。我国刑法理论一方面认为犯罪的本质是社会危害性,另一方面也经常出现“客观危害”与“主观恶性”的概念。但是,传统的客观与主观的分类,还难以与客观危害、主观恶性相对应。最为典型的是,在四要件体系中,主体的特殊身份归入了“主观”,但显而易见的是,在我国刑法中,主体的特殊身份是表明客观危害的。再如,在四要件体系中,难以确定期待可能性的体系地位。

笔者并不反对使用客观与主观这两个概念,但是,对犯罪的实体的认识不能仅停留在这两个概念上。犯罪论体系应当以价值或目的作为出发点,从而能够体现评价。

二、以违法与责任构成犯罪论体系的理由

"发现不法与罪责是作为构筑刑法体系与众不同的材料,依照 Hans Welzel 的看法,这是最近这二到三代学者在释义学上最为重要的进展;Wilfried Küper 认为这个发现是刑法释义学的重大成就而无法再走回头路;此外,依西班牙法的观点来说,Santiago Mir Puig 表示这个发现也建立起 Los dos pillars basicos,也就是犯罪概念的二大支柱。"[13]概言之,在刑法学研究过程中,必须明确区分违法与责任,而不得将二者混为一谈。

德国、日本等国采取了构成要件符合性、违法性、有责性(责任)的三阶层体系。[14]在三阶层体系中,"在违法性的标题下研究的却是排除违法性,乍一看,这是个令人迷惑的语言使用习惯。然而,我们必须意识到,构成要件该当性涉及的是违法性,是所有使得某一行为表现为违反了受刑法保护规范的行为的特征,只要允许性规定不介入,该行为就是违法的。因此,对于不法有决定性意义的事实,将会在犯罪构造里的构成要件与'违法性'这两个评价阶层进行分配。从某种程度上说,违法性本身只是构成要件该当性与缺乏阻却违法事由的结果"。[15]可见,在三阶层体系中,"虽然区分了第一阶段的构成要件符合性的判断与第二阶段的违法性阻却事由存否的判断,但两个阶段都是违法性的判断。所以,可以从大的方面将实质的刑法的评价区分违法性判断与有责性判断。换言之,犯罪论体系的支柱,是不法与责任两个范畴"。[16]

将违法与责任作为犯罪论体系的支柱,[17]具有充分根据与内在合理性。

第一,将违法与责任作为犯罪论体系的支柱,与哲学上区分因果的责任、道德的责任相对应,并且具有社会心理学的根据。

在哲学上,广义的责任包括因果的责任与道德的责任。例如,主人的珍贵花瓶被打碎了。这是一个结果。不管是客人有意打碎的,还是主人自

己饲养的猫打碎的,都是引起结果的原因。"在这个意义上说,客人和猫都要为在各自情况下打碎花瓶负责。每一方都负有因果关系的责任——在对花瓶造成破坏方面每一方都扮演某种因果关系的角色。但是,虽然人和非人的动物都能对某一事件负有因果关系的责任,但只有人才能负起道德的责任。"[18] 换言之,"在这里我们必须区分因果的责任(causal responsibility)和道德的责任(moral responsibility)。在致使花瓶破碎这件事上,两者都是有责任的,因为他们都在打碎花瓶这个事件中起着一个因果的作用。然而,当人和非人都能够因果地引起一个事件的发生时,只有人才能是道德上负责任的。正是因为有一些态度只是适用于人,能够具有那些态度也就成为人的一个本质特征。我们能够把这些态度恰当地赋予一个人(或者在自我评价中赋予我们自己),只有当那个人(或者我们自己)在道德上能够对他所做的事情承担责任。另一方面,我们往往认为,只有当一个人是出于自己的自由意志来做一件事情,我们才能说他对他所做的事情在道德上负责任"。[19]

认定犯罪正是如此。例如,丙死亡了,这是一个结果。在司法实践中,首先要查明因果的责任,即什么原因导致了丙死亡。不管是精神正常的甲有意开枪导致丙死亡,还是精神错乱的乙开枪导致丙死亡,都是引起丙死亡的原因。二者都存在因果的责任,因为二者都侵害了丙的生命。这正是违法性(法益侵害)的问题。但是,仅此还不能成为追究道德的责任的根据。由于甲能够对其所做的事情承担道德的责任,乙相反,故只能追究甲的责任。概言之,在致使丙死亡这一点上,甲与乙都有因果的责任,但只有甲具有道德的责任。在此意义上说,违法性讨论的就是因果的责任问题,有责性讨论的就是道德的责任问题,二者正好与哲学上的因果的责任与道德的责任相对应。

在社会心理学上,"由芬查姆、夏沃尔以及舒尔茨所预想的动机序列可以表述为:结果→原因确定→责任→责备→惩罚。这个过程建立在以下前提的基础上:1. 归因必须与责任推断相区分;2. 责任推断必须与责备相区分;3. 责任归因通过中介的责备反应间接地影响惩罚和其他的社会反应。因此,责任归因和其后果属于一系列过程的组成部分"。换言之,"行为责任推断的过程始于事件的发生,然后当事人和他人寻求事件的原因。事件知觉之后,责任过程的第一步涉及对是否存在个人的或情景的原因的确定,只有原因属于个人时,才可能认为个人负有责任”。[20]

认定犯罪同样如此。在结果发生的情况下,首先进行归因判断,即查明该结果由谁的什么行为造成。归因(结果由谁造成)与是否追究责任必须相区分;在归因之后,判断行为人是否具有责任。倘若考虑到刑事政策,考虑到预防犯罪的必要性,那么,即使有责任(即构成犯罪),也可能并不对之进行刑事实体的责备,不给予刑罚处罚。不难看出,将违法与责任作为犯罪论体系的支柱,进而由违法到责任认定犯罪,也具有社会心理学的根据。

第二,将违法与责任作为犯罪论体系的支柱,符合犯罪的实体。

犯罪论体系的实质内容,取决于犯罪的实体。那么,犯罪的实体究竟是什么呢?从实质的观点进行考察,只有具备以下两个条件,才能认定为犯罪:其一,发生了违法事实(违法性);其二,能够就违法事实对行为人进行非难(有责性)。[21]

“虽然从形式上说,刑法上的违法性,是指对刑法规范(评价规范)的违反,但是,由于违法性是刑法规范做出否定评价的事态的属性、评价,故其内容便由刑法的目的来决定。将什么行为作为禁止对象,是由以什么为目的而禁止来决定的。在此意义上说,对实质违法性概念、违法性的实质的理解,由来于对刑法的任务或目的的理解。”[22]刑法的目的与任务是保护法益,所以刑法禁止侵犯法益的行为与结果。换言之,刑法只能将侵害或者威胁了法益的行为规定为犯罪。这种法益侵犯性,就是实质的违法性。因为刑法禁止侵犯法益的行为,所以,即使行为人主观上没有故意与过失,侵犯法益的行为也是被刑法所禁止的,不能认为刑法允许精神病患者杀人,也不能认为刑法允许不满14周岁的人抢劫。况且,认为客观上侵犯法益的行为不具有社会危害性,也不符合事实。例如,甲在没有故意与过失的情况下,将国家绝密泄露给境外敌对组织的,无疑具有法益侵害性。再如,乙在没有故意与过失的情况下,导致他人死亡的,肯定具有法益侵害性。刑法不处罚这种行为,不是因为该行为没有法益侵害性,而是因为行为人不具有非难可能性。

概言之,“犯罪行为必须是有社会侵害性的行为这个基本前提……是在我们现代刑法所奠基的启蒙时代中所努力挣到的,并且因而有其较浓厚的历史根源,而作为今天各国的国家宪法,同时这种基本前提,尽管受到一些质疑和漠视，演变成法益保护理论已有两个世纪之久。作为刑事不法领域内所有目的论的论证基础，社会侵害原则或法益保护原则仍然是不可或缺的”。[23]

但是，仅有侵害法益的违法行为，还不足以成立犯罪。根据国民可以接受的观点，只有在可以就违法行为对行为人进行非难时，才能将这种行为规定为(认定为)犯罪。换言之，只有当行为人对所实施的违法行为具备有责性，应当受到谴责时，这种行为才是犯罪。或者说，只有当能够将违法行为及其结果归责于行为人时，才能认定该行为成立犯罪。这是刑法的人权保障机能决定的。国民的自由以其具有预测可能性为前提。如果不管国民在行为时如何小心谨慎，只要发生法益侵害结果就受到刑罚处罚，那么，国民就没有任何自由。换言之，只有当国民在具有实施其他行为的可能性的同时，故意或者过失造成了法益侵害(危险)结果，才能以犯罪论处。这一要求从主观面保障了国民的预测可能性，进而保障了国民的自由。所以，非难可能性(责任)是犯罪的另一支柱。

“从两个价值层面，应该可以适当地对现行法加以重组：即行为特别明显的(刑法所特有的)客观无价值和行为人对行为的个别责任，这两个基本价值，可以各引申出两个次价值：只有当第一，行为无论如何是被禁止的，第二，行为在所认可的形式下是不被期待的(亦即当一个值得保护的法益受到严重的侵害，而且对于具体的侵害而言，刑法的保护是有效的、必要的并且相当的)，方才有刑法特有的无价值(刑法的不法)可言；而个别的罪责，首先在行为对于个别的行为人而言，无论如何都是可以避免的(等于可以责备于他)为前提，其次以行为动机具有适格的无价值(等于有刑罚的必要性)为必要。刑法体系根本的基础因而是由价值标准所构成的，也就是由刑法的不法和罪责所构成的，而二者都属于适格的无价值。”[24]

将违法与责任作为犯罪的支柱，也符合我国刑法关于犯罪概念的规定。刑法第 13 条规定：“一切危害国家主权、领土完整和安全，分裂国家、颠覆人民民主专政的政权和推翻社会主义制度，破坏社会秩序和经济秩序，侵犯国有财产或者劳动群众集体所有的财产，侵犯公民私人所有的财产，侵犯公民的人身权利、民主权利和其他权利，以及其他危害社会的行为，依照法律应当受刑罚处罚的，都是犯罪，但是情节显著轻微危害不大的，不认为是犯罪。”虽然刑法理论一直都认为刑法的这一规定表明犯罪具有三个基本特征，即社会危害性、刑事违法性与应受刑罚处罚性，但在笔者看来，完全可以对刑法第13条作另外的或许更合理的解释。首先，刑法的目的是保护法益，所以，刑法要禁止危害社会的行为即法益侵害行为。其次，并不是任何危害社会的行为都要受刑罚处罚，联系刑法的相关规定，只有具备以下三个条件，才能受刑罚处罚：其一，危害社会的行为必须被法律类型化为构成要件，亦即刑法分则或其他刑罚法规明文规定处罚这种行为（对危害社会的行为规定了法定刑）。这是“依照法律应当受刑罚处罚”的第一层意思。其二，危害社会的行为不是情节显著轻微危害不大的行为，换言之，根据刑法第13条的规定，情节显著轻微危害不大的行为，依法不受刑罚处罚。这是“依照法律应当受刑罚处罚”的第二层意思。其三，仅有危害社会的行为还不能受刑罚处罚，只有根据刑法的相关规定，当行为人对危害社会的行为与结果具有故意（刑法第14条）或者过失（刑法第15条），行为人达到责任年龄（刑法第17条）、具有责任能力（刑法第18条），并且具有期待可能性时（刑法第16条），才能受刑罚处罚。这是“依照法律应当受刑罚处罚”的第三层意思。上述第一点是刑法保护法益的目的决定的，是对一般人（包括国家、社会）的合理性；第二点是刑法的谦抑性决定的；第三点是尊重人的要求，体现了对行为人的合理性。概言之，根据刑法第13条以及相关规定，严重的法益侵害性与有责性是犯罪的实体。

总之，思考刑法概念时，必须以刑法目的为出发点，由于刑法的目的是保护法益，所以，以刑法目的为出发点，意味着对被害人（包括国家、社会与个人）的合理性；同时要考虑到对行为人的合理性。[25]正因为如此，“今日的现代社会所具有的刑法目标大都一致，所以在是否要区分不法与罪责这个根本问题上没有正当理由作出不同抉择：当我们将这些目标看做是法益保护而这系藉由一般预防、合理的报应或是由罪责原则正当化的特别预防时，必定有两种不同的评价观点产生：其一、由社会损害性产生与强调被害人观点的行为非价；其二、强调行为人观点的个人可避免性，亦即可非难性”。[26]

第三，将违法与责任作为犯罪论体系的支柱，符合刑法规范的性质、机能。

自从宾丁(Binding)创立规范论以来,由于对刑法规范的性质存在争议,使得有关刑法体系的争论不曾中断,并形成对立局面。但以下几点是基本上得到公认的:以法官为规范对象的刑法典(裁判规范),显然隐含了立法机关对行为人的行为所持的特定的否定评价(行为规范);立法机关必须反面评价犯罪行为,否则,对犯罪行为的处罚就毫无意义,所以,对行为人的行为所反面表示的评价规范,在逻辑上先于裁判规范;由于刑法的任务是保护法益,只有国民对侵害法益的行为形成反对动机,才可能实现刑法的任务,因此,事实上存在一个以国民为规范对象的决定规范。[27]

评价规范的含义,是指刑法规范是从刑法的观点判断某个行为是否无价值的规范,即一个行为是否有害是根据刑法规范进行评价的,因而刑法规范是评价规范。决定规范的含义,是指刑法规范命令人们在实施行为时作出遵从刑法的意思决定,所以又称为意思决定规范。从逻辑关系来说,评价规范在前,决定规范在后。作为决定规范(即命令)的法律,如果没有作为评价规范的法律,完全不可思议;作为评价规范的法律是作为决定规范的法律的绝对的逻辑前提;因为谁想"决定"某人的某种事情,他就必须先知道,他将为某人决定什么;他必须在决定性的实在意义上"评价"那种事情。作为决定规范的法律的逻辑前提,是作为评价规范的法律,是作为"客观生活秩序"的法律。违法性是由评价规范决定的,有责性(责任)是由决定规范决定的。[28]

犯罪的违法性与有责性,正好与刑法的法益保护机能和人权保障机能相对应。刑法以保护法益为目的,因而禁止法益侵害行为,所以,侵害法益的行为就是违法行为;对违法行为的禁止,意味着法益保护机能的实现。但是,刑法只能处罚可以避免的个人行为,亦即,只有当行为人具有实施合法行为的期待可能性时,才能处罚行为人。有责性正是保障个人自由的要件。只处罚具备有责性的行为,正是为了实现人权保障机能。

第四,将违法与责任作为犯罪论体系的支柱,有利于合理区分违法阻却事由与责任阻却事由。

传统的四要件体系是在犯罪构成之外讨论正当防卫、紧急避险两种法定的犯罪阻却事由;后来,也讨论一些超法规的犯罪阻却事由,但是,没有区分违法阻却事由与责任阻却事由。然而,区分违法阻却事由与责任阻却事由是具有重大意义的。道理在于,正当防卫的杀人与精神病患者杀人,是性质不同的行为。前者经过法益的衡量，并不认为其具有违法性；后者无论如何都是侵害法益的行为。前者是正当的，是刑法并不禁止的行为，刑法不会对之做出否定评价；后者是不正当的，是刑法所禁止的行为，刑法对之作否定评价。因此，对于前者不得再进行正当防卫，也不得进行紧急避险；对于后者则可以进行正当防卫（即使否认可以进行正当防卫，也可以进行紧急避险）。再如，我们不能要求基于正当防卫而杀人的行为人以后不再进行正当防卫；但我们能够要求意外事件的杀人者以后不能再发生意外事件致人死亡。

不仅如此，违法阻却事由与责任阻却事由的成立条件是有重大区别的。例如，德国对紧急避险采取二分说，其刑法将紧急避险分为作为违法性阻却事由的紧急避险（第34条）与作为责任阻却事由的紧急避险（第35条）。前者是指行为人在紧急状态下，为避免自己或他人的生命、身体、自由、财产之现时危险，所损害的法益小于所保护的法益时，应是法律允许的行为，故排除违法性。后者主要是指为了保护自己、亲属或者其他与自己关系密切的人的生命、身体或者自由免受现时危险，所损害的法益并不小于所保护的法益时，由于不符合法益权衡的原则，故仍然是违法行为，只是由于没有期待可能性，而排除行为人的责任。显然，就必要限度这一条件而言，作为违法阻却事由的紧急避险与作为责任阻却事由的紧急避险，并不相同。

在刑法上，所有的犯罪阻却事由，也只能区分为违法阻却事由与责任阻却事由。亦即，对于刑法分则条文所描述的行为（符合构成要件的行为），要么从阻却违法性的角度否定其犯罪，要么从阻却责任的角度否定其犯罪。即使没有采取三阶层体系的英美，其实体上的辩护（抗辩）事由也分正当理由辩护（即违法阻却事由）与免责辩护（即责任阻却事由）。"普通法中，杀人被区分为正当性的辩护与宽恕性的辩护。一些杀人行为，如刽子手执行法院判决，是正当性的辩护。其他杀人行为，如不存在就受惩罚的疏忽的情况下的意外事情所导致的他人死亡，是纯粹的可宽恕性辩护……近一个时期以来，对正当性辩护理由与可宽恕性辩护理由加以区分的观点又重新流行起来。当我们对某一行为表示明确地赞同时，该行为是正当的；当我们不赞同某一行为，但将其视为犯罪又不合理时，该行为是可宽恕的。"[29]不仅如此，美国学者还归纳了区分这两种事由的好处。例如,区分正当事由与免责事由,有利于发挥刑法引导人们行为的作用。亦即,“人们应该选择正当行为,而不是错误却可以免责的行为。如果刑法体系未能对两种行为、两条道路准确界分,就不可能很好地引导人们的行为”。区分正当事由与免责事由,能够“提供刑法理论一致性”,有利于解决共犯的刑事责任问题,“正当理由辩护得到广泛适用,而免责辩护只能适用于特殊的个体”,等等。[30]即使认为还存在介于正当理由辩护与免责辩护中间的情况,也不是说这种情况与违法、责任没有关系,只是意味着人们还没有明确认识到这种情况是阻却违法,还是阻却责任,抑或既阻却违法也阻却责任。例如,面对一个还不能理解自己行为意义的小孩拿着上膛的手枪正在朝被害人扣动扳机时,被害人杀死小孩的,是正当理由辩护(正当防卫)还是免责辩护(免责的紧急避险),虽然存在争议,但这种争议并不意味着抗辩事由存在于阻却违法与阻却责任之外。[31]

既然从实体上说,阻却犯罪的事由必须且只能区分为违法阻却事由与责任阻却事由,那么,与之相对应,犯罪的支柱就应是违法与责任。

第五,将违法与责任作为犯罪论体系的支柱,能够体系化地解决正当化事由与免责事由问题。

古典犯罪论体系,采取形式的违法性论,只承认法定的正当化(违法阻却)事由。但是,仅承认法定的正当化事由是不合适的。因为法律不可能规定所有的正当化事由,故法定的正当化事由极为有限,而仅承认法定的正当化事由,就会导致将没有违法性的行为当作犯罪处理。例如,我国刑法只规定了正当防卫、紧急避险,而没有规定被害人承诺。倘若否认被害人承诺是正当化事由,那么,经对方请求对其实施由男性变为女性的变性手术,也会被认为定为伤害罪。这显然不合适。另一方面,我们也不可能强求法律规定所有的正当化事由,刑法只能在设立尽可能周密的禁止规范的同时,设立主要的、常见的例外允许规定,而不可能毫无遗漏地规定全部例外允许规范。所以,应当采取实质的违法性论,承认超法规的正当化事由。

然而,“正当化事由的数量非常多,而且来自于各种不同的法领域”,[32]需要有一个基本原则。“无论如何,在实质的违法性被定义成‘侵害社会的行为’,并且对于阻却违法发展出‘目的手段相当原则’或‘利多于害原则’等调节公式之后,人们才可能开始对无数被立法者所忽视或未予解决的违法性的问题,藉由体系处理寻求解决的方法。”[33]例如,不管刑法或者其他法律是否有明文规定,我们都不能仅以客观要素的增多与减少来肯定或者否认犯罪的成立,但我们都可以而且应当通过法益衡量,判断符合分则条文所规定的构成要件的行为,是否阻却违法。

免责事由也是如此。一旦采取规范责任论,那么,哪些行为对于行为人而言是不可避免的(反过来说,不能期待行为人实施其他合法行为),就有了明确的判断标准。例如,在我国,因遭受自然灾害外流谋生而重婚的,因配偶外出长期下落不明,造成家庭困难又与他人结婚的,被拐卖后再婚的,因强迫、包办婚姻或者婚后受虐待外逃而又与他人结婚的,不以重婚罪论处。为什么如此呢?传统刑法理论给出的理由是“由于受客观条件所迫,且主观恶性较小”。[34]然而,其一,这一说法表明,主观恶性的大小,也可能是由客观因素决定的。其二,在以客观与主观为支柱构建的四要件体系,上述不以重婚罪论处的情形,究竟是因为缺乏客观要素,还是由于缺乏主观要素?倘若是因为缺乏主观要素,那么,是缺乏故意,还是缺乏其他主观要素?这是四要件体系难以回答的问题。其三,上述重婚行为是正当的,抑或并不正当只是没有非难可能性?这也是四要件说不好回答的问题。然而,一旦以违法与责任为支柱构建犯罪论体系,就可以明确地回答上述问题:其一,责任的有无与大小,不只是主观问题,期待可能性就是客观的、规范的责任要素;其二,上述行为不以重婚论处,是因为缺乏期待可能性;[35]其三,上述行为并不正当,因而仍然是违法的,只是因为行为人没有责任而不以重婚罪论处。

总之,以违法与责任构建犯罪论体系,能够没有遗漏地发现正当化事由与免责事由,并且能够使正当化事由与免责事由的认定具有合理的标准。

第六,将违法与责任作为犯罪论体系的支柱,能够妥善解决共犯的成立以及从属性程度问题。

二人以上共同实施犯罪时,才存在共同犯罪问题。能否妥当地处理共犯问题,是检验犯罪论体系是否妥当的重要标准。如果一种犯罪论体系不能处理共犯问题,就表明这种体系存在严重缺陷。反之,如果一种犯罪论体系能妥当处理复杂的共犯问题,则表明这种体系具有优越性。将犯罪的实体区分为违法与责任,进而认为共同犯罪是一种违法形态,而不是责任形态,才有利于处理共犯问题。例如,乙明知13周岁的甲要杀丙,而将枪支提供给甲,甲利用乙提供的枪支杀死丙。首先,应当肯定,甲与乙的行为共同造成了丙的死亡,或者说乙通过甲的行为侵害了丙的生命。所以,甲与乙的行为都是违法的。但是,由于乙没有达到责任年龄,不承担责任;甲达到责任年龄,应当承担从犯的责任。[36]不难看出,区分违法与责任,是解决共犯问题的关键。再如,15周岁的A女被"正式"录用为国有银行工作人员(国家工作人员),其工作职责之一,是每天下午5点左右,以步行方式将30万元左右的人民币从某储蓄所送到某银行分理处。某日在送款时,A遇到了4位同乡(均达到刑事法定年龄)。A提议,4位同乡假装痛打A一顿,将30万元人民币"抢走",然后5人分赃。4位同乡接受提议,事后,A向单位谎称30万元被抢。我国现行的犯罪论体系与共犯理论,将责任年龄与责任能力作为构成要件和共同犯罪成立条件,A因为没有达到责任年龄,不可能与4名同乡构成共犯。于是对4位同乡的定罪遇到了不可克服的困难。如果区分违法与责任,将自然人本身及其特殊身份作为违法要素,将责任年龄、责任能力作为责任要素,那么,就可以肯定A与4名同乡的行为构成贪污罪的共犯(A为正犯),只不过由于A没有达到责任年龄而不承担责任,但其他4名同乡依然成立贪污罪的共犯。

我国刑法理论的通说认为,刑法对教唆犯采取了二重性说(既具有独立性,也具有从属性)。姑且不论这种说法是否成立,首要需要讨论的是,既然具有从属性,就必然存在从属性的程度问题。采取以违法与责任为支柱的三阶层或者二阶层体系,明确区分违法与责任,可以进一步解决从属性的程度问题。然而,四要件体系是无法解决这一问题的。例如,倘若说只要正犯的行为符合犯罪客体要件,就不是什么从属性的问题了;如若说只要正犯符合犯罪客体与犯罪客观方面,就不能解决对身份犯的教唆问题;如果要求正犯符合犯罪客体、犯罪客观方面与犯罪主体,虽然可以解决对身份犯的教唆问题,但又导致共犯成为一种责任形式,则不能解决上述成年人参与(尤其是帮助)未成年人犯罪的共犯问题。

第七,将违法与责任作为犯罪论体系的支柱,符合刑罚的目的。

惩罚不只是基于报应。"惩罚是一种教育措施,它同样也是形成动机的一种手段,这些动机部分地防止作恶者重复其行为(矫正),部分地防止他人做同样的行为(威胁)……因此,关于责任的问题就是这样一个问题:

在一个给定的情形中，谁应当受到惩罚？谁应当被视为真正的作恶者？……我们并不指责一个精神病患者应负有责任，原因正在于，他并没有为动机的适用提供统一的位点。试图以允诺或威胁的手段去影响他是徒劳无益的，此时他混乱的心灵因为其正常机理的失序而不能回应这样的影响。我们并不试图给予他某些动机，但是努力救治他（用比喻的说法就是，我们让他的病状负责，并试图祛除病因）。当一个人因威胁所迫而做某种行为的时候，我们并不指责他，而是指责那个持枪指着他的胸膛的人。原因非常明显：如果我们当初能够制止威胁他的那个人，行为就可能被阻止了；这个威胁者才是我们为了防止在将来发生同样行为所必须影响的人。”[37]

刑罚要预防什么行为？预防的是法益侵害行为，并不预防内心邪恶。如何才能预防？只有当行为人具有他行为可能性时，才能预防其犯罪。倘若行为人只能实施违法行为，对之施加处罚也不可能防止其犯罪。所以，“刑法所要达到的法益保护目的，当然只是作用于规范接收人（Normadressaten）的动机之上。如果规范接收人不具有他行为之可能性（Möglichkeit zum Andershandeln）时，则这样的作用也就失灵无效了”。[38]换言之，“当犯罪行为人之目的压力（motivationsdruck）过大，使合法行为期待之可能不存在，且当一般人在同样的情况下不可能更加实现合法行为之期待，则依一般预防及特别预防等观点都不应科处刑罚”。[39]

不难看出，预防什么与如何预防，刚好是与违法性、有责性相对应的问题。所以，刑罚目的的实现决定了犯罪论体系必须以违法与责任为支柱。

第八，将违法与责任作为犯罪论体系的支柱，有利于实施和完善保安处分制度。

保安处分，是指为了防止再次犯罪，由司法机关宣告的代替刑罚或者补充刑罚而适用的对人的司法或者行政处分，以及为了保护或者矫正行为人所采取的改善、教育、保护措施。适用保安处分的前提，是行为人实施了刑法所禁止的违法行为。换言之，刑罚适用于既违法也有责的行为，保安处分则适用于违法行为。显然，只有区分违法与责任，才有利于实施和完善保安处分。

我国的保安处分制度虽然并不完善，但就现有的保安措施而言，也必须以行为具有违法性为前提，但不以行为人具有责任为前提。例一：对于无责任能力者,能否适用刑法第64条关于"犯罪分子违法所得的一切财物,应当予以追缴或者责令退赔……违禁品和供犯罪所用的本人财物,应当予以没收"的规定?传统的四要件体系只有一种意义上的犯罪与犯罪分子,于是,对无责任能力者不能适用刑法第64条的上述规定。如对于精神病患者持有的毒品与淫秽物品,不能适用上述规定予以没收;对于没有达到责任年龄的人用于杀伤他人的管制刀具也不得适用刑法第64条予以没收。这显然不合适。根据以违法与责任为支柱的阶层体系,无责任能力者盗窃、抢劫所得的财物,也是违法所得,其实施的杀人、伤人行为也是违法行为;此时的无责任能力者也是一种意义上的犯罪分子,因而能够合理适用刑法第64条的规定。例二:刑法第17条第4款规定:"因不满十六周岁不予刑事处罚的,责令他的家长或者监护人加以管教;在必要的时候,也可以由政府收容教养。"第18条第1款规定:"精神病人在不能辨认或者不能控制自己行为的时候造成危害结果,经法定程序鉴定确认的,不负刑事责任,但是应当责令他的家属或者监护人严加看管和医疗;在必要的时候,由政府强制医疗。"这两个条文表明,尽管对于没有达到法定年龄和没有责任能力的精神病人,不能科处刑罚,但当他们实施了符合分则条文所规定的构成要件的违法行为时,可以实施保安处分。显然,只有区分了违法与责任,才有利于执行上述规定。

随着保安处分的发展,对于实施了符合构成要件的违法行为的人,即使其缺乏有责性,也能施以保安处分;但对于没有实施违法行为的人,绝对不能施以保安处分。所以,按照三阶层或者两阶层体系区分违法性阻却事由与有责性阻却事由,可以满足保安处分的需要。

第九,将违法与责任作为犯罪论体系的支柱,有利于明确从重、从轻与减轻处罚、免除处罚的根据。

以客观与主观为支柱的四要件体系,难以明确从重、从轻与减轻、免除处罚的根据。因为不可能由于客观要素的增加或者减少、主观要素的增加或者减少决定从重处罚与从轻处罚。也因为如此,导致量刑根据的随意性。例如,针对许霆案的量刑,[40]多数人主张减轻处罚,但减轻处罚的根据(如被害人存在过错、刑法的谦抑性等)令人难以理解。现在,决定对被告人是判处死刑立即执行还是死缓的重要根据,是矛盾是否由民间纠纷引起、被害人是否有过错及其过错程度以及被告人家属是否赔偿被害人(家属)。这显然偏离了刑罚的正当化根据。

"'为什么'刑罚是正当的根据,也是'何种程度的'刑罚是正当的根据。"[41]换言之,刑罚的正当化根据,就是量刑的正当化根据。按照刑法理论的通说,刑罚的正当性由来于报应的正义性与目的的正当性。我国刑法第5条规定:"刑罚的轻重,应当与犯罪分子所犯罪行和承担的刑事责任相适应。"首先,倘若从犯罪本身寻找量刑的正当根据,那么,可以将"罪行"解释为法益侵害程度即违法性,将"刑事责任"解释为非难可能性程度即有责性。据此,刑罚的轻重应当与犯罪分子所造成的违法性和有责性相适应。反过来说,违法性与有责性就是犯罪的支柱。其次,如若考虑预防犯罪的必要性,那么,刑法第5条关于罪刑相适应原则的规定,实际上是要求刑罚的轻重必须与罪行的轻重以及犯罪人的再犯罪的可能性大小相适应。与罪行的轻重相适应,是报应刑的要求;与犯罪人的再犯罪的可能性相适应,是目的刑的要求。其出发点和归宿,都在于最大限度发挥刑罚的积极功能,实现刑罚的正义和预防犯罪的目的。由于刑罚必须与罪行的轻重相适应,故可以防止为了追求预防目的而出现畸重的刑罚;因为刑罚必须与犯罪人的再犯罪可能性相适应,"刑罚的严厉程度应该只为实现其目标而绝对必需",[42]故可以防止为了追求报应而科处不必要的刑罚。

基于上述分析,我们可以明确,量刑时应当在以下几个方面寻找根据:一是违法性的大小,二是有责性的程度,三是预防的必要性;前两者是从犯罪本身寻找根据;后者是从犯罪之外寻找根据。所以,将违法与责任作为犯罪的支柱,可以明确量刑的根据。

第十,将违法与责任作为犯罪论体系的支柱,有利于明确刑法条文中"罪"、"犯罪"的概念。

在将违法与责任作为犯罪论体系支柱的德国、日本等国,学者们常常将犯罪的本质与违法性的实质作为同一问题讨论。例如,有的学者在"违法性论"中讨论法益侵害说与规范违反说;[43]有的学者在讨论"犯罪的实质"时,介绍法益侵害说与规范违反说。[44]这意味着违法性的实质就是犯罪的本质,因而表明,具有违法性即是一种意义上的犯罪。

一般来说,犯罪是指具备了成立犯罪的全部条件的行为,即犯罪是具备违法性与有责性的行为。但是,犯罪的本质是法益侵害,在此意义上说,只要是侵犯了法益的行为,就具备了犯罪的本质。在我国,许多条文所称的“罪”与“犯罪”,也只是指符合客观要件的违法行为。例如,刑法第115条第1款规定:“放火、决水、爆炸以及投放毒害性、放射性、传染病病原体等物质或者以其他危险方法致人重伤、死亡或者使公私财产遭受重大损失的,处十年以上有期徒刑、无期徒刑或者死刑。”第2款规定:“过失犯前款罪的,处三年以上七年以下有期徒刑;情节较轻的,处三年以下有期徒刑或者拘役。”显然,第2款的“前款罪”,仅指客观上符合第1款规定的客观要件及其性质的行为(实施了引起火灾、水灾等行为并造成了致人重伤、死亡或者致使公私财产遭受重大损失的结果,且具有危害公共安全的性质);而不要求行为人像第1款那样出于故意。如果说,“罪”是指完全符合犯罪构成所有要件的行为,那么,就无法理解刑法第115条第2款。换言之,倘若说“罪”是指完全符合犯罪构成主客观要件的行为,那么,只能将刑法第115条第2款理解为:“过失犯前款故意犯罪致人重伤、死亡或者使公私财产遭受重大损失的,处三年以上七年以下有期徒刑。”这显然是不合适的。再如,刑法第20条第3款规定:“对正在进行行凶、杀人、抢劫、强奸、绑架以及其他严重危及人身安全的暴力犯罪,采取防卫行为,造成不法侵害人伤亡的,不属于防卫过当,不负刑事责任。”由于正当行为不能向不正当行为让步,所以,对于没有达到法定年龄、没有责任能力的人的不法侵害,在必要时也可以进行正当防卫,因此,上述条款中的“暴力犯罪”并不限于达到法定年龄、具有责任能力的人的暴力犯罪,对于不满14周岁的人实施的杀人、抢劫、强奸等严重危害人身安全的行为,可以进行正当防卫。这也表明,没有达到法定年龄的人的杀人、抢劫、强奸等行为,属于刑法第20条规定的暴力“犯罪”。

此外,刑法分则中有“犯盗窃、诈骗、抢夺罪”、“明知是犯罪的人”、“明知是有罪的人”、“明知是犯罪所得”等表述。即使坚持四要件体系的学者也不能不承认:“这些‘犯罪’在逻辑上只能是指客观方面的行为——即德国体系下具备构成要件该当性和违法性的‘客观的犯罪’(如13岁的人进行盗窃)。在德国体系下这根本不会成为问题(儿童当然也可以成立‘犯罪’),而在中国体系下却在语词关系上难以自圆其说——法律规定同理论体系及话语系统之间存在冲突,为被告人留下必然令控方尴尬的‘狡辩’空间。这是一个中国体系在技术上难以解决的问题(只能做而不好言说)。”[45]所谓只能做,是只能按照三阶层体系做;因为这种能做且应当做的事与四要件体系相冲突,故不好言说。

总之,以违法与有责为支柱的犯罪论体系,具有充根据与内要合理性。诚然,以客观与主观为支柱的犯罪论体系,与以违法与责任为支柱的犯罪论体系,不一定是完全对立的。但是,至少我国现行的四要件体系中的客观与主观,还不能完全和违法与责任相对应。例如,主体要件中既有违法要素(如特殊身份),也有责任要素(如责任能力)。再如,期待可能性的有无,是根据客观的附随情况所做的规范评价,它是责任问题,但不是"主观"问题。还如,目的是主观内心的东西,倘若按照客观与主观来划分,它必然属于主观;但倘若按照违法与责任来划分,目的是违法要素还是责任要素,抑或部分目的是违法要素、部分目的是责任要素,就是需要进一步讨论的问题。更为重要的是,对犯罪的实体的认识,不能停留在客观与主观两个概念上,犯罪论体系也不应当停留在客观与主观的描述性概念上。我国现行的"犯罪概念是评价的、犯罪构成是描述的"局面并不理想,犯罪概念与犯罪论体系,都应当直接体现评价。换言之,我们在构建犯罪论体系时,首先要明确刑法禁止什么、什么行为会受到刑法的否定评价(违法性);其次要明确的是,具备什么条件,才能将违法行为归责于行为人(有责性)。确定了违法要素之后,才能确定责任要素(例如,倘若采取行为无价值论,认为故意是违法要素,就会否认故意是责任要素)。所以,"刑法体系的未来,因此在于对刑法不法作内涵上的辨别,而不在于结构技术上区分构成要件和违法性"。[46]

三、以违法与责任构成犯罪论体系的障碍

不能不承认的是,在我国,以违法与责任为支柱构建犯罪论体系,可能存在语言上或者表述上的障碍。因为迄今为止,我国刑法学都是在另外一种意义上使用违法与责任的概念。但是,这种语言或者表述障碍,并不妨碍以违法与责任为支柱构建犯罪论体系。

(一)违法

如前所述,在传统的四要件体系中,(刑事)违法是等同于犯罪的,没有具备四个构成要件的行为不具有(刑事)违法性;具备四个构成要件的行为则具有(刑事)违法性。于是,说(刑事)违法不等于犯罪,难以被人们接受。也正因为如此,有的学者反对引进以违法与责任为支柱构建的三阶

层体系。

例如,有学者指出:“在中国长期形成的法制环境及法理学语境下,如果确定行为属于‘违法’(与‘不法’基本同义),则势必对行为人带来法律责任问题(违法必究)——中国语境下对行为性质的判断已经包含着对行为主体基本状况的判断。我们全无必要去指责一个精神病人或儿童实施了‘违法行为’——犹如情绪再激动理智上也无必要去指责一只抓伤了人的猴子。生活中人们怎么评价事物倒还无关紧要(认识往往是多元并不断变化的),但法律所给予的正式定性可得小心翼翼。我们指称儿童‘违法’或‘犯罪’,非但不利于教育和预防,反而增加误解与混乱。”[47]但在本文看来,这种说法还难以成为否定应当以违法与责任为支柱构建犯罪论体系的理由。

首先,在中国,“违法”一词原本就具有不同含义。“违法不等于犯罪”也是不绝于耳的说法;即使在其他法领域,违法也可能仅指客观的,而不包括非难可能性的内容。例如,即使行为人对违反交通规则没有任何主观上的过错,也被认定为违法。所以,违法概念的不同含义,并不是否定以违法与责任为支柱构建犯罪论体系的理由。易言之,“违法”本来就有多重含义,“违法必究”中的“违法”与作为犯罪成立条件之一或者犯罪支柱之一的“违法”,当然可以有不同含义。况且,“违法必究”中的“究”究竟是什么含义,也还可以深“究”。对于“违法必究”,既可能理解为对违法行为必须追究法律责任,也可能理解为对违法行为必须查明究竟,视情况分别处理。[48]

其次,儿童是否杀了人,是否侵害了他人的生命,与能否从法律上指责(谴责)他,完全是两回事;我们不能因为无法指责猴子,就否认猴子抓伤了人;也不能因为无法指责猴子,而否认他人被抓伤。换言之,肯定某些行为造成了法益侵害结果,只是表明这种行为是刑法所禁止的,因而不是正当的,并不意味着必然对之进行“指责”。显然,上述观点实际上将违法与责任融为一体了。

再次,刑法条文中的某些“违法”、“不法”概念,与犯罪就不是等同概念。例如,刑法第20条第1款规定:“为了使国家、公共利益、本人或者他人的人身、财产和其他权利免受正在进行的不法侵害,而采取的制止不法侵害的行为,对不法侵害人造成损害的,属于正当防卫,不负刑事责任。”

其中的不法不仅包括一般违法行为,而且包括纯客观的不法侵害行为,因而不等于犯罪。此外,刑法分则条文中"违法所得数额较大"之类的规定中的"违法"也不一定等同于"犯罪"。

最后,即使在大众语言中,将客观违法视为犯罪的现象也很普通。例如,在不满 14 周岁的儿童致人死亡后,其父母担心司法机关逮捕儿童而藏匿该儿童的现象大量存在。这既说明父母将客观违法当作犯罪了,也说明不懂法的父母知道儿童的行为违法,而不是做了什么好事。此外,我们经常听到"犯罪年龄下降"、"十二三岁就犯了某某罪"的说法。这也是将客观违法当作了犯罪。既然仅从法益侵害的角度理解违法性,在普通百姓中都没有障碍,在刑法学者与司法工作人员中就更不应当有障碍了。

反对以违法与责任为支柱构建阶层体系的学者还指出:"如果承认儿童或精神病人的侵害行为属于'违法'或'犯罪',在理论上便可推导对之可以实行正当防卫——正当防卫的条件可以完全符合,于是会出现不利于保护这类无责任能力人权益的负面后果。对此,应当区别不同情况分别对待:如果明知侵害人系无责任能力人,则只能实行紧急避险——能躲则躲,只有万不得已才可加害侵害人:如果不知,则当然可以实行防卫。在后一情形下,从行为人的角度将行为性质视为正当防卫并非不可(正当防卫诸条件均符合),但从法律压抑邪恶、张扬正义之效果考虑——毕竟是给无责任能力的人造成了事实上的损害,并无正面肯定、鼓励和张扬之必要,故在刑法上可按犯罪构成主观方面之规定性反向予以出罪(因防卫人并不明知'危害'结果),而无须再从正面评价为'正当防卫'(若一定须正面定性,应视为一般意义的可免责的'防卫行为')。"[49]

根据这种观点,无责任能力人的侵害,在被害人能躲避时不是"不法侵害",在防卫人知道时不是"不法侵害";但在被害人不能躲避时是"不法侵害",在防卫人不知时也是"不法侵害"。倘若如此,"不法侵害"便没有判断标准了;一个人的行为是否不法侵害,由被害人能否躲避来决定,由第三者是否认识到行为人无责任能力来决定的观点与做法,难以令人赞同。此外,在被害人知道却又不能躲避时,如何判断无责任能力人的侵害是否属于不法侵害呢?按照以违法与责任为支柱构建的三阶层或者二阶层体系,13 周岁的人故意杀人,也是违法的,当然可以进行正当防卫。此外,上述观点原本将违法与责任融为一体,可是,为了解决对儿童与精神病人的防卫问题,又不得不承认“可免责的‘防卫行为’”。这说明,区分违法与责任是十分必要的。

总之,在行为侵害了法益的实质意义上使用违法概念,表明刑法禁止的是法益侵害行为,既是必要的,也是可行的。

(二)责任

我国刑法典二十多次使用了“刑事责任”概念。在20世纪80年代中后期以及90年代初,我国刑法理论都是在犯罪的法律后果、犯罪后所应当承担的法律责任的意义上来理解刑事责任概念的。那么,将非难可能性意义上的责任作为犯罪论体系的支柱,是否会导致概念的混淆?笔者持否定回答。

首先,即使在采取以违法与责任为支柱的阶层体系的国外,刑事责任这一概念也有不同含义。在德国、日本,除了在非难可能性的意义上使用“Schuld”、“责任”概念外,还使用“Verantwortlichkeit”、“刑事责任”概念,后者“不是指上述意义的责任,而是指所谓罪责,即应该科处刑罚的地位,也称为刑责”。[50]这表明,德国的“Schuld”、日本的“责任”相当于我国刑法理论所说的“罪过”(当然,与心理责任论意义上的罪过相去甚远);而德国的“Verantwortlichkeit”、日本的“刑事责任”则相当于我国刑法理论所说的作为犯罪的法律后果的“刑事责任”。

其次,我国刑法理论上也存在非难可能性意义上的责任概念。如主体要件中的“刑事责任能力”与“刑事责任年龄”就是非难可能性意义上的概念,而不是犯罪后果意义上的责任。因为没有责任能力的人实施的杀人行为,虽然违法,但并不构成犯罪,而不是构成犯罪但不承担刑事责任。换言之,在法律后果意义上的刑事责任中,讨论刑事责任年龄与刑事责任能力并不合适。因为刑事责任年龄与刑事责任能力中的刑事责任,与作为犯罪后果的刑事责任,不是等同概念。[51]

再次,将刑事责任作为犯罪与刑罚的中介或者纽带,也存在疑问。因为犯罪与刑罚之间并不需要中介。在大陆法系国家与英美法系国家,都没有要求犯罪与刑罚之间有一个中介。各国刑法(包括我国刑法在内)分则关于犯罪与法定刑的规定,也表明犯罪与刑罚之间不需要中介。同样,要想使单纯作为犯罪与刑罚中介或者纽带的刑事责任具有实质意义,也是相当困难甚至不可能的。因为既然只是中介,只是起桥梁作用,就难以具有实质意义。更为重要的是,如果将刑事责任作为犯罪与刑罚之间的中介,形成犯罪—刑事责任—刑罚的刑法学体系,就忽略了犯罪的其他法律结果,即非刑罚处罚与单纯宣告有罪。退一步而言,即使将刑事责任作为犯罪与刑罚的中介,也不妨碍将非难可能性意义上的责任作为犯罪的支柱与基本要素。

最后,将德语的“Schuld”一词译为汉语的“责任”或许并不理想;将“Schuld”一词翻译为汉语的“罪过”似乎更合适(当然,笔者所称的罪过,并不是指故意与过失的上位概念,而是指非难可能性)。[52]但由于约定俗成的缘故,我们也大可不必将德国、日本刑法理论中的“Schuld”、“责任”全部改译为“罪过”,只要明确其内在含义并与我国刑法理论上的“刑事责任”相区别即可。换言之,我国的刑事责任概念,依然在犯罪的法律后果的意义上使用。将刑事责任列入犯罪论讨论的教科书,也并没有将刑事责任作为犯罪的成立条件。既然如此,我们只能在犯罪论中研究相当于德国、日本的“Schuld”、“责任”的罪过,而不应在犯罪论中研究作为犯罪的法律后果意义的“刑事责任”。

总之,“责任”一词本来就不是一义的,即使将刑事责任作为犯罪的法律后果或者作为犯罪与刑罚之间中介,也不妨碍将非难可能性意义上的责任作为犯罪的支柱之一。

此外还想说明的是,在我国的语境下,也可以说“犯罪的实体是客观危害与主观恶性,评价行为是否具有客观危害就看是否存在法益侵害性,评价行为人是否具有主观恶性就看是否存在谴责可能性(非难可能性)”。在此意义说,只要对客观危害与主观恶性存在实质评价标准,并以实质评价标准来对四要件体系略加改造即可。[53]但是,考虑到客观危害、主观恶性与违法、责任并不是完全对应的概念,考虑到客观危害与主观恶性不是递进关系,而是可以综合评价,考虑到我国刑法理论已经借鉴的一些具体理论都难以离开违法与责任概念,也考虑到国际学术交流的便利,[54]还是以违法与责任为支柱构建犯罪论体系为妥。

注释

1 [苏]A. H. 特拉伊宁:《犯罪构成的一般学说》,薛秉忠等译,中国人民大学出版社

1958年版,第15页。

2 [苏]A. H. 特拉伊宁:《犯罪构成的一般学说》,薛秉忠等译,中国人民大学出版社1958年版,第18、27、46页。

3 高铭暄主编:《新中国刑法科学简史》,中国人民公安大学出版社1993年版,第8页。

4 中央政法干部学校刑法教研室编著:《中华人民共和国刑法总则讲义》,法律出版社1957年版,第74~75页。

5 喻伟主编:《中国刑法学新教程》,武汉大学出版社1988年版,第28页。

6 中央政法干部学校刑法教研室编著:《中华人民共和国刑法总则讲义》,法律出版社1957年版,第56、61、63~64页。

7 高铭暄、马克昌主编:《刑法学》,北京大学出版社、高等教育出版社2007年版,第51~52页。

8 [苏]契希克瓦节主编:《苏维埃刑法总则》,中央人民政府法制委员会编译室、中国人民大学刑法教研室译,法律出版社1955年版,第206页。

9 高铭暄、马克昌主编:《刑法学》(上编),中国法制出版社1999年版,第87页。

10 [德]许迺曼:"刑法体系思想导论",载许玉秀、陈志辉合编:《不移不惑献身法与正义——许迺曼教授刑法事法论文选辑》,台北春风煦日论坛2006年版,第293页。

11 英美刑法理论将犯罪成立条件归纳为犯行(actus reus)与犯意(mens rea)的理论体系也存在同样的问题。

12 [德]许迺曼:"区分不法与罪责的功能",载许玉秀、陈志辉合编:《不移不惑献身法与正义——许迺曼教授刑法事法论文选辑》,台北春风煦日论坛2006年版,第424页。许迺曼同时指出:将客观归入违法、将主观归入责任"是仓促而错误的",因为存在客观的责任要素与主观的违法要素(同上)。

13 [德]许迺曼:"区分不法与罪责的功能",载许玉秀、陈志辉编:《不移不惑献身法与正义——许迺曼教授刑事法论文选辑》,台北春风和煦学术基金2006年版,第416页。

14 在德国的三阶层体系中,第二阶层的要件被称为"违法性"(Rechtswidrigkeit);又由于构成要件是违法类型,于是,将符合构成要件且违法的情形,称为"不法"(Unrecht)。违法性概念强调的是行为的性质(价值判断),是对于对象的评价;由于符合构成要件的行为是评价对象,所以,不法概念包括了违法性的评价对象与对于对象的评价(C. Roxin, Strafrecht Allgemeiner Teil, Band Ⅰ, 4. Aufl., München: C. H. Beck, 2006, S. 600f.)。

15 [德]冈特·施特拉腾韦特、洛塔尔·库伦:《刑法总论Ⅰ——犯罪论》,杨萌译,法律出版社2006年版,第81页。

16 [日]井田良:《刑法总论の理论构造》,成文堂2005年版,第1页。大陆与我国台湾地区的部分学者,将德语的"Schuld"(即本文所称责任)翻译为"罪责"。

17 在实行罪刑法定原则的时代,违法以行为符合构成要件为前提。符合构成要件并且违法(不具有违法阻却事由)的情形,称为不法。本文所称的“违法”实际上是指不法。

18 [美]约翰·马丁·费舍、马克·拉维扎:《责任与控制》,杨绍刚译,华夏出版社2002年版,第2页。

19 徐向东:《理解自由意志》,北京大学出版社2008年版,第11页。道德责任是与因果责任相对的概念。道德责任并不特别需要与道德上的对错相联系,而是与人的反应性态度相联系。可以认为,在刑法上,因果责任是客观归责问题,而道德责任是主观归责问题。但是,这并不意味着刑法上的责任是一种伦理责任或者道义责任。

20 [美]B.维纳:《责任推断:社会行为的理论基础》,张爱卿、郑葳等译,华东师范大学出版社2004年版,译者导言,第5、9页。

21 参见[日]前田雅英:《刑法总论讲义》,东京大学出版会2006年第4版,第36页以下。

22 [日]山口厚:《刑法总论》,有斐阁2007年版,第101页。

23 [德]许迺曼:“刑事不法之体系”,载许玉秀、陈志辉合编:《不移不惑献身法与正义——许迺曼教授刑法事法论文选辑》,台北春风煦日论坛2006年版,第201页。

24 [德]许迺曼:“刑法体系思想导论”,载许玉秀、陈志辉合编:《不移不惑献身法与正义——许迺曼教授刑法事法论文选辑》,台北春风煦日论坛2006年版,第293页。

25 参见[德]许迺曼:“千喜年后的德国刑法学”,载许玉秀、陈志辉合编:《不移不惑献身法与正义——许迺曼教授刑法事法论文选辑》,台北春风煦日论坛2006年版,第173页。

26 [德]许迺曼:“区分不法与罪责的功能”,载许玉秀、陈志辉合编:《不移不惑献身法与正义——许迺曼教授刑法事法论文选辑》,台北春风煦日论坛2006年版,第429页。

27 参见[德]许迺曼:“刑法体系思想导论”,载许玉秀、陈志辉合编:《不移不惑献身法与正义——许迺曼教授刑法事法论文选辑》,台北春风煦日论坛2006年版,第297页。

28 参见[日]木村龟二编:《刑法学入门》,有斐阁1957年版,第219页以下。

29 [英]J.C.史密斯、B.霍根:《英国刑法》,李贵方等译,法律出版社2000年版,第215页。

30 [美]约书亚·德雷斯勒:《美国刑法精解》,王秀梅等译,北京大学出版社2009年版,第199~200页;另参见储槐植:《美国刑法》,北京大学出版社2005年版,第65~66页。

31 参见[美]约书亚·德雷斯勒:《美国刑法精解》,王秀梅等译,北京大学出版社2009

年版,第201页;[日]井田良:《讲义刑法学·总论》,有斐阁2008年版,第278页。

32 Claus Roxin, Strafrecht Allgemeiner Teil, Band I, 4. Aufl., München: C. H. Beck, 2006, S. 648.

33 [德]许迺曼:"刑法体系思想导论",载许玉秀、陈志辉合编:《不移不惑献身法与正义——许迺曼教授刑法事法论文选辑》,台北春风煦日论坛2006年版,第272页。

34 高铭暄、马克昌主编:《刑法学》,北京大学出版社、高等教育出版社2007年版,第552页。

35 当然,在社会救助制度日益完善的情况下,不可滥用期待可能性理论,为重婚者开脱罪责。

36 英美刑法理论是通过抗辩事由来解决这一问题的。"如果D杀死V是因为精神失常,头脑清醒的X提供D枪支用以犯罪,尽管D因为精神原因而无罪释放,但没有任何法律理由使X不被定为杀人罪,因为她头脑清醒地提供了帮助。毕竟一个错误行为已经发生了,即V的死亡。D因为头脑问题而免除刑事责任的事实不能阻止一个帮助其实施违法行为的正常人受到惩罚。"([美]约书亚·德雷斯勒:《美国刑法精解》,王秀梅等译,北京大学出版社2009年版,第200页)。

37 [德]莫里茨·石里克:"人何时应该负责任",载徐向东编:《自由意志与道德责任》,江苏人民出版社2006年版,第59~60页。

38 [德]许迺曼:"刑法罪责理论的现状",载许玉秀、陈志辉合编:《不移不惑献身法与正义——许迺曼教授刑法事法论文选辑》,台北春风煦日论坛2006年版,第573页。

39 [德]许迺曼:"罪责原则在预防刑法中的功能",载许玉秀、陈志辉编:《不移不惑献身法与正义——许迺曼教授刑事法论文选辑》,台北春风和煦学术基金2006年版,第606页。

40 2006年4月21日晚10时,被告人许霆来到天河区黄埔大道某银行的ATM取款机取款。许霆取出1000元后,发现银行卡账户里只被扣了1元,于是,许霆连续取款5.4万元。当晚,许霆回到住处,将此事告诉了同伴郭某。两人随即再次提款,之后反复操作多次。后经查实,许霆先后取款171笔,合计17.5万元;郭某取款1.8万元。事后,二人各携赃款潜逃。

41 [日]平野龙一:《刑法总论I》,有斐阁1972年版,第27页。

42 [英]吉米·边沁:《立法理论——刑法典原理》,李贵方等译,中国人民公安大学出版社1993年版,第78页。

43 [日]前田雅英:《刑法总论讲义》,东京大学出版会2006年版,第48页以下。

44 [日]木村光江:《刑法》,东京大学出版会1997年版,第21页。

45 冯亚东、邓君韬:"德国犯罪论体系对中国之启示",载《国家检察官学院学报》2009年第1期。

46 [德]许迺曼:"刑法体系思想导论",载许玉秀、陈志辉合编:《不移不惑献身法与正义——许迺曼教授刑法事法论文选辑》,台北春风煦日论坛2006年版,第296页。

47 冯亚东、邓君韬:"德国犯罪论体系对中国之启示",载《国家检察官学院学报》2009年第1期。

48 笔者于2009年8月11日上午在北京中央电视塔附近不得已短暂地坐了一趟黑车。上车后,司机在人行道上逆行了十几米远。笔者立即问司机:"你这样违法不怕警察吗?"司机说:"现在警察都在长安街上。再说,违法与犯法不同。我只是违法但没有犯法,对违法只是批评教育就可以了,对犯法才能处罚。"

49 冯亚东、邓君韬:"德国犯罪论体系对中国之启示",载《国家检察官学院学报》2009年第1期。

50 [日]大塚仁:《刑法概说(总论)》,有斐阁2008年版,第437页。

51 参见张明楷:《刑法学》(上),法律出版社1999年版,第164页以下。

52 参见张明楷:"犯罪论体系的思考",载《政法论丛》2003年第6期。

53 参见黎宏:"我国犯罪构成体系不必重构",载《法学研究》2006年第1期。

54 遗憾的是,我们没有提出让德国、日本学者借鉴的理论(如所周知,将社会危害性作为犯罪本质,采取四要件体系,都不是我们的创造),没有办法让他们向我们看齐。

张明楷代表作

贰

构成要件与量刑规则

构成要件是一个特殊的技术性概念。大体可以认为，构成要件是刑法规定的，行为成立犯罪所必须符合的违法类型。对于构成要件可以从不同角度进行分类，如基本构成要件与修正构成要件，普通的构成要件、加重的构成要件与减轻的构成要件。一般认为，刑法分则条文所规定的罪状（如刑法第232条规定的“故意杀人的”），就是犯罪的构成要件。与普通的构成要件相对应的是基本法定刑；与加重构成要件相对应的则是加重法定刑。但是，作为适用加重法定刑前提的加重罪状，是否均属于加重构成要件，换言之，如何区分加重构成要件与量刑规则，是需要进一步讨论的问题。

一、通说的疑问

我国刑法理论长期以来将犯罪构成分为普通的犯罪构成与派生的犯罪构成。“普通的犯构成，又称独立的犯罪构成，是指刑法条文对具有通常法益侵害程度的行为所规定的犯罪构成。派生的犯罪构成，是指以普通的犯罪构成为基础，因为具有较轻或较重法益侵害程度而从普通的犯罪构成中衍生出来的犯罪构成。它包括加重的犯罪构成和减轻的犯罪构成两种情况。”[1]根据这种观点，情节严重、情节特别严重这类抽象的升格条件与数额巨大、入户抢劫等具体的升格条件，都属于加重的犯罪构成（或加重的构成要件）；情节较轻则属于减轻的犯罪构成（或减轻的构成要件）。[2]但是，这种通说至少存在以下三个问题：

注　原文标题为“加重构成与量刑规则的区分”，发表于《清华法学》2011年第1期。

第一,刑法理论将犯罪构成分为普通的犯罪构成与加重、减轻的犯罪构成,同时认为犯罪构成是区分罪数的基本标准。既然如此,就意味着加重、减轻的犯罪构成不同于普通的犯罪构成,一个行为人以 A 行为实现了普通的犯罪构成,又以 B 行为实现了加重的犯罪构成时,理应认为该行为触犯了两个不同的犯罪构成,成立两个不同的犯罪。既然是两个不同的犯罪,就表明触犯的是两个不同的罪名。例如,甲一次拦路抢劫,一次入户抢劫,两个行为分别符合了一个普通(抢劫罪)的犯罪构成与一个加重(抢劫罪)的犯罪构成,应当认定为两个犯罪。可事实上,刑法理论与司法解释又没有根据加重、减轻的犯罪构成确定罪名,只是根据普通的犯罪构成确定了罪名。例如,刑法理论认为刑法第 263 条规定的 8 种法定刑升格的情形属于加重的犯罪构成,但又不认为刑法第 263 条在普通抢劫罪之外,另规定了 8 种加重的抢劫罪名。这是很矛盾的现象。要解决这个问题,必须重新确定分则条文的罪名。例如,将刑法第 263 条规定的犯罪确定为两个罪名:抢劫罪与加重抢劫罪;将刑法第 234 条规定的犯罪确定为故意伤害罪、重伤罪、伤害致死罪与残忍伤害罪;将刑法第 239 条规定的犯罪确定为绑架罪、绑架杀人罪、绑架伤人罪。显然,这是一个牵一发动全身的问题,本文不可能在有限的篇幅内对此展开全面论述。况且,有关权力机关会以重新确定罪名过于复杂、不利于司法实践认定犯罪为由予以拒绝,因而不会推翻以前确定的罪名来解决这一自相矛盾的问题。理论界的一些人们也会以各种理由(如成本过高、不能照搬国外)和心态予以拒绝。

第二,如所周知,刑法第 232 条所规定的“情节较轻”,也被刑法理论称为减轻的犯罪构成。其实,这种归类并不妥当。罪刑法定原则决定了刑法必须将各种犯罪进行分类,即使是侵害相同法益的行为,为了避免构成要件过于抽象与概括,也必须尽可能进行分类,否则罪刑法定原则就不可能在任何程度上得以实现。[3]所以,通过设定某些要素对犯罪进行分类,既是为了明确处罚范围,也是为了标明此罪与彼罪的关系(界限)。从立法技术上说,“所谓不法,是对于行为的一个负面(因此该入罪)的评价。因此构成不法之要件,必然也是能够符合此一基本性质。逻辑上不可能的是,一个概念被列为某一犯罪类型的不法要件的同时,此一要件的负面概念也被列为同一犯罪类型的不法要件”。“用一个比喻的说法:如果‘凶狠’被列为杀人罪的不法要件,那么‘仁慈’就不可能也是杀人罪的不法要件。如果在杀人罪的犯罪条文体系中,在'凶狠'作为不法要件的同时,又出现'仁慈'的文字,那么后者并不是在表达一个构成犯罪的要件,而是在强调其与凶狠杀人的不法(因此影响法定刑)程度上的区别而已。"[4]基于同样的理由,在我国刑法分则中,当法条已经规定了基本罪状时,"情节较轻"不可能同时成为一个犯罪的构成要件要素。所以,刑法第232条规定"情节较轻",只是为了区分违法、责任程度不同的故意杀人(进而分别规定不同的法定刑),而不是所谓减轻的犯罪构成。

第三,刑法理论在使用加重犯罪构成概念的同时,也使用法定刑升格条件的概念,而且二者的外延相同。亦即,所有法定刑升格的条件,也都是加重的犯罪构成要件;反之亦然。然而,加重的犯罪构成与法定刑升格的条件,不应当是外延相同的概念。因为前者侧重的是构成要件,后者侧重的是法定刑,法定刑加重并不一定意味着构成要件发生变化。换言之,刑法理论所确定的加重、减轻的犯罪构成过于宽泛,没有区分真正的加重、减轻的犯罪构成与单纯的量刑规则(单纯的法定刑升格或者减轻条件),而是将单纯的量刑规则也纳入加重、减轻的犯罪构成。

二、构成要件与量刑规则的区分标准

关于加重、减轻的构成要件(或犯罪构成)与单纯的量刑规则的关系,有必要先考察德国刑法规定及其刑法理论的观点。

在德国,基本构成要件所规定的犯罪与构成要件的变异所形成的犯罪,当然属于不同的犯罪。例如,德国刑法第212条规定了普通的故意杀人罪(基本犯罪),德国刑法第216条第1款规定:"受被害人明确且认真的要求而杀人的,处六个月以上五年以下自由刑。"该款规定的基于要求的杀人罪可谓减轻的构成要件,但它依然以符合普通的故意杀人罪的构成要件为前提。例如,行为人必须实施了杀人行为并致人死亡,必须具有杀人故意等。再如,德国刑法第249条规定了普通抢劫罪,第250条规定的则是加重抢劫罪(加重的构成要件)。只有当行为实现了普通抢劫罪的构成要件,并且具备了加重的构成要件要素,才能适用加重的构成要件的法律后果。概言之,加重、减轻构成要件的实现,都以符合基本犯罪构成要件为前提,所以,加重、减轻构成要件并没有修改基本构成要件,只是增加或者减少了不法内容。由于基本构成要件与加重构成要件所规定的是不同的犯罪，因此，在原本存在加重构成要件事实，但行为人误认为仅存在基本构成要件事实时，就属于构成要件的事实认识错误，只能按基本犯罪处理。所以，德国刑法第16条第2款规定："行为人在实施行为时错误地以为是较轻的法律的构成要件，可以因为故意的实施只受到该较轻的法律的处罚。"据此，当行为客观上符合德国刑法第250条规定的加重抢劫罪的构成要件，但行为人仅认识到了普通抢劫罪的事实时，就只能认定为普通抢劫罪。以我国刑法第263条的规定为例。当行为人误将军用物资当作普通财物抢劫时，不能适用抢劫军用物资的法定刑，只能认定为普通的抢劫罪。[5]

德国刑法与刑法理论明确区分构成要件的变异与单纯量刑规则的通例。例如，德国刑法第242条规定了普通盗窃罪的构成要件与法定刑，第243条第1款规定："犯盗窃罪情节特别严重的，处三个月以上十年以下自由刑。具有下列情形之一的，通常属于情节特别严重：(1)在实施行为时侵入、翻越、用假钥匙或者其他不属于正当开启的工具进入建筑物、办公或者商业空间或者其他封闭的空间或者隐藏在该空间中；(2)从封闭的容器或者其他有防盗设备的场所盗窃物品的；(3)职业盗窃的；(4)从教堂或者其他服务于宗教活动的建筑物或者空间中盗窃被献于神职或者服务于宗教崇敬的物品；(5)盗窃处于一般可进入的收集场所中的或者被公开展览的具有科学、艺术或者历史或者用于技术发展意义的物品……"这种规定的特点是，虽然法条所列举的事例"通常"属于情节特别严重，但在具体案件中，即使存在法条所列举的通例，法官依然可能不认定为情节特别严重；反之，即使不存在法条所列举的通例，法官也可能认定为情节特别严重。由于存在法条列举的通例也不一定加重刑罚，不存在法条列举的通例也可能加重刑罚，所以，法条所列举的通例就不具有构成要件的特点，因而仅属于单纯的量刑规则的通例。[6]

本文的基本观点是，刑法分则条文单纯以情节(特别)严重、情节(特别)恶劣以及数额或数量(特别)巨大、首要分子、多次、违法所得数额巨大、犯罪行为孳生之物数量(数额)巨大作为升格条件时，只能视为量刑规则(当然，与德国刑法中的量刑规则存在区别)；刑法分则条文因为行为、对象等构成要件要素的特殊性使行为类型发生变化，进而导致违法性增加，并加重法定刑时，才属于加重的构成要件(或犯罪构成)。[7]

"构成要件是刑罚法规规定的行为类型,其具体内容是通过刑罚法规的解释决定的。因此,构成要件并不一定等同于刑罚法规的文言。"换言之,"并不是使行为成为犯罪的当罚的、可罚的要素,都属于构成要件要素;只有某犯罪中所固有的、类型的可罚的要素,才是构成要件要素"。[8]根据违法类型说的观点,只有表明违法行为类型的特征才属入构成要件要素。而情节严重、数额巨大、首要分子、多次(或者对多人实施)、犯罪行为孳生之物数量(数额)巨大、违法所得数额巨大,虽然是表明违法性加重的要素,但并不属于表明违法行为类型的特征。

第一,数额巨大(数额特别巨大;数量巨大与数量特别巨大)。例如,盗窃他人5000元人民币、盗窃他人5万元人民币、盗窃他人50万元人民币的行为类型或特征是完全相同的,所不同的只是违法程度。同样,盗伐林木5立方米(数量较大)、盗伐林木50立方米(数量巨大)、盗伐林木500立方米(数量特别巨大)[9]三种情形的行为类型完全相同,只是违法程度存在差异。[10]联系刑法分则的相关规定,也能得出数额(特别)巨大仅属于量刑规则的结论。例如,刑法第382条规定了贪污罪的罪状(构成要件),第383条原本规定了贪污罪的处罚标准(具体数额)。显然,第383条中关于具体数额的规定,完全可能转换成数额较小、较大、巨大、特别巨大之类的规定,《刑法修正案(九)》正是这样修改了第383条。然而,不可能认为刑法第383条第1款第(二)、(三)项的内容(不管是修改前还是修改后)属于加重的犯罪构成要件,相反只能认为其是关于量刑规则的规定。除了数额不影响行为类型之外,还有其他理由。例如,对受贿罪的处罚也适用刑法第383条的规定,倘若认为刑法第383条第1款第(二)、(三)项的内容是贪污罪的加重构成要件,那就意味着受贿罪的加重构成要件与贪污罪的加重构成要件是完全相同的。可是,这种结论是不成立。但我们可以说,受贿罪与贪污罪的量刑规则是相同的。既然刑法分则中对数额(特别)巨大的具体规定属于量刑规则,那么,盗窃、诈骗等罪中的数额(特别)巨大,当然也是量刑规则。不同的仅仅是,刑法原第383条对贪污罪明确规定了数额(特别)巨大的具体标准,导致法官的自由裁量权减少;而盗窃、诈骗等罪中的数额(特别)巨大的具体标准,由司法解释或者法官决定。换言之,在《刑法修正案(九)》颁布之前,贪污罪是由立法确定数额(特别)巨大的标准,而盗窃、诈骗等罪则是由司法确定数额(特别)巨大的标准。在这种情形下,不可认为前者属于量刑规则,后者属于加重构成要件;也不能认为前者属于加重构成要件,后者属于量刑规则。妥当的结论是,二者均属于量刑规则,只不过一个是较为具体的量刑规则,一个是较为抽象的量刑规则。

第二,情节严重(情节特别严重;情节恶劣与情节特别恶劣)。例如,刑法第152条规定:"以牟利或者传播为目的,走私淫秽的影片、录像带、录音带、图片、书刊或者其他淫秽物品的,处三年以上十年以下有期徒刑,并处罚金;情节严重的,处十年以上有期徒刑或者无期徒刑,并处罚金或者没收财产;情节较轻的,处三年以下有期徒刑、拘役或者管制,并处罚金。"最高人民法院2000年9月26日《关于审理走私刑事案件具体应用法律若干问题的解释》第5条第1款至第3款规定,"走私淫秽物品达到下列数量之一的,属于走私淫秽物品罪'情节较轻',处3年以下有期徒刑、拘役或者管制,并处罚金:(一)走私淫秽录像带、影碟50盘(张)以上至100盘(张)的;(二)走私淫秽录音带、音碟100盘(张)以上至200盘(张)的;(三)走私淫秽扑克、书刊、画册100副(册)以上至200副(册)的;(四)走私淫秽照片、画片500张以上至1000张的;(五)走私其他淫秽物品相当于上述数量的。""走私淫秽物品在本条第二款规定的最高数量以上不满最高数量5倍的,处3年以上10年以下有期徒刑,并处罚金。""走私淫秽物品在本条第二款规定的最高数量5倍以上,或者虽不满最高数量5倍,但具有是犯罪集团的首要分子或者使用特种车进行走私等严重情节的,属于走私淫秽物品罪'情节严重',处10年以上有期徒刑或者无期徒刑,并处罚金或者没收财产。"这一司法解释表明,情节较轻、情节一般与情节严重,也只是量的变化(违法程度的变化),而不是违法行为类型的改变。所以,情节严重这类要素,并不会使违法行为类型发生变化,故不应属于加重的犯罪构成要件,只能视为量刑规则。[11]

第三,首要分子。首要分子并不是特殊主体,而是在犯罪过程起组织、策划、指挥作用的人,其行为的违法程度大于其他参与行为。换言之,在犯罪过程中,首要分子所组织、策划、指挥的犯罪与参加者具体实施的犯罪,是行为类型与性质完全相同的犯罪。所以,当刑法分则将首要分子作为法定刑升格条件时,并不意味着其违法行为类型发生了变化。

第四,多次。多次只是对行为次数的要求,而不是违法行为类型的变化。例如,多次抢劫时,每次抢劫都必须符合抢劫罪的构成要件。换言之,多次抢劫只是三次以上抢劫的集合,并没有使抢劫罪的构成要件发生变化,故不属于加重的犯罪构成要件。同样,对多人实施犯罪(如强奸妇女多人)时,也只是使法益侵害范围增加(也可谓“多次”的另一种表述),而不会使强奸罪的构成要件发生变化。

第五,违法所得数额巨大(特别巨大)。例如,刑法第 175 条第 1 款规定:“以转贷牟利为目的,套取金融机构信贷资金高利转贷他人,违法所得数额较大的,处三年以下有期徒刑或者拘役,并处违法所得一倍以上五倍以下罚金;数额巨大的,处三年以上七年以下有期徒刑,并处违法所得一倍以上五倍以下罚金。”假定违法所得数额较大的起点为 5 万元,违法所得数额巨大的起点为 25 万元,不管行为人高利转贷违法所得是 5 万元,还是 25 万元,其违法行为的类型没有丝毫变化。

第六,犯罪行为孳生之物数量(数额)巨大(特别巨大)。刑法第 170 条第 1 款将“伪造货币数额特别巨大”规定为法定刑升格的条件。不可否认,伪造的货币数额越大,违法性就越严重。但这种仅表明违法性程度的要素,不会使伪造货币罪的违法行为类型发生变化。

不可否认,从表面上看,“某人盗窃数额巨大未遂”的说法,似乎没有不合理之处。但是,“某人盗窃情节严重未遂”(或“某人的盗窃行为有达到情节严重的可能性,故认定为情节严重的未遂”)的说法,是不成立的。当情节严重是法定刑升格条件时,只有当案件已经现实地属于情节严重时,才能适用升格的法定刑。将“具有情节严重的可能性”或者“具有情节严重的危险”情形,认定为情节严重的未遂犯,是不可能被人接受的。换言之,即使“具有情节严重的可能”的说法是成立的,也不可能适用情节严重的法定刑,再适用刑法总则关于未遂犯的规定予以处罚。所以,情节严重作为法定刑升格条件,只是量刑规则,而不可能成为加重的犯罪构成。数额(特别)巨大实际上也只是情节严重的一种表现形式。如所周知,司法解释针对情节(特别)严重所规定的情形,首先就是数额较大或者巨大。[12]既然如此,说“某人盗窃数额巨大未遂”就是难以成立的。否则,就会出现如下难以令人思议的现象:不存在情节严重未遂,但当司法解释将情节(特别)严重量化为数额(特别)巨大时,则存在数额巨大未遂;根据刑法条文的规定,原本不存在情节严重未遂,但经由司法解释便存在情节严重未遂。显然，只有将数额（特别）巨大作为量刑规则看待，才可以避免上述不当现象。基于同样的理由，“某人成为首要分子未遂”的说法，并不成立。亦即，即使在聚众犯罪或者集团犯罪中，某人具有成为首要分子的可能性，但只要他还不是首要分子，就不能适用首要分子的法定刑再适用未遂犯的规定。“某人实施了两次抢劫，属于多次抢劫的未遂”的说法，也不成立。亦即，即便行为人已经实施了两次行为，并且意欲第三次实施抢劫行为，也不可能认定多次抢劫的未遂（不能适用多次抢劫的法定刑）。显然，在行为“有违法所得数额巨大的可能”时，同样不可能适用升格的法定刑。

我国刑法分则之所以存在大量的以情节严重、数额巨大、首要分子、多次、犯罪行为孳生之物数量（数额）巨大、违法所得数额较大作为法定刑升格条件的规定，只是为了限制法官的自由裁量权。一方面，我国人口多、国土大、各地各方面的差异很大，相同的行为在不同地方所受到的否定评价程度并不相同，所以，一个犯罪的法定刑幅度不能太小。否则，一部刑法典就难以在全国普遍适用。另一方面，重刑观念不仅影响着我国的刑事司法，也影响了我国的刑事立法，导致犯罪的法定最高刑普通较重。以上两点决定了我国刑法分则对常见犯罪、较为严重犯罪所规定的法定刑幅度必须较大（最低刑至最高刑之间的幅度较大）。为了防止法官恣意裁量刑罚，刑事立法便将一个犯罪的法定刑细分为二到三个档次，于是出现了许多将情节（特别）严重、数额（特别）巨大、首要分子、多次、犯罪行为孳生之物数量（数额）（特别）巨大、违法所得数额（特别）巨大分别作为第二档次、第三档次的法定刑的适用标准。

与各地发展平衡、没有重刑观念的一些国家的刑法相比，就可以明确这一点。例如，日本刑法第 235 条规定：“窃取他人财物的，是盗窃罪，处十年以下惩役或者五十万元以下罚金。”第 246 条第 1 项规定：“欺骗他人使之交付财物的，处十年以下惩役。”显然，这两个罪的法定刑，分别相当于我国刑法第 264 条与第 266 条所规定的前两档法定刑。日本刑法没有将“十年以下惩役”细分为两个档次，大体是因为立法者相信法官会作出公正的裁量；没有规定更重的法定刑，是因为日本没有重刑观念，或者说在日本的立法者看来，对任何严重的盗窃罪与诈骗罪，判处 10 年惩役就足够了。这反过来说明，我国刑法就盗窃罪、诈骗罪所规定的数额巨大、特别巨大、情节严重、情节特别严重，就是为了规范量刑，而没有其他特别意义，或者说并不意味着盗窃罪、诈骗罪有三个犯罪构成。再如，经过2004年修改后的日本刑法第199条规定："杀人的，处死刑、无期或者五年以上惩役。"在2004年之前，该条的规定是："杀人的，处死刑、无期或者三年以上惩役。"不难看出，该法定刑与我国刑法第232条规定的法定刑完全相同。但日本的立法者并没有将这一法定刑细分为两个档次的法定刑，而是完全由法官公正裁量。[13]这反过来说明，我国刑法第232条对故意杀人罪规定两个档次的法定刑（单独规定情节较轻的法定刑），也只是为了规范量刑，而不是意味着故意杀人罪有两个犯罪构成。

三、构成要件与量刑规则的区分意义

区分加重构成要件、减轻构成要件与量刑规则具有重要意义，突出地表现在如何处理犯罪形态以及如何适用法定刑的问题上。[14]我国刑法总则规定对未遂犯原则上予以处罚，虽然事实上对情节较轻的故意犯罪的未遂不会追究刑事责任，但对严重犯罪的未遂一般以犯罪论处。未遂是相对于既遂而言的，按照刑法理论的通说，刑法分则所规定的基本的犯罪构成与加重的犯罪构成，都以既遂为模式。所以，故意的基本犯存在未遂犯，故意的加重犯（如故意的结果加重犯）也存在未遂犯。概言之，当行为人的行为符合加重的犯罪构成的行为类型，只是没有发生既遂结果时，就成立加重犯的未遂犯，适用加重法定刑同时适用未遂犯的规定。[15]例如，入户抢劫未遂的，适用入户抢劫的法定刑，同样适用刑法总则关于未遂犯的规定。再如，在公众场所当众强奸妇女未遂的，适用刑法第236条第3款规定的加重法定刑，同时适用刑法总则关于未遂犯的规定。但是，量刑规则是不可能存在所谓未遂的。换言之，只有当案件事实完全符合某个量刑规定时，才能按照该规定量刑。例如，假定盗窃罪的数额较大、巨大与特别巨大的起点分别为3000元、3万元与30万元，甲潜入某博物馆，意图窃取价值30万元的一幅画，虽然已经着手，但由于意志以外的原因未得逞。如果认为，刑法第264条对数额特别巨大及其法定刑的规定内容，属于加重的犯罪构成要件，那么，对甲理所当然地要适用数额特别巨大的法定刑，并适用刑法总则关于未遂犯的处罚规定。如若认为，刑法第264条对数额特别巨大及其法定刑的规定内容，只是量刑规则，亦即，只有盗窃数额客观上达到了巨大或者特别巨大，才能适用相应的法定刑，那么，对甲就不能适用数额特别巨大的法定刑，而只能适用基本犯的法定刑（数额较大的法定刑），同时适用刑法总则关于未遂犯的处罚规定。

如前所述，本文认为刑法关于情节严重、数额巨大的规定只是量刑规则，因而主张后一种做法。事实上，后一种做法才符合罪刑相适应原则。例如，A 盗窃 29 万元既遂，B 意图盗窃 30 万元未遂。按照上述第一种做法，对 A 可能判处的最低刑为 3 年徒刑，可能判处的最高刑为 10 年徒刑，而对 B 可能判处的最低刑为 10 年徒刑，可能判处的最高刑为无期徒刑。诚然，对 B 可以适用刑法总则关于未遂犯的处罚规定，尽管如此，对 B 的处罚仍然会重于对 A 的处罚。然而，A 的盗窃行为已经给他人财产造成了实害，B 的盗窃行为只是有造成他人财产损失 30 万元的危险，所以，B 的盗窃行为的违法程度肯定轻于 A 的盗窃行为的违法程度。[16]不难看出，上述第一种做法有悖罪刑相适应原则。这又说明，对于刑法分则所规定的情节严重、数额巨大，只能视为量刑规则，而不能理解为加重的犯罪构成要件。

再如，刑法第 217 条规定："以营利为目的，有下列侵犯著作权情形之一，违法所得数额较大或者有其他严重情节的，处三年以下有期徒刑或者拘役，并处或者单处罚金；违法所得数额巨大或者有其他特别严重情节的，处三年以上七年以下有期徒刑，并处罚金。"根据最高人民法院、最高人民检察院 2004 年 12 月 8 日《关于办理侵犯知识产权刑事案件具体应用法律若干问题的解释》第 5 条的规定，违法所得数额在 3 万元以上的，属于违法所得数额较大，非法经营数额在 5 万元以上的，属于有其他严重情节；违法所得数额在 15 万元以上的，属于违法所得数额巨大，非法经营数额在 25 万元以上的，属于有其他特别严重情节。按照本文的观点，上述违法所得数额巨大与有其他特别严重情节，并不是所谓加重的犯罪构成要件，只是量刑规则。所以，既不存在违法所得数额巨大情形的未遂犯，也不存在情节特别严重情形的未遂犯。换言之，只要行为的违法所得数额客观上没有达到 15 万元以上，不管行为人主观上意欲获得的违法数额是多少，都不可能适用违法所得数额巨大的法定刑。同样，只要非法经营数额客观上没有达到 25 万元以上（也没有司法解释规定的其他特别严重情节），就不可能适用有其他特别严重情节的规定。

司法实践中经常发生一个行为人实施同一种财产犯罪有时既遂、有时未遂的案件。最高人民法院、最高人民检察院2011年3月1日《关于办理诈骗刑事案件具体应用法律若干问题的解释》第6条规定："诈骗既有既遂，又有未遂，分别达到不同量刑幅度的，依照处罚较重的规定处罚；达到同一量刑幅度的，以诈骗罪既遂处罚。"最高人民法院、最高人民检察院2013年4月2日《关于办理盗窃刑事案件适用法律若干问题的解释》第12条第2款规定："盗窃既有既遂，又有未遂，分别达到不同量刑幅度的，依照处罚较重的规定处罚；达到同一量刑幅度的，以盗窃罪既遂处罚。"最高人民法院2016年1月6日《关于审理抢劫刑事案件适用法律若干问题的指导意见》指出："对以数额巨大的财物为明确目标，由于意志以外的原因，未能抢到财物或实际抢得的财物数额不大的，应同时认定'抢劫数额巨大'和犯罪未遂的情节，根据刑法有关规定，结合未遂犯的处理原则量刑。"但在本文看来，这样的解释不符合常理，也会导致罪刑不均衡。

例如，甲一次盗窃他人价值2万元的财物，另一次盗窃价值30万元的财物未遂。按照上述司法解释的规定，对甲应当适用数额特别巨大的法定刑，既要适用刑法总则关于未遂犯的处罚规定，又将盗窃2万元财物作为从重处罚的情节。但是，这种做法明显不当。其一，明明存在盗窃2万元财物既遂的情形，却要认定为盗窃未遂，违背了事实与常理。其二，一方面认为盗窃数额特别巨大是加重的犯罪构成要件，另一方面又不将甲的行为认定为两个盗窃罪（前者为普通盗窃既遂，后者为加重盗窃未遂），这与罪数原理相冲突。其三，在适用刑法总则关于未遂犯的处罚规定的同时，又将盗窃2万元财物作为从重处罚情节的结局是，对甲判处的刑罚明显过重，因而不符合罪刑相适应原则。如若按照本文的观点，将刑法第264条对数额特别巨大及其法定刑的规定内容，作为量刑规则，那么，对甲就应当适用数额较大的法定刑，不适用未遂犯的规定，同时将盗窃30万元未遂的事实，作为在数额较大法定刑内量刑的从重情节。从这里也可以看出将情节严重、数额（特别）巨大作为量刑规则的合理性。基于同样的理由，同一行为人诈骗数额较大既遂，诈骗数额巨大未遂的，或者同一行为人抢夺数额较大既遂，抢夺数额巨大未遂的，也应分别认定为诈骗既遂、抢夺既遂，并且只能适用数额较大的法定刑。

再如，甲潜入某博物馆，意图窃取价值30万元的一幅画，虽然已经着手,但由于意志以外的原因未得逞。乙入户盗窃他人价值2.8万元的财物,而且既遂。按照司法解释的观点,对甲要适用数额特别巨大的升格法定刑,并适用刑法总则关于未遂犯的处罚规定。如果仅从轻处罚,则最低处10年有期徒刑;如果减轻处罚,则必须适用“三年以上十年以下有期徒刑”的法定刑。对乙则必须适用“三年以下有期徒刑、拘役或者管制”的法定刑。这显然不均衡、不公正。[17]按照本文的观点,对甲、乙均适用“三年以下有期徒刑、拘役或者管制”的法定刑,并对甲适用未遂犯的规定,则有利于实现量刑的均衡与公正。

反过来,也不能将加重的犯罪构成理解为量刑规则。如果将加重的犯罪构成理解为量刑规则,就会导致“一旦符合加重的犯罪构成,就没有未遂”的不当结论。例如,关于抢劫罪的法定刑升格情形,一种观点认为:“对于具有第263条规定的8种情节之一的抢劫罪,属于结果加重犯和情节加重犯,只要抢劫行为具有其中任何一情节,无论财物是否抢劫到手,都应视为抢劫既遂。”[18]另一种观点则认为:“刑法第263条基本情节规定的一般抢劫罪,应以是否劫得财物为既遂与未遂的界限。加重情节规定的情节加重犯和结果加重犯,应该具体情况具体分析,抢劫致人重伤、死亡的,不存在未遂问题,情节加重犯则仍然存在以是否抢得财物作为区分既遂与未遂界限的标准。”[19]除了结果加重犯是否存在未遂的具体争议之外,上述两种不同观点实质区别在于,是将刑法第263条规定的8种加重情形理解为量刑规则,还是理解为加重的犯罪构成要件。显然,前一种观点基本上理解为量刑规则,后一种观点则基本上理解为加重的犯罪构成要件。

本文的基本观点是,刑法第263条所规定的8种情形中,第(四)项规定的“多次抢劫或者得抢劫数额巨大”属于量刑规则,其他规定内容都属于加重的犯罪构成要件。所以,第(一)项至第(三)项、第(六)项至第(八)项,都存在犯罪未遂。例如,对于入户抢劫未遂的,既要适用入户抢劫的法定刑,又要适用刑法总则关于未遂犯的处罚规定。在公共交通工具上抢劫未遂,冒充军警人员抢劫未遂或者持枪抢劫未遂的,也是如此。但是,对于行为人原本打算抢劫三次以上,实际上却只抢劫了一次或者二次的,以及行为人原本想抢劫数额巨大财物,实际上仅抢劫数额较大财物或者分文未取的,只能适用普通抢劫的法定刑(“三年以上十年以下有期徒刑,并处罚金”)。至于抢劫致人重伤、死亡的结果加重犯问题,本文的基本看法是,一方面,行为人原本打算故意造成被害人重伤、死亡后强取财物,但由于意志以外的原因而未能致人重伤、死亡的(结果加重犯的未遂),即使强取了数额较大的财物,也应适用加重法定刑,并适用总则关于未遂犯的处罚规定。另一方面,行为人致人重伤、死亡后未能强取财物的,严格地说,属于基本犯未遂,结果加重犯未遂(未遂的结果加重犯)。剩下的问题只是是否适用刑法总则关于未遂犯的处罚规定的问题。本文的看法是,由于我国的法定刑较重,法官量刑也偏重,故倾向适用未遂犯的规定。[20]

根据以上分析,刑法分则条文关于法定刑升格条件的规定,可以分为以下三类:其一,有的分则条文所规定的法定刑升格条件,仅属于量刑规则。如当刑法分则条文将情节严重、情节恶劣、罪行严重或者数额巨大等规定为法定刑升格条件时,它们属于量刑规则,而不属于加重的犯罪构成要件。其二,有的分则条文所规定的法定刑升格条件,属于加重的犯罪构成要件。例如,刑法第 121 条规定:“以暴力、胁迫或者其他方法劫持航空器的,处十年以上有期徒刑或者无期徒刑;致人重伤、死亡或者使航空器遭受严重破坏的,处死刑。”本条后段规定的是加重的犯罪构成要件,而不只是量刑规则。再如,刑法第 234 条第 2 款规定:“犯前款罪,致人重伤的,处三年以上十年以下有期徒刑;致人死亡或者以特别残忍手段致人重伤造成严重残疾的,处十年以上有期徒刑、无期徒刑或者死刑。”本款规定的法定刑升格条件均为加重的犯罪构成要件,而不是单纯的量刑规则。其三,有的分则条文所规定的法定刑升格条件中,既包括了加重的犯罪构成要件,也包括了单纯的量刑规则。例如,刑法第 236 条第 3 款规定了 5 种法定刑升格条件:“(一)强奸妇女、奸淫幼女情节恶劣的;(二)强奸妇女、奸淫幼女多人的;(三)在公共场所当众强奸妇女的;(四)二人以上轮奸的;(五)致使被害人重伤、死亡或者造成其他严重后果的。”按照本文的观点,第(一)项与第(二)项属于量刑规则,剩余三项属于加重的犯罪构成要件。再如,刑法第 318 条第 1 款对组织他人偷越国(边)境罪规定了 7 种法定刑升格条件:“(一)组织他人偷越国(边)境集团的首要分子;(二)多次组织他人偷越国(边)境或者组织他人偷越国(边)境人数众多的;(三)造成被组织人重伤、死亡的;(四)剥夺或者限制被组织人人身自由的;(五)以暴力、威胁方法抗拒检查的;(六)违法所得数额巨大的;(七)有其他特别严重情节的。”按照本文的观点,第(三)至(五)项规定的内容属于加重的犯罪构成要件,其他各项属于量刑规则。

综上所述,刑法分则条文所规定的抽象升格条件(情节严重、情节特别严重等),都是量刑规则;刑法分则条文所规定的具体升格条件中,一部分是量刑规则(数额巨大、数量巨大、违法所得数额巨大、首要分子、多次等),一部分是加重的犯罪构成要件(如入户抢劫、持枪抢劫、在公共场所当众强奸妇女等)。所以,抽象的升格条件与量刑规则不是等同概念,具体的升格条件与加重的犯罪构成要件也不是等同概念。

阮齐林教授认为,笔者关于量刑规则的观点不利于做到均衡。“甲在博物院窃取国宝级文物价值连城,且在窃取时不小心触碰掉地摔毁(刚刚接触到还未拿起),乙盗窃一个富豪家闲置不用的3万元金表。按数额加重犯有未遂说,甲在十年以上有期徒刑至无期徒刑之间适用未遂处罚(最低可判三年徒刑),乙在三年有期徒刑至十年有期徒刑之间判处,合情合理,且法官可以很方便地裁量适当刑罚。相反,若按照‘量刑规则’,对甲只能在三年有期徒刑以下(未遂从轻减轻)判罚,很窘吧!甲案比乙案危害性要大很多吧,乙案却必须在三年有期徒刑以上判罚。”[21]其实,按照本文的观点,也不会出现阮齐林教授所说的现象。因为盗窃罪的量刑规则除了数额之外还有情节。在不适合以数额选择法定刑时,完全可以按照情节选择法定刑。对于上述甲案,完全可以选择“情节特别严重”的法定刑,再适用未遂犯的规定,[22]因而与阮齐林教授所提出的合情合理的量刑没有任何区别。

总之,法官必须正确区分加重的犯罪构成要件与量刑规则,就量刑规则而言,只有当案件事实完全符合量刑规则时,才能适用该量刑规则;案件事实有符合量刑规则的可能,但实际上没有达到量刑规则的要求时,不能适用该量刑规则。所以,对盗窃、诈骗数额巨大或者数额特别巨大但未得逞的,不得适用加重的法定刑。

注释

1 陈兴良:《规范刑法学》(上册),中国人民大学出版社2008年版,第109页;另参见马克昌主编:《刑法学》,高等教育出版社2003年版,第43页。

2 本文在等同意义上使用加重的犯罪构成与加重的构成要件概念。虽然我国的犯罪构成与德国、日本的构成要件不是等同概念,但由于加重的犯罪构成实际上也只是违法性的加重,故在这一点上一般不会产生歧义。

3 如果不对犯罪进行分类,刑法分则就只需要一个条文:"犯罪的,处刑。"但这显然违反罪刑法定原则。

4 黄荣坚:《基础刑法学》(上),元照出版有限公司2006年版,第485页。

5 如果数额巨大,则适用刑法第263条第(四)项的规定。

6 以上参见[德]约翰内斯·韦塞尔斯:《德国刑法总论》,李昌珂译,法律出版社2008年版,第64页;Claus Roxin, Strafrecht Allgemeiner Teil, Band I, 4. Aufl., C. H. Beck 2006, S. 341f.

7 相应地,当刑法分则条文因为行为、对象等构成要件要素的特殊性使行为类型发生变化,进而导致违法性减少,并减轻法定刑时,才属于减轻的犯罪构成。本文仅将加重的犯罪构成展开讨论。

8 [日]町野朔:《犯罪论の展开I》,有斐阁1989年版,第52、59页。

9 参见最高人民法院2000年11月22日《关于审理破坏森林资源刑事案件具体应用法律若干问题的解释》第4条。

10 其中的数额较大与数量较大仍然是构成要件要素。

11 当然,作为构成要件要素的"情节严重",则是一种整体的评价要素,而不是量刑规则(参见张明楷:《犯罪构成体系与构成要件要素》,北京大学出版社2010年版,第238页以下)。

12 参见最高人民法院2000年9月26日《关于审理走私刑事案件具体应用法律若干问题的解释》第5条;最高人民法院、最高人民检察院2009年12月3日《关于办理妨害信用卡管理刑事案件具体应用法律若干问题的解释》第7条;最高人民法院、最高检察院2010年3月2日《关于办理非法生产、销售烟草专卖品等刑事案件具体应用法律若干问题的解释》第3条;等等。

13 从立法论上而言,我国刑法第232条区分了普通杀人与情节较轻的杀人,似乎可以限制法官的自由裁量权。但事实上不一定如此。因为何谓情节较轻,也是需要法官自由裁量的。只有当最高人民法院限制或者规定了情节较轻的具体情形时,才对下级法官有限制作用同。可是,即使我国刑法第232条的规定是"故意杀人的,处三年以上有期徒刑、无期徒刑或者死刑",最高人民法院同样可以规定对何种情形的杀人处10年以下徒刑,对何种情形的杀人处10年以上徒刑。

14 实际上还涉及一罪与数罪的区分、同种数罪与不同种数罪的区分问题,限于篇幅,本文不展开讨论。

15 当然,由于法条表述等原因,不排除个别情形存在例外或者存在争议。例如,按照本文的观点,刑法第236条第3款4项所规定的"二人以上轮奸的"属于加重的犯罪构成,但是否存在轮奸未遂,则存在争议。再如,根据本文的观点,刑法第239条第2款规定的"杀害被绑架人"属于加重的犯罪构成,但对杀人未遂的是否适用本规定(同时适用刑法总则关于未遂犯的规定),则存在争议(参见张明楷:"绑架罪中'杀害被绑架人'研究",载《法学评论》2006年第3期)。

16 也许有人认为,B的主观恶性(或人身危险性)大于A。但本文不赞成这种说法。主观责任是对客观违法事实的责任,不存在独立于违法事实之外的主观责任。所以,不能认为B的主观责任重于A的主观责任。换言之,A是对29万元财产实害的主观责任,B只是对30万元财产危险的主观责任。另一方面,不能将影响特殊预防的必要性大小的因素,与主观责任要素混为一谈。在上述假定的A与B的案件中,并没有假定特殊预防必要性大小的因素。此外,B的主观恶性大的说法也不可能得到贯彻。例如,甲仅以盗窃数额较大财物的故意,盗窃了价值8000元的财物,乙以盗窃得越多越好的故意,盗窃了价值8000元的财物。没有人会认为对乙应当适用数额巨大或者特别巨大的法定刑。

17 阮齐林教授指出:"这真不是什么大不了的不公,不值得担心,完全可以缓解。依照数额加重犯有未遂说,法官对甲认定未遂减轻处罚最低可判至三年有期徒刑,对乙也可以判至三年有期徒刑,没有什么明显的不公"(阮齐林:"论盗窃罪数额犯的既遂标准",载《人民检察》2014年第19期)。可是,其一,法定刑的选择不同本身就意味着对罪行的评价不同。既然对甲选择了重法定刑,对乙选择了轻法定刑,就意味着甲的罪行重于乙的罪行。但事实上却并非如此。其二,根据什么要求法官对甲判处最低刑,而对乙判处最高刑呢?事实上,在司法实践中,对未遂犯通常不会选择下一档法定刑的最低刑。如果由不同的法官分别审理甲与乙,不可能出现阮齐林教授所提出的量刑结果。

18 高铭暄主编:《新编中国刑法学》(下册),中国人民大学出版社1999年版,第769页。

19 高铭暄、马克昌主编:《刑法学》(下编),中国法制出版社1999年版,第896页。

20 参见张明楷:《刑法学》,法律出版社2007年版,第291页。

21 阮齐林:"论盗窃罪数额犯的既遂标准",载《人民检察》2014年第19期。

22 需要说明的是,在此适用未遂犯的规定,并不是指甲案具有"情节特别严重"的可能性,而是指甲案已经满足了"情节特别严重"的量刑规则,但由于行为人未得逞,不能认定为盗窃既遂,故必须同时适用未遂犯的规定。换言之,未遂犯规定的适用不是针对情节而言,而是针对数额而言。

张明楷代表作

叁

不作为犯的先前行为

刑法理论将不作为犯分为真正不作为犯与不真正不作为犯。在真正不作为犯的场合，刑法不仅明文规定了不作为犯的行为主体，而且将不作为本身规定为构成要件的行为，因此，肯定真正不作为犯完全符合罪刑法定原则。但是，如所周知，肯定不真正不作为犯面临着是否违反罪刑法定原则的问题。[1]

为了确保处罚不真正不作为犯符合罪刑法定原则，德国、奥地利、日本等国的刑事立法、刑法理论与判例，将基于保证人地位的作为义务，视为不真正不作为犯的成立要件。亦即，负有防止结果发生的特别义务的人是"保证人"，其防止结果发生的特别义务就是作为义务。所以，刑法理论首先要确定哪些人是负有防止结果发生的特别义务的人，即确定特别义务来源于何处（作为义务的发生根据）。

关于作为义务的发生根据，经历了从形式的法义务说到实质的法义务说的发展过程。这是因为，既然以自由主义为基础的刑法原则是，只要没有积极地实施某种行为就不得处罚，那么，只有具备实质的根据时，才能以刑罚威慑强制人们实施一定的作为。所以，需要从实质上理解基于保证人地位的作为义务。尽管如此，仍然有许多问题悬而未决，其中最具争议的是先前行为。

本文首先说明先前行为的理论前提，其次论证先前行为能够成为作为义务的发生根据（基本性质），然后讨论先前行为的具体内容，最后说明先前行为的作用范围。

注　原文标题为"不作为犯中的先前行为"，发表于《法学研究》2011 年第 6 期。

一、先前行为的理论前提

关于作为义务的来源,我国刑法理论一直采取形式的法义务论。较早的刑法教科书采取了形式的三分说,即作为义务来源于其他法律规定、职务(或业务)以及先前行为。[2]近来的刑法教科书增加了法律行为(如合同),采取了形式的四分说。[3]

不得不承认的是,形式的法义务论,既存在理论上的缺陷,也导致司法实践上确定的保证人范围不合理。

第一,根据形式的四分说,只要行为人负有其他法律规定的义务,他便成为保证人,如果不履行义务,就承担刑事责任。可是,这种观点难以回答如下问题:一个以作为方式违反了其他法律的行为,并不直接成立刑法上的犯罪;既然如此,为什么一个以不作为方式违反了其他法律的行为,反而可以直接成立刑法上的犯罪? 再如,对于违反合同的行为,为什么不是仅按合同法处理,而可以直接认定为犯罪?[4]

第二,形式的四分说将其他法律规定的义务视为作为义务的首要来源(旨在说明作为义务是法律义务而不是道德义务),可是,在一些场合,即使行为人没有履行其他法律规定的义务,也不成立犯罪。例如,《消防法》第5条规定:"任何单位和个人都有……报告火警的义务。"第44条规定:"任何人发现火灾都应当立即报警。"然而,普通公民发现火灾后不报警的不作为,并不成立放火罪,也难以成立其他任何犯罪。[5]由此可见,形式的四分说自相矛盾。

第三,形式的四分说对某些应当处罚的行为不能提供合理根据。例如,成年男子甲一人在家里时,邻居7岁的女孩主动对其实施猥亵行为,但甲并不制止。认定甲的行为属于作为并不一定合适,宣告甲的行为不构成犯罪更无道理。[6]可是,根据形式的四分说,甲却缺乏作为义务的来源,不是保证人,但这种结论难以被人接受。再如,按照约定为他人抚养婴儿的乙,故意不提供食物导致婴儿死亡的,即使约定无效或者已经超过了约定的期限,对乙也应当以不作为犯论处。但是,如若按照形式的四分说,乙也不具备作为义务的来源。

从形式上理解先前行为,存在的问题更为严重,突出地表现在不当扩大不作为犯的处罚范围。例如,男子与女子经过一段时间恋爱后提出分手，女子不同意，声称如果分手就自杀，男子仍然决意分手。于是，女子在男子面前自杀，男子既不制止，也不送医院抢救。对于这类案件，以往的司法实践大多以先前行为为根据，认定男子的行为构成不作为犯罪。[7]可是，恋爱也好、分手也罢，都是普通的、正常的、没有危险的行为。将这种行为认定为先前行为，使行为人承担由此引起的一切结果的责任，就意味着国民的一举一动都使其产生作为义务，显然违背刑法保障国民自由的基本原理。

众所周知，德国、日本以往也采取了形式的法义务论。[8]但由于形式的法义务论存在明显的缺陷，德国、日本早就开始探讨实质的法义务来源。[9]现在的德国，占支配地位的观点是将作为义务分为对脆弱的（无助的）法益的保护义务和对危险源的监督义务。[10]这种机能二分说也得到了部分日本学者的赞成。例如，山中敬一教授进一步将保护义务分为规范的根据、制度的或任意的根据与机能的根据，将监督义务分为对管理危险物的监督义务、对第三者的监督义务以及制造了危险的行为人负有的结果防止义务。[11]由于机能二分说具有明显的形式的法义务论的痕迹（表现为将各种形式的法义务来源进行了归类），所以，德国、日本的部分学者试图为作为义务找到一个实质的根据，以便采取单一的标准。如后所述，德国的许迺曼（Schünemann）教授提出了结果原因支配说，并得到了日本学者山口厚教授的支持。这一学说的核心内容是，只有当行为人支配了结果发生的原因时，该行为人才具有作为义务。对结果发生原因的支配，可以分为对危险源的支配（控制）与对法益的脆弱性的支配。[12]

但是，仅从实质上判断行为人是否控制了危险源，是否支配了脆弱的法益，而不加以形式的限制，就缺乏明确性，导致有时不当扩大、有时不当缩小不作为犯的处罚范围。突出的问题表现在：如何判断行为人是否支配了法益的脆弱性？例如，甲在野外狩猎时，发现了一位被遗弃的婴儿。此时，没有第三者在场，婴儿的生命完全依赖于甲，甲也很容易保护这一脆弱的法益，能否认定甲对脆弱的法益具有支配性？倘若得出肯定结论，那么，只要甲不救助，便构成不作为犯罪。但是，这一结论意味着偶然的事实导致一个人陷入犯罪（如果甲不去狩猎或者狩猎时没有经过此地，则不可能犯罪），使国民丧失预测可能性。如果得出否定结论，那么，为什么在脆弱的法益完全依赖于甲时，却认为甲没有支配脆弱的法益？由此可见，即使将对结果发生原因的支配分为对危险源的支配与对法益的脆弱性的支配，也必须进一步提出判断“支配”的具体标准。亦即，需要根据社会分工的原理，从形式上判断行为人是否应当承担作为义务。形式的法义务，旨在使谁有义务明确化，从而实现法的安定性。换言之，在进行实质的考察时，“不允许忽视义务的发生根据。否则，保证人的义务就有被无限扩大的危险。所以，应当谋求形式的考察方法与实质的考察方法的结合”。[13]

由于先前行为原本被视为一种形式的法义务（保证人就是实施了先前行为的人），所以，只要对先前行为进行实质的限定，使先前行为同时具备实质的法义务根据，那么，一定的先前行为就能成为作为义务的发生根据。

二、先前行为的基本性质

德国、日本以及我国台湾地区的学者在探讨实质的法义务过程中，对先前行为产生了完全对立的观点。

一种观点认为，只有先前行为可以成为作为义务的来源。该说认为，不作为犯与作为犯存在构造上的差异：作为具有原因力，不作为从自然性质上看不具有原因力，只不过是利用了既存的因果流程。为了消除这一差异，使不作为犯与作为犯具有构成要件上的等价性，要求“不作为人在其不作为以前，自己就设定了向侵害法益方向发展的因果关系”。因此，要成为作为义务的根据，必须有不作为者基于故意或过失的先前行为，而且仅此就够了。[14]

根据这一观点，司机撞人后故意逃走的，构成不作为的故意杀人罪；失火后故意从现场逃走的，构成不作为的放火罪。这一学说最大的优点是，依据事实的判断明确界定不作为犯的成立范围，但也存在疑问。首先，它否定了不作为的原因力。于是，结果是由先前行为所引起，不作为犯罪本身就不存在了。换言之，不作为犯的处罚对象是不作为及其造成的结果，但这种观点将先前行为当作处罚对象。其次，这种观点不当缩小了不作为犯的成立范围。例如，这种观点否认了接受保护义务场合的不作为犯。于是，母亲不给婴儿哺乳致其死亡的，不成立杀人罪；值班医生不救助危重病人导致病人死亡的，也不成立不作为犯罪。[15]但是，这样的结论明显不当。最后，这种观点将先前行为限定性为有故意、过失的行为，又不当缩小了不作为犯的处罚范围。

与此对立的观点是,完全否认先前行为能够产生作为义务。

德国的许迺曼教授坚持以对结果原因的支配为标准的一元的正犯体系,整个体系以"对造成结果的原因有支配"为上位概念,然后区分两种情形:一是作为犯中的犯罪支配;二是保证人身份犯中对于某一社会领域的控制支配。但是,危险的先前行为无法与其他真正以支配关系为基础的保证人地位相比较,亦即,没有对侵害来源(危险源)或者脆弱法益存在事先的控制支配,所以,实施危险的先前行为的人并不处于保证人地位。[16]在许迺曼教授看来,只有当行为人对危险源或者脆弱的法益,事先存在一种常态的控制支配关系时,才产生作为义务。这一观点实际上是对机能二分说更为实质的归纳与要求。如所周知,德国刑法第 13 条第 1 款规定:"行为人不防止属于刑法的构成要件的结果,只有当他在法律上必须保证该结果不发生,并且当该不作为与通过作为实现法律的构成要件相当时,根据本法才是可罚的。"[17]显然,许迺曼教授旨在通过说明不作为与作为都是对结果原因的支配行为,进而肯定不作为与作为的等价性。

我国刑法没有类似于德国刑法第 13 条第 1 款的规定。由于对不作为的故意杀人与作为的故意杀人适用同一刑法条文,所以,只有当不作为致人死亡的行为本身确实符合了"故意杀人"的构成要件时,才能将其认定为故意杀人罪。换言之,在我国,要求不作为与作为具有等价性,也只是意味着不作为必须符合刑法规定的构成要件。在作为犯的场合,作为方式的杀人是死亡的原因,行为人支配了这一原因。因此,要认定不作为成立故意杀人罪,也要求行为人支配了死亡的原因。就此而言,将实质的法义务限定为对结果原因的支配,是正当的、可取的。问题在于,在行为人实施了危险的先前行为时,不防止实害结果发生的行为,是否存在对结果原因的支配。本文持肯定回答。

由作为导致法益侵害的过程表现为,制造危险(行为制造了他人死亡的危险)→危险增大(他人的死亡危险增大)→实害结果的现实化(他人死亡)。要使不作为犯符合作为犯的构成要件,一方面,要求有危险的产生→危险增大→实害结果的现实化的过程;另一方面,要求行为人处于阻止危险的地位,却又没有阻止既存的危险。[18]按照德国的机能二分说,可以将不作为导致法益侵害结果的过程分为两种类型:其一,由于某种原因

(如人为的或法益主体自身的原因等)法益处于脆弱(或者无助)状态,因而出现危险→危险增大→实害结果的现实化。在这一过程中,当脆弱的法益依赖于特定人时,特定人对法益的保护,是一项实质的法义务。当特定人同时具有形式的法义务来源时,该特定人就成为保证人。其二,由危险源产生的危险→危险增大→实害结果的现实化。在这一过程中,只有切断危险源,才能避免实害结果的发生,切断危险源是一项实质的法义务。其中,对危险源具有监督(支配)义务的人,同时具备形式的法义务来源,成为保证人。[19]当然,上述两种类型的区分不是绝对的,而是可能相互交叉的。[20]

一方面,先前行为使法益处于脆弱的、需要有人保护的状态时,如果不采取有效措施,危险就会现实化。在此意义上说,先前行为产生的是保护义务。对此,可以做以下比较:其一,可以与亲属关系产生的保护义务相比较。即使采取结果原因支配说,也会肯定父母对未成年子女的保护义务。[21]例如,在甲意外伤害了未成年人X的场合,X的父母乙具有救助义务。诚然,在乙履行救助义务时,甲不必履行救助义务。但是,在乙不能或者没有履行救助义务时,或者在乙要求甲救助X时(这是常见的现象),没有理由认为甲没有救助义务。其二,可以与自愿接受危险的情形相比较。在自由的社会,一个人基于自己的意志选择了对脆弱法益的保护事项时,就应当肯定其具有保证人地位。[22]例如,一个自愿将弃婴抱回家的人,有义务抚养该婴儿。既然自愿防止他人制造的危险的人都能产生作为义务,那么,对于自己制造了危险的人,更应当产生作为义务。其三,可以与制造危险的作为犯相比较。既然法秩序普遍要求所有的人必须防止自己制造威胁他人法益的危险,那么,就没有理由认为,在一个人制造了这种危险之后,反而不必防止这种危险变成实害。[23]显然,只有肯定先前行为是作为义务的来源,才能使作为与不作为之间保持协调关系。

另一方面,当先前行为成为危险源时,在危险增大的过程中,如果不采取积极措施,就会使危险变成实害。在此意义上说,先前行为产生的是安全义务。首先,不可否认的是,在现代的复杂社会,社会分工是必要的,对于危险来源事先确定了管理者,对脆弱的法益事先也确定了保护者。但是,与对危险源存在事先控制的人具有保证人地位相比较,先前对法益制造了危险的人,更应当具有保证人地位。其次,当先前行为成为危险源时,实施了先前行为的人,也是最应当、最容易采取有效措施防止实害结果发生的人。例如,事前安放了爆炸物的人,最应当、最容易防止爆炸事故;事前拘禁了他人的人,最应当、最容易释放他人;驾驶车辆撞倒行人的司机,最应当、最容易采取有效措施防止实害结果发生。要求这样的人控制自己先前行为的危险,既是社会分工的要求,也是有效保护法益的要求。

由此可见,对危险源或者脆弱法益的支配,并不限于事先的常态支配。换言之,不能单纯从客观事实上考察行为人事先是否支配了危险源或者脆弱的法益,还必须根据社会分工的原理,规范地考察行为人是否支配了危险源或者脆弱的法益。“如果自己制造了一个会威胁到他人法益的危险,那么从‘禁止侵害他人’这个普遍的禁止命令中,也会导出‘应排除(或控制)自己所制造的危险’这样的作为诫命。”[24]在自由的社会,国民具有行动的自由。但是,一方面,国民的行动不能侵害他人的法益,否则,会承担相应的法律后果;另一方面,国民的行动给法益造成危险时,必须防止危险的现实化,这是社会的一般信赖原则。倘若任何人不必防止自己行为制造的危险,要么,其制造的危险只能由他人防止,其他国民就没有自由可言;要么,任由危险现实化,法益就得不到保护。况且,随着社会生活的复杂化、科学化、高度技术化,对于个人而言,社会就像一个巨大的黑匣子,不可能进行主体性的控制。与此同时,个人行为所具有的潜在危险也飞跃性地增大,人们不知瞬间会发生何种危险与灾难。[25]危险的突发性是当今社会的重要特征,同样,任何法益随时可能脆弱化。在这样的社会背景下,将作为义务的来源限定为对危险源或脆弱法益的事先的常态支配,既过于严格,也不符合社会现实。[26]

山口厚教授认为,对法益侵害结果原因的支配,是产生作为义务的实质根据。他指出:“就先前行为制造、增加了危险的事例而言,不能将先前行为本身作为理由,肯定对结果原因的支配。必须留意的是,即使在实施可能制造、增加危险的操作的阶段,可以肯定基于危险源的支配的保证人地位=作为义务,但在不当采取措施而产生了危险之后的阶段,难以认为行为人在支配向结果发展的原因。例如,在机动车将要冲向行人时,要求司机采取刹车等适当的操作(危险源的支配)。然而,一旦发生事故,致人受伤时,对伤害的恶化就不存在对原因的支配(在这种场合,同在场的与事故无关的人一样)。”[27]诚然,如果认为制造事故的人,事后对已经造成的伤害本身不可能支配原因,是完全正当的。但是,如若认为制造事故的人对由伤害到死亡的发展(死亡的危险)与无关的第三者相同,因而没有作为义务,那么,倘若制造事故时属于意外事件,当时也没有警察在场,被害人的生命就得不到应有的保护;在被害人死亡的情形下,也没有人对该死亡结果负责。这种结论难以被人接受。另一方面,山口厚教授又承认,制造了危险产品的人,在事后知道产品的危险性之后,具有结果原因的支配性,存在产品回收义务。[28]但是,与制造危险产品相比,交通事故所制造的危险更为紧迫。承认前者对结果原因的支配,却否认后者对结果原因的支配,恐怕有自相矛盾之嫌。事实上,“驾车不慎撞倒行人,可以说成这时候前行为人和被害人在同一空间,又是开启因果流程的人,最有可能救助被害人,因此应该救助被害人;也可以说成前行为虽非故意开启因果流程,但他实际上可以有机会改变因果流程,所以有事实的支配,所以有救助被害人的义务”。[29]此外,山口厚教授认为,对法益的脆弱性的支配,一般以行为人接受法益的保护为重要判断标准。[30]但是,这一观点仅考虑了自由主义的原理,而忽视了社会分工的原理。

日本学者西田典之教授认为,只有当行为人具体地、现实地支配了因果流程时,其不作为才成立不作为犯。具体分为两种类型:其一,行为人基于自己的意思具有或者设定了排他性支配的场合,对因果流程具有支配的地位,因而产生作为义务。其二,虽然不是基于自己的支配意思但事实上处于支配因果流程的地位即支配领域性的场合,由于行为人没有支配意思,因而需要考虑“只有行为人应当作为”这样的规范要素。“但是,在这种场合,从作为义务的根据中排除先前行为是妥当的。因为,第一,先前行为在多数场合,能够作为过失犯、结果加重犯处罚,因此,以先前行为为根据追究更重的罪责,形成了双重处罚,因而不当。第二,这种类型中成为作为义务的事实前提的支配领域性,是随着具体状况而变化的,随着轧人后逃逸、失火的现场是否属于这样的具体状况,而左右犯罪的成立,于是,被一时地、偶然地置于该状况中的不作为者的立场就极不安定,从而损害法的安定性。基于这样的考虑,这种类型的规范要素,应当限定为亲子、建筑物的所有者、租用者、管理者这样的,基于身份关系、社会地位而在社会生活中持续性地负有保护、管理义务的场合。”[31]

但是,其一,如后所述,以过失犯罪、结果加重犯处罚先前行为,并不妥当,也有漏洞。行为人对先前行为没有责任时,既不可能以过失犯罪处罚,也不可能以结果加重犯处罚。其二,使先前行为成为不作为犯的义务来源,并不属于双重处罚。一方面,肯定某种先前行为导致行为人产生作为义务,并不是一个法律上的否定评价。即使认为这是对先前行为的否定评价,也不直接产生否定的法律后果。另一方面,即使先前行为本身成立犯罪,并认为先前行为产生了作为义务,不履行义务的行为成立另一犯罪,也不会导致双重处罚。例如,甲过失导致某物体燃烧,原本可以轻易扑灭避免火灾,但甲故意不扑灭而引起了火灾。就此而言,只能评价为一个不作为的放火罪,而不是认定为失火罪与放火罪,更不可能实行并罚。即使前行为与后来的不作为侵害的法益不同,因而并罚,也是分别对前行为与后面的不作为分别评价,不存在双重处罚的问题。其三,先前行为产生作为义务,不存在随意性和偶然性,并不损害法的安定性。诚然,先前行为也可能是偶然的,但是,行为人知道或者应当知道自己的先前行为给法益造成了危险时,便产生作为义务。这一点并不因人而异、因时而异、因地而异。而且,将先前行为当作作为义务的来源,是最容易被国民接受的。危险的制造者当然成为法益的保护者,是天经地义的事情。再者,即使在某些场合,先前行为本身具有偶然性,也不意味着将先前行为当作作为义务的来源会影响法的安定性。例如,何时、何地发生危难常常是偶然的,但没有人认为要求警察救助危难会影响法的安定性。因为对于偶然发生的危难,警察的救助义务是确定的。这说明,危难的偶然性并不影响法的安定性。基于同样的理由,行为人可能偶然地制造了危险,但是,要求制造了危险的人防止实害结果的发生,则是不变的规则,不会影响法的安定性。其实,可能影响法的安定性的只是先前行为的判断。因此,如果对先前行为提出明确的判断标准,就不会影响法的安定性。其四,西田教授的观点会造成不公平现象。例如,被告人甲发现其住宅内的神龛中点燃的蜡烛倾倒,极有可能引起火灾,但他想到可以借此得到保险金,而掩门外出,果然引起了火灾。在公司加班的乙,发现因自己的重大过失而导致办公桌下用于取暖的炭火将桌子和文书燃烧,当时原本容易扑灭,但乙为了避免他人发现自己的失策,也没有告诉值班人员就仓皇逃走,导致办公楼被烧毁。西田教授认为,甲成立不作为的放火罪,乙不成立放火罪。理由是,甲是建筑物的管理者,而乙不是。[32]但是,这种观点难以被人接受。与建筑物的管理者相比,一位在建筑物内违章使用炭火的人更加具有灭火义务。

我国台湾地区学者许玉秀教授也反对将先前行为当作不作为犯的义务来源。她将先前行为与不作为分为不同类型，逐一提出了解决方案。[33] 但在本文看来，其解决方案存在疑问。

第一，前行为是故意的作为，后行为是故意的不作为或者过失的不作为，所侵犯的法益不同的，按结果加重犯处理即可。例如，放火后发现建筑物内有人而不救助，被害人被烧死的，按放火罪的结果加重犯处理，不必将先前的放火行为当作不作为的义务来源。再如，使人服下毒药（伤害行为）后因忘记给解药，导致被害人死亡的，认定为故意伤害致死即可，不必将先前的伤害行为当作不作为的义务来源。但是，这种解决方案并不能解决后述共犯问题。例如，甲放火后发现建筑物内有人，原本打算救助被害人，但过路人乙教唆甲不救助，甲接受教唆没有救助，导致被害人死亡。如果不承认后行为（故意的不作为）具有独立的意义，就不能认定乙的行为构成故意杀人罪的教唆犯。[34]

第二，前行为是故意的作为，后行为是故意的不作为或者过失的不作为，所侵犯的法益相同的，按前一行为的既遂犯罪论处即可。例如，行为人在砍杀被害人的过程中，被害人掉入水池，行为人不救助导致被害人死亡的，只需按先前行为认定为故意杀人既遂。再如，故意拘禁他人之后，忘记了被害人被拘禁的事实的，只需要按先前行为认定为一个非法拘禁罪。诚然，对于后例而言，仅按前一行为的既遂犯论处并无大碍。但是，在前例中，如果法医鉴定结论是被害人溺水身亡，而要认定先前的砍杀行为本身导致被害人溺水身亡，是不合适的。换言之，要认定行为人对被害人的溺水身亡负责，必须肯定被告人对被害人掉入水池具有救助义务。因为刑法中的结果，并不是抽象的结果，而是具体的结果。被害人是溺死还是被砍死，实际上是两种不同的结果，否则，无法讨论因果关系问题。而且，仅按前一行为的既遂犯罪论处，同样不能解决共犯问题。

第三，前行为是过失的作为，后行为是过失的不作为，所侵犯的法益不同或者相同的，按非真正的结果加重犯处理即可，不必将先前行为当作作为义务的来源。例如，过失引燃垃圾桶，发现幼儿正走向垃圾桶，以为火会熄灭而未加阻止，幼儿被烧死。再如，过失将他人推入水池，误以为被害人熟悉水性而未予救助，导致被害人死亡。然而，就前例而言，虽然对行为人仅按所谓非真正的结果加重犯处理并无不当，但也不能解决共犯问题。就后例而言，如果要认定为过失致人死亡(溺死)，就必须肯定后面的不作为致人死亡。否则，难以处理过失将他人推入水池后，明知被害人不谙水性而故意不予救助，导致被害人死亡的案件。更为重要的是，所谓非真正的结果加重犯，并不存在于刑法分则中。例如，过失致人死亡罪是单纯的过失犯，而不是所谓非真正的结果加重犯。

第四，前行为是过失的作为，后行为是故意的不作为，侵犯的法益不同或者相同的，通过立法途径解决。例如，过失引燃垃圾桶，发现幼儿正走向垃圾桶，不加阻止而离开，导致幼儿被烧死。再如，过失将他人锁在房间，发现后为了教训被害人而决定多关半天。许玉秀教授主张，对于前一种情形，应当通过设立过失加故意的结果加重犯来解决；对于后一种情形，则需要通过设立过失中止犯的规定，以奖励过失行为人阻止结果发生。但是，其一，这种方法论存在问题。亦即，自己的观点在解释论上行不通时，就谋求立法论的做法，并不合适。换言之，既然自己的观点在解释论上行不通，就表明自己的解释是失败的，应当寻求另一种解释论。其二，不管是设立过失加故意的结果加重犯的规定，还是设立过失中止犯的规定，都不是理想的立法建议。一方面，结果加重犯本来就是结果责任的残余，[35]与其增设过失加故意的结果加重犯，不如承认先前行为引起作为义务，直接将后面的不作为认定为故意犯罪。另一方面，过失犯本来就只有既遂犯，而没有未遂犯，何以设立过失中止犯的规定？

此外，许玉秀教授并没有考虑到先前行为既无故意、也无过失的情形。所以，其解释方案也是不全面的。

由上可见，完全否认先前行为能够成为不作为犯的义务来源是不合适的。换言之，应当承认先前行为是不作为犯的义务来源之一。

我国刑法事实上肯定了先前行为能够成为不作为犯的义务来源。例如，根据刑法第 133 条的规定，犯交通肇事罪的，处 3 年以下有期徒刑或者拘役；交通运输肇事后逃逸或者有其他特别恶劣情节的，处 3 年以上 7 年以下有期徒刑。刑法之所以仅在交通肇事罪中将逃逸规定为法定刑升格的情节，就是因为在交通肇事的场合，有需要救助的被害人，进而促使行为人救助被害人。由于行为人的先前行为(包括构成交通肇事罪的行为)使他人生命处于危险状态，产生了作为义务，不履行作为义务的行为，当然能够成为法定刑升格的根据。[36]

承认先前行为是作为义务的来源,也可以解决司法实践面临的难题。

例如,最高人民法院 2000 年 11 月 10 日《关于审理交通肇事刑事案件具体应用法律若干问题的解释》规定:“交通肇事后,单位主管人员、机动车辆所有人、承包人或者乘车人指使肇事人逃逸,致使被害人因得不到救助而死亡的,以交通肇事罪的共犯论处。”应当认为,这一解释结论具有妥当性。但是,由于我国刑法仅承认故意的共同犯罪,所以,如果不从先前行为出发理解司法解释的这一规定,就会认为,这一规定意味着过失的交通肇事罪包含了故意的结果加重犯,这是难以被人理解和接受的。如上所述,交通肇事的行为人使被害人身受重伤时,实际上因先前行为产生了救助义务。因逃逸致人死亡,实际上是因不履行救助义务而致人死亡。此时,肇事者是负有作为义务的人,教唆肇事者逃逸,就是教唆肇事者实施故意的不作为犯(基本犯,相当于遗弃罪)。在肇事者的不作为造成了被害人死亡的加重结果时,只要教唆者对加重结果具有预见可能性,教唆者也要对加重结果承担责任。概言之,当指使者指使肇事者逃逸,对肇事者适用因逃逸致人死亡的法律规定时,对指使者也应适用因逃逸致人死亡的规定。但应肯定的是,由于肇事者是负有作为(救助)义务的人,所以,指使者只是逃逸的教唆犯。基于同样的理由,帮助肇事者逃逸的,也能成立帮助犯。[37]

再如,承认先前行为是作为义务的来源,有利于解决产品召回责任问题。如所周知,在伪劣产品泛滥的时代,要求制造者回收危险产品,已成定论。否认先前行为是作为义务来源的许迺曼教授,也否认制造者具有回收危险产品的义务,主张按先前的过失行为处罚。[38]例如,制造的危险产品致人死亡的,认定为过失致人死亡罪即可。但是,这种做法并不理想。其一,在制造者虽然制造了危险产品,但制造、销售时并无过失,事后才发现所制造的产品具有侵害生命、身体的危险时,由于先前行为并无过失,如果不将先前行为当作作为义务的来源,就不能以犯罪论处。这便形成了不应有的处罚漏洞。其二,在我国,过失致人死亡、过失致人重伤的处罚范围实际上比德国、日本窄。最为典型的是,在我国,生产、销售伪劣产品的行为致人重伤、死亡的,成立结果加重犯,而不是成立单纯的过失犯罪。可是,生产、销售伪劣产品罪是故意犯罪。所以,即使行为人制造、销售伪劣产品时具有过失,但由于过失生产、销售伪劣产品的行为并不成立犯罪,如果不将先前行为当作作为义务的来源,也难以认定为犯罪。即使认定为过失致人死亡罪、过失致人重伤罪,也不能保持刑法的协调。其三,或许有人认为,由于行政、经济法律规定了行为人应当回收危险产品,所以,行为人不履行危险产品回收义务的,属于没有履行法律规定的义务,因而成立不作为犯。可是,这种观点回到了形式的法义务论,不能回答为什么违反其他法律的行为能够直接成立刑法上的犯罪这样的问题。不难看出,以危险的先前行为为根据要求危险产品的制造者履行回收义务,是最恰当的。

综上所述,应当肯定一定的先前行为能够产生作为义务。但不可否认的是,对先前行为不加限定,导致不当扩大处罚范围,也是不合适的。

问题是如何限定?以往的德国帝国法院的判例,不问先前行为违法与适法,有责与无责,甚至只要先前行为是结果的一个条件时,就赋予行为人以作为义务,因而广泛地认定不作为的可罚性。但是,在学说上,在19世纪初,斯鸠别尔(Stübel)就认为,只有当先前行为是可罚的或者至少是违法行为时,才能成为作为义务的发生根据。19世纪后叶,刑法理论普遍主张应当对基于先前行为的作为义务进行某种限制。特别是第二次世界大战以后,要求先前行为具有义务违反性,成为最有力的学说(义务违反性要求说),这种观点也被德国联邦法院采纳。[39]

但是,义务违反性要求说存在疑问。首先,当先前行为成为作为义务的来源,进而肯定不作为构成犯罪时,并不是将先前行为作为处罚根据。既然如此,就没有理由将先前行为限定为违反义务的行为。换言之,同样是制造了危险的先前行为,没有理由认为只有其中违反义务的行为才产生作为义务。其次,义务违反的界限并不明确。在德国,虽然义务违反要求说得到了诸多支持,但是,只有鲁道菲(Rudolphi)教授作了较为具体的说明。"按照鲁道菲的观点,义务违反性的界限,由有关共犯的法律上的特别规定、答责性原理、分则的构成要件解释以及不法论的一般原则来决定。"[40]不难看出,义务违反并没有一个明确的标准。再次,要求先前行为违反义务,在很大程度上是为了将正当防卫排除在先前行为之外。但如后所述,正当防卫产生了过当的危险时,同样产生作为义务。最后,从我国的相关法律规定来看,行为人基于先前行为所引起的作为义务,并不以违反义务为前提。例如,《道路交通安全法》第70条第1款前段规定:"在道路上发生交通事故,车辆驾驶人应当立即停车,保护现场;造成人身伤亡的,车辆驾驶人应当立即抢救受伤人员，并迅速报告执勤的交通警察或者公安机关交通管理部门。”显然，抢救受伤人员的作为义务，并不以驾驶人违反交通运输管理法规为前提。表面上看，抢救受伤人员的作为义务源于法律规定，但该法律规定的根据则是行为人的先前行为。[41]

本文认为，使刑法保护的具体法益面临紧迫的危险，是先前行为成为作为义务来源的实质根据。其一，先前行为对刑法所保护的具体法益造成了危险。对不受刑法保护的利益造成的危险，不能成为作为义务的来源。但是，如后所述，不必要求先前行为具有违法性。例如，在阻却违法的紧急避险行为给第三者造成法益侵害的危险时，紧急避险人具有救助义务，但紧急避险行为本身并不违法。再如，X 抢劫未遂后逃走，甲、乙、丙为了将 X 抓获归案而追赶，X 在前方无路可逃时坠入深水中。甲、乙、丙的追赶行为并不违法，但的确给 X 的生命制造了危险，不能否认他们有救助义务。其二，危险明显增大，如果不采取积极措施，危险就会立即现实化为实害。例如，甲的先前行为致人重伤，并具有造成死亡的危险。此时，甲具有救助义务。反之，乙在被害人的工作单位，使用暴力使被害人的手指骨折，然后离开现场。手指骨折这一伤害结果并不会使死亡危险明显增大，乙的行为不可能成立不作为的故意杀人罪。其三，行为人对危险向实害发生的原因具有支配性。亦即，在当时的情况下，先前行为人是最应当防止实害结果发生的人。或者说，没有其他人更应当优先保护法益。否则，就应当由其他人保护法益。例如，甲在高速路上撞伤他人时，交通警察刚好就在身边，此时应当由警察将伤者送往医院抢救。此外，行为人对法益制造危险后，第三者基于自己的意志防止结果发生时（如甲意外撞伤丙后，乙迅速将丙送往医院抢救脱险），也不要求前行为人履行结果防止义务。不过，在这种场合，并不是说甲没有救助义务，只是因为乙的自愿救助行为使甲丧失了对结果原因的支配。

与此相适应，下列情形不能成为作为义务的来源：其一，行为并没有制造、增加危险的，不产生作为义务。例如，过路人将路边的弃婴抱到民政机关门前的，高速公路上的司机将被前一车辆撞伤的被害人送到加油站后放置不管的，一同进餐的人将醉酒者送回其住处的，即使后来被害人因没有得到救助而死亡，行为人也不承担不作为犯的责任。特别需要指出的是，先前行为并没有导致危险，而是被害人基于自主决定使自己陷入危险的，该先前行为不产生作为义务。如前所述,在恋爱过程中提出分手的一方,对另一方的自杀、自伤不产生作为义务。即使行为人与被害人曾经发生过性交乃至使被害人怀孕,也不例外。其二,行为虽然制造、增加了危险,但是该危险并不紧迫或者微不足道的,不产生作为义务。例如,甲将自己的一把利刀递给乙观看时,乙突然持刀伤害丙。即使甲在现场,也不产生作为义务。[42]其三,行为制造、增加的危险属于被害人的答责范围时,行为人不具有作为义务。例如,甲将吸食毒品的工具借给乙吸食毒品,乙因吸食过量造成身体伤害。对此,甲不承担不作为的故意伤害罪的责任。[43]

基于先前行为引起的不作为,并不只是先前行为的违法性的承袭。因为在不作为犯中,能够成为处罚对象的并不是先前行为,而是后来的不作为。对先前行为违法性的单纯承袭,难以为不作为犯提供处罚根据。而且,产生作为义务的先前行为,并不以具有违法性为前提。至于对先前行为与后来的不作为,能否评价为一个行为,则不能一概而论。[44]在先前行为引起作为义务的场合,行为人的不作为是先前行为的危险的现实化的过程。如果没有先前行为,实害结果不会发生;如果有先前行为但行为人履行了作为义务,实害结果也不会发生。所以,先前行为与后来的不作为共同成为结果发生的原因。因此,一方面,如果行为人对先前行为没有责任(如没有故意与过失),就只能追究后面的不作为的刑事责任。另一方面,如果行为人对先前行为有责任,就需要进一步考察先前行为与后面的不作为是一个行为还是两个行为,是侵害了一个法益还是侵害了数个法益,据此进一步判断是构成一罪还是数罪。

三、先前行为的具体内容

如前所述,产生作为义务的先前行为,必须是给刑法保护的具体法益造成紧迫危险的行为。本文需要就几个相关问题展开进一步讨论。

(一)不作为能否成为先前行为?

本文认为,不作为也能成为先前行为。例如,房屋主人没有留意屋顶所铺的瓦片是否稳固,瓦片掉落下来致人受伤的,主人有救助的义务。[45]或许有人认为,在这种场合,仅以前一个作为义务(对危险源的监督义务)为根据得出行为人对受伤者有救助义务即可。事实上并非如此。瓦片砸伤被害人时,主人就需要对该伤害负责。对该伤害负责的根据,就是主人对屋顶瓦片掉落下来会砸伤人的监督义务。而瓦片砸伤他人后,在他人有生命危险时,则是基于先前的不作为产生的救助被害人的另一作为义务。对危险源的监督义务不能直接引申出主人有救助受伤者的义务。此外,倘若仅以前一作为义务说明主人有救助义务,容易得出主人仅有过失而无故意的结论。这显然不妥当。以发生在美国的真实案件为例。被告人克内勒饲养了一对凶猛的加纳利犬。2001 年 1 月的一天,克内勒带着公狗到公寓楼顶散步后返回她所住的 6 楼房间。走到 6 楼走廊时,公狗突然挣脱狗链,向正准备进家门的女邻居扑上去狂咬。此时,母狗见状也冲出克内勒家的房门,可能参与对被害人的撕咬。撕咬持续了十多分钟,被害人身上的伤口不少于 77 处,最终死亡。克内勒事先没有给公狗带上口套;在公狗咬人的过程中,没有向周围求助,没有取来武器制服恶狗,也没有拨打紧急报警电话。美国加州法院推翻了过失杀人的定性,最终认定为谋杀罪。[46] 显然,倘若克内勒只是没有履行对危险源的监督义务(没有给公狗带上口套,没有防止公狗咬人),导致公狗突然将被害人咬伤或者咬死,就仅成立过失致人死亡罪。在本文看来,之所以能够认定克内勒的行为构成谋杀罪,是因为她在先前的不作为引起了侵害法益的危险之后,故意不保护被害人的生命。由此可见,应当承认不作为也可能成为先前行为。

(二)具有违法阻却事由的行为能否成为先前行为?

按照结果无价值论的观点,行为客观上造成了法益侵害的危险时,如果没有同时保护另一更为优越或者至少同等的法益,就是违法行为。因此,一般来说,创造了法益侵害危险的先前行为,都是违法行为。换言之,可以成为作为义务来源的先前行为,一般是违法行为。

问题出在一种行为客观上侵害了法益,同时保护了另一更为优越或者至少同等法益的场合,亦即,具有违法阻却事由(或正当化事由)的行为能否成为产生作为义务的先前行为?

首先可以肯定的是,紧急避险的行为人,对于遭受损害的无辜第三者具有作为义务。对此没有争议。这也是德国刑法理论不要求先前行为具有违法性的重要原因。问题出在正当防卫。美国学者弗莱彻指出:"被告人在自卫中正当地施加了伤害,然后将被害人留在那里等死。德国法和美国法都一致认为,正当打击所导致的死亡没有责任。这个结论是需要限制的,因为即使伤害是正当的,也有独立的理由承认,自卫者有义务避免受伤的侵害人死亡。侵害人可能是被告人的父母或者配偶,也可能是在医疗或心理上依赖被告人的人。一旦侵害人丧失了侵害能力,被告人不再处于危险之中,就有了其他的义务来源,以控制或要求被告人主动介入并挽救受伤者。"[47]我国台湾地区的林东茂教授指出:"正当防卫者的保证人地位,应当是否定的。不法侵害他人权利,必须预估遭到反击的后果,并自行承担此项后果。对于陌生人,任何人都没有保证人地位,没有救助义务;如果认为防卫者对于不法侵害者有保证人地位,无异承认侵害者的法律地位高于陌生人。逾越必要程度的防卫(防卫过当),才可能有保证人地位,例如,弱女子顺手牵羊,店员持棒球棍重击,店员必须将伤者送医。承认恰当防卫者有保证人地位,将使正当防卫形同防卫过当,甚至将正当防卫者与不法侵害者等同看待。这对于正当防卫者是不公道的看待。"[48]但是,这种观点过于绝对。在本文看来,需要分清不同情形处理:其一,如果正当防卫造成被害人死亡也不过当时,正当防卫人并无救助义务。其二,如果正当防卫致人伤害,并未过当,而且该伤害不可能导致死亡,亦即没有过当的危险,正当防卫人也没有救助义务。其三,如果正当防卫造成了伤害(该伤害本身不过当),具有死亡的紧迫危险,发生死亡结果就会过当,那么,应当肯定正当防卫人具有救助义务。司法实践所面临的问题是,就正当防卫而言,在防卫人造成不法侵害人重伤,不法侵害已经停止,而防卫人却既不报警也不将不法侵害人送往医院抢救,导致流血过多而死亡的,是否成立防卫过当?如果不认定为防卫过当,则明显不合适。如果认定为防卫过当,则意味着承认行为人对不法侵害人具有抢救义务(对死亡结果具有防止义务)。也许有人认为,即使认定为防卫过当,也只需要认定先前的作为行为(防卫行为)导致了死亡结果,而不是后来的不作为导致防卫过当。但是,这种观点实际上否认了不作为的原因力,也不符合案件事实。本文认为,在这种场合,应当承认先前的作为与后来的不作为共同导致了防卫过当。概言之,就上例而言,要得出防卫过当的正确结论,就必须肯定具有违法阻却事由的行为也能成为产生作为义务的先前行为。

(三)过失犯罪行为能否成为先前行为?

承认危险的先前行为能够成为作为义务来源的最重要原因之一,是行为人实施先前行为时可能完全没有责任。如果将先前行为限定为有责任的行为,那么,先前行为成为作为义务来源的意义就明显减少。反过来说,即使实施先前行为时没有过失,也不影响先前行为人具有作为义务。既然如此,具有过失的先前行为以及先前的过失犯罪,更能产生作为义务。

一种观点认为,只有"不可罚的先前危险创出行为"才能成为作为义务的来源。亦即,"行为人在没有明确认识自己行为的射程时(限于未发生结果的情形)实施了自身不可罚的危险创出行为,但后来意识到危险性时而放任不管"。"例如,过失监禁他人的人,马上意识到这一点,却有意识地不释放他人而使监禁状态继续维持的情形。""与此相对,就过失引起交通事故,使被害人身负重伤,行为人确定了这一事实,并且认识到被害人或许会死亡却逃走,被害人因而死亡的案件而言,是由第一过失(危险创出)行为实现了可罚的过失伤害罪,由于第一过失行为发生致死结果的可能性高,救助的期待可能性小,故不属于这种情形。"[49]本文不赞成这种观点。其一,既然一般性的过失行为乃至无过失的先前行为,只要创造了具体危险,就能成为作为义务的来源,那么,已经构成过失犯罪的先前行为,更应当能够成为作为义务的来源。否则,就明显不公平。例如,甲的无过失行为造成了乙的伤害后,意识到不救助就会死亡但仍然不救助的,根据上述观点成立不作为的故意杀人罪。X的过失行为造成了Y的伤害后,X意识到不救助就会死亡但仍然不救助的,反而仅成立过失致人死亡罪。这明显不公平。其二,上述观点将不属于先前行为引起作为义务的情形作了限定,即可罚的先前行为造成致死结果的可能性高。但是,任何稍微重一点的伤害,只要不救助,都有可能导致死亡,反之,即使相当严重的伤害,只要救助,也有可能挽救生命。如果认为只要结果可以归属于可罚的先前行为就否认后面的不作为,显然使不作为的成立范围过窄。其三,过失实施先前行为时,并不意味着救助的期待可能性小。是否具有履行义务的期待可能性,不是取决于先前行为是否可罚,而是取决于履行义务时的附随情形。

(四)故意犯罪行为能否成为先前行为?

不管是认为故意犯比过失犯的违法性重(行为无价值论的观点),还是认为故意犯比过失犯的责任重(结果无价值论的观点),都只是表明二者是一种阶段关系或位阶关系,而不说明它们是对立关系。因为从违法角度来说,结果回避可能性是故意与过失的共同要件;从责任角度来说,他行为可能性是故意与过失的共同前提(或基础)。换言之,回避可能性是故意与过失的基础概念。所以，故意与过失之间的关系，是回避可能性的高低度关系，是责任的高低度关系，也是刑罚意义的高低度关系，因而是一种位阶关系。既然过失犯罪行为能使行为人产生作为义务，故意犯罪行为更能使行为人产生作为义务。[50]

诚然，当行为人没有任何违法阻却事由，基于杀人的故意将被害人砍成重伤，任其流血过多死亡的，当然只需要认定为作为的故意杀人罪即可。但是，基于以下几个方面的考虑，应当承认故意犯罪行为能够成为产生作为义务的先前行为。

第一，承认故意的犯罪行为可以成为产生作为义务的先前行为，有利于实现刑法的协调。例如，甲意外地导致被害人重伤，明知如不抢救就会死亡，但依然不抢救。如果满足其他条件（具有结果回避可能性与作为可能性），甲的行为无疑成立不作为的故意杀人罪。乙故意导致被害人重伤，明知如不抢救就会死亡，但仍然不抢救，导致被害人死亡。如果否认故意的犯罪行为可以成为先前行为，对乙就只能认定为故意伤害罪。可是，与甲相比，乙的行为应当受到更为严重的否定评价和更为严厉的谴责。所以，只有肯定故意的犯罪行为也能成为产生作为义务的先前行为，才能肯定乙的行为也成立不作为的故意杀人罪，不致形成不协调的刑法评价。从不真正不作为犯的处罚根据上来说，也能够得出相同结论。故意伤害行为导致行为人具有死亡危险时，如果行为人不救助，就完全符合不真正不作为犯的故意杀人罪的成立条件。从实质上说，行为人的先前行为制造了生命的危险，因而处于阻止生命危险的保证人地位，只要他能够阻止危险（如可以送往医院抢救）而不阻止，在具有避免死亡的可能性的前提下，就成立不作为的故意杀人罪。

第二，承认故意的犯罪行为可以成为先前行为，有利于解决正当防卫问题。例如，"行为人在登上某班机后，于机上安装了一枚定时炸弹，想要和其他乘客同归于尽。飞机上的其他人于飞机起飞后知悉此事，但无法找到炸弹，于是使用暴力逼迫行为人取出炸弹并解除设定"。在此例中，"机上的乘客可以用一切适当（有效）的方法来强制逼迫行为人说出炸弹之所在，此系属正当防卫权的行使。但这是只有将在我们将后随的不作为也理解成不法时，才能够得出的结果"。[51]换言之，行为人安装了定时炸弹后，给法益带来了危险，具有解除的义务，不解除的行为就是不作为的违法行为，乘客当然可以实施正当防卫,迫使其履行义务(说出炸弹所在位置或解除炸弹)。如果认为先前安装定时炸弹的故意犯罪行为并不产生作为义务,那么,因为其作为形式的违法行为没有正在进行,难以进行正当防卫。或许人们认为,正当防卫成立所要求的"不法侵害正在进行",并不表示只能在行为时进行防卫,只要法益处于紧迫的危险之中,都可以进行防卫。所以,在安置炸弹之后,虽然安置行为已经结束,但在炸弹爆炸之前法益一直处于紧迫的危险状态,可以针对先前的作为进行正当防卫。可是,一方面,针对作为行为的防卫只能是使其不再作为,而本案中的防卫并不是让行为人不再作为,而是让其实施其种"作为"(说出炸弹所在位置或解除炸弹)。换言之,在上例中,行为人在安装炸弹之后,要通过其不作为(不解除炸弹)来实现其犯罪计划。所以,正当防卫的对象就应当是这个不作为,而不是先前的作为。[52]正因为如此,"德国文献才会发现,若要能够针对此一危险状态行使正当防卫,就必须先赋予作为的行为人排除此一危险状态的法律义务,之后才能针对他的不作为(让危险状态持续)来主张正当防卫"。[53]另一方面,对不作为犯的防卫限度明显不同于对作为犯的防卫限度。在上例中,不可能按先前安置炸弹的作为确定防卫限度。亦即,对不作为的防卫,以迫使行为人履行义务为必要限度。于是,在作为犯中,防卫行为可能是致人死亡的方法;但在不作为犯中,不可能是使行为人死亡的防卫方法。此外,对作为犯的防卫,只要制止了作为行为本身,就不能再防卫;但对不作为犯的防卫,只要行为人履行了义务,就不能再防卫。在上例中,只要行为人说出了炸弹的位置,就不能再防卫。所以,将先前行为作为防卫对象是不合适的;而要使不作为成为防卫对象,就必须肯定故意犯罪行为是产生作为义务的先前行为。

第三,承认故意的犯罪行为可以成为先前行为,有利于解决共同犯罪问题。例如,甲以杀人故意将被害人乙砍成重伤,随后,甲看到了乙躺在血泊之中的痛苦表情,顿生悔意,打算立即叫救护车。此时,无关的第三人丙却极力劝阻甲,唆使其放弃救助的念头,乙因失血过多而死亡。在此例中,如果否认故意的犯罪行为可以成为先前行为,就意味着丙不可能成立犯罪。如所周知,不作为犯实质上是身份犯,即负有作为义务的人才能成为不作为犯的正犯。丙并不负有作为义务,不可能成立不作为犯的正犯。根据限制从属性说的原理,只有认定甲的故意杀人行为产生了救助义务,其后来的不作为也属于杀人行为,才能认定丙成立不作为杀人的教唆犯。[54]

承认故意的犯罪行为可以成为先前行为,面临的障碍是罪数问题。

首先,可以肯定的是,承认故意的犯罪行为可以成为先前行为后,如果案件事实中的作为与不作为应当评价为两个行为,行为侵害了两个法益,行为人对两个法益侵害事实都具有责任时,应当实行并罚。例如,行为人违反森林法的规定,非法采伐珍贵树木,树木倒下时砸着他人头部,行为人明知或者应知不立即救助他人就会导致死亡结果,但未予救助。非法采伐珍贵树木是刑法第344条规定的犯罪行为,但第344条并没有就该罪规定死亡结果,换言之,造成死亡的行为以及死亡结果不能评价在非法采伐国家重点保护植物罪中。在这种情况下,应当将非法采伐珍贵树木的犯罪行为,视为导致行为人负有抢救义务的先前行为,从而视案情将不救助行为认定为不作为的故意杀人罪或过失致人死亡罪,与非法采伐国家重点保护植物罪实行并罚。

其次,在许多情形下,即使承认故意的犯罪行为可以成为先前行为,也可能仅认定为一罪。例如,以作为形式故意伤害他人,在具有死亡危险的情况下不救助的,只能认定为一罪(一个故意杀人罪或者一个故意伤害致死罪);再如,以作为形式故意杀人,在具有死亡危险的情况下不救助的,也只能认定为一个故意杀人罪。从结论上说,对上述行为认定为一罪是合理的,问题是如何说明理由。德国刑法理论认为,在上述案件中,故意的作为犯与不作为犯处于"不纯正竞合"的关系。其中,有学者认为,二者处于法条竞合中的补充关系;有学者认为后者属于"共罚的事后行为";有学者认为属于行为单数,亦即,前阶段的作为与后阶段的不作为是一个单一的整体(行为单数)。[55]但是,其一,在我国,二者不是补充关系,因为前阶段的作为与后阶段的不作为触犯的法条并不是固定的,因而不可能归纳为补充关系。其二,在我国,不能一概认为后阶段的不作为都是共罚的事后行为或者不可罚的事后行为。这是因为,当前阶段的作为轻于后阶段的不作为,应当按照后阶段的不作为认定为犯罪。其三,将前阶段的作为与后阶段的不作为当作一个单一行为看待,也不完全合适。例如,甲故意杀乙,后来顿生悔意要叫救护车时,丙唆使甲不救助,最终导致乙死亡。承认故意的犯罪行为也能成为先前行为,目的之一就是为了认定丙成立不作为杀人的教唆犯。可是,如果将甲的前阶段的作为杀人与后阶段的不作为杀人当作一个行为,就不能认定丙成立教唆犯。因为在一个单一行为的犯罪中,教唆者不可能中途实施教唆行为。

本文认为,认定犯罪的单复,不只是取决于行为的数量与特性,还要取决于行为侵害法益的数量。一方面,当前阶段的作为与后阶段的不作为侵害的是同一法益时,理当以一罪论处。如前阶段的作为杀人与后阶段的不作为杀人,仅侵害了同一人的生命法益,只能认定为一罪。另一方面,后阶段的不作为所侵害的法益包容了前阶段的作为所侵害的法益时,仅认定一个重罪即可。例如,故意伤害他人后,产生救助他人的作为义务;如果不履行作为义务,导致他人死亡,对死亡结果具有故意的,仅认定故意杀人罪。因为生命法益包含了身体法益。

值得进一步讨论的是,甲以伤害故意实施伤害行为,在被害人具有生命危险时,能够救助却故意不救助,导致被害人死亡的,是仅认定为故意伤害(致死)罪,还是应当认定为故意杀人罪。在我国,故意杀人罪与故意伤害(致死)罪的法定刑相同(只是刑种的排列顺序不同),将甲的行为认定为故意伤害(致死)罪也能实现罪刑相适应。但应当肯定的是,从犯罪的性质来说,故意杀人罪重于故意伤害(致死)罪,只有将甲的行为认定为故意杀人罪,才能实现刑法的协调。例如,在上例中,认定甲的行为成立故意伤害(致死)罪的前提是:行为人对伤害具有故意、对死亡具有预见可能性。但是,如果与下列两种应当认定为不作为的故意杀人罪的情形相比,结论便一目了然。一种情形是,乙没有伤害的故意,但其前行为导致了足以致人死亡的伤害时,乙基于先前行为产生了作为义务,如果故意不救助,导致被害人死亡的,应认定为不作为的故意杀人罪。既然如此,对具有伤害故意的甲,更应当认定为故意杀人罪。另一种情形是,丙故意伤害他人时,对死亡结果没有预见可能性,在行为导致他人有死亡危险时,能够救助而不救助的,对此,也应认定为不作为的故意杀人罪。既然如此,对死亡结果具有预见可能性的甲,更应当成立故意杀人罪。

四、先前行为的作用范围

如所周知,德国、日本刑法理论都只是在不真正不作为犯的范围内探讨先前行为,认为先前行为仅对确定不真正不作为犯的保证人起作用,而对确定真正不作为犯的保证人不起作用。但是,这种观点与做法存在疑问。

不言而喻，认为先前行为仅对确定不真正不作为犯的保证人起作用，源于真正不作为犯与不真正不作为犯的分类。德国、日本、韩国以及我国的刑法理论几乎没有争议地将不作为犯分为真正不作为犯与不真正不作为犯。但是，这种分类的标准究竟是什么以及是否合理，还是值得研究的。

德国与日本、韩国的刑法理论对不作为犯的区分标准并不完全相同，前者采取了实质的区分标准（实质说），后者采取了形式的区分标准（形式说）。

德国的通说认为，真正不作为犯，是指仅仅没有履行法律所要求的义务的犯罪行为。诚然，如果实施了法律所要求的行为，就能够避免法秩序的否定评价，但是，立法者并没有将避免结果规定为不作为者的义务，也没有将特定结果的发生规定为构成要件要素。因此，真正不作为犯是行为犯的对应物。与之相对，不真正不作为犯则要求保证人履行结果回避义务，结果的发生属于构成要件要素，违反结果回避义务的保证人，对构成要件的结果具有刑法上的答责性。因此，不真正不作为犯是结果犯的对应物。[56]亦即，行为犯是只要有作为的举动就构成犯罪，而真正不作为犯是只要没有履行义务就构成犯罪；结果犯是基于作为造成构成要件结果的犯罪，而不真正不作为犯是因为没有履行义务造成构成要件结果的犯罪。例如，德国刑法第323条c规定："行为人在发生不幸事故或者公共的危险或者紧急危难时，尽管要求和根据状况能够期待他进行救助，特别是不存在显著的自己的危险和不侵害其他重要的义务，却不予救助的，处一年以下的自由刑或者金钱刑。"[57]据此，成立本罪并不需要过问"能否避免'结果'（如被害人的死亡）"；反之，"得到即将发生特定的重大犯罪的可靠情报的主管警官，在紧急状态下即使冒着生命危险也必须阻止犯罪，否则，他将作为该犯罪的帮助犯受到处罚"。[58]前者是真正的不作为犯，后者为不真正的不作为犯。正因为德国的通说是根据是否要求发生构成要件的结果来区分的，所以，德国有学者认为，真正不作为犯与不真正不作为犯的称谓并不理想，其中，有的学者主张使用单纯的不作为犯与加重的不作为犯的概念，有的学者主张使用主要的不作为犯与次要的不作为犯的概念，有的主张使用无结果的不作为犯与有结果的不作为犯的概念。[59]

日本与韩国刑法理论的通说认为，刑法明文将不作为规定为构成要件要素的犯罪,是真正不作为犯;刑法没有明文将不作为规定为构成要件要素,行为人以不作为方式实施通常由作为实施的构成要件行为的,就是不真正不作为犯。[60]所谓将不作为规定为构成要件要素,是指规定了不作为的行为主体和对行为使用了“没有”、“不”之类的表示不作为的表述。例如,日本刑法第218条所规定的保护责任者遗弃罪的表现形式之一是,“对于老年人、幼年人、身体障碍者或者病人负有保护责任而……对其生存不进行必要保护”,[61]其中既有行为主体的规定,也有对不作为的表述,因而是真正不作为犯。反之,刑法并没有规定不作为的杀人罪,行为人以不作为方式杀人的,则是不真正不作为犯。

由于德国与日本采取的区分标准不同,所以,在日本被称为真正不作为犯的犯罪,在德国可能属于不真正不作为犯。例如,根据德国刑法第315条c第1款第2项g的规定,行为人在道路交通中,违反交通安全的要求,不使停止的或者不前进的交通工具保持可辨识的足够距离的,构成犯罪。就此行为而言,法条实际上规定了不作为犯的行为主体与不作为的行为。按照日本刑法理论的观点,本罪属于真正不作为犯,但按照德国学者的观点,本罪属于不真正不作为犯,[62]因为本罪的成立要求给他人的身体、生命或者具有重大价值的财物造成危险(结果)。

诚然,对不作为犯完全可以采取不同的标准进行不同的分类。但是,对事物的分类,每次只能采取一个标准,所以,我们不可能将实质标准与形式标准综合起来作为标准。如果要在实质说与形式说之间进行比较,本文认为,实质说的分类不可取。

首先,对事物分类是有目的的,从而对根据一定标准区分出来的子项进行不同的处理。如果按照所谓构成要件是否要求发生结果来区分不作为犯,那么,只要有行为犯与结果犯的区分即可。可是,不作为犯的最大问题在于,当刑法没有明文规定保证人(行为主体)时,如何确定保证人?这是德国实质的分类没有解决的问题。

其次,按照德国学者的观点,不真正不作为犯又可以分为两类:一类是刑法明文规定了行为主体与不作为内容的犯罪;另一类是刑法没有明文规定行为主体与不作为内容的犯罪。如上所述,德国学者认为其刑法第315条c第1款第2项g规定的是不真正不作为犯,但德国的刑法理论与判例均认为,下列行为成立不真正不作为犯:“引起事故的机动驾驶人,应当使被害人接受医生的治疗。否则，他可能承担杀人罪的责任（BGH 7,287［288］）。"[63]可是，在行为主体与不作为的内容已经有明文规定的情况下，对其解释与认定就不存在问题；存在问题的是，刑法没有明文规定行为主体与不作为的内容的场合。不真正不作为犯的问题性就在这里。而德国刑法理论所称的不真正不作为犯的问题，只是其中行为主体与不作为的内容没有被明文规定场合的不真正不作为犯的问题，亦即，只是部分不真正不作为犯的问题。这种将两种不同类型的问题归入到一类的做法，不利于问题的解决。

最后，认为真正不作为犯没有将危险或者实害作为构成要件要素是不合适的，换言之，真正不作为犯的既遂，仍以结果发生为要件。只是行为与结果同时发生而已。即使是采取二元论的罗克辛教授也认为，行为犯与结果犯的区分，只在是否需要查明因果关系（客观归责）方面具有意义。"否则，会引起误解。一方面，所有的犯罪都有结果，在行为犯的场合，行为人实现构成要件的行为本身就是结果。另一方面，在结果犯的场合，归责论意义上的结果必须被构成要件的行为所包含。因此，结果的分离只具有相对的意义。"[64]

所以，我国刑法理论采取了与日本、韩国相同的形式区分标准。[65]因为根据这种区分标准，真正不作为犯的构成要件符合性问题，不存疑问。刑法理论与司法实践必须探讨的问题是，不真正不作为犯的行为主体与义务内容，例如，面对落水儿童，哪些人的不救助行为成立不作为犯？这是真正不作为犯中并不存在的问题。

但是，日本、韩国和我国现行的分类依然存在疑问。按照形式的区分标准，凡是刑法分则明文规定了不作为的行为主体与不作为内容的就是真正不作为犯，所以，不需要确定行为主体（保证人）；刑法分则没有做出如此规定，行为人以不作为实现通常由作为实现的构成要件时是不真正不作为犯，刑法理论与司法实践必须确定哪些人可以成为行为主体（保证人）。换言之，前者只是一个事实判断，后者是一个规范判断。

可是，通过查阅刑法条文就会发现，即使刑法分则的某些条文明确规定了行为主体与不作为内容（真正不作为犯），司法实践仍然要规范地判断哪些人可以成为行为主体。如上所述，对于前述日本刑法第218条规定的保护责任者遗弃罪，日本刑法理论没有争议地认为是真正不作为犯。然而,哪些人是负有保护责任的人,仍然要根据有关不真正不作为犯的义务来源的原理进行规范判断。[66]易言之,完全可能基于先前行为,判断行为人是负有保护责任的人。“例如,实施业务堕胎的医生在排出的婴儿具有生存可能性时放置不管致其死亡的,在旅馆的一个房间给少女注射兴奋剂,使其处于错乱状态后而离去的,都是基于以先前行为为由的条理,而认定有保护责任。”[67]同样,我国刑法第261条也规定了遗弃罪,行为主体是“对于年老、年幼、患病或者其他没有独立生活能力的人,负有扶养义务”的人,但是,对于行为主体与被遗弃者之间是否必须具有家庭成员关系,亦即,哪些人能够成为遗弃罪的行为主体,就存在明显的分歧。[68]结局是,仍然要根据有关不真正不作为犯的义务来源的原理进行规范判断。

再如,刑法第139条之一前段规定:“在安全事故发生后,负有报告职责的人员不报或者谎报事故情况,贻误事故抢救,情节严重的,处三年以下有期徒刑或者拘役。”本罪属于真正不作为犯,但其主体范围还是需要根据不真正不作为犯的义务来源予以确定。最高人民法院、最高人民检察院2007年2月28日《关于办理危害矿山生产安全刑事案件具体应用法律若干问题的解释》第5条规定:“刑法第一百三十九条之一规定的‘负有报告职责的人员’,是指矿山生产经营单位的负责人、实际控制人、负责生产经营管理的投资人以及其他负有报告职责的人员。”即使有了这样的司法解释,“其他负有报告职责的人员”是指哪些人,依然需要规范的判断。如果承认危险的先前行为是作为义务的来源,那么,先前行为造成了安全事故的人员(即其行为已经构成相关安全事故犯罪的人员),就属于负有报告职责的人员。

基于以上分析,本文认为,应当在采取形式区分标准的前提下,进一步根据是否需要法官规范性地确定保证人这一标准,将不作为犯区分为三类:

第一,典型的真正不作为犯。刑法分则条文明文规定了这类犯罪的保证人与不作为内容,而且对保证人只需要进行事实判断。认定典型的真正不作为犯,既不存在确定保证人的困难,也完全符合罪刑法定原则。例如,刑法第311条规定:“明知他人有间谍犯罪或者恐怖主义、极端主义犯罪行为,在司法机关向其调查有关情况、收集有关证据时,拒绝提供,情节严重的,处三年以下有期徒刑、拘役或者管制。”本罪的保证人是明知他人有间谍犯罪或者恐怖主义、极端主义犯罪行为并受司法机关调查的人,对此只需要进行事实判断即可(行为人是否知道他人有上述犯罪行为并受司法机关调查),不作为内容是不提供有关情况与证据。

第二,非典型的真正不作为犯。刑法分则条文明文规定了这类犯罪的保证人与不作为内容,但对保证人需要进行规范判断。认定非典型的真正不作为犯,不存在违反罪刑法定原则的问题,但存在确定保证人的难题。如前所述,刑法第261条规定的遗弃罪的行为主体是"对于年老、年幼、患病或者其他没有独立生活能力的人,负有扶养义务"的人,但其具体范围仍然要按照上述确定不真正不作为犯的保证人的原理进行规范的判断,属于本文所称的非典型的真正不作为犯。刑法第139条之一规定的犯罪也是如此。

第三,不真正不作为犯。刑法分则没有规定保证人与不作为内容,但行为人以不作为方式实现了通常由作为实现的构成要件。不作为的故意杀人、不作为的放火等是其适例。显然,将这种不作为认定为犯罪,既存在是否违反罪刑法定原则的问题,也存在如何确定保证人的问题。即使认为处罚这种不作为犯,并不违反罪刑法定原则,也必须规范地确定保证人的范围,并说明具备什么条件才能认定行为符合构成要件。

不难看出,不真正不作为犯与非典型的真正不作为犯的共同点是,二者都需要法官规范地确定保证人的范围。不同点是:其一,不真正不作为犯总是存在是否违反罪刑法定原则的疑问,而非典型的真正不作为犯不存在这一疑问。其二,不真正不作为犯的保证人的确定,不会直接受到刑法分则用语的限制。例如,刑法关于故意杀人罪与放火罪的表述,都不可能直接限制这两个罪的保证人的确定。但是,非典型的真正不作为犯的保证人的确定,直接受到刑法分则用语的限制,从我国刑法第261条的规定就可以清楚地看出这一点。例如,对于年幼的人仅负有教育义务的人,就不可能成为遗弃罪的保证人。

由此可见,只是在不真正不作为犯中讨论先前行为并不合适。应当承认,先前行为的作用范围既包括不真正不作为犯,也包括一部分(非典型的)真正不作为犯。换言之,在非典型的真正不作为犯中,危险的先前行为也能成为作为义务的发生根据。

注释

1 认为处罚不真正不作为犯违反罪刑法定原则的,不仅有大陆法系国家的学者,也有英美法系国家的学者。例如,在日本,有学者认为不真正不作为犯违反罪刑法定原则的问题,因而主张,对于所谓不作为的故意杀人行为,只能认定为保护责任者遗弃罪(参见[日]浅田和茂:《刑法总论》,成文堂 2007 年补正版,第 150、162 页)。在美国,“对不作为犯罪进行惩罚,即使有其他辩护理由,但少数学者还是批评他违反了罪刑法定原则”([美]约书亚 · 德雷斯勒:《美国刑法精解》,王秀梅等译,北京大学出版社 2009 年版,第 95 页)。

2 参见高铭暄主编:《刑法学》,法律出版社 1982 年版,第 121 ~ 122 页。

3 参见高铭暄、马克昌主编:《刑法学》,北京大学出版社、高等教育出版社 2010 年版,第 74 ~ 76 页;陈兴良:《规范刑法学》(上册),中国人民大学出版社 2008 年版,第 122 ~ 123 页。

4 参见[日]山口厚:《刑法总论》,有斐阁 2007 年版,第 81 页。

5 在美国,“一个具有报告火灾情况法定职责的人没有报告火灾情况,过失或轻率地导致了死亡结果,那么他将被控犯有某种形式的杀人罪”([美]约书亚 · 德雷斯勒:《美国刑法精解》,王秀梅等译,北京大学出版社 2009 年版,第 95 页)。但在中国并非如此,一个发现火灾的普通公民,也很难说是具有报告火灾情况法定职责的人。

6 英国学者指出:“甚至‘作为’有时候可以由不作为实施,例如,某人因为完全被动地接受儿童的作为行为,而被认为实施了严重猥亵儿童罪”(J. C. 史密斯、B. 霍根:《英国刑法》,李贵方等译,法律出版社 2000 年版,第 56 页)。

7 参见岳耀勇:“见死不救　罪责难逃”,载《检察日报》2000 年 5 月 9 日;柴文斌、王辉:“听任女友寻短见　见死不救被判刑”,载《法制日报》2000 年 12 月 2 日。

8 德国以往的形式的法义务论认为,作为义务的来源是法律、合同与危险的先前行为,后来又增加了紧密的生活关系(Vgl., H. Jescheck/T. Weigend, Lehrbuch des Strafrechts: Allgemeiner Teil, 5. Aufl., Duncker & Humblot, 1996, S. 621)。日本的形式的法义务论认为,作为义务的发生根据是法令、合同与习惯或者条理(其中包括先前行为)。参见[日]团藤重光:《刑法纲要总论》,创文社 1990 年版,第 149 页;[日]大塚仁:《刑法概说(总论)》,有斐阁 2008 年版,第 153 页。

9 美国迄今为止仍然采取形式的法义务论(参见[美]约书亚 · 德雷斯勒:《美国刑法精解》,王秀梅等译,北京大学出版社 2009 年版,第 96 页以下)。

10 Vgl., H. Jescheck/T. Weigend, Lehrbuch des Strafrechts: Allgemeiner Teil, 5. Aufl., Duncker & Humblot, 1996, S. 621ff;[德]约翰内斯 · 韦塞尔斯:《德国刑法总论》,李昌珂译,法律出版社 2008 年版,第 433 页。

11 参见[日]山中敬一:《刑法总论》,成文堂 2008 年版,第 234 ~ 237 页。

12 参见[日]山口厚:《刑法总论》,有斐阁2007年版,第89页。

13 H. Jescheck/T. Weigend, Lehrbuch des Strafrechts: Allgemeiner Teil, 5. Aufl., Duncker & Humblot, 1996, S. 621.

14 [日]日高义博:《不作为犯的理论》,王树平译,中国人民公安大学出版社1992年版,第111页。

15 参见[日]西田典之:《共犯理论の展开》,成文堂2010年版,第175~176页。

16 参见[德]许迺曼:"德国不作为犯法理的现况",载许玉秀、陈志辉编:《不移不惑献身法与正义——许迺曼教授刑事法论文选辑》,春风煦日学术基金2006年版,第667、656、641页。

17 《德国刑法典》,冯军译,中国政法大学出版社2000年版,第10页。

18 参见[日]山口厚:《刑法总论》,有斐阁2007年版,第80页;C. Roxin, Strafrecht Allgemeiner Teil, Band II, C. H. Beck, 2003, S. 683f.

19 参见[日]山口厚:《新判例から见た刑法》,有斐阁2008年版,第41~42页。

20 参见[德]约翰内斯·韦塞尔斯:《德国刑法总论》,李昌珂译,法律出版社2008年版,第433页。

21 参见[日]山口厚:《刑法总论》,有斐阁2007年版,第89~90页。

22 参见[日]岛田聪一郎:"不作为犯",载《法学教室》2002年第8号。

23 Vgl., C. Roxin, Strafrecht Allgemeiner Teil, Band II, C. H. Beck, 2003, S. 762f.

24 蔡圣伟:《刑法问题研究(一)》,元照出版有限公司2008年版,第230页。

25 参见[日]井田良:"刑事立法の活性化とそのゆくえ",载《法律时报》第75卷(2003年)第2号。

26 还应当注意的是,德国刑法学者否认先前行为可以成为不作为犯的义务来源,不至于导致行为无罪,因为如后所述,德国刑法第323条c规定了见危不救罪。但是,即便如此,也存在处罚不均衡的问题。于是许迺曼教授建议增设加重犯的规定,亦即:"行为人引起危险或有特别的义务防止危险,但是不为第一项之救助义务者,处……(加重)……"(参见[德]许迺曼:"德国不作为犯法理的现况",载许玉秀、陈志辉编:《不移不惑献身法与正义——许迺曼教授刑事法论文选辑》,春风煦日学术基金2006年版,第642~643页)。我国刑法没有类似于德国刑法第323条c的规定,如果否认危险的先前行为能够成为作为义务的来源,就使法益得不到应有的保护。

27 [日]山口厚:《刑法总论》,有斐阁2007年版,第91~92页。

28 参见[日]山口厚:《刑法总论》,有斐阁2007年版,第90页。

29 许玉秀:《当代刑法思潮》,中国民主法制出版社2005年版,第690页。

30 参见[日]山口厚:《刑法总论》,有斐阁2007年版,第90页。

31 [日]西田典之:《共犯理论の展开》,成文堂2010年版,第180页。

32 参见[日]西田典之:《共犯理论の展开》,成文堂2010年版,第170、180页。

33 许玉秀:《当代刑法思潮》,中国民主法制出版社 2005 年版,第 673 页以下。

34 甲的行为同时触犯了放火罪与故意杀人罪。

35 参见张明楷:“严格限制结果加重犯的范围与刑罚”,载《法学研究》2005 年第 1 期。

36 最高人民法院 2000 年 11 月 10 日《关于审理交通肇事刑事案件具体应用法律若干问题的解释》第 3 条的规定:“‘交通运输肇事后逃逸’,是指……在发生交通事故后,为逃避法律追究而逃跑的行为。”但是,这一规定不具有合理性。犯罪后为逃避法律追究而逃跑,对于犯罪人而言可谓“人之常情”。正因为如此,自首成为法定的从宽处罚情节。如果将“逃逸”解释为“为逃避法律追究而逃跑”,就不能解释刑法为什么不将逃逸规定为其他犯罪的法定刑升格的情节(参见张明楷:《刑法学》,法律出版社 2007 年版,第 543 页)。

37 本文并不主张过失的交通肇事罪包含了故意的结果加重犯,问题可能出在罪名的确定上。一方面,司法解释没有将逃逸致人死亡确定为独立的罪名,但在将指使逃逸的行为认定为交通肇事罪的共犯时,又是将逃逸致人死亡作为独立罪名对待的;另一方面,交通肇事罪属于过失犯罪,而过失犯罪没有共同犯罪,但司法解释直接肯定了过失的共同犯罪。这便是司法解释的问题所在。倘若将逃逸致人死亡作为一个独立的罪名(逃逸致人死亡罪),其中的逃逸是基本犯(不作为犯,只不过这种基本犯不可能独立地受到处罚,只能作为交通肇事罪的加重情节处罚),致人死亡是结果加重犯(相当于国外刑法规定的遗弃致人死亡罪),司法解释的上述规定也许不会引起争议。

38 参见[日]岩间康夫:《制造物责任と不作为犯论》,成文堂 2010 年版,第 90 页以下。

39 参见[日]岩间康夫:《制造物责任と不作为犯论》,成文堂 2010 年版,第 24 ~ 25 页。

40 [日]岩间康夫:《制造物责任と不作为犯论》,成文堂 2010 年版,第 46 页。

41 在英美刑法中,驾驶者无过错撞伤他人后,因不救助而导致被害人死亡的,成立杀人罪(参见[美]乔治 · 弗莱彻:《反思刑法》,邓子滨译,华夏出版社 2008 年版,第 452 页)。

42 Vgl. ,C. Roxin,Strafrecht Allgemeiner Teil,Band II,C. H. Beck,2003,S. 766.

43 Vgl. ,C. Roxin,Strafrecht Allgemeiner Teil,Band II,C. H. Beck,2003,S. 771.

44 一个犯罪行为,完全可能同时包括作为与不作为(如虐待罪、抗税罪)。

45 Vgl. ,C. Roxin,Strafrecht Allgemeiner Teil,Band II,C. H. Beck,2003,S. 776.

46 参见刘鹏:“狗咬人,女主人被判谋杀罪”,载《检察日报》2008 年 9 月 24 日。

47 [美]乔治 · 弗莱彻:《反思刑法》,邓子滨译,华夏出版社 2008 年版,第 451 页。

48 林东茂:《刑法综览》,中国人民大学出版社 2009 年版,第 122 页。笔者也曾经赞成这种观点(参见张明楷:《刑法学》,法律出版社 2007 年版,第 145 页)。

49 [日]山中敬一:《刑法总论》,成文堂 2008 年版,第 236 ~ 237 页。

50 参见张明楷:《犯罪构成体系与构成要件要素》,北京大学出版社 2010 年版,第 259

页以下。

51 蔡圣伟:《刑法问题研究(一)》,元照出版有限公司 2008 年版,第 225 页。

52 Vgl. , Kristian Kühl, Strafrecht Allgemeiner Teil, 3. Aufl. , Verlag Vahlen , 2000, S. 143.

53 蔡圣伟:《刑法问题研究(一)》,元照出版有限公司 2008 年版,第 226 页。

54 参见蔡圣伟:《刑法问题研究(一)》,元照出版有限公司 2008 年版,第 223 页。

55 参见蔡圣伟:《刑法问题研究(一)》,元照出版有限公司 2008 年版,第 251 ~ 252 页。

56 Vgl. , H. Jescheck/T. Weigend, Lehrbuch des Strafrechts: Allgemeiner Teil, 5. Aufl. , Duncker & Humblot, 1996, S. 605f.

57 《德国刑法典》,冯军译,中国政法大学出版社 2000 年版,第 195 页。

58 H. Jescheck/T. Weigend, Lehrbuch des Strafrechts: Allgemeiner Teil, 5. Aufl. , Duncker & Humblot, 1996, S. 606.

59 Vgl. , H. Jescheck/T. Weigend, Lehrbuch des Strafrechts: Allgemeiner Teil, 5. Aufl. , Duncker & Humblot, 1996, S. 606.

60 参见[日]团藤重光:《刑法纲要总论》,创文社 1990 年版,第 143 ~ 144 页;[日]山口厚:《刑法总论》,有斐阁 2007 年版,第 74 页;[日]大谷实:《刑法讲义总论》,成文堂 2010 年新版,第 141 页;[韩]金日秀、徐辅鹤:《韩国刑法总论》,郑军男译,武汉大学出版社 2008 年版,第 466 页。

61 《日本刑法典》,张明楷译,法律出版社 2006 年版,第 60 页。

62 Vgl. , H. Jescheck/T. Weigend, Lehrbuch des Strafrechts: Allgemeiner Teil, 5. Aufl. , Duncker & Humblot, 1996, S. 607.

63 H. Jescheck/T. Weigend, Lehrbuch des Strafrechts: Allgemeiner Teil, 5. Aufl. , Duncker & Humblot, 1996, S. 607.

64 C. Roxin, Strafrecht Allgemeiner Teil, Band I, 4. Aulf. , C. H. Beck, 2006. S. 330.

65 参见高铭暄、马克昌主编:《刑法学》,北京大学出版社、高等教育出版社 2010 年版,第 76 页;陈兴良:《规范刑法学》(上册),中国人民大学出版社 2008 年版,第 124 页;张明楷:《刑法学》,法律出版社 2007 年版,第 140 页;曲新久:《刑法学》,中国政法大学出版社 2009 年版,第 90 页;等等。

66 参见[日]西田典之:《刑法各论》,弘文堂 2010 年版,第 32 页以下。

67 [日]大谷实:《刑法讲义各论》,成文堂 2007 年新版,第 71 ~ 72 页。

68 参见张明楷:《刑法分则的解释原理》,中国人民大学出版社 2011 年版,第 47 页以下。

张明楷代表作

肆

因果关系与结果归属

《中外法学》2011年第6期发表了刘艳红教授的《客观归责理论:质疑与反思》一文(以下简称刘文)。刘文认为,客观归责理论是因果关系理论,而不是归责理论;客观归责理论并不是单纯的客观归责,相反包含了主观归责的内容;客观归责理论混淆了构成要件符合性、违法性、有责性的关系,削弱了三阶层犯罪论体系的机能。刘文进而主张,我国刑法学采用相当因果关系理论即可,不必引进客观归责理论。周光权教授在《中外法学》2012年第2期上发表的《客观归责理论的方法论意义》一文(以下简称周文),与刘艳红教授进行了商榷。周文认为,相当因果关系说在方法论上存在诸多缺陷,而客观归责理论则在方法论上具有非常明显的优势,如用多重规则确保检验时没有遗漏,建立正面判断和反向检验交互进行的检验标准,展示一般预防的刑罚效果,凸显评价的层次性、充分性,确保刑法判断的客观化;客观归责理论只是强调客观判断必须优先进行,不会模糊三阶层理论。在笔者看来,刘文和周文都有合理之处,也都有值得商榷之处。本文拟对客观归责理论发表浅见,并与周文、刘文商榷。

一、客观归责理论的形成

客观归责理论的形成经历了一个漫长的过程。

归责或归属(Zurechnung)源于拉丁语的“归责”一词(imputatio)。在德国刑法学中,从普芬道夫(S. Pufendorf,1632~1694)时代开始,归责就成为重要的概念,费尔巴哈也使用归责概念,并将归责分为对行为的归责

注　原文标题为“也谈客观归责理论”,发表于《中外法学》2013年第2期。

（某个主体是某个事实的自由的原因）和对责任的归责（行为人对事实归责的责任）。给归责概念赋予法哲学意义的是黑格尔。根据黑格尔的观点，只有将外部事实归属于主体即意思时，该外部事实才是行为人的作品。

19 世纪后半期，自然科学的思考方法风靡一时，哲学上的归责论被自然科学的因果关系论取代，于是条件说享有相当重要的地位。由于条件说可能导致无限的溯及，于是出现了因果关系中断论。19 世纪末，刑法理论上出现的个别化原因说、禁止溯及论和相当因果关系论，都旨在解决条件说可能存在的无限溯及问题。

进入 20 世纪后，开始出现从规范的视角限定条件说的无限溯及的理论。这种理论起先在斯堪的纳维亚诸国、荷兰与奥地利出现萌芽。在德国，穆勒（M. L. Müller）提出了符合规范的危险理论。20 世纪 20 年代，奥地利民法学者从规范的视角提出的限制论即违法性关联的理论成为当时有力的学说。在随后的 30 年代，穆勒对危险概念的分析，由恩吉施（K. Engisch）采用到相当因果关系理论中，恩吉施区分了行为的危险性（危险创出）与危险的实现。

1927 年，德国民法学者拉伦茨（K. Larenz）出版了《黑格尔的归责论与客观归责的概念》一书，从客观归责论的观点为相当因果关系说提供根据。R. Honig 于 1930 年提倡以客观的目的可能性作为归责基准的客观归责论。此后，归责论的思想被刑法学维持。

20 世纪 60 年代，德国的民法学在英美法、奥地利法的影响下，精心地展开了规范的保护范围的理论。根据这一理论，只有当结果包含于被侵害的规范的保护范围之内时，才能将该结果归责于行为，其中，危险的概念起着重要作用。

20 世纪 60 年代末 70 年代初，鲁道菲（J. Rudolphi）、罗克辛（C. Roxin）、许迺曼（B. Schünemann）等学者，开始在刑法学中提倡规范的保护目的理论，这一理论与前述危险的创出、危险的实现的理论相融合，形成了现在的客观归责理论。[1]

从哲学上说，新康德主义是客观归责理论得以形成的理论基础。新康德主义的代表人物之一文德尔班（W. Windelband），区分事实世界与价值世界、事实命题与价值命题，但又认为它们并非毫不相关，而是互有联系，亦即，后者高于前者，前者从属于后者。因为事实命题只是关于“真”的命题,而价值命题还包括"善"与"美"的问题。他还认为,"真"既关系到对事实的认识,也关系到对事实的评价,因而它是事实世界与价值世界之间的桥梁,正是它将这两个彼此区别的世界联系起来了。李凯尔特(H. Rickert)否定了"物自身"的客观存在,认为"离开了意识,就没有存在"。李凯尔特也将世界分为事实世界与价值世界,所谓事实世界就是表象(现象)世界或经验世界;而价值世界则是人的主观意志(本体)的世界。价值不是现实存在,而是现实存在的意义;某些客体具有价值,但是具体价值的客体与价值本身不是一回事。在事实世界中,有许多表象是依据因果性、必然性等先验的范畴互相联系的;在价值世界中也涉及表象,但在这个领域中,表象不是依据因果性、必然性等先验范畴相互发生关系,而是依据价值规范与认识主体的意志和情感发生关系。李凯尔特指出,哲学的任务就在于研究这些作为价值的价值,探讨它们的意义,以便把它们纳入一切价值的普遍的、目的论的联系中;只有解决了价值问题,才能谈论世界的意义。自然科学的任务在于寻求规律,社会历史科学的任务是描述、评价具体的社会历史事件,法律学处于自然科学与社会历史科学两极之间,属于中间领域的文化科学,作为文化科学的法律学的本质方法应是价值关系的方法。[2]

客观归责理论以条件说或者合法则的条件说为前提。但是,将具有条件关系的行为宣布为违法不一定是有意义的,因为将一个行为宣布为违法的目的是禁止这种违法行为,或者说使一般人不实施这种违法行为。说一个行为造成了他人死亡(事实),并不意味着该行为是违反规范的(价值);将一个有重大因果偏离的结果归属于行为人,并不利于预防一般人造成这种结果。所以,必须目的性地判断什么行为是违法行为。不难看出,客观归责理论与新康德主义哲学的基本观点完全吻合。正如罗克辛教授所言:"只要人们将不法理解为通过不允许的危险的实现所导致的法益侵害,就能同时实现一种从存在论向规范论的转变。因果性和目的性是一种存在类型,该类型从以该类型为依据建构的理论立场(即物本逻辑的立场——引者注)出发仅仅能决定诸如什么是杀人、毁坏或者伤害。相反,如果人们从本文所发展的见解(即规范论的见解——引者注)出发则会得出如下结论,虽然每项杀人——在上述事例范围内——也是以实证的根基为前提的,但是,一个导致死亡的行为(Todesverursachung)是不是杀人行为

(Tötungshandlung),应当规范地依据是否遵守抑或违反允许危险的规定作出判断。”[3]概言之,要使刑法规范发挥行为规范的机能,就必须对行为、结果及其因果关系进行规范评价,这正是新康德主义哲学的观点。罗克辛教授也明确指出,自己的客观归责理论试图完成新康德主义的构想,并且以新的形式发展其内容。[4]

从刑法学上说,杀人、伤害、毁坏财物等罪的实行行为缺乏非定型性,[5]以及条件说的无限溯及,是形成客观归责理论的基本原因。如所周知,客观归责理论是针对结果犯而言。当现实生活中发生了一种法益侵害结果时,根据自然科学的因果关系,人们很自然地找到与结果具有条件关系的行为,并且认为该行为就是结果发生的原因。倘若刑法对构成要件行为作了定型性的具体描述,司法人员认为造成该结果的行为并不符合构成要件,就可以否认该行为构成犯罪。但是,由于杀人、伤害行为缺乏定型性,所以,当结果表现为他人伤亡时,引起该行为的行为是否属于刑法上的杀人、伤害行为,就难以下结论。[6]于是,先采取条件关系,从存在论的角度肯定与伤亡结果之间具有因果关系的行为是杀人、伤害行为,再通过规范评价,得出能否将该结果归责于该行为的结论。这便是客观归责理论。

例如,罗克辛教授指出,A 知道 B 有自杀的意思,但仍然将致死量的海洛因出卖给 B,B 注射该海洛因后死亡。A 的行为与 B 的死亡具有因果关系,且具有未必的故意,如果认为 A 的行为完全符合杀人罪的构成要件,就必须处罚 A。但是,对 A 以杀人罪论处是不合适的,因此,必须运用客观归责理论,不将结果归属于 A。[7]“不言而喻,上例中 A 的行为在日本刑法中属于参与自杀(帮助自杀)罪(第 202 条)。因此,杀人罪(第 199 条)的构成要件,是‘违反被害人的意志’故意杀害他人,被害人的承诺明显具有作为阻却杀人罪的构成要件符合性的事由(构成要件不符合事由)的机能。与此相对,在没有规定参与自杀罪的德国,A 的行为就可能被解释为符合杀人罪构成要件的行为。”[8]不难看出,罗克辛教授之所以认为上述 A 的行为与死亡结果之间具有因果关系,一方面是基于条件说(或合法则的条件说),另一方面是因为杀人的实行行为缺乏定型性,人们难以判断哪些行为是杀人行为,哪些行为不是杀人行为。[9]于是,“客观归责理论提供一个普遍有效的判断规则,用来判断何种引起死亡结果、伤害结果或毁损结果的行为是杀人行为、伤害行为或毁损行为,而何种不是”。[10]

再如,金德霍伊泽尔(U. Kindhäuser)教授在讨论为什么需要采取客观归责理论时举例指出,A将自己的一把斧头借给手脚笨拙的邻居L,L在使用该斧头劈木材时,不小心将自己劈伤。"在既定的情况下,如果人们想要能够因果地解释结果的发生,就不得不考虑L对斧头的拥有,于是,A将斧头借给L就是造成L身体伤害的一个原因。此外还会出现这样的情形:A估计到邻居L如此笨拙以致会伤害到他自己,却仍然故意地将斧头借给他。对此,又该如何处理呢?而且,在这种情况下,A又不可能援引正当化事由和责任阻却事由,于是,A就很可能因为故意实施身体侵害而遭受处罚。可是,这样的结论是难以令人接受的。"[11]于是,需要审查结果应当归责于谁。显而易见,金德霍伊泽尔教授所提出的必须审查将结果归属于谁的行为,也是因为,基于条件说不能否认A的行为与L的身体伤害之间的因果性,同样,由于伤害行为缺乏定型性,无法否定借斧头给他人的行为是伤害行为,于是,借助于客观归责理论,使A不受处罚。

弗里希(W. Frisch)教授的论述,更是直接地表明了这一点。弗里希教授在一篇论文中列举了一些案例:"行为人开枪仅打伤了被害人,被害人却在医院中感染到当下正流行的感冒病毒而死亡",行为人叫被害人乘船旅行,被害人乘船旅行时正如行为人所期盼的那样因沉船事故而死亡。弗里希教授针对这些案例指出:根据条件说或等价理论,"当行为人对于结果的发生(譬如死亡或伤害)设定了一个必要条件时,他便引发(惹起、招致)了结果;随而,依照当时多数人的见解,杀人或伤害罪的客观构成要件也就同时被实现……不难看出这个所谓的条件理论或等价理论,在前面的所有案例中都会得出肯定原因性的结论。如果我们将行为与结果间的关联限缩在这样的要求,那么这个理论也就同时得出客观构成要件实现的结论:若是没有需要治疗的枪伤就不会在医院里被传染感冒、若是没有促成他人搭船旅行就不会在船难中丧失。这同样也适用于其他的案件。如此一样,即使是凶手的父母,也实现了杀人罪的(客观)构成要件……只有当我们在一种较为严格的意义下去理解法条中所要求的'结果原因'时,才能避免这种类似的荒诞结论"。[12]这段话不仅批判了条件理论,而且说明了客观归责理论的形成原因。易言之,条件说的无限溯及与杀人、伤害罪的实行行为的无定型性,迫使刑法理论对条件说进行限定,最终形成了客观归责理论。

需要说明的是,虽然条件说存在扩大原因的缺陷,[13]但并不意味着刑法理论在判断因果关系时,不得运用条件说(条件关系公式)。这是因为,如果不在条件关系的基础上或者前提下进行客观归责,就会使客观归责完全脱离事实根据,而离开事实根据的单纯的规范判断,必然损害构成要件符合性判断与违法性判断的安定性。意大利学者帕多瓦尼指出:"条件理论的真正缺陷不在于它扩大了原因的范围,而是深藏于其运用机制的本身:运用'思维排除法'的前提,是人们必须事先就已经知道究竟条件具备何等的原因力,即知道这些条件如何作为原因(之一)而发挥作用;否则,条件理论就根本无法运作。例如,某甲在服了某乙给他的一种尚处于实验阶段的药后,因心脏病发作而死亡。在这里,显然就不能仅仅根据'思维排除法',在还没有查明实验药的药性之前,将某甲的死亡归咎于某乙的行为。"[14]质言之,"人们是在答案不证自明的前提下运用条件关系公式的"。[15]但是,这一缺陷刚好说明了真正的条件关系建立在客观事实的基础上,同时也说明,不考虑条件的原因力,滥用条件关系的做法是存在缺陷的。所以,认为凶手的父母是他人死亡的原因,进而肯定其符合杀人罪的客观构成要件,是条件说的滥用。易言之,如果考虑条件的原因力,亦即考虑某种行为是否具有致人伤亡的原因力,即使采取条件关系的公式,也不会认为凶手的父母是他人死亡的原因。

由此看来,缺陷可能主要不在于条件关系公式本身,而在于杀人、伤害等实行行为缺乏定型性。换言之,之所以认为条件说扩大原因范围或者无限溯及,是因为早期的刑法理论没有对实行行为做出适当的限定。究其原因也在于,对杀人、伤害等实行行为确实难以定型化,或者说确实难以具体描述。于是,古典犯罪论体系虽然认为凶手的父母符合杀人罪的构成要件,但以父母缺乏作为责任要素的故意、过失为由否认杀人罪的成立。可是,这一观点导致凶手的父母仍然是违法的,其结论不可能被人接受。目的主义的犯罪论体系,将故意纳入构成要件,于是,使得凶手的父母不存在故意的不法,却依然不能解决凶手的父母是否成立过失犯的问题。[16]客观归责理论同样没有对实行行为进行限定,而是认为引起了死亡、伤害结果的行为就是杀人行为、伤害行为,在此前提下,通过客观归责理论排除不应当归责的情况。正如罗克辛教授所言:"归责于客观构成要件的任务,首先是勾画出这样的情形,即从结果的引起(归责可能性的外围)中形成符合构成要件的行为,如从引起死亡中形成在法律上重要的杀人行为。"[17]显然,客观归责理论首先是将引起死亡的行为均认定为符合构成要件的杀人行为看待的。之所以如此,是因为杀人行为缺乏定型性。倘若刑法条文对构成要件行为做了详细描述,就基本上不会发生条件说扩大原因的问题。也因为如此,客观归责理论所举之例,基本上都限于致人伤亡、毁坏财物之类的案件。但是,不能将实行行为的无定型性导致的缺陷,归责于条件说。反过来说,正是由于杀人、伤害行为缺乏定型性,所以早期的条件说,是通过条件关系判断某种行为是不是杀人、伤害行为的,而不是先限定杀人、伤害行为,再根据条件说判断该行为是否与结果之间具有因果关系。

周文指出:"如果赞成行为无价值论,对客观归责理论的地位就必须加以肯定。也就是说,按照客观归责理论,行为有无价值,实际上表现在行为可能制造规范所不允许的危险——行为具有指向法益侵害的主观意向;根据行为时的判断,行为具有侵害法益的现实可能性。在我看来,离开行为无价值,难以承认客观归责理论……站在纯粹法益侵害说的立场,要系统地研究、发展客观归责理论,可能是比较困难的。(周文,第242页)""这也可能是在德国对客观归责理论的研究很深入,但在系统学习德国的日本却应者寥寥无几的深层原因。(周文,注释[47])"本文对此存在疑问。

第一,周文将行为制造法所不允许的危险,解释为行为具有指向法益侵害的主观意向,可能是值得商榷的。一方面,"客观归责理论的实际意义……主要存在于过失犯罪中"。[18]认为过失犯的行为人具有指向法益侵害的主观意向,难以被人接受。另一方面,德国学者在讨论行为是否制造了法所不允许的危险时,虽然可能将特别认知作为判断资料,但并没有一概将主观意向、故意作为判断资料和判断标准。况且,将特别认知作为判断资料,实际上是将行为人特别认知的事实作为判断资料。

第二,并不是所有的行为无价值论者都主张客观归责理论。例如,日本的井田良教授是行为无价值论者(或者说是以行为无价值论为基础的二元论者),但他并没有像德国学者那样采用客观归责理论,而是采取了相当因果关系理论。[19]而且,井田良教授明确指出:"没有必要放弃我国学说中的实行行为概念与相当因果关系说,而以一个'客观归属论'来替代二者。"[20]再如,同样是行为无价值论者的大谷实教授也不赞成客观归责理论,而且对客观归责理论的具体内容都提出了反对意见。[21]反之,也不是所有的结果无价值论者都没有采取客观归责理论,只是基于犯罪论体系上的原因,采纳的程度不同。山中敬一教授对客观归责理论展开了系统研究,甚至在具体细节上发展了客观归责理论,[22]但他被认为是结果无价值论者。[23]没有争议地被归为结果无价值论者的前田雅英教授,也在很大程度上采纳了客观归责理论。[24]

第三,客观归责理论的产生,反而是以法益保护为导向的。罗克辛教授指出:"从法益保护原则出发经过一定的必然发展衍生出了客观归责理论……因为如果刑法希望保护法益免受人为的侵害,恰恰只有藉此理论方能实现:刑法禁止威胁法益存在的不允许危险的制造,并且将以法益侵害的形式违反禁止规定的实现该种危险的情形评价为刑事不法。因此,构成要件行为始终都是以实现人为制造的不允许危险的形式存在的法益侵害行为。"[25]罗克辛教授还说:"刑法是为'辅助性法益保护'服务的。当人们思考如何才能通过刑法来实现对法益的保护时,借助无法反驳的逻辑就可以给出这个答案:为了受保护法益来禁止不可容忍的风险,[26]并且,把那个通过逾越法定的可允许风险而造成被禁止结果的人,当作一个既遂行为的行为人加以判决。在这里所说的,就已经是由我发展起来的客观归责论的基础思想了:当一个人为刑法保护的法益创设了一个不允许的风险,并且,当这个风险在一种被禁止的结果中实现时,只要他不具有正当化根据,那么,他就是刑法性不法的行为人。"[27]不难看出,客观归责理论不仅与结果无价值论没有冲突,而且由来于结果无价值论。

第四,至于日本刑法理论的通说为什么没有采取德国的客观归责理论,日本的佐伯仁志教授作了清楚的说明:"在我国,一般的理解是,刑法上的因果关系,不是止于事实的因果关系的判断,而是还有能否将结果归属于行为的法的判断。而且,最近的相当因果关系说,实质上吸收了客观归责理论的内容。尽管如此,客观归责理论之所以没有成为通说,是因为与条件说是通说的德国不同,在实行行为性与相当因果关系相组合是通说的我国,如果灵活地进行相当性的判断,实质上就能吸收危险创出与其结果的实现这种客观归责理论的判断构造,反而没有必要采取分别的判断框架。此外,客观归责理论超出了传统的因果关系的范畴,其射程广泛,包含了过失犯论、正犯论与共犯论、刑法分则的解释等内容,这也是在采取客观归责理论方面显得犹豫的理由。"[28]

由上可见，难以通过肯定客观归责理论的合理性，进而肯定行为无价值论的合理性。

二、客观归责理论的定位

刘文认为，客观归责理论不是构成要件理论，而是因果关系理论。因为行为与结果之间的因果关系是构成要件的因果关系，“因果关系理论正是关注构成要件符合性判断的理论”（刘文，第1219页），但是，不能因为客观归责理论涉及构成要件符合性问题，就将客观归责理论等同于构成要件理论。客观归责理论“对作为判断内容的风险关联的承认以及对风险不法与风险结果之间是否具有相当性的判断以及在最终结论上，与因果关系理论是一致的！反言之，作为因果关系理论通说的相当因果关系其实就是一种归责理论。然而遗憾的是，作为一种因果关系理论的客观归责论从一开始就对自身作了完全不同于以往因果关系理论的定位，它不承认自己是因果关系理论，而坚持认为是构成要件理论”（刘文，第1221页）。

周文则认为，“客观归责理论是实质的规范判断理论，与因果关系明显不同。因果关系是一个事实之有无问题，它所要解决的是行为与结果之间的某种联系，因而因果关系是一种形式的判断和事实的评价。客观归责的判断，是在因果关系得以证成的基础上的归责判断，这是一种实质判断”（周文，第232页）。“客观归责理论是构成要件符合性的问题”（周文，第248页）。

在本文看来，上述不同观点实际上是关于客观归责理论定位的争论，这种定位与我国能否以及如何借鉴客观归责理论有关联，其中又涉及两个关系：一是因果关系（论）与客观归责（理论）的关系；二是客观归责理论与构成要件理论的关系（客观归责理论是不是构成要件理论）。

（一）因果关系与客观归责的关系

在讨论这个问题之前，首先必须明确因果关系概念的含义。

关于因果关系的概念，原本就存在两种不同看法：一种观点将因果关系视为物理的、实在的关系，另一种观点将因果关系视为观念的、论理的关系。[29]刘文与周文所称的因果关系概念，并不相同。刘文所称的因果关系，并不等同于单纯的条件关系或事实的因果关系，而是包括了相当性评价的因果关系。换言之，刘文在相当因果关系理论层面中使用因果关系概念，从而使因果关系概念包含了规范评价。因此，刘文所使用的是广义的因果关系概念，其中包括了事实的因果关系与规范判断。[30]周文则将因果关系限定为不包含规范判断的、事实的因果关系。易言之，周文在客观归责理论中使用因果关系概念，从而使因果关系成为一个单纯的事实概念。由此看来，周文与刘文关于客观归责理论是不是因果关系的理论的争论，只是起因于对因果关系的界定不同，不存在谁对谁错的问题。这是因为，作为表明构成要件要素的概念，都可能包含规范评价在内。例如，倘若认为实行行为应当是符合构成要件且具有法益侵害危险性的行为，该概念就包含了规范评价。再如，作为客观构成要件要素的结果，并不是指行为造成的任何结果，而必须是法益侵害结果。所以，当甲以杀人故意向乙开枪，但没有打中乙却打死了一只老鼠时，老鼠的死亡不可能被评价为刑法上的结果。刑法上的因果关系概念，并不必然只能是单纯的事实概念，而是取决于人们在什么理论体系中使用该概念。

德国的客观归责概念，也有广义与狭义之分。广义的客观归责包含了事实的因果关系的判断与随后的规范判断，狭义的客观归责则是在确定了事实的因果关系的前提下，就结果归属进行的规范判断。例如，罗克辛教授的刑法教科书的第 11 章为“归责于客观构成要件”（或译为客观构成要件的归属），其中分为两部分：一是“因果关系论”，二是“进一步归责于客观构成要件”（或“继续归责于客观构成要件”）。[31]作为第 11 章标题的“归责于客观构成要件”是广义的客观归责。在这一体系中，可以认为，事实的因果关系是广义客观归责的一部分。罗克辛教授也明确指出：“客观构成要件的归责，显然必须通过两个连续的阶段进行：在第一阶段，要说明因果关系理论；在第二阶段，要讨论其他的归责要件。”[32]再如，耶赛克（H. Jescheck）、魏根特（T. Weigend）教授的刑法教科书在“不法构成要件的诸要素”之下，分别讨论了“客观的构成要件要素”、“因果关系与客观归责”、“故意与构成要件的错误”以及“主观的构成要件要素”；其中的“因果关系与客观归责”部分，分别讨论了作为刑法上的答责性基础的因果关系与客观归责、因果关系的确定、以往的理论对客观归责的限定、新的客观归责理论。[33]在这一体系中，事实上的因果关系不是客观归责的一部分，只是客观归责的前提。其中的客观归责，可谓狭义的客观归责。金德霍伊泽尔教授的刑法教科书中“犯罪的客观构成要件”一章分为两节，第一节为“结果、行为与因果关系”(包括因果关系的机能、因果关系的证明、具体争议问题),第二节为“结果犯的客观归责”。[34]其中的客观归责也是在狭义上使用的。

总之,“客观归责论的方法,旨在以事实的条件关系的存在为前提,在进行事前的危险创出与事后的危险实现的判断的同时,通过事实的危险与规范的危险的类型化,实现归责基准的体系化”。[35]所以,德国的刑法教科书,不管是采取广义的客观归责概念,还是狭义的客观归责概念,都会先讨论事实的因果关系,然后进一步规范地检验结果归属问题。显然,刘文基本上使用的是广义的客观归责概念,而周文使用的是狭义的客观归责概念。

综上所述,大体可以就因果关系与客观归责的关系得出如下结论:其一,如果使用狭义的因果关系概念与狭义的客观归责概念,那么,客观归责理论并不是因果关系理论,而是在因果关系确定后的规范评价理论。其二,如果使用广义的因果关系概念与广义的客观归责概念,那么,二者就不是对立的,而是都包括了事实的因果关系与规范评价。其三,如果使用狭义的因果关系概念与广义的客观归责概念,则客观归责理论包含了因果关系理论。其四,如果使用广义的因果关系概念与狭义的客观归责概念,则因果关系理论包含了客观归责理论。[36]

(二)客观归责理论与构成要件理论的关系

刘文认为,客观归责理论不是构成要件理论,仅仅是因果关系理论。在本文看来,这一观点值得商榷。即使认为因果关系包含了规范评价,也不能认为客观归责理论只是因果关系理论。

从前述对客观归责理论形成的介绍就可以看出,客观归责理论实际上包含了我们通常所称的实行行为与因果关系部分,甚至部分地包含了结果要素。

按照德国学者的观点,因果分析是在结果发生之后,从事后的角度加以分析的,而风险判断则是从事前的角度做出的,任何事实情况,只要它可以被事后地认定为原因,那么,它事前也必定是风险因素。倘若认定某人在干枯的树林中随手扔掉还闪着火星的烟头,是引起森林火灾的原因,那么,在森林火灾发生之前,就可以认定随手扔烟头是一个风险因素。[37]显然,对行为的风险判断,实际上就是对实行行为的判断。例如,罗克辛教授就客观归责中的制造不允许的危险指出:"尽管在遵守了所有交通法规之后仍然发生了一种法益侵害结果,但这种侵害的造成也不是一种符合构成要件的行为。这对过失犯罪与故意犯罪都同样适用。"[38]"在暴风骤雨之时将另外一个人派往森林里,以期望此人被雷击"的行为,"并未制造重要的危险,因而结果不能作为杀人行为归责于他"。[39]亦即,将他人派往森林的行为,并不是杀人行为。显然,要求行为制造了不允许的危险,实际上是要求有构成要件行为。

再如,罗克辛教授在讨论构成要件的效力范围时,[40]针对酒后但具有责任能力的A与B进行摩托车比赛,B在比赛中由于自己的过错而死亡的案件指出:"尽管实现了已经存在的风险,但结果不属于规范的保护范围之内,因而不能归责……这是因为A并没有满足第222条、第212条的客观构成要件,即使A一开始就容忍竞赛对手的死亡事故,同样不能受处罚。亦即,这个'故意'所指向的是缺乏构成要件的行为时,不能为可罚性奠定基础。"[41]这段话,不仅表明客观归责理论讨论了构成要件行为,甚至规范地评价了构成要件的结果。亦即,如果结果不属于构成要件的效力范围,也不能进行客观归责。

不难看出,按照我国和日本学者对构成要件的理解,实行行为、结果、因果关系是构成要件的基本要素,客观归责理论的第一个具体内容(行为制造不允许的危险)讨论的是实行行为,第二个具体内容(危险的现实化),才是真正意义上或者狭义的客观归责或者结果归属问题(其中也可能包含了实行行为的内容),第三个具体内容(构成要件的效力范围),则既讨论了实行行为,也讨论了结果。此外,由于构成要件是违法类型,所以客观归责理论不可能不直接涉及违法性即行为是否被禁止的问题。概言之,客观归责理论正是构成要件理论,或者说,客观归责理论实际上讨论了构成要件的实行行为、结果与因果关系要素。

正因为如此,弗里希教授指出:"客观归责理论把所有限缩客观构成要件的问题都当作结果归责的问题来处理。许多被客观归责理论解释成结果归责的问题,实际上并非涉及结果归责,而是涉及'是否存在有构成要件该当、受禁止的行为'这个问题。"[42]井田良教授也指出,德国的客观归责理论,综合了日本刑法理论中的"实行行为性(以及共犯行为性)的判断与因果关系的判断"。[43]至于客观归责理论应否成为构成要件理论是另外一回事，但现实上，德国通行的客观归责理论是构成要件理论，或者说是构成要件符合性理论。

由此看来，刘文否认客观归责理论是构成要件理论是缺乏根据的。当然，在本文看来，刘文并不是从事实上否认客观归责理论，而是希望客观归责理论仅讨论广义的因果关系，或者说期待客观归责理论仅定位于广义的因果关系理论。因为刘文的第二部分认为，客观归责论是一种可罚性的理论，亦即，“客观归责似乎已经从所谓的构成要件理论发展成为统摄构成要件符合性、违法性与有责性三阶层犯罪论体系的上位概念了；它似乎不是在讨论归责的问题，更像是在分析犯罪成立与否的问题；它也不太像一种归责理论，而更像是有关犯罪成立的一般理论”（刘文，第 1221 页）。既然如此，刘文就不能否认客观归责理论首先是构成要件理论，因为没有构成要件符合性，是不可能成立犯罪的。不难看出，刘文一方面否认客观归责理论是构成要件理论，另一方面又认为客观归责理论从构成要件理论发展为犯罪成立的一般理论，是自相矛盾的。

联系第一部分的论述，可以认为，客观归责理论不仅是关于结果能否归责于行为的理论，而且同时也是关于什么行为才是构成要件行为、什么结果才是构成要件结果的理论。所以，客观归责理论是既包括了事实判断，也包括了规范评价的构成要件理论。

三、客观归责理论的评价

对于客观归责理论，周文与刘文分别从积极角度与消极角度做出了评价。例如，刘文认为客观归责理论包括了违法性判断与主观归责判断的内容，以模糊三阶层犯罪论体系为代价，极大地削弱了阶层犯罪论体系所具有的人权保障机能，因而是一种统合了各种不同内容的混合体。周文则认为，客观归责理论的这一特点刚好可以用多重规则确保检验时没有遗漏，能够建立正面判断和反向检验交互进行的检验标准，凸显评价的层次性与充分性。两位教授所得出的结论基本上都是自己的价值判断，而不一定是逻辑上的必然结论。

首先，对德国客观归责理论的评价，应当放在德国刑法理论体系中进行。在这一方面，刘文可能存在明显的缺陷。

例如，刘文指出：“凭借‘风险不法’的概念，客观归责论的内容及判断方式,悄悄地从构成要件领域进入到了违法性领域”(刘文,第1222页)。其实,如后所述,客观归责理论中的“法所不允许的风险”是不依赖于具体事件的一般性判断,而违法性领域的违法性判断是就具体事件所作的判断,二者并不相同。刘文基于具体事例所展开的批判,也存在疑问。“比如,见义勇为的路人,发现小孩要被公交车撞上,奋力一推,小孩因而头部跌伤”(刘文,第1223页)。刘文批评道:“如果依照三阶层的犯罪论体系,首先应该肯定路人推小孩的行为构成要件符合性的成立,但是,及至违法性判断,可以认定属于紧急避险这一违法阻却事由,从而也不构成犯罪。可是,根据客观归责论,这类本应由违法性判断的事由却早已被当作构成要件符合性的问题来讨论了,而且这样的讨论又是借助违法性来完成的……这意味着,违法性理论中的正当化事由如紧急避险、正当防卫等核心内容,都已被客观归责论所替换;有了客观归责理论之后的违法性理论,似乎成为多余的东西”(刘文,第1223页)。可是,其一,刘文显然是以自己对紧急避险的认识展开的批判,而不符合德国客观归责理论对紧急避险的理解。在德国,单纯的降低风险(如砖头原本要落在被害人的头上造成死亡,行为人推了一下被害人,使砖头落上被害人肩膀上造成轻伤),属于不能客观归责的情形。通过新的低风险替代原来的高风险(即替代风险,如为了避免孩子在火灾中丧生不得已将孩子抛到消防队的救助布上,导致孩子受伤),才是紧急避险。[44]刘文所举之例,原本属于紧急避险,而不属于客观归责理论所讲的单纯降低风险的情形(如果小孩将要被公交车撞死,路人推了小孩一把,导致小孩的腿被公交车轧伤,才是降低风险的情形。当然,在某些场合的确难以区分二者)。就此而言,德国的客观归责理论并没有将紧急避险纳入客观归责范畴,而是刘文将紧急避险案例纳入到客观归责,进而对客观归责理论进行了不当批判。其二,客观归责理论事实上也没有将符合构成要件的违法阻却事由放在客观归责论中讨论。这是因为,客观归责理论讨论的是不符合构成要件的情形,如果行为符合构成要件,则需要在违法阻却事由中检视。至于在进行客观归责时以违法观念为指导,考虑一般预防的必要性,则是理所当然,因为构成要件原本就是违法类型。

再如,刘文的第三部分认为,客观归责实际上是在进行主观归责,因为进行客观归责的判断时,会考虑行为人的特别认知与主观的预见性。但是，这样的批判也存在疑问。一方面，将行为人的特别认识作为客观归责的判断资料，虽然可能与故意的审查有联系，但二者毕竟是两回事：特别认识必须存在于事前，而对故意的审查是在客观归责之后。即使在进行客观归责时考虑主观故意，也不意味着在进行主观归责。"'客观归责之所以称为客观的'，并不是因为主观要件对于客观归责不重要，而是藉由归责所架构的构成要件行为，例如杀人、伤害或毁损等等，是属于客观的，有了这些构成要件行为之后，才有主观构成要件中的故意加入。"[45]在过失犯领域，虽然存在分歧，但根据罗克辛教授的观点，"在客观构成要件上可归责的，就是过失。传统过失理论所尝试理解的注意义务的违反、可预见性、认识可能性及避免可能性等概念都是多余的，并且都可以废弃不用"。[46]所以，不能简单地认为客观归责理论在进行主观归责。另一方面，客观归责理论虽然在某些场合将特别认知等内容作为判断资料，但并没有像刘文所说的那样将客观归责与有责性判断相混淆。[47]这是因为，德国刑法理论的通说将故意作为违法要素纳入构成要件，所以，即使认为客观归责理论包含了对故意的判断，也不能认为客观归责理论混淆了构成要件、违法性与有责性的关系。事实上，客观归责理论根本没有将责任能力、违法性认识的可能性与期待可能性等责任要素纳入客观归责的判断资料之中，因而并没有模糊三阶层犯罪论体系。

其次，对客观归责理论的评价，在很大程度上要与相当因果关系理论进行比较。理解相当因果关系理论，有利于更好地理解客观归责理论。但是，对日本的相当因果关系理论的评价，也应当放在日本的刑法理论体系中进行。在这方面，周文对相当因果关系理论的批判，也许值得商榷。

例如，周文认为相当相因果关系理论"缺乏判断构成要件行为（实行行为）的具体规则"（周文，第 236 页）。但是，在日本，在讨论因果关系之前，有对实行行为的论述，判断实行行为的规则原本就不在相当因果关系之中。[48]再如，周文认为，相当因果关系"忽略犯罪成立条件判断上的'位阶性'"，"将原本应该在构成要件符合性判断中要解决的问题，留待后一判断过程解决"，例如，相当因果关系理论"在行为降低法益风险的场合，用紧急避险理论来解释或否定帮助犯的成立"（周文，第 236 ~ 237 页）。可是，这一批判存在疑问。由于客观归责理论包括了实行行为的判断，所以，客观归责理论的检视顺序是：因果关系—危险创出（实行行为）—危险实现一构成要件的效力范围;由于相当因果关系理论基本上不包括实行行为的判断,所以,从整体上说,相当因果关系的检视顺序是:结果—实行行为—因果关系—相当性判断。如果在日本的刑法理论体系中评价相当因果关系理论,就难以认为其在判断上缺乏位阶性。客观归责理论中的许多不能客观归责的情形,在相当因果关系理论中被判断为缺乏实行行为。例如,山口厚教授指出:“针对行为的危险性的减少而履行结果回避义务,结局是危险性减少了,丧失了过失犯的构成要件的行为(实行行为)性的场合,原本就没有必要称为被允许的危险。”[49]

事实上,德国学者“毫不犹豫地将客观归责理论称作是相当理论或重要性理论的延续及补充”。[50]相当因果关系与客观归责理论的区别,并不是在结果的客观归属上,而是在构成要件理论的内容安排上。正如罗克辛教授所言,相当性理论包含有相当性公式,而且局部与客观归责理论一致;“如果肇事者所制造的风险在一个因果流程中实现了,这个因果流程便是相当的,到这里为止,相当理论和客观归责是同一回事。然而,降低风险、容许的风险、注意规范的保护目的或构成要件效力范围的问题,则不能包含在相当公式之中”。[51]可是,相当因果关系理论是在因果关系之前的实行行为、结果等构成要件要素中,讨论了降低风险等问题。概言之,倘若在日本的刑法理论体系中评价相当因果关系理论,就会发现,该理论的缺陷并没有周文所说的那么多;对案件的处理结论也没有明显区别。例如,周文指出:“被 A 打成重伤的 B 在送到医院后感染细菌死亡,相当性说会认为,在医院里发生细菌感染不是异常现象,因而 A 的伤害行为和 B 的死亡之间,具有相当性。这是从反面检验介入因素是否异常。但是,如果从正面看,在医院这种特殊的场所细菌感染是生活上可以容忍也难以避免的风险,具有‘社会相当性’,不能进行结果归责”(周文,第 239 页)。可是,周文的结论值得怀疑。事实上,即使采取客观归责理论,对这样的情形也会肯定结果归责。[52]再如,周文指出,“甲明知乙争强好胜,就唆使乙参加摔跤比赛。作为裁判的甲故意改变抽签顺序,导致乙和最强的对手丙比赛,乙被丙摔成重伤。在乙住院期间,其他人丁乘人之危,将乙杀害。甲对乙的重伤还是死亡负责,或者根本无须负责?对于本案,按照相当性说,至少可以得出乙重伤和甲的行为之间存在因果关系的结论”(周文,第 239 页)。然而,其一,主张相当因果关系说的学者,首先会否认甲的行为是杀人与伤害的构成要件行为。其二,即使退一步得出肯定结论,也不会承认有相当因果关系。周文援引许迺曼教授的话说:“获知车祸受害人重伤的近亲因激动而死亡的;以及有后遗症的例子,例如,被害人在感染艾滋病几年之后死亡的,‘这些都是先前侵害所造成完全相当的结果’”(周文,第 237 页)。但在笔者看来,这虽然可能是德国早期的相当说的结论,但不可能是日本的相当因果关系论的主张者的说法。

最后,如何评价德国的客观归责理论,也会与我国应否借鉴以及如何借鉴客观归责理论联系在一起。换言之,当我们站在德国学说的立场评价客观归责理论,得出了该理论无比优越的结论时,也不意味着我国刑法理论可以直接原封不动地采用该理论。笔者下文将讨论客观归责理论的借鉴问题,在此作为铺垫,先对客观归责理论的优劣做出自己的价值判断。

在本文看来,客观归责理论有如下优势:其一,杀人罪、伤害罪的实行行为缺乏定型性,因而难以判断,客观归责理论可以避免陷入杀人、伤害罪的实行行为的判断困境。[53]其二,客观归责理论可以既利用条件说或者合法则的条件说,避免脱离事实的恣意判断,又能克服条件说的缺陷,避免无限溯及。其三,“客观构成要件透过现代的归责理论取得重要的地位,而且也相对减损了主观构成要件的价值”。[54]尤其是使过失犯的判断客观化,有利于避免判断的恣意性。其四,客观归责理论从存在论到规范论进行判断,并且做到了类型化。尽管如此,客观归责理论,依然有不能令人满意之处。

如前所述,客观归责理论将构成要件行为的判断乃至限缩构成要件符合性的全部问题纳入其中,不利于对构成要件要素的独立判断,也削弱了构成要件符合性概念所具有的罪刑法定主义的机能。这是客观归责理论归大的问题;此外,客观归责理论的下位规则的部分内容,也并非尽善尽美。

第一,客观归责理论的第一个下位规则是行为制造不允许的危险,其中有不少值得研究的问题。

其一,罗克辛教授指出:“被允许的危险,是指行为虽然创设了在法律上具有重要意义的危险,但这种危险一般(与具体事例无关)是被允许的。因此,与正当化事由不同,这种行为已经被认为阻却了对客观构成要件的归属。被允许的风险的典型范例是,在遵守了所有道路交通规则的情况下驾驶机动车。”“没有创出危险与在被允许的范围内引起危险,都阻却客观构成要件的充足。”[55]冯军教授也发表了意思完全相同的看法。[56]姑且不讨论能否顺利区分行为的危险被允许与行为没有制造危险,[57]但是,在与具体事例无关的意义上,判断行为是否制造了不允许的危险以及行为是否符合构成要件,是不合适的。客观归责理论的基本逻辑是,由于某类行为必然有危险,而社会的发展不可能禁止这类行为,所以,这类行为的危险应当被允许,因而不符合犯罪的客观构成要件。例如,罗克辛教授指出:“不可否认,道路交通,对生命、健康与财产造成了重大危险。事故统计也显示这个结论是不可反驳的。但是,立法者基于公共福利的重大利益,仍然允许(一定的注意规定范围内的)道路交通。”[58]冯军教授前几年指出:“据统计,中国大陆每年因交通事故而死亡的人数约为20万人。尽管如此,立法者依然允许人们从事驾驶行为,因为更重要的利益依存于交通驾驶。”[59]林钰雄教授也指出:“其他现代工业设施(如炼油厂、核电厂)或产品(药物、家电等)所产生的风险,立法者在法定安全标准之内,容许某程度的风险存在,若因此产生意外事件,乃立法者所容许的风险,并不该当伤害、杀人等客观构成要件。”[60]但是,这些观点可能混淆了立法政策与刑法解释论。当一类行为存在发生法益侵害结果的危险时,立法机关是允许它还是禁止它,是立法政策问题;现实生活中的某个具体行为是否制造了法益侵害的危险以及是否符合某个犯罪的客观构成要件,是刑法解释论(构成要件符合性理论)的问题。不可否认,立法者事前能够大体上预测到,交通驾驶行为每年会导致许多人死亡。能否因此而禁止一切交通驾驶行为,这是一个立法政策问题。但是,这与是否将导致许多人死亡作为“被允许的事项”而不处罚,是完全不同的问题。[61]同样,在权衡航空业、高速铁路、核电站的有用性、必要性与危险性之后,决定是否发展航空业、是否建高速铁路、核电站等,是立法政策问题。而在刑法解释论上,只能将其中个别的、具体的行为作为问题展开讨论,[62]只能就具体事例判断行为是否符合构成要件。易言之,构成要件符合性虽然是类型性的判断,但是,行为是否符合构成要件,必然取决于具体案件的具体事实。可是,客观归责理论所声称的行为是否被允许,“与具体事例无关”。换言之,这种“被允许的危险的理论,绝不是在与具体的危险行为的关系上讨论的,而是将危险事业的一般允许性作为问题的”。[63]既然如此,就不可能以一般性的结论为根据判断具体事例是否符合某种犯罪的构成要件。[64]

其二,一般性地说明风险降低行为不符合构成要件,似乎没有多大疑问,但是,联系到具体案件来说,也并非如此简单。例如,当一块砖头即将落在被害人头上,会导致被害人重伤时,行为人推了被害人,砖头仅落在被害人肩膀上,导致被害人受轻伤。在通常情况下,会认为行为人没有制造危险。但是,在特殊情形下,如被害人希望自己头部受重伤时,倘若不运用推定的承诺的法理,很难否认该行为的客观归责(构成要件符合性)。[65]再如,倘若被害人是儿童,行为人是儿童的父母,行为人完全可以将被害人多推一下而不至于受轻伤,但行为人为了使儿童受轻伤,而没有多推一下的,虽然降低了危险,恐怕也难以否认该行为的客观归责(构成要件符合性)与违法性。[66]

其三,认为一切风险降低的行为都不符合构成要件的观点,也存在难以解决的问题。例如,在医生切除癌症患者的舌头挽救了患者生命的场合,对治疗行为造成的伤害与治疗行为带来的利益,必须进行独立的刑法评价,而不能以降低风险为由认为该行为不符合伤害罪的构成要件。[67]亦即,在上述场合,必须承认治疗行为符合伤害罪的构成要件,只是通过法益衡量阻却违法性而已。如果认为治疗行为不符合伤害罪的构成要件,那么,专断的治疗行为(如没有经过患者的同意而切除患者的舌头)也不符合伤害罪的构成要件(因为降低了风险),因而不构成伤害罪,这一结论显然不妥当。[68]

其四,根据罗克辛教授的观点,在一个已经存在的危险没有以可测量的方式得到提高时,就应当认定为缺乏危险的创设,行为不符合构成要件,因而不能客观归责。例如,一个人向涨满洪水的水库里倒入一盆水的行为难以认定为决水罪。[69]诚然,不能认定行为人的行为构成决水罪,的确是因为不能证明是否因为多了一盆水才导致决堤或者提前决堤,进而提前致人死亡。但这基本上是证据问题,而主要不是实体问题。这如同说,如果不能证明一个人杀了人就不能说其行为符合杀人罪构成要件一样,并没有现实意义。如果能证明这种因果关系,则结论会大不相同。例如,被害人仅仅凭借着一根绳索悬挂在悬崖上,而这根绳索因为难以承受被害人的体重正在缓慢地断裂,在被害人掉下去的前一秒钟,行为人剪断了这根绳索。被害人一秒钟的生命是受到绝对保护,行为人的行为依然构成杀人罪。

"因此,在由于降低风险而排除不法背后,是——根据事实情况——借助于同意、推测的同意或者紧急避险状态的一般规则来回答的评价问题。风险降低的常用简短表述(简短公式)对于学院课堂来说是很有助益的,但是对于解决学理疑难问题来说是不够的。"[70]

第二,客观归责理论的第二个下位规则即不允许危险的实现,是真正的结果归属理论。

其一,危险没有现实化时,不能归责。例如,甲以杀人故意用枪将被害人打伤后,被害人在医院遇到火灾被烧死。在此,枪杀的危险并没有现实化,故不能客观归责。在这种死因不同(中枪身亡与烧死)的案件中,倘若采用具体的结果观(如毒死与渴死是两种不同的死亡结果),很容易判断行为的危险是否现实化,因而能够克服条件说的缺陷。可是,在死因相同的场合,也会存在疑问。例如,A 将水性不好的 C 推入水库后离开现场,但 C 立即就能够抓住身边的可以保住性命的木板,此时与 A 没有意思联络的 B 迅速拿走了这块木板,导致 C 溺水身亡。对此,客观归责理论也不一定能够给出明确、一致的答案。

其二,不允许的危险没有实现时(如众所周知的山羊毛案),也不能归责。这在日本的刑法理论中,被表述为缺乏结果回避可能性。而缺乏结果回避可能性,在日本的相当因果关系中,被学者称为缺乏条件关系。[71]果真如此,在此问题上,与相当因果关系理论相比,客观归责理论并没有显示出什么优势。

其三,关于注意规范的保护目的的观点,的确值得我国刑法理论借鉴。但是,它究竟是没有实行行为的问题,还是风险没有实现的问题,也值得讨论。例如,当刑法分则条文所规定的构成要件行为以违反注意规范为前提时,要判断一个行为是否符合构成要件,必须判断该行为是否违反注意规范;而在判断该行为是否违反注意规范时,就必须考虑注意规范的保护目的。所以,注意规范的保护目的,完全可以作为实行行为的内容来把握(参见本文后述内容)。如果仅当作危险是否实现的问题来考虑,则可能将一些原本没有实行行为的案件认定为犯罪未遂,这可能不合适。

其四,德国的客观归责理论对于合义务的替代行为与风险提高理论,存在激烈的争议。[72]所以,并不是只要采用客观归责理论,就能对具体案件得出完全一致的理论。[73]

第三，关于构成要件的效力范围，也并非没有疑问。例如，罗克辛教授否认自己危险化的参与的客观归罪的基本理由是，根据德国刑法的规定，被告人故意参与被害人的故意自杀或者故意自伤的行为，原则上不受处罚；既然如此，被告人参与他人的故意的自己危险化的行为，同样也不能受处罚；比之更轻的过失参与他人的自己危险化的行为，就更不应当受到处罚。[74]换言之，既然故意教唆、帮助他人自杀的行为，不在构成要件的作用范围之内（处于规范的保护范围之外），那么，过失教唆、帮助被害人的自己危险化的行为，就不可能符合构成要件。但是，这一理由并不成立，其中的当然推论也遭受了质疑。[75]诚然，从表面上看，被告人参与被害人的故意自杀行为（自己侵害）比参与被害人的可能致死行为（自己危险化）更为严重。但是，如果从被害人自己决定的角度来看，前者的被害人不仅认识到实害结果，而且期待、希望实害结果的发生；后者的被害人只是认识到行为的危险，并反对实害结果的发生。[76]对结果的评价，必须联系法益主体对法益的态度。在参与被害人的自我侵害的场合，被害人放弃了法益；但在参与被害人的自己危险化的场合，被害人没有放弃法益。概言之，假如承认对自杀、自伤的承诺有效，教唆、帮助自我侵害的行为没有侵害法益，而教唆、帮助自己危险化的行为却侵害了法益。既然如此，就不能认为参与被害人的自我侵害比参与被害人的自己危险化更为严重。诚然，从客观危险状态考察，在一些场合，自我侵害行为（自杀）对生命的危险高于自己危险化的行为。在此意义上说，既然参与危险更高的行为（教唆、帮助自杀）不可罚，那么，参与危险较低的自己危险化的行为，就更不可罚。但是，这也难以成为自己危险化的参与一概不可罚的论据。在自己危险化的参与的场合，即使被害人并不希望、放任死亡结果发生，但其行为导致死亡的危险性也可能很高。例如，自杀存在大量未遂情形，自己危险化存在大量现实化的情形。这表明，自己侵害与自己危险化的区别，并不是危险程度高低的区别。亦即，不能认为，自己危险化的行为的危险性必然低于自己侵害行为的危险性。因此，不能从自杀（自己侵害）参与的不可罚性论证自己危险化的参与的不可罚性。[77]当然，本文并不主张自己危险化的参与行为成立犯罪，[78]只是认为以构成要件的效力范围来否认这种行为的客观归责存在疑问。

以上对客观归责理论的消极评论，并不意味着对客观归责理论的全盘否定。笔者想说的只是:不应当将客观归责理论当作真理,没必要将客观归责理论奉为圭臬。

四、客观归责理论的借鉴

笔者的基本看法是,我国刑法理论不能全盘照搬罗克辛教授等的客观归责理论,但应当借鉴其规范判断方法与其中的部分具体内容。

第一,我国刑法理论应当强调构成要件符合性的概念。[79]这是因为,构成要件具有罪刑法定主义的机能,强调构成要件符合性的概念,对于贯彻罪刑法定原则具有重要意义。客观归责理论虽然也是构成要件理论,也可谓涉及了实行行为、结果、因果关系三个要素,但是,这一理论并不分别具体讨论构成要件的各个要素,而是将这三个要素混杂在一起讨论。况且,其所讨论的基本上只是杀人、伤害、毁坏财物等缺乏实行行为定型性的案件,难以普遍适用于所有犯罪。可是,在作为刑法学"总论"的解释论中,必须抽象出分论的共性问题,亦即,既要讨论所有犯罪的构成要件符合性,也要讨论构成要件的全部要素。如果完全由客观归责理论取代构成要件理论,必然贬低构成要件符合性概念的价值。诚然,客观归责理论本身可以通过否认客观归责进而否认构成要件符合性,其与构成要件符合性的概念也决不相互冲突,而是可以保持一致,但是,它毕竟只能顾及构成要件的部分要素,因而只能顾及部分犯罪。但是,所有犯罪的成立都必须具备构成要件符合性,在我国,如果不强调这一点,就不利于贯彻罪刑法定原则。[80]

第二,我国刑法理论应当保留构成要件行为或实行行为的概念,且不宜在客观归责理论中讨论实行行为。

其一,首先,与上一点相联系,并不是只有杀人、伤害、毁坏财产的犯罪才存在实行行为,而是所有的犯罪都存在实行行为。换言之,"狭义的构成要件该当行为这个要件本来就是每个犯罪行为的基本要件"。[81]保留实行行为的概念,对于防止主观归罪、保障国民行动自由,具有特别重要的意义。

其二,在我国,将实行行为与因果关系(或结果归属)分为两个不同的要素,对于认定未遂犯具有重要意义。德国刑法关于未遂犯的认定不依赖于实行行为概念,其刑法第22条规定:"根据行为人对行为的设想,直接着手实现构成要件的,是犯罪未遂。”据此,即使没有实行行为概念,也不影响未遂犯的认定。我国刑法第23条第1款规定:“已经着手实行犯罪,由于犯罪分子意志以外的原因而未得逞的,是犯罪未遂。”由于刑法原则上处罚预备犯,所以,我国刑法理论上应当有实行行为的概念。[82]一方面,即使否认因果关系或者结果归属,也完全可能肯定未遂犯。另一方面,在应当否认实行行为时,如果只是否认因果关系或结果归属,就完全可能成立未遂犯,这显然不合适。例如,由于河水猛涨,导致河水渗透到居住在岸边的乙的住房的地下室,但乙及其家人均不在家。邻居甲发现了这一情况,就自行将乙的地下室窗户堵塞住。金德霍伊泽尔教授指出:甲的行为只是阻止了更大的水患,“由于人们即使不考虑甲的举止也可以因果地解释乙事实上所遭受的损害,因此,甲的行为便不是具体结果的原因”。[83]可是,在这种场合,如果不是首先否认甲的行为不是符合构成要件的实行行为,只是否认因果关系或结果归属,人们还有可能得出甲的行为成立犯罪未遂的结论。这显然不妥当。

其三,刑法规定的犯罪包括结果犯与行为犯(行为与结果同时发生,不需要考虑因果关系或结果归属)。在行为犯中,实行行为的概念具有重要意义。

其四,即使站在行为无价值论的立场,也需要使行为违反规范的内容明确化,如果实行行为的概念被淹没在客观归责理论中,就不利于构成要件行为的明确性,国民从判决中很难知道什么行为是刑法所禁止的行为。[84]易言之,如果像客观归责理论那样,依照条件说或者合法则的条件说,先将降低风险的行为作为伤害行为,然后否认客观归责,反而不利于发挥刑法的行为规范机能。正如弗里希教授所言:“在正确的理解之下,那些降低危险的行为根本就已经不受禁止;同样,那些只是交付特定日常用品的人,即使他人因为不小心而伤害了自己,交付行为也不会因此受禁止。原则上,在所有涉及所谓受非难之危险制造的问题中,根本不会涉及结果归责,而是涉及‘是否存有一个受非难的构成要件该当行为’这个问题。正确的只是,在这个要求与结果归责之间存有某种关联:如果行为人根本没有从事构成要件该当行为,那么所发生的结果(当然)也就不能归责到他身上,但不能归责的原因是欠缺构成要件该当的行为。”[85]

其五,事实上,德国客观归责理论中所讲的行为制造不允许的危险的全部内容，以及危险的实现与构成要件的效力范围中的部分内容，完全可以纳入实行行为的判断。例如，在罗克辛教授那里，对于A明知他人要自杀而将海洛因提供给他人的案件，是通过构成要件的效力范围来解决的。其实，不通过这一理论，也可以认为这一行为不是符合杀人构成要件的行为。亦即，“从德国刑法对基于要求的杀人（德国刑法第216条）规定了较轻法定刑来看，杀人罪的对象仅限于没有死亡意思的人，由此可见，认为自杀帮助行为不符合杀人的构成要件也是完全可能的。此外，交付海洛因的行为并不是直接对人的生命产生危险的行为，只不过是对侵害生命具有帮助性的危险的行为，因此，只在杀人的构成要件射程范围检讨，而不至考虑基于故意的自己危险化，仅否认作为实行行为的危险性就足够了”。[86]

第三，如果维持现行的构成要件或者在客观构成要件中维持实行行为、对象、结果、因果关系的基本构架，那么，将罗克辛教授主张的客观归责理论整体搬到因果关系中，必然叠床架屋，导致判断的反复性（在判断实行行为之后，于因果关系中再次判断实行行为），因而有损判断的经济性。诚然，客观归责理论与实行行为论并不是相互排斥的，[87]反复检验行为是否构成犯罪，也没有什么不妥当。但是，反复检验并不依赖于理论所设定的程序重复。在刑法理论中，如果A检视标准与B检视标准的内容完全相同，就只能保留其中一个标准。反之，即使三阶层犯罪论体系中并无重复内容，也可以反复检验。当人们对一个案件得出了构成要件符合性的结论，进入到违法性阶层时却没有发现违法阻却事由，但又认为不应当作为犯罪处理时，依然可能回过头来再次判断构成要件符合性。同样，当人们认为某个行为符合构成要件，在进行因果关系判断时，既可以认为结果不能归属于该行为，也可能再次回过头来判断该行为是否属于符合构成要件的行为。这种思考的反复，并不以理论体系上的内容重复为前提。就像登机前过安检一样，如果发现有问题，仍然可以重检一遍，而不需要有几个相同的安检设备。

客观归责理论常常会从反面提出不能归责的原则，周文充分肯定了其方法论的意义。但需要说明的是，犯罪论体系应当按照认定犯罪成立的条件安排，而不可能按照排除犯罪成立的要素安排，所以，优先排除犯罪的成立，并不是安排犯罪论体系的理由。其一，不成立犯罪的事项太多，刑法理论难以优先考察哪些事项排除犯罪的成立。其二，刑法理论不可能按照排除犯罪成立的要素安排。例如,没有达到责任年龄的甲将幼儿推入水中,而在场的幼儿父亲乙并没有及时救助,导致幼儿溺水身亡。在这样的场合,人们不会仔细研究幼儿的死亡能否客观归责于甲,而是直接以甲没有达到责任年龄为由排除其犯罪成立。但是,这并不意味着必须将责任年龄安排在客观构成要件之前。其三,所谓优先排除犯罪的成立,只存在于观念上或者逻辑上,而不具有任何实际意义。例如,在三阶层体系中,司法机关并不是只要行为符合构成要件,就拘留逮捕行为人;也不是只要行为符合构成要件且违法,就逮捕行为人,而是只有完全具备构成要件符合性、违法性与有责性的全部成立条件时,才可能拘留逮捕行为人。所以,为了所谓尽快排除犯罪的成立,将违法阻却事由、责任阻却事由纳入构成要件符合性阶段,是不合适的。

以上三点,决定了不应将德国的客观归责理论全盘纳入我国现行刑法理论的"因果关系"部分。

第四,即使在构成要件部分维持实行行为、行为对象、结果、因果关系的基本构架下,也完全可以而且应当借鉴客观归责理论的规范判断方法与其中的部分具体内容。

其一,"实行行为"部分,应当借鉴客观归责理论中的制造不允许的危险的具体内容,以及危险实现与构成要件的效力范围中属于判断实行行为的内容。

这是因为,如前所述,客观归责理论中的制造不允许的危险的内容,实际上是对构成要件行为的规范判断。同时,在很大程度上也是对缺乏定型性的实行行为如何规范评价的问题。所以,我国的刑法理论,一方面要对构成要件行为进行实质解释,只能将侵害法益的行为或者具有侵害法益的紧迫危险的行为规范地评价为实行行为;另一方面需要借鉴制造不允许的危险之下的具体规则,确定实行行为。

客观归责理论的其他规则中属于实行行为范畴的值得借鉴的内容,也可以纳入实行行为的内容。例如,罗克辛教授指出:"规范化并不仅仅表现为价值权衡后确定允许的危险,而且能藉此得到确证:不允许危险的实现并非纯粹的事实过程,而取决于由允许的危险所限定的注意规范的保护目的。例如,如果一个汽车司机起先超速驾驶,然后又减速到允许的标准范围以内,此时以客观上无法避免的方式与一个从道路旁突然跳出的儿童相撞,而这仅仅是一个意外事件,并非身体伤害行为。这是因为,虽然司机超越了允许的危险,而且假定没有该危险的超越也不会发生该事故,原因在于,司机在持续遵守限速规定的情形下就根本不会出现在小孩跳出的位置。但是,限速规范的保护目的仍然排除了结果归责。速度限制并非要阻止汽车在事故发生时间点以安全的速度开往事故地点;更确切地说,该限制是为了预防在类似案件中超速驾驶所带来的避让可能性的限缩以及在可能的相撞发生时碰撞剧烈性的升高。这些危险在我所举的案例中根本不存在,所以应当否定客观的构成要件符合的身体伤害行为的存在。"[88]由此可见,注意规范的保护目的实际上是对构成要件行为的认定。既然如此,倘若我国的刑法学"总论"保留独立的实行行为部分,就应当在实行行为中讨论这一问题。需要强调指出的是,注意规范的保护目的的理论应当引入我国刑法理论与司法实践。在我国的司法实践中,尤其是在交通肇事罪的认定过程中,基本上是按行为人与被害人违反交通规则的量的多少,判断谁负主要责任,而根本不考虑某个具体的交通规则的保护目的,也不考虑结果由违反交通规则中的行为中的哪个行为所引起,所以导致了交通肇事罪的认定混乱。更为荒诞的是,有的行为人仅因为事后逃逸而承担交通肇事罪的刑事责任。[89]可是,事后逃逸不可能成为交通肇事罪的实行行为,更不可能成为先前已经发生的结果的原因。引入注意规范的保护目的理论,显然有利于交通肇事等过失犯罪的妥当认定。

其二,"结果"部分,应当借鉴客观归责理论的规范判断的立场。一方面,只有侵害法益的结果,才可能成为构成要件结果;另一方面,即使是侵害法益的结果,还必须进一步判断该结果是否属于具体的刑法规范所禁止的结果。例如,在将行为认定为故意伤害罪时,不应将被害人的医疗费用这种财产损失,认定为故意伤害罪的结果。因为财产损失并不是故意伤害罪这一具体规范所禁止的结果,因而不需要讨论结果归属。

其三,"因果关系"部分,应当借鉴客观归责理论中的不允许的危险的实现的基本内容。质言之,我国刑法理论中的(广义的)因果关系部分,应当分为两步讨论:第一步讨论事实的因果关系,在肯定了事实的因果关系部分之后,第二步讨论结果归属。

在讨论事实的因果关系时,必须借鉴广义的客观归责理论所讨论的因果关系理论。由于客观归责理论以事实的因果关系为前提,所以,在这一方面，刑法理论还需要进一步展开研究。事实上，许多案件之所以疑难，并不是规范评价的困难，而是在此之前的事实的因果关系确定的困难。正因为如此，德国的一些刑法学教科书，就事实因果关系的讨论所占的篇幅多于狭义的客观归责部分。[90]

周文不仅批判了条件说（周文，第 228 页以下），也批判了合法则的条件说（周文，第 231 页以下）。但是，可以肯定的是，“归责理论的支持者以及使用该理论的法院在确认因果关系时，不是使用了等价值理论的不可想象不存在公式，就是使用了合法则的条件理论”。[91]之所以如此，是因为客观归责理论中的规范评价，建立在事实的因果关系基础之上。正如罗克辛教授所言：“在因果关系缺乏客观的、自然科学的证明的场合，不得由法官通过自由的证据评价的方法进行主观确认而加以替代。”[92]倘若既不采取条件说，也不采取合法则的条件说，单纯进行规范评价，客观归责理论就不可能“客观”了。合法则的条件说中的法则，既包括科学法则，也包括与科学法则并不矛盾的经验法则，[93]而且是一种“直接、简明的判断方法”。[94]流行病学的因果关系，不仅被认为是经验性的因果关系，而且被认为是自然科学上的因果关系，而不是像周文所说的那样不符合法则。如果只是抽象地说某种添加剂能否致人伤亡，当然无法下结论。但是，一种具体的食品添加剂能否致人伤亡，也完全可能通过科学的或者经验的法则得出结论。

在本文看来，就事实的因果关系部分，我国刑法理论需要就条件说与合法则的条件说展开深入研究。条件说与合法则的条件说，并不是一种对立关系，“实际上，作为通说的条件关系公式与合法则的条件公式，在结论上是同一的”。[95]这是因为，行为与结果之间条件关系，实际上以存在因果法则上的知识为前提。如前所述，在某甲服用了某乙给他的一种尚处于实验阶段的药后心脏病发作而死亡的案件中，人们之所以难以确定条件关系，是因为在这方面还不存在因果法则上的知识。如果事后查明这种药具有引发心脏病的副作用，或者服用了这种药的人通常会心脏病发作，则既能肯定条件关系，也能肯定合法则的条件关系。

但是，条件说与合法则的条件说也可能就某些特殊案件得出不同的结论。一方面，条件说得出肯定结论的，合法则的条件说可能得出否定结论。例如，“A 开车不小心撞上一棵树，同车的乘客 B 因此撞断左大腿，B 在医院死于医生疏忽引起的败血症。在这一种案件中，我们的（指德国的——

引者注)法院习惯地都会判定引起第一个结果的行为人成立过失致死罪”。[96]之所以如此,其中一个原因是采取了条件说。如果采取合法则的条件说,则不一定认为A的行为与B的死亡之间具有因果关系。另一方面,条件说得出否认结论的,合法则的条件说也可能得出肯定结论。例如,被告人甲在一条笔直的6米宽的道路上驾驶着汽车,右侧的乙朝着相同的方向骑着自行车。按规则,汽车与行人应当保持1.5米的距离,但甲只保持了0.75米的距离。而乙则由于饮酒醉倒在车下,被车后轮轧死。根据条件说,即使甲使汽车与乙保持适当距离,发生同样事故的盖然性仍然很高,乙仍然会死亡,故甲的行为与乙的死亡之间没有因果关系。但是,根据合法则的条件说,甲的行为与乙的死亡之间具有因果关系。再如,关于二重的因果关系,如甲乙二人没有意识联络均向被害人水杯投放致死量毒药,条件说否认甲乙二人的行为与被害人的死亡具有因果关系。合法则的条件说则认为,如果甲乙二人的毒药均对被害人死亡发挥了作用,则甲乙二人的行为与被害人的死亡之间具有因果关系;如果证明在乙的毒药发挥作用之前,被害人就因为甲的毒药而死亡,则只能肯定甲的行为与结果之间具有因果关系;如果只查明是一份毒药起作用,但不能证明是谁投放的一份毒药起作用,就只能根据存疑时有利于被告人的原则,否认甲乙的行为与被害人的死亡之间具有因果关系。从对上述案例的结论来看,合法则的条件说比条件说具有优势。

反之,就我国刑法所规定的滥用职权、玩忽职守等渎职罪而言,如果仅采取合法则的条件说,而不适当地采取条件说,就可能导致这类犯罪不能得到认定。例如,最高人民检察院2008年11月6日《关于加强查办危害土地资源渎职犯罪工作的指导意见》,就做好查办危害土地资源渎职犯罪案件工作指出:“实施人员、监管人员明知决策者决策错误,而不提出反对意见,或者不进行纠正、制止、查处,造成国家土地资源被严重破坏的,应当视其情节追究渎职犯罪责任。”可是,在这样的场合,要认定实施人员、监管人员的行为与结果之间具有合法则的条件关系或许相当困难,但采取条件说,则可能肯定事实的因果关系。

由此可见,能否在不同的场合以及在什么样的场合分别采取条件说与合法则的条件说,还需要借鉴国外的学说展开深入研究。

在讨论结果归属时,应当借鉴客观归责理论。亦即,在肯定了事实的因果关系之后,应当进一步做出规范判断。在这方面,客观归责理论中属于狭义的结果归属部分的具体规则,都是值得借鉴的。当然,我们不能将罗克辛教授的客观归责理论当作德国客观归责理论的全部内容,德国其他学者关于客观归责理论的具体观点,也同样值得我们借鉴。与此同时,也需要借鉴日本的相当性理论、英美的法律因果关系的理论。[97]一方面,相当性理论与法律因果关系的理论,实际上都是结果归属理论,都是在事实的因果关系之后的规范评价。另一方面,就各种介入因素的讨论,日本的相当性理论与英美的法律因果关系理论,更为具体细致,更有实用价值。

由此看来,我们没有必要特别强调德国的客观归责理论、日本的相当因果关系理论、英美的因果关系理论之间的不同点,而应当看到它们的共同点。如果我国的刑法理论将传统的"因果关系"分为因果关系与结果归属两个部分展开讨论,必然会吸取上述理论的长处,从而完善我国的刑法理论。

第五,如前所述,客观归责理论运用于过失犯的认定时具有重大意义。按照罗克辛教授的观点,只要客观上制造并实现了不允许的危险,就能认定为过失犯。这种规范的过失论,与我国现在通行的心理的过失论,存在重要区别。前者使过失犯的认定客观化、规范化,后者常常陷入认定的困难,因而导致判断的恣意性。所以,我国有关过失犯的理论,如何借鉴客观归责理论,就成为需要研究的重要问题。

注释

1 以上参见[日]山中敬一:《刑法总论》,成文堂 2008 年版,第 248 页以下。

2 以上参见韩震主编:《西方哲学教程》,北京师范大学出版社 2006 年版,第 301 页以下;夏基松:《现代西方哲学教程》,上海人民出版社 1985 年版,第 115 页以下。

3 C. Roxin, Das strafrechtliche Unrecht im Spannungsfeld von Rechtsgüterschutz und individueller Freiheit, ZStW 116(2004), S. 931.

4 C. Roxin, Strafrecht Allgemeiner Teil, Band I, 4. Aufl., C. H. Beck, 2006, S. 206.

5 本文所称的杀人罪、伤害罪一般包含故意杀人罪、故意伤害罪与过失致人死亡罪、过失致人重伤罪。为了表述方便,本文以下仅以杀人、伤害为例。

6 以往,英美的刑法教科书都是在各论的杀人罪中讨论因果关系,后来才在总论中讨论因果关系,但在总论中讨论因果关系时,也基本上是以杀人案件为例([美]约书亚·

德雷斯勒:《美国刑法精解》,王秀梅等译,北京大学出版社 2009 年版,第 167 页以下)。

7 C. Roxin, Strafrecht Allgemeiner Teil, Band I, 4. Aufl., C. H. Beck, 2006, S. 403ff.

8 [日]曾根威彦:"客观的归属论の体系论的考察",载[日]冈野光雄等编:《西原春夫先生古稀祝贺论文集》(第 1 卷),成文堂 1998 年版,第 71 页。

9 例如,倘若 B 没有自杀的意思,A 将海洛因冒充为健身药品出卖给 B。B 注射后死亡,人们会肯定 A 的行为构成杀人罪。既然如此,在罗克辛教授所举的案件中,也可以认为 A 的行为是杀人行为,但应否肯定其行为成立杀人罪便存在疑问。

10 [德]骆克信:"客观归责理论",许玉秀译,载《政大法学评论》1994 年第 50 期。

11 U. Kindhäuser, Strafrecht Allgemeiner Teil, 5. Aufl., Nomos, 2011, S. 88f.

12 [德]沃尔冈夫·弗里希:"客观的结果归责",蔡圣伟译,载陈兴良主编:《刑事法评论》(第 30 卷),北京大学出版社 2012 年版,第 223 ~ 224 页。

13 条件说可能仅指条件关系,即没有前者就没有后者时,前者就是后者的原因;也可能指刑法上的如下学说:将条件关系原封不动地运用到刑法中的因果关系判断,没有对条件本身进行限制,导致具有条件关系就具有刑法上的因果关系。否认后一种条件说并不意味着否认条件关系的作用。还需要指出的是,条件说虽然可能扩大因果关系的范围或者"可能形成无止境的关联"(周文,第 228 页),但也可能限制了因果关系。例如,在众所周知的二重的因果关系、可替代的充分条件的案件中,条件说否认了因果关系。这至少说明,条件说并非无限溯及。在不对杀人、伤害的实行行为进行限定的情况下,如果没有条件关系的限定,杀人、伤害行为可能更加漫无边际。

14 [意]杜里奥·帕多瓦尼:《意大利刑法学原理》(评注版),陈忠林译评,中国人民大学出版社 2004 年版,第 118 页。

15 U. Kindhäuser, Strafrecht Allgemeiner Teil, 5. Aufl., Nomos, 2011, S. 79.

16 参见[德]克罗斯·罗克辛:"德国犯罪原理的发展与现代趋势",王世洲译,载《法学家》2007 年第 1 期。

17 C. Roxin, Strafrecht Allgemeiner Teil, Band I, 4. Aufl., C. H. Beck, 2006, S. 372.

18 C. Roxin, Strafrecht Allgemeiner Teil, Band I, 4. Aufl., C. H. Beck, 2006, S. 373.

19 参见[日]井田良:《讲义刑法学·总论》,有斐阁 2008 年版,第 113 页以下。当然,相当因果关系论本身就含有部分客观归责理论。井田良教授采取相当因果关系说,当然也部分地采用了客观归责理论。

20 [日]井田良:《刑法总论の理论构造》,成文堂 2005 年版,第 63 页。

21 参见[日]大谷实:《刑法讲义总论》,成文堂 2009 年新版,第 216 页。

22 参见[日]山中敬一:《刑法における客观的归属の理论》,成文堂 1997 年版,第 1 页以下。

23 内藤谦教授在论述日本战后行为无价值论与结果无价值论的争论时指出,虽然在各种细节上还存在差异,但基本上采取结果无价值论的学者有中山研一、町野朔、梅崎进哉、宗冈嗣郎、曾根威彦、山中敬一、浅田和茂、堀内捷三、西田典之、大越义久、前田雅英、林干人、山口厚等人([日]内藤谦:《刑法理论の史的展开》,有斐阁 2007 年版,第 596 页)。

24 参见[日]前田雅英:《刑法总论讲义》,东京大学出版会 2011 年版,第 178 页以下。

25 C. Roxin, Das strafrechtliche Unrecht im Spannungsfeld von Rechtsgüterschutz und individueller Freiheit, ZStW 116(2004), S. 929f.

26 在德国文献中,不允许的危险中的"危险"(Risiko)与危险犯中的"危险"(Gefahr),是两个不同的词。笔者试图了解这两个词的区别,但发现二者没有区别。金德霍伊泽尔教授明确指出:"风险(Risiko)这个概念与危险(Gefahr)概念其实是同一个意思"(U. Kindhäuser, Strafrecht Allgemeiner Teil, 5. Aufl., Nomos, 2011, S. 90)。笔者还让在德国攻读博士学位的王钢询问德国教授"为什么他们使用不同的词"。王钢来信说:"关于客观归责中创设不允许的风险(Risiko)和危险(Gefahr)是否存在区别的问题,我问了佩龙教授,他的感觉是两个词虽然在日常语义中略有区别,但是在这里(指客观归责理论——笔者注)没有本质的差异。在他看来,创设不允许的风险也完全可以叫做创设不允许的危险。"职是之故,本文在等同意义上使用风险与危险概念。

27 [德]克罗斯·罗克辛:"德国犯罪原理的发展与现代趋势",王世洲译,载《法学家》2007 年第 1 期。

28 [日]佐伯仁志:"因果关系(2)",载《法学教室》2004 年 8 月号(第 287 号)。

29 [日]山中敬一:《刑法总论》,成文堂 2008 年版,第 251 页以下。

30 日本刑法理论也会使用广义的因果关系概念。例如,前田雅英教授在介绍"因果关系的理论"时,就列举了条件说、相当因果关系说与客观归责理论(参见[日]前田雅英:《刑法总论讲义》,东京大学出版会 2011 年版,页 182 以下)。再如,山口厚教授将"因果关系"一节分为三款讨论:概说、作为事实关系的因果关系、作为危险的现实化的因果关系(参见[日]山口厚:《刑法总论》,有斐阁 2007 年版,页 49 以下)。其中"作为危险的现实化的因果关系"实际上也是客观归责的关键内容。

31 C. Roxin, Strafrecht Allgemeiner Teil, Band I, 4. Aufl., C. H. Beck, 2006, S. 343ff.

32 C. Roxin, Strafrecht Allgemeiner Teil, Band I, 4. Aufl., C. H. Beck, 2006, S. 350.

33 H. Jescheck/T. Weigend, Lehrbuch des Strafrechts. Allgemeiner Teil, 5. Aufl., Duncker & Humblot 1996, S. 272ff.

34 U. Kindhäuser, Strafrecht Allgemeiner Teil, 5. Aufl., Nomos, 2011, S. 76ff..

35 [日]山中敬一:《刑法总论》,成文堂 2008 年版,第 250 页。

36 当然,由于客观归责理论包含了实行行为论,就此而言,广义的因果关系理论未必能完全包括狭义的客观归责理论。

37 U. Kindhäuser, Strafrecht Allgemeiner Teil, 5. Aufl., Nomos,2011,S. 91.

38 C. Roxin,Strafrecht Allgemeiner Teil, Band I, 4. Aufl., C. H. Beck,2006,S. 383.

39 C. Roxin, Das strafrechtliche Unrecht im Spannungsfeld von Rechtsgüterschutz und individueller Freiheit, ZStW 116(2004), S. 935. 原文为：daβ der Veranlasser kein rechtlich relevantes Risiko geschaffen habe und daβ der Erfolg ihm aus diesem Grunde nicht als Tötungshandlung zuzurechnen sei.

40 德国的客观归责理论一般以两个规则为主体，即制造风险与实现风险。"Roxin的体系有些特色，尤其是在制造风险与实现风险的两段主规则之外，另以构成要件效力范围(Die Reichweite des Tatbestandes)作为第三段主规则"(林钰雄："第三人行为介入之因果关系及客观归责(下)"，载《台湾本土法学》2006年第80期)。

41 C. Roxin,Strafrecht Allgemeiner Teil, Band I, 4. Aufl., C. H. Beck,2006,S. 402f.

42 [德]沃尔冈夫·弗里希："客观的结果归责"，蔡圣伟译，载陈兴良主编：《刑事法评论》(第30卷)，北京大学出版社2012年版，第253页。

43 [日]井田良：《刑法总论の理论构造》，成文堂2005年版，第63页。

44 H. Jescheck/T. Weigend,Lehrbuch des Strafrechts. Allgemeiner Teil, 5. Aufl.,Duncker & Humblot 1996,S. 287f.

45 [德]骆克信："客观归责理论"，许玉秀译，载《政大法学评论》1994年第50期。

46 [德]骆克信："客观归责理论"，许玉秀译，载《政大法学评论》1994年第50期。

47 "归责作为上位概念，其下区分'客观归责'(属于构成要件)以及'主观归责'(属于罪责或负责)"([德]骆克信等："问题研讨"，许玉秀、郑铭仁译，载《政大法学评论》1994年第50期)。

48 不过，也难以认为相当因果关系理论完全不考虑实行行为。例如，西田典之教授认为，在A劝他人在林中散步，期待他人碰巧遭遇雷击身亡，他人果真因为在林中散步而被雷击身亡的案件中，"根本不能说具有经验法则上的相当性。因此，本案中的A的行为欠缺杀人罪的'实行行为性'，也不成立杀人未遂。这也是相当性说的一种适用情景"([日]西田典之：《刑法总论》，弘文堂2010年版，第101页)。这显然是从某种行为通常能否导致死亡结果的角度，判断该行为是否属于符合构成要件的杀人行为。

49 [日]山口厚：《刑法总论》，有斐阁2007年版，第231页。

50 [德]沃尔冈夫·弗里希："客观的结果归责"，蔡圣伟译，载陈兴良主编：《刑事法评论》(第30卷)，北京大学出版社2012年版，第227页。

51 [德]骆克信等："问题研讨"，许玉秀、郑铭仁译，载《政大法学评论》1994年第50期。

52 C. Roxin,Strafrecht Allgemeiner Teil, Band I, 4. Aufl., C. H. Beck,2006,S. 385. 如果被害人不去医院治疗，就会死在家里。而这种情形相当异常，也难以将死亡归责

于先前的伤害行为。于是,无论如何都不能将死亡结果归属于重伤行为。这显然说不通。

53 例如,甲在完全可以致乙死亡的情况下,将乙仅伤害至需要住院治疗的程度。但乙住院治疗期间,由于丙对医院放火,导致乙死亡。不管是否采取客观归责理论,一般人都会认为,甲的行为只是伤害行为,而不是杀人行为,甲的行为与乙的死亡之间没有因果关系。但是,倘若增加一个情节,即甲是偶然得知与自己不相识的丙将对医院放火时才伤害乙,并利用丙的放火造成甲的死亡,那么,人们会认为甲的行为是杀人行为,甲的行为与乙的死亡结果之间具有因果关系。可是,客观上完全相同的行为,为什么对实行行为的性质与因果关系的判断得出不同结论呢?单纯从实行行为与因果关系的角度来讨论,难以合理说明,客观归责理论解决了这一问题。

54 [德]骆克信:"客观归责理论",许玉秀译,载《政大法学评论》1994 年第 50 期。

55 C. Roxin, Strafrecht Allgemeiner Teil, Band I, 4. Aufl., C. H. Beck, 2006, S. 383f.

56 参见冯军:《刑法问题的规范理解》,北京大学出版社 2009 年版,第 137～138 页。

57 罗克辛教授指出:"要区分被允许的危险与没有创出重要危险的情形,不一定是容易的"(C. Roxin, Strafrecht Allgemeiner Teil, Band I, 4. Aufl., C. H. Beck, 2006, S. 383)。

58 C. Roxin, Strafrecht Allgemeiner Teil, Band I, 4. Aufl., C. H. Beck, 2006, S. 383.

59 冯军:《刑法问题的规范理解》,北京大学出版社 2009 年版,第 137 页。

60 林钰雄:《新刑法总则》,中国人民大学出版社 2009 年版,第 127 页。

61 参见[日]平野龙一:《刑法总论 I》,有斐阁 1972 年版,第 199 页。

62 参见[日]内藤谦:《刑法讲义总论》(中),有斐阁 2001 年版,第 631 页。

63 [日]篠田公穗:"许された危险の理论についての一考察",载《刑法杂志》第 27 卷(1986 年)第 2 号。

64 参见张明楷:"论被允许的危险的法理",载《中国社会科学》2012 年第 11 期。

65 U. Kindhäuser, Strafrecht Allgemeiner Teil, 5. Aufl., Nomos, 2011, S. 94.

66 参见[德]沃斯·金德霍伊泽尔:"故意犯的客观和主观归责",樊文译,载《清华法律评论》(第 3 卷第 1 辑),清华大学出版社 2009 年版,第 156 页。

67 参见[日]町野朔:《患者の自己决定权と法》,东京大学出版会 1986 年版,第 171 页。

68 参见[德]沃斯·金德霍伊泽尔:"故意犯的客观和主观归责",樊文译,载《清华法律评论》(第 3 卷第 1 辑),清华大学出版社 2009 年版,第 156 页。

69 C. Roxin, Strafrecht Allgemeiner Teil, Band I, 4. Aufl., C. H. Beck, 2006, S. 377.

70 U. Kindhäuser, Strafrecht Allgemeiner Teil, 5. Aufl., Nomos, 2011, S. 94.

71 参见[日]町野朔:《刑法总论讲义案 I》,信山社 1995 年版,第 155 页;[日]山口厚:

"因果关系论",载[日]芝原邦尔等编:《刑法理论の现代的展开(总论)I》,日本评论社 1988 年版,第 43 页。

72 C. Roxin, Strafrecht Allgemeiner Teil, Band I, 4. Aufl., C. H. Beck, 2006, S. 392ff.

73 "关于制造何种程度的危险时应受处罚,或者危险现实化的场合是指什么样的场合,如果不参照客观归责理论支持者提示的案件类型,就不可能解明"([日]山本高子:"客观的归属论否认论——Zieschang《刑法总论[第二版]》の检讨",载《比较法杂志》2012 年第 46 卷第 1 号)。罗克辛教授指出:"通常到贫民区并不会形成不被容许的风险,因为有很多人毫无风险的在那个地方来来去去。但是如果对于特定人存在特别的风险时,例如,在某一特定地区已经有很多旅客被杀,以致于城市的行政当局强烈警告外国人不要踏上旅程时,如果将对此消息毫无概念的旅客弄到那一区去,绝对可以认定有不被容许的风险"([德]骆克信等:"问题研讨",许玉秀、郑铭仁译,载《政大法学评论》1994 年第 50 期)。然而,罗克辛教授的这一观点,未必没有扩大杀人行为的范围。另一方面,在 A 向糖尿病患者提供糖水导致后者死亡的案件中,罗克辛教授则认为:"供应糖水以及因而造成的死亡结果,不能归责于 A,因为其中的风险是被容许的,而不是不被容许的风险。每一个糖尿病的患者必须自己有心理准备,他所获得的饮料和食物,对他而言都含有太多的糖分,他自己必须加以检验并退回"([德]骆克信等:"问题研讨",许玉秀、郑铭仁译,载《政大法学评论》1994 年第 50 期)。然而,罗克辛教授的这一观点,未必没有过于缩小杀人行为的范围。由此看来,当我们用客观归责理论讨论该理论的支持者并没有讨论的案件时,什么结论才是客观归责理论应当得出的结论,还存在很大疑问。

74 C. Roxin, Strafrecht Allgemeiner Teil, Band I, 4. Aufl., C. H. Beck, 2006, S. 402.

75 参见[德]Ingeborg Puppe:《法学思维小学堂》,蔡圣伟译,元照出版公司 2010 年版,第 135 页。

76 参见[日]曾根威彦:《刑事违法论の研究》,成文堂 1998 年版,第 169 页。

77 [日]岛田聪一郎:"被害者による危险引受",载[日]山口厚编著:《クロ－ズアップ刑法总论》,成文堂 2003 年版,第 141 页。

78 参见张明楷:"刑法学中危险接受的法理",载《法学研究》2012 年第 5 期。

79 本文所称的构成要件,是指三阶层犯罪论体系中的构成要件,但不包括故意与过失。

80 例如,在我国刑法理论将行为对象作为构成要件要素讨论的情况下,司法实践却经常不顾对象是否存在,就认定为犯罪(如将客观上贩卖面粉的认定为贩卖毒品罪、将客观上向骗子交付财物的行为认定为行贿罪、将客观上购买了一堆废纸的行为人认定为贩卖假币罪等)。如果不强调行为对象要素,司法实践中的主观归罪现象可能更多。

81 [德]沃尔冈夫·弗里希:"客观的结果归责",蔡圣伟译,载陈兴良主编:《刑事法评论》(第30卷),北京大学出版社2012年版,第254页。

82 周文指出:“在我国刑法学通说中,对实行行为的讨论,放在着手及未遂(犯罪的未完成形态)这样的理论构架中讨论,使得作为因果关系起点的实行行为在‘构成要件符合性判断’的理论体系中没有位置,在犯罪论体系构建上难言妥当和完美”(周文,第136页)。周文对通说缺陷的阐述,本文完全赞成。但是,这一缺陷不是只有采纳德国的客观归责理论才能克服,我国刑法学的总论部分都有“行为”或者“实行行为”一节,在其中讨论实行行为的规范判断,可谓理所当然。

83 U. Kindhäuser, Strafrecht Allgemeiner Teil, 5. Aufl., Nomos, 2011, S. 93.

84 [日]井田良:《刑法总论の理论构造》,成文堂2005年版,第63页。

85 [德]沃尔冈夫·弗里希:“客观的结果归责”,蔡圣伟译,载陈兴良主编:《刑事法评论》(第30卷),北京大学出版社2012年版,第253页。

86 [日]曾根威彦:“客观的归属论の体系论的考察”,载[日]冈野光雄等编:《西原春夫先生古稀祝贺论文集》(第1卷),成文堂1998年版,第71~72页。

87 参见[日]山中敬一:《刑法总论》,成文堂2008年版,第279页。

88 C. Roxin, Das strafrechtliche Unrecht im Spannungsfeld von Rechtsgüterschutz und individueller Freiheit, ZStW 116(2004), S. 931f.

89 参见汤玉婷、范福华:“意外被撞逃跑　‘跑’来有罪指控”,载《检察日报》2007年2月4日。

90 H. Jescheck/T. Weigend, Lehrbuch des Strafrechts. Allgemeiner Teil, 5. Aufl., Duncker & Humblot 1996, S. 272ff.

91 [德]沃尔冈夫·弗里希:“客观的结果归责”,蔡圣伟译,载陈兴良主编:《刑事法评论》(第30卷),北京大学出版社2012年版,第229~230页。

92 C. Roxin, Strafrecht Allgemeiner Teil, Band I, 4. Aufl., C. H. Beck, 2006, S. 356.

93 笔者在介绍合法则的因果关系时指出:“如果经验法则与科学法则并不矛盾,这种经验法则也包含在‘合法则’中”(张明楷:《刑法学》,法律出版社2011年版,第177页)。

94 [日]井田良:《讲义刑法学·总论》,有斐阁2008年版,第121页。

95 [日]井田良:《讲义刑法学·总论》,有斐阁2008年版,第121页。

96 [德]骆克信:“客观归责理论”,许玉秀译,载《政大法学评论》1994年第50期。

97 英美刑法理论将因果关系分为事实因果关系(事实原因)与法律因果关系(法定原因)。“事实原因”中不只是讨论条件关系,还会进一步讨论复合的事实原因(包括促进结果发生的原因、并发的充分原因、阻断的原因);“法定原因”中对近因、直接原因、介入因素等问题的讨论,相当具体(参见[美]约书亚·德雷斯勒:《美国刑法精解》,王秀梅等译,北京大学出版社2009年版,第164页以下)。

张明楷代表作

伍

行为功利主义违法观

行为功利主义与规则功利主义虽然都属于功利主义，但对一些具体问题的看法与处理并不完全相同。本文试图将行为功利主义运用到刑法的违法性领域，从而为结果无价值论奠定哲学基础。

一、基本前提

“发现不法与罪责是作为构筑刑法体系与众不同的材料……是刑法释义学的重大成就而无法再走回头路。”[1]德国、日本等国三阶层体系，“虽然区分了第一阶段的构成要件符合性的判断与第二阶段的违法性阻却事由存否的判断，但两个阶段都是违法性的判断。所以，可以从大的方面将实质的刑法的评价区分为违法性判断与有责性判断。换言之，犯罪论体系的支柱，是不法与责任两个范畴”。[2]违法论所讨论的是，什么样的行为在刑法上是不正当的、是被刑法禁止的；责任论所讨论的是，在行为人实施了符合构成要件的违法行为的前提下，具备什么样的条件才可以对该违法行为进行谴责。

在当今世界的刑法理论中，将责任能力、违法性认识的可能性与期待可能性作为责任要素（或者从消极角度作为责任阻却事由），几乎已成定论。将行为、结果等侵害法益的客观要素作为违法要素，也完全没有疑问。争论的问题主要是，如何理解和判断违法性？故意、过失是违法要素还是责任要素？于是，没有故意、过失的客观法益侵害行为，是否属于刑法所禁止的不正当行为，故意、过失实施的违反某种规则的行为客观上保护了法

注　原文标题为“行为功利主义违法观”，发表于《中国法学》2011年第5期。

益时,是否属于刑法上的违法行为,就成为需要讨论的问题。

从形式上说,违法是指实施了刑法所禁止的行为,而刑法所禁止的行为一定是恶的行为。问题是,依据什么标准判断行为的善恶?实质的问题是,刑法应当禁止什么样的行为?为什么禁止某种行为?伦理学讨论行为的善恶标准、讨论行为正当与否的判断标准,其中具有影响力的学说是行为功利主义(行动功利主义、行为功用主义)与规则功利主义(准则功利主义)。粗略地说,“行动功利主义依据行动自身所产生的好或坏的效果,来判断行动的正确或错误;准则功利主义则根据在相同的具体境遇里,每个人的行动所应遵守准则的好或坏的效果,来判定行动的正确或错误”。[3]规则功利主义认为,“既定行为的对错取决于它是否遵守了有效的道德规则;依照规则功利主义,如果(大致上说)对这些规则的普遍遵守会促进功利主义者实现其最高目标,也就是给所有相关者带来最大的积聚性后果,那么这些规则就可以是有效的”。[4]根据行为功利主义的观点,问题不在于什么规则具有最大的功利,而在于什么行为具有最大的功利;与此相反,根据规则功利主义的观点,“问题不在于什么行为具有最大功利,而在于哪一种准则具有最大的功利”。[5]

上述两种学说已经明显反映到刑法理论中来。如所周知,结果无价值论与二元论是当今违法性领域的基本分歧。结果无价值论的基本立场是,刑法的目的与任务是保护法益,违法性的实质(或根据)是法益侵害及其危险;没有造成法益侵害及其危险的行为,即使违反社会伦理秩序,缺乏社会的相当性,乃至违反某种规则,也不是违法行为;应当客观地考察违法性,主观要素原则上不是违法性的判断资料,故意、过失不是违法要素,而是责任要素;违法评价的对象是事后查明的客观事实。二元论将结果无价值与行为无价值同时作为违法根据。需要说明的是,认为行为无价值是指行为违反伦理,或者行为缺乏社会的相当性的观点,已经被淘汰。之所以被淘汰,是因为这种观点本身存在缺陷,而不是说它们原本是正确的,社会的发展使得其落后了。现在,最有影响力的二元论者所称的行为无价值,是指行为具有规范违反性;其中的规范,是指与伦理道德无关的,保护法益所需要遵守的行为规范、规则。本文所称的二元论,基本上仅限于这种二元论。采取这种二元论的日本学者井田良教授指出:“即使现在通行的违法二元论,也必须基本上与结果无价值论一样站在功利主义立场。如果说二者有什么不同的话，那就是，结果无价值论是行为功利主义（行动功利主义），与此相对，我采取的是规则功利主义。亦即，如果不考虑‘大体上一般地允许某种行为时，对社会会产生什么样的负面效果’，‘为了防止这样的负面效果发生，显示什么样的行动准则使人遵守就可以了’（基于这样的考虑，在对该行为加以［强的或者弱的］否定性评价时，该评价只能是行为无价值的评价），就不可能做出合理的刑法判断。”[6]虽然还不能肯定井田良教授是从行为的正当性而言，还是从处罚的正当性而言，但大体可以肯定的是，结果无价值论与二元论的争论，是行动功利主义与规则功利主义在违法性领域的反映。

就一般情形而言，结果无价值与二元论对违法性的判断并不存在分歧，因为违反规则的行为通常是侵害法益的行为，或者说侵害法益的行为通常是违反规则的行为。但是，在三阶层体系中，“在违法性的标题下研究的却是排除违法性，乍一看，这是个令人迷惑的语言使用习惯。然而，我们必须意识到，构成要件该当性涉及的是违法性，是所有使得某一行为表现为违反了受刑法保护规范的行为的特征，只要允许性规定不介入，该行为就是违法的。因此，对于不法有决定性意义的事实，将会在犯罪构造里的构成要件与‘违法性’这两个评价阶层进行分配。从某种程度上说，违法性本身只是构成要件该当性与缺乏阻却违法事由的结果”。[7]换言之，在三阶层体系下，由于构成要件是违法类型，符合构成要件的行为原则上具有违法性，在构成要件之外并无积极的违法要素，所以，违法性领域所要讨论的是，符合构成要件的行为，在什么样的情况下阻却违法性。可以肯定的是，在三阶层体系中，符合构成要件的行为，都是“损害”[8]了法益的行为。例如，一般的故意杀人与正当防卫杀人，都导致他人死亡（损害了他人生命），在这一点上二者没有区别。然而，虽然一般来说，符合构成要件、“损害”了法益的行为，是不正当的违法行为，但在例外情况下，却可能认定该行为是正当的、不违法的。因此，需要讨论的是，对于一个符合构成要件、“损害”了法益的行为而言，我们根据什么可以得出它在刑法上是正当的、不违法的结论（阻却违法性）。显然，认定一个符合构成要件、“损害”了法益的行为并不违法，必然是进行个别权衡的结果。那么，这种权衡所依据的原理是什么呢？权衡的标准是什么呢？表现在具体层面的问题是，符合构成要件的行为之所以阻却违法，是因为行为符合规则（或者例外规则),还是因为行为保护了更为优越至少同等的法益?根据二元论的观点,符合构成要件的行为,只要不符合规则,即使客观上保护了更为优越或者至少同等的法益,也不阻却违法性。根据结果无价值论的观点,符合构成要件的行为,即使违反了规则,但只要客观上保护了更为优越或者至少同等的法益,也阻却违法性。[9]显然,结果无价值论采取的是法益衡量的立场,因而属于行为功利主义;二元论不是直接进行法益衡量,而是根据行为是否违反了保护法益所需要遵守的规则来判断的,因而属于规则功利主义。

本文不可能讨论行为功利主义与规则功利主义本身及其问题,只是将伦理学中的行为功利主义与规则功利主义的最基本观点,运用到刑法学的违法性领域,考察在违法性领域是应当采取行为功利主义(结果无价值论)还是应当采取规则功利主义(二元论)。需要说明的是,什么行为在刑法上是正当的,[10]与刑法处罚什么是正当的,是两个不同的问题。或者说,行为在刑法上的正当性与刑罚处罚某种行为的正当性,虽然具有联系,但不是同一问题。倘若均以功利主义为标准来衡量,前者讨论的问题是具体的行为是否产生最大的功利,因而是否正当;后者讨论的问题是,国家以刑罚处罚某种行为是否产生最大的功利,因而该刑罚处罚是否正当。如后所述,人们对行为功利主义的批判之一是,当处罚正当行为能够获得最大的功利时,行为功利主义也会主张处罚正当行为。但显而易见的是,刑法上的正当行为,绝对不应当受到刑罚处罚;一个国家以刑罚处罚刑法上的正当行为,其后果是不堪设想的。所以,国家只能从不正当行为中挑选中部分行为作为处罚对象。正因为如此,我们可以独立地讨论,在刑法意义上,什么行为是正当的、[11]什么行为是不正当的。本文仅从这一角度,讨论符合构成要件的行为为什么可能阻却违法性,亦即讨论违法阻却事由的根据问题,还可以说讨论正当化事由为什么正当的问题,而不讨论刑罚的正当化根据。换言之,本文所探讨的问题是,国民所实施的违反“行为规范”的行为,在什么条件下是正当的,而不是违法的。所以,恳请读者不要将本文的论题与良性违法、法治、规则之治、罪刑法定原则等纠缠在一起。换言之,不要以为行为功利主义就是主张良性违法,就是不讲法治、不讲规则之治、不讲罪刑法定原则;而规则功利主义就是主张严格依法,就是讲法治、讲规则之治、讲罪刑法定原则。

还需要交代的是，由于笔者是结果无价值论者，赞成将行为功利主义运用到违法性领域，很难避免对行为无价值论以及支撑它的规则功利主义的消极评价。又由于笔者的专业不是伦理学，所以，本文对伦理学资料的引用不可能是全面的，对伦理学文献的解读很可能是片面的。

二、基本理论

在刑法学中，讨论符合构成要件的行为，具备什么条件阻却违法性，原本并不需要引入伦理学上的概念。然而，在三阶层体系中，即使行为符合构成要件，但只要有违法阻却事由（正当化事由），在刑法上就成为正当行为。讨论行为正当与否的行为功利主义与规则功利主义，的确可以作为判断违法阻却事由的理论支撑。所以，将行为功利主义与规则功利主义的对立观点运用到违法性领域，有利于分析结果无价值论与二元论的利弊。如果说，符合构成要件的行为之所以阻却违法，是基于行为功利主义进行法益衡量的结果，那就表明，结果无价值论将违法性的本质理解为法益侵害的立场是合理的；如果说，符合构成要件的行为之所以阻却违法，只是因为行为遵守了保护法益所应遵守的行为规则，那就表明，二元论将违法性的本质理解为规范违反的立场是正当的。

（一）理论地位

规则功利主义的地位十分尴尬，缺乏内在一致的理论体系。如果规则功利主义者强调，经验证明违反某些规则通常造成恶的结果时，人们就无论如何都必须遵守这些规则，便成为义务论者；如果规则功利主义否认自己是义务论者，时时刻刻用行为的结果来辩护规则，那么，它便转向了行为功利主义。之所以如此，是因为当规则与功利（最终结果）有冲突时，规则功利主义要么违反规则追求好的结果，要么维护规则舍弃好的结果。“如莱昂斯提出，假定一个在 R 准则规定之外的行动产生了最好的可能效果，这就证明应该修正 R 准则，使它能应付这种例外事件，由此便产生出一个新的准则公式，即‘除了 C 情况之外按照 R 行动’。这样一修改，‘合理的’准则功利主义与行动功利主义是相同的。斯马特认为，修改准则功利主义的准则而考虑后果了，也就从不合理的变成合理的了。在斯马特看来，合理的准则功利主义不仅在实践中等价于行动功利主义原则，事实上它只包括了一个原则，这就是行动功利主义的‘最大可能的利益’。”[12]这种只包含一个原则的规则功利主义,就与行为功利主义没有区别了。

众所周知,不要伤害他人、不要不遵守诺言等规则,都会有例外。例如,正当防卫时可以伤害他人,当不遵守诺言的行为可以挽救他人生命时,可以不遵守诺言,等等。"从不要伤害他人、不要不遵守诺言等道德规则的特殊例外条款的规定中,人们能够得到功利。如果这是正确的,那么,规则后果主义被迫以他们自己的规则选择标准去赞同那些有着例外条款的规则。同类的推理将有利于所有处境下增加的特殊例外,在这些处境中,如果遵守某些规则,将不带来最好的后果。一旦所有的例外条款增加了,规则后果主义将具有行动后果主义所有的同样行为含义。这将是对其致命的摧毁。"[13]

现在的行为无价值论基本上都是二元论,其中的一种立场是,"违法性的实体,首先是在于对法益的侵害、威胁。不应当允许脱离这一意义上的结果无价值,仅考虑单纯的行为无价值……与之相反,仅以结果的无价值确定违法性内容的结果无价值论,过于拘泥于使违法性的观念极力客观化的意图,有歪曲对事态的直率认识之嫌……因此,只有在考虑结果无价值的同时一并考虑行为无价值,才能正确评价违法性"。[14]于是,对违法性的判断既要考虑行为造成结果的好坏,也要考虑行为是否违反规则(或伦理规范)。这种二元论与规则功利主义没有明显联系,本文也不讨论这种立场。另一种立场是,行为是否违反刑法,取决于行为是否违反了为保护法益所必须遵守的规则,法益侵害结果只是限制处罚范围的一种附加要素。[15]大体可以肯定的是,后一种立场强调对规则的遵守与维护,其地位与规则功利主义的地位相同。

伦理学上常举的例子是,"二战期间,有位荷兰人把犹太人藏在自家的阁楼上,我们应当如何看待这一做法?根据准则功利主义的观点,当盖世太保去他们家搜寻犹太人时,他们是否应该据实说出真相(判断根据是:总的说来,说谎总比诚实造成更多的不幸,因此人们不应该说谎)?不过,准则功利主义者们当然会按照总的原则来处理这件事:'说谎是不对的,除非为了挽救无辜者的生命而对恶人说谎'"。[16]但是,按照行为功利主义的观点,一方面,这种重视结果的考量,进而对规则提出限制与例外的做法,已经转向行为功利主义(在刑法学上成为结果无价值论);另一方面,倘若规则功利主义坚持认为,说谎是违反规则的,没有任何例外,那么,规则功利主义者就成为义务论者。在上述场合,就意味着荷兰人必须说出真相,其结局只能是造成恶的结果。于是,即使说出真相的行为造成了法益侵害结果,但由于荷兰人遵守了生活规则,其行为是正当的。显然,这种结论难以令人赞成。

再以正当防卫与偶然防卫为例。不得杀人是一条规则,但是这个规则必然有例外。当行为人面对严重不法侵害而有意识地实施防卫行为,杀害了不法侵害者时,规则功利主义会说"杀人是不正当的,除非为了适当的自卫"。此时,规则功利主义与行为功利主义相同,或者说二元论与结果无价值论相同。可是,当行为人客观上面对严重不法侵害,却出于杀人故意杀害了不法侵害者时,二元论者并没有提出例外规则,仍然让偶然防卫者承担故意杀人罪的责任。此时,二元论者并没有考量结果,没有考量功利,已经演变成一元的行为无价值论者。由此看来,"虽然准则功利主义有直觉的吸引力,[17]但它仍然是功利主义和常识之间并不稳定的折中"。[18]正因为如此,二元论在结局上基本上都是一元的行为无价值论。也因为如此,二元论不仅受到了结果无价值论的批判,且而受到了一元的行为无价值论的批判。

按照行为功利主义的观点,判断行为的正当与否取决于结果的好坏。所以,当盖世太保去荷兰人家搜寻犹太人时,荷兰人说谎就是正当的,因为这种违背规则的说谎行为,避免了坏的结果,阻却违法性。同样,面对正当防卫与偶然防卫案件,行为功利主义都能得出不成立犯罪的结论,[19]因为二者的功利完全相同。行为功利主义没有摇摆不定的现象,将它运用到刑法学的违法性领域,会使违法性的认定更为明确,能够防止司法人员的恣意判断。

(二)刑法目的

功利主义强调目的,如果离开目的,就不可能有功利主义。刑法的制定与实施也有目的,这一点,行为功利主义与规则功利主义都是赞成的。不仅如此,结果无价值论与二元论都认为,保护法益是刑法的目的与任务。

违法性由来于刑法的目的与任务。当刑法禁止 A 行为时,对一般人产生三个方面的作用:其一,一般人不得实施 A 行为,从而不致产生法益侵害结果;其二,一般人可以阻止、制止他人实施 A 行为,从而避免法益侵害结果;其三,一般人对应于 A 行为的法益得到许诺性的保护(一般人意识到国家保护自己的法益免受A行为的侵害)。显然,这都是与法益保护直接相关的。但是,二元论不是考察行为本身是否侵害法益,而是考察是否因为违反某种规则而侵害法益,或者考察是否违反了为保护法益所制定的规则。反过来说,二元论不是考察行为本身是否直接保护了法益,而是考察行为是否通过遵守某种规则保护了法益,或者是否遵守了为保护法益所制定的规则。“准则功用主义坚持认为,即使是知道在特殊情况下服从准则会带来坏的后果,也应当遵守最佳的普遍准则。”[20]亦即,当行为遵守了为保护法益所确立的普遍规则时,即使客观上侵害了法益,也要得到允许;当行为违反了普遍规则,客观上保护了法益时,也要被禁止。“在斯马特看来,准则功利主义是‘准则崇拜’。他批评准则功利主义说,准则功利主义者常常为自己的原则辩护,总认为自己为人类的幸福给予了关注。人们不禁要问,他明知在目前的情况下,遵守某种准则并不是最有益的,为什么还竭力推崇这种准则呢?”[21]规则功利主义者“布兰特并不认为规则功利主义会导致人们‘规则崇拜’。在他看来,道德规则并不是普遍适用、绝对不变的,规则的选择并不是仅仅依靠过去的经验,而是要考虑到社会当前的现实性,它的建立也是为了解决不同社会群体的现实问题而进行的灵活选择,这样的原则也就不可能是对过去经验常识的盲目遵守。而对于解决道德义务冲突问题时,布兰特认为,道德原则会要求人们根据义务的强弱来灵活地做出选择,而不会要求人们像义务论者那样盲目地履行原则,而不考虑实际的利益所在,从而给社会带来不良的后果”。[22]

对此,本文归纳以下几点:其一,如果像布兰特所说的那样,要考虑社会当前的现实性,考虑实际的利益所在,在义务冲突时灵活地作出选择,而不要像义务论者那样盲目地遵守规则,就已经不是规则功利主义了。其二,从手段与目的的逻辑关系上来说,人们不禁要问,既然是为了保护法益而确立规则,为什么要求人们在某些场合以侵害法益为代价遵守规则呢?这恐怕是买椟还珠、舍本逐末吧!其三,二元论表面上只是在结果与行为之间设立了一个规则中介,但实际上将规则作为目的本身进行保护了,与他们所声称的将保护法益作为刑法目的相冲突。其四,从实际后果上说,二元论也不利于实现刑法的法益保护目的。

再以偶然防卫为例。甲正在瞄准乙扣动扳机,丙在完全不知情的情形下开枪将甲射中身亡,客观上制止了甲杀害乙的犯罪行为。将规则功利主义运用到刑法学中来,或者说按照二元论的观点,结局只能有两种:在丙"遵守"规则不开枪射击的情况下,无辜的乙被杀害,甲被处以故意杀人罪(可能是死刑);在丙"违反"规则开枪射击的情况下,无辜的乙不被杀害,正在故意杀人的甲遭受枪击,丙被处以故意杀人罪(可能是死刑)。按照社会的一般观点考察这两种结局,恐怕没有人会认为前者比后者更好。在这一点上,二元论明显将一般性规则看得比人的生命还重要,宁可牺牲无辜者,也要捍卫规则,其结果只能是违背刑法的法益保护目的。[23]况且,上述"遵守"规则与"违反"规则,只是停留在行为人的内心,或者说只是内心对规则的遵守与违反,而不是客观行为对规则的遵守与违反。例如,当甲正在瞄准乙扣动扳机时,不知情的丙一以杀人故意开枪射中甲的头部,知情的丙二以防卫意识开枪射击甲的心脏,时间完全相同。按照二元论的观点,丙一违反了为保护法益所制定的规则,而丙二没有违反。可是,丙一与丙二的客观行为完全一样,只是内心不同而已。结局是,丙一仅因为内心违反了规则导致其行为不正当,进而受到刑罚处罚。这是本文难以赞成的结论。如果进一步考察对偶然防卫行为能否再防卫的问题,二元论的结论或许更糟糕。按照二元论的观点,前述丙的偶然防卫行为是不正当的,是正在进行的不法侵害,于是,丁可以对丙再实施正当防卫杀死丙。可是,丁实施正当防卫的结局必然是:正在保护乙的生命的丙被丁杀死,无辜的乙被甲杀死,而甲活着(当然他会受到法律的制裁)。难以认为,以规则功利主义为支撑的二元论在刑法学中的运用有利于保护法益。

法律的特点之一本来就是其普遍性,只有在成文法的普遍性范围内,最大限度地考虑其特殊情形,才可能实现刑法的目的。因为刑法分则对构成要件的规定,在字面上可能包含了存在巨大差别的行为。正因为如此,德国、日本刑法学者都认为,谋杀与正当防卫的杀人都符合杀人罪的构成要件。"刑法在这种情况差别最为显著的地方试图使自己更为灵活以适合个别情况:法官在与实施惩罚有关的问题上的独立的审判权,对可原谅的情况以及赦免的可能性的考虑,都是达到这一目的的手段。"[24]由此可见,要实现刑法的法益保护目的,就只能遵循一个"最大化利益原则"。而要遵循这一原则,就必须灵活地应对例外情况。

伦理学家包尔生指出:"如果说人类体力与能力的最充分、最自由的发展和运用是人类生活的最高利益,那么……法律秩序就可以规定为这个最高利益服务的一个手段,它的作用是用最小的能量消耗来协调许多个人的力量,或者说是以对人们的利益的最小伤害来平衡许多的相互交叉着的利益范围。一个成文法的制定对于这一目的实现的越完满,它离实现法律的目标,或者说离道德要求和期待法律去达到的目标就越接近。但是法律制度永远不能完全地实现这一目的。其原因在于一种机械过程的机械本性,就是说它只依照一般规律而不依照特殊情况下的特定要求行事。法律制度也是这样地行事:个别情况由一般规则来决定。”[25]不难看出,倘若将规则功利主义运用到刑法学中来,个别情况由一般规则来决定的做法就更加盛行,结局只能妨碍刑法目的的实现。更为重要的是,违法阻却事由的判断,不是类型化的判断,而是个别判断,这种判断性质就决定了不能按照一般规则判断违法阻却事由。换言之,规则功利主义在违法性领域的运用,实际上导致将违法阻却事由的个别判断,转变为类型化的判断,因而不符合违法阻却事由判断的性质。

“行为功用主义则主张一种更为灵活的态度,为了更好的后果,可以放弃对日常准则的遵守。”[26]这是因为,如果说刑法上的规则是为了保护法益而制定的,规则就要服从法益保护目的;这种规则只是一般性规则,总有例外,所以,在例外的场合,必须优先保护法益,而不是优先维护规则本身。以前述偶然防卫为例。将行为功利主义运用到刑法学中,就会发现,由于丙开枪射击的行为阻止了杀人者甲的行为,保护了无辜者乙的生命,故丙的行为是保护法益的行为,因而是正当行为。同样,丁不得对丙实施正当防卫(如果丁明知丙在进行偶然防卫而杀害丙的,成立故意杀人罪;倘若丁不知真相,以为丙在单纯地杀害甲而杀害丙,则是假想防卫)。

(三)行为规范

将规则功利主义运用到刑法学中来,旨在事前告知国民什么行为是允许的、什么行为是禁止的,从而使刑法规范的一般预防的要求浸透到犯罪论中。正如日本学者井田良教授所言:“行为无价值论与结果无价值论的分水岭,不在于是否采取道德主义立场,也不在于是否倾向于以‘社会的相当性’这种一般条款得出结论;二者的分道扬镳之处在于:是否认可将‘事前向国民告知行为的允许性的机能’作为违法论的指导原理,与此同时,是否尽可能地使罪刑法定主义的原则以及刑法规范的一般预防的要求浸透到犯罪论中。”[27]也正因为如此,二元论者与规则功利主义者一样,对规则极为崇拜。具体表现为，只要行为违反了保护法益需要遵守的一般规则，即使没有造成法益侵害结果，也应认定为违法。但是，在刑法学中，规则功利主义的运用结果，总是适得其反。

第一，规则功利主义过于限制国民的行动自由。二元论的逻辑是，一个对保护法益通常有用的规则，必须无条件地适用于任何场合。因此，为了保护人的生命，必须禁止无正当理由的杀人行为，任何无正当理由的杀人行为都是违法的。于是，为了保护人的生命，必须向国民告知：只有具有正当理由的杀人，才是允许的。

其实，二元论是为了追求处罚的功利性，而将通常属于无正当理由的杀人行为，全面予以禁止。换言之，由于禁止偶然防卫可以产生处罚的功利性（即有利于预防他人杀人），所以，必须禁止偶然防卫。但如前所述，刑法只能禁止不正当的行为。一个在通常情形下属于刑法禁止的杀人行为，在特殊情况下可能成为正当行为，正当防卫就是如此；一个在通常情形下属于无正当理由的杀人，在特殊情况下可能成为正当的杀人，偶然防卫就是如此。二元论明显倒因为果，亦即，只要禁止某一行为可以防止某类行为，就必须禁止该行为。例如，只要禁止偶然防卫有利于保护他人生命，那么，即使偶然防卫保护了他人生命，也要被刑法禁止。另一方面，二元论实际上是想通过禁止部分保护法益的正当行为，达到保护法益的效果。但这种做法，导致某些保护了法益的行为也被刑法所禁止，这便过于限制了国民的行动自由。

更为重要的是，由于刑法规定了大量的过失犯罪，而过失犯罪往往缺乏行为的定型性（如过失致人死亡），于是，二元论采取了新过失论（基准行为说）。“新过失论不是在预见可能性上而是在违反结果回避义务上寻找过失的实体。亦即，过失是懈怠社会生活上一般要求的结果回避行为＝基准行为。”[28]换言之，新过失论实际上将违反日常生活规则（普通过失）或者违反行政法规则（业务过失）作为过失犯的判断标准。可是，一方面，脱离结果预见可能性的“日常生活规则”必定是不明确和恣意的。另一方面，业务过失犯成为行政法规违反的加重犯。[29]概言之，二元论所称的“违反保护法益所应遵守的行为规则”，并不限于违反刑法规则，而是包括了违反日常生活规则，这不仅没有限定、反而扩大了过失犯的处罚范围。

况且，规则都是滞后的，“今天的规则往往是昨日问题的解决方式。

事件、危机和争论往往先于规则变化而发生”。[30]一些国家机关喜欢制定规则,而且喜欢制定单纯限制国民自由的规则(国民不能从该规则中获得好处)。而且,一个规则制定之后,即使明明知道规则有问题,也不会马上修改与废止,因为刚颁布就废止,太不符合情理。然而,因为国民没有遵守陈旧的规则,就认定其行为具有违法性,必然形成过于限制国民的行动自由的负面效果。同样,以行为人没有遵守落后的规则为根据,否认其行为阻却违法性,也是不合适的。

例如,《森林法》第32条第1款前段规定:“采伐林木必须申请采伐许可证,按许可证的规定进行采伐。”第39条第2款规定:“滥伐森林或者其他林木,由林业主管部门责令补种滥伐株数五倍的树木,并处滥伐林木价值二倍以上五倍以下的罚款。”刑法第345条规定了滥伐林木罪。根据《森林法》及相关法规规定,即使砍伐枯死树木,也需要权力机关批准。国家林业局林函策字(2003)15号明确规定了未申请林木采伐许可证擅自采伐“火烧枯死木”等因自然灾害毁损的林木,应当依法分别定性为盗伐或者滥伐林木行为。[31]据此,即使承包林地的农民,为了种植林木,未申请林木采伐许可证而砍伐枯死树木的,也成立滥伐林木罪。但笔者难以赞成这种观点。滥伐自己承包林地的枯死树木,以便种植活树的行为,虽然违反了相关规则,但不仅没有侵害森林资源,反而保护了森林资源。即使认为其行为符合了滥伐林木罪的构成要件,也应认为具备违法阻却事由。

或许有人认为,笔者只是以不合理的规则为例在说明问题;笔者也承认,即使是规则功利主义者,也必然对没有功利的规则(比如单纯限制国民自由的规则)持否定态度。可问题是,人类似乎还不具备制定出可以获得最大利益的规则体系的能力。或者说,不能保证所有的规则都能获得最大利益。否则,就不会存在行为功利主义与规则功利主义之争。

第二,规则都有例外,规则功利主义者也不否认这一点。但是,一方面,对任何一项规则,都难以列举出它的全部例外。例如,即使是不得杀人这条规则,究竟有多少例外,也是很难回答的。如果要穷尽,那便又是一个抽象的规则:“不得杀人,但正当的杀人除外”。可是,又该如何判断正当呢?显然,对例外的抽象归纳实际上没有任何意义。所以,别说规则功利主义者,就是义务论者,也没有“给过我们一种规定了我们在现实中所应采取行动的无冲突、无例外的具体准则的体系”。[32]另一方面,如果将例外纳入规则，就会导致规则太多或者太具体以至于难以遵守。这是因为，“人们学习的规则越充分越复杂，学习规则的成本就将越高。在某些时候学习更多的规则、更为复杂的规则，所付成本会超过其收益。因此，其教育和内化会有最好后果的规则在其数量和复杂性上是有限的”。[33]此外，笔者还想重复指出的是，“对于任何规则，人们至少都能在什么地方找到一个例外，而当你把所有可能的例外都纳入规则时，你实际上就是在提倡行为功利主义了”。[34]

如所周知，刑法学中的违法性领域实际上是对例外现象的处理。按照通说，构成要件是违法类型，即符合构成要件的行为原则上具有违法性，但在例外情况下，当符合构成要件的行为具备正当化事由时，就阻却违法性。显然，违法性领域所讨论的实际上是例外现象。但是，刑法不可能规定所有的例外，所以，当今世界的刑法理论都承认超法规的违法阻却事由。超法规的违法阻却事由的存在与承认，就意味着不宜在违法性领域运用规则功利主义。

第三，“斯马特认为，规则功利主义者建立其道德原则的基础只不过是凭借以往的经验，所以，这些规则只不过是‘粗浅的常识’，它只会要求人们对习惯行为的盲目遵循，而没有实际的意义。”[35]换言之，在当今社会，特殊的、不正常的情况或境遇越来越普遍，人们事先确立的许多规则只不过是“笨手笨脚的规则”、“行为的粗糙指导”。

例如，按照规则，首都机场高速路外侧道的最低速度为每小时 60 公里；中间道的最低速度为 80 公里，内侧道的最低速度为 100 公里。显然不能说，这样的规则是不合理的，例如，那些新手在最外侧行驶，的确有利于交通顺畅。但是，人们又不可能完全按照这个规则行驶。笔者经常发现，外侧道的车辆有时比内侧道的车辆速度快得多。原因是，对速度的这种规定，只是行为的粗糙指导，大体引导。

诚然，刑法一经制定，就成为国民的行为规范，国民应当普遍遵守。然而，问题在于，刑法给国民提供的规范是否完整、充分？例如，国民从刑法第 232 条、第 233 条得知“不得杀人”的行为规范，但是，国民也一定知道，某些场合的杀人并不违反刑法。而“哪些场合”的杀人并不违反刑法，是难以从刑法条文中读出来的。所以，国民应当遵守的刑法规范的具体内容，对于国民而言不一定是明确的。

既然规则只不过是"笨手笨脚的规则"、"行为的粗糙指导",那就不能直接以行为是否违反规则为根据判断行为是否具有刑法上的违法性。按照斯马特的说法,"如果把它(粗浅的规则——引者注)作为个人行为的标准,那么将会导致人们在一些特殊的境遇中,只会使他们盲目崇拜规则,而难以对现实情况作出合理判断,从而选择最佳的行为规则功利主义不能解决一切具体境遇中发生的道德冲突,甚至允许一些并不能产生好效果的行为存在,从而给社会带来不必要的灾难"。[36]换言之,只要某种行为保护了更为优越或者同等的法益,即使违反了笨手笨脚上的规则,也要承认违法性的阻却。

第四,规则之间存在冲突是常有的现象,通过使国民遵守规则以预防犯罪的观念,在一些场合会使国民束手无策。

人们在选择行为时,面临着相互冲突的两种或者两种以上的义务或者规则时,按照一种规则,一个人应当做 A 行为,按照另一种规则,他应当做 B 行为,但是,他不能够同时兼顾二者,这就陷入了一种两难的处境。如果选择做 A 或者 B,就会因为没有遵守行为 B 或者 A 所含有的规则而陷入良心的不安;人们也不能学"布里丹之驴",既不做 A,也不做 B,因为回避选择会带来双重的规则违反。[37]义务冲突便是如此。当然,规则功利主义者会说,在义务冲突时,完全能确定一个总的规则,即履行重大义务懈怠轻缓义务。问题是,重大义务与轻缓义务最终又是由什么决定的?其实,在这种场合,人们不需要考虑义务本身的轻重,而且义务本身无所谓轻重,只需要考虑履行何种义务会保护更重大的法益。因此,即使履行道德义务而违反法定义务,但只要保护了更为优越的利益,就是正当的。这便是行为功利主义的主张。

例如,A 与 B 是长相极为相似的双胞胎兄弟,在 A 对 X 实施伤害行为时,B 也在现场,但 A 的伤害行为与 B 无关。警察到达现场后,X 及现场围观人员均指认 B 为伤害者,于是,警察要将 B 带到公安局。在现场的 Y 知道 X 和围观人员指认错误,向警察说明真相,但警察相信 X 和多数人的指认,于是,B 被刑事拘留。B 从看守所脱逃后找到 Y,Y 窝藏了 B,并继续向警察说明真相。问题是,当警察前往 Y 的住宅询问 B 的下落时,Y 应当如何回答?Y 只有两个选择:一是将 B 交给警察;二是继续窝藏 B。但此时存在两个相互冲突的规则:一是"向警察隐瞒 B 的下落是不正当的"

或者“窝藏犯罪嫌疑人是不正当的”；二是“帮助警察拘禁无辜者是不正当的”。在这种场合，要求 Y 按照哪个规则行事，会使 Y 束手无策。规则功利主义很可能因为前一规则更应当遵守，而认定 Y 的行为成立窝藏罪。但这种结论难以被接受。

“行动后果主义主张，当且仅当有某种特别行为所产生的实际（或可预料的）善至少和该行为者所易于采取的其他行为的善一样大，该行为才是道德上正当的（得到许可并且是必要的）。”[38]按照行为功利主义的观点，破坏或者违反一个规则可以带来数量更大、范围更广的功利时，该行为就具有正当性（阻却违法性）。

首先，结果无价值论并非不讲规则。一方面，在通常情况下，遵守规则就意味着保护法益，所以，在这种场合，结果无价值论必然也主张遵守规则。但结果无价值论主张遵守规则，是因为遵守规则能够保护法益，而不是为了遵守规则而遵守规则。另一方面，结果无价值论还有一个简单的、基本的规则（即保护法益），并且要将这种简单的、基本的规则贯彻到具体境遇中。行为功利主义反对用事先确定的“规则”来校正人们在例外情况下的行为，强调人们行动境遇的当下特殊性，以当下特殊的具体境遇中对法益的保护作为行为的基本规则，所以，就特殊的具体境遇而言，无须人为地事先设定“规则”这个中介。对于具体的特殊境遇下的行为选择来说，普遍性的规则既无必要，也不可能。在具体的实际生活中，尤其是在冲突的境遇中，在与刑法相关联的意义上，人们只需要问“我的行为虽然符合构成要件，但能否最有效地保护法益”即可，而不需要问“我的行为虽然符合构成要件，但我实施这一行为是否符合既定的规则，是否属于规则允许的例外？”不难看出，结果无价值论在遇到冲突时有其独特的魅力，亦即，它既具有简便性，也具有灵活性。

其次，“行为功利主义受到的一个广泛的批评是，当人们准备做某一种行为时，他们必须对这种行为可能产生的快乐与痛苦做一个计算，只有当人们预计快乐减去痛苦得到正值时，他们的行为才可能是道德的，因而也才是应当去做的。但是，一方面，人们在做每一个行为之前并不见得有那么多的时间去进行这种计算，另一方面，由于事情的复杂性，事前的计算也很难是准确的，有时甚至是无法计算的”。[39]不管这种针对传统功利主义的批评是否妥当，但在刑法学领域，不存在这样的问题。也就是说，即使认为这种针对传统功利主义的批评是妥当的,也是因为人们对每时每刻所追求的幸福、快乐有不同的理解,不同的人对幸福、快乐的具体理解不同,导致难以计算快乐与痛苦的大小。[40]但是,将行为功利主义运用到刑法学的违法性领域中来时,其中的快乐与痛苦就是法益衡量问题。一方面,从行为规范的角度来说,如果行为人在事前考量自己的行为,那么,只需要衡量其行为是否侵害了法益;在行为不得已必须侵害法益时,是否保护了更大或者得至少同等的法益。这一要求并不过分,因为人们容易考量。另一方面,从裁判规范的角度来说,法官只需要进行客观的事后判断,而不需要考虑行为时行为人内心对法益得失的计算:如果客观上保护了法益,在刑法上就是正当的;如果客观上侵害了法益,在刑法上就是不正当的(剩下的是有无责任的问题)。

最后,我们还需要区分行为本身的效果与称赞或者谴责这种行为本身的效果。偶然防卫行为本身的效果是保护了法益,这是必须肯定的,根据行为功利主义的观点,它在刑法上就是正当的。至于在刑事司法上,处罚偶然防卫是否具有功利或效果,则是另一回事。如前所述,刑法上的正当行为不应当受到处罚,所以,刑事司法上不能处罚偶然防卫。尽管如此,笔者还是想顺便指出,这是因为,刑事司法宣布偶然防卫不违法,既保护了偶然防卫者的法益,也不会导致有人在故意杀人时期待自己的行为产生偶然防卫的效果,不可能起到鼓励人们实施偶然防卫的作用。倘若真的有人因为偶然防卫不违法,就长时期跟踪自己的仇人,打算乘仇人杀人时将仇人杀死,则他的行为已经是普通的正当防卫了,更加不违法。

(四)违法本质

“规则后果主义主张,当且仅当某行为由规则所准许,而这个规则能够合理地被预想到所产生的善与任何其他可识别的规则能够合理地被预想到所产生的善一样多,该行为就是得到许可的。”[41]二元论也主张,违法性是指行为违反了保护法益所应当遵守的规范。所以,二元论都会得出如下结论:当符合规则的行为造成了法益侵害结果时,该行为就是正当的、合法的;当违反规则的行为保护了法益时,该行为也是不正当的、违法的。

但是,行为时的行为规则或者行为基准,并不是完全与法益侵害结果相对应的,并不是实施任何行为时,就已经存在行为规则,已有的行为规则也可能是多余的、不必要的,而且,许多所谓的规则并不为人们所知。二元论将一般境遇与特殊境遇混为一谈，要求人们在特殊境遇时也按照一般境遇时的规则行事。从总量来说，也不符合支撑二元论的规则功利主义所追求的效果。

二元论者举例说，在X按照绿灯信号通过十字路口时，与无视红灯信号闯入道口的Y发生碰撞导致Y死亡的场合，结果无价值论会认为，由于X的行为造成了法益侵害的结果，所以，X的行为违法，其后只是讨论X有无责任的问题。但这样的观点有悖常识。按照二元论的观点，虽然X的行为造成了法益侵害结果，但由于X没有违反保护法益所需要遵守的规则，所以，X的行为并不违法。[42]可是，一方面，就此案来说，笔者不赞成X造成了法益侵害结果的观点，只能认为Y自己违章导致自己死亡。倘若在这种情形下也认定为X造成了法益侵害结果，那么，当Y开车不小心撞到建筑物导致其死亡时，我们还要说建筑物的主人或者建筑商造成了Y死亡的结果吗？另一方面，如果Y先违章闯入道口，而X向Y撞去导致Y死亡，只要能肯定X的行为与Y的死亡结果之间有因果关系的，当然能肯定X的行为在刑法上是不正当的。[43]

如前所述，规则功利主义也承认规则有例外，之所以如此，是为了获得更大的功利。但是，规则功利主义不理会行为间的任何细微的差异，从而使得这种差异成为一种例外。例如，规则功利主义承认，如果在不得已的境遇下通过损害他人价值99万元的财产来保护一个人的生命，就应当承认“不得毁损他人财产”的规则存在例外。但是，如果行为人在不得已的境遇下通过损害他人价值99万元的财产来保护自己价值100万元的财产，规则功利主义就表示反对了。如刘明祥教授指出：“那种为保护自己的利益而给他人造成严重损害的紧急避险，就很难说是对社会有益的。例如，为保全自己的生命而致他人重残，或者为保全自己100万元的财产而毁掉了他人价值99万元的财物。这种转嫁危难于他人的行为并不符合我国的传统道德观念。即便是从社会整体利益而言，它虽然避免了更大的损失，但也不能不承认对他人合法利益所造成的损害仍然是一种灾害，把造成这种灾害的紧急避险说成是对社会有益的行为，自然是不合情理的。”[44]

但是，这种观点值得研究。首先，这种观点在视角上存在疑问。如果从个人主义的观点出发，就不应当将自己面临的危难转嫁于他人；但从社会整体的立场出发，在不得不丧失两个合法利益中的某一利益时，不管是谁的利益,保存价值更高的利益才是理想的,正是基于对整体社会利益的考虑,紧急避险在刑法上才是允许的。[45]因此,说紧急避险对社会有益是完全成立的。其次,最为关键的是,上述观点认为紧急避险可能对社会有害及其所举之例,显然只是从主观上判断的,而忽视了客观行为的性质与结果。根据其逻辑,甲为了自己价值 100 万元的利益而损害乙价值 99 万元的利益、甲为了保全自己的生命而致乙伤残,就是有害的;A 为了 B(含国家、集体)价值 100 万元的利益而损害 C 价值 99 万元的利益,A 为了保全 B 的生命而致 C 伤残,就是有利的。可是,甲与 A 的避险行为,在客观上完全相同,只不过各自的动机与目的不同,前者为了自己,后者为了他人,而根据刑法的规定,为自己与为他人的紧急避险都是合法的,为什么甲与 A 的行为性质(有害与无害)就存在区别了呢?这实在难以被人接受。究其原因,无非是将道德的评价带进了刑法领域,而道德重视人的内心,于是,任何为了自己的利益而不得已损失他人利益的紧急避险的行为,都会被视为自私自利的行为,因而都是违反社会伦理秩序的,从而对社会有害。由此看来,仅根据行为人的主观动机与目的来评价行为是有利还是有害,是存有疑问的。

只有存在某种冲突时,才需要认定是否存在违法阻却事由。规则功利主义总是要求人们在冲突时,也完全按事先确定的规则行事。“确实,在民主社会,可以运用合法程序来寻求变革;但这还不足以说明,使用非法手段就是错误的。合法渠道也许存在,但在可预见的将来运用这些手段实现改变的前景仍然可能很暗淡。当人们通过合法渠道而实现缓慢而痛苦的进步(也许毫无进步)时,试图加以阻止的、毫无道理的错事本身也许仍在继续。”[46]所以,当国民难以通过遵守规则保护更大法益时,即使保护更为优越或者同等法益的行为违反了某种规则,也应认定为违法阻却事由。

例如,建在某村附近的工厂污染极为严重,所排浓烟导致附近能见度极低,来往车辆只能缓慢行驶,村民的生命、身体受到明显威胁。村民多次向上级反映,要求关闭该工厂。但上级既不同意,也没有要求工厂整改。于是,村民组织起来,不准进出工厂的车辆通过唯一必经道路,导致工厂停产。按理说,村民应当继续运用合法程序来寻求问题的解决。但是,我们不能据此认为村民的行为是违法的。即使村民的行为造成了工厂的损失,符合了某个犯罪的构成要件,也由于该行为保护了更为优越的利益,阻却违法性。

如前所述，在刑法学的违法性领域，所讨论的是违法阻却事由，而正当防卫、紧急避险等违法阻却事由，本身就是行为功利主义在刑事立法中的体现。因为，承认正当防卫与紧急避险是正当化事由，就是因为该行为从结局上讲是功利的。而且，这种讲功利，不应是抽象地讲功利，而必须是具体地讲功利。

关于紧急避险的限度，我国刑法理论的通说认为，凡是避险行为所引起的损害小于所避免的损害时，就是没有超过必要限度；只要避险造成的损害等于所避免的损害，就属于超过了必要限度。据此，行为人为了保护某种利益而不得已损失他人同等利益，也超过了必要限度，应当追究刑事责任。原因之一是，在实践中紧急避险大多是为了保护本人的利益而不得已损失他人同等价值的利益，这种主观上的自私（对伦理规范的违反）成为追究其刑事责任的基本理由。然而，如果站在行为功利主义的立场，就会发现两点：其一，在不得已的情况下损害同等利益的，也不一定超过了必要限度。即在甲法益与乙法益等值的情况下，如果保护甲法益的唯一方法是损害乙法益，那么，充其量只能认为，这种避险行为没有意义。因为紧急避险制度并非旨在保护相互关爱的伦理，而"是从功利主义的见地防止社会整体利益减少的制度"。[47]但在上述情况下，从社会整体上说，法益并没有受到损害。既然如此，就不能认定为犯罪。行为无价值论习惯于认为，为了保全自己价值 100 万元的利益而牺牲他人价值 100 万元的利益，就是不妥当的。然而，这只是伦理的不妥当性，而非刑法上的不妥当性。当价值 100 万元的甲利益与价值 100 万元的乙法益发生冲突，保护甲利益的唯一有效方法是损害乙利益时，从整体上来考察，行为人所实施的避险行为对法益实际上没有造成新的损害。即使行为人是为了自己的利益而牺牲了他人的同等利益，也只是道德上与民法上的责任，不能因此追究刑事责任。其二，避险行为造成的损害小于所避免的损害时，也可能超过了必要限度。例如，在发生森林火灾，为了防止火灾蔓延，不得已砍伐树木形成隔离带时，如果根据当时的客观情况，只要有 20 米宽的隔离带即可，行为人却下令大量砍伐树木形成 50 米宽的隔离带。尽管所保护的森林面积远远大于所砍伐的森林面积，但不能认为没有超过必要限度。不难看出，只有进行具体的法益衡量，才有利于保护法益。

下面,有必要针对反对者的批评在刑法学上作些回应。

格里塞说道:“善是不能被比较的,除非存在着一个可以获得的、可适用于所有善的标准。它们也不可能是可公度的,除非所有善在完全同一个意义上都被称为‘善’,并且完全同一的标准能够适用于所有的善。我否认在应对其进行道德判断的抉择中所说的‘善’能够有一个单一的意义并且在这个意义上意指能够由同一个共同的标准来测量的任何东西。”[48]根据这种观点,人类善是不可比较的、不可公度的;与之相应,人类恶也是不可比较的,不可公度的。在刑法学意义上说,这一批判对主张“只有违反社会伦理规范的法益侵害行为才属于违法”[49]的另一种二元论是完全适当的。因为当一个行为侵害了法益却符合所谓的伦理,或者相反时,这种二元论者是难以通过比较得出结论的。相反,按照结果无价值论的观点,完全有一个比较单一意义的标准,即法益侵害与法益衡量。

“在格里塞看来,在冲突的处境中,‘较大的恶’并不必然是‘较小的恶’的唯一替代,因而结果主义的基本原则不是自明的。博伊尔和威廉·梅尔也同样认为,‘应选择较大的善,应选择较小的恶’这一结果主义的基本原则并不是自明的……人们不可能对善恶进行合理的评估和计量,因为他会遇到诸如关于衡量标准是什么,如何决定后果以及多少后果、对谁的后果等问题,这些都是难以解决的问题……假如一位妇女正在考虑进行人工堕胎,那么如果她追随结果主义的话,她就会分别列出决定去堕胎或决定不堕胎的好的和坏的后果。其中有一个坏的结果是,该妇女将会故意选择杀死她自己未出生的孩子。而预期的好结果可能有:她会保持自己的身心健康,获得家庭的平安、和睦、完整,等等。而生命、家庭、平安等人类善是不可比较的价值。该妇女显然不能确定杀死未出生的孩子、失去健康等等哪一个才是较大的恶或较小的恶。”[50]这一批评在伦理学上或许是妥当的,但是,如前所述,这一批评不适合于刑法学违法性领域的行为功利主义观点。因为在刑法学中,只有当法益之间存在冲突时,才允许以牺牲一种法益保护另一种法益。换言之,在刑法学中,保护大的法益的唯一方法是牺牲另一较小或者同等法益时,才允许实施紧急避险之类的行为,所以,可以认为,行为功利主义的基本原则在刑法中是自明的。

(五)责任主义

伦理学的一个重要特点是,联系行为人的主观内容(动机)判断行为的正当与否。规则功利主义也是如此。规则功利主义或者说二元论将故意、过失作为判断行为本身是否正当的标准。德国刑法学者所提出的首要理由是:“故意的意义在于,它包含了过失犯罪里缺乏的、反对受法律保护利益的决定,所以,这就使得将其划入不法构成要件具有了重要意义,因为,如果行为人意识到了被包含的法益并故意加以侵害,显然比过失伤害法益的行为更为严重地违反了刑法保护的规范。因此,故意是受刑罚威胁的行为的要素之一,这些要素决定了违法程度,也就是说,故意是不法的组成部分。”[51]其实,对刑法规范的违反并无严重不严重之分,杀人与盗窃对规范的违反并无不同,不能说杀人违反了规范的全部(100%)或者100%地违反了规范,盗窃只违反了规范的60%或者只是60%地违反了规范。同样,故意犯罪与过失犯罪对规范的违反程度是一样的,不能说故意犯罪100%地违反了规范,而过失犯罪只是违反了规范的60%。人们通常所称的违法程度不同,并不是指对规范的违反程度不同,而是实质的违法程度不同,即侵害的法益不同,或者对相同法益的侵害程度不同。正因为故意杀一人与过失杀一人侵害的法益相同,侵害的程度相同,所以,故意过失不是违法要素,而是责任要素。

行为功利主义所受到的批评之一是,将结果的善恶作为最终标准,而不考虑道德标准。“最佳效果的行为并非总是正确的行为,而正确的行动,道德上值得称赞的行动,未必总是效果最佳的行动。在许多情况下,我们还需要考虑到行动的动机等其他一些因素。比方说,一位刺客谋杀一位受到人们爱戴和拥护的总统。但子弹射偏了,击中一块岩石圈,结果导致发现一个巨大的油田,使得该地区的人们从此富裕起来。刺客行动的效果是好的,但动机成问题。我们并不认为刺客的刺杀行为因效果好而变成正确的行为。又比如,一位医生自愿去非洲义务帮助那儿贫困村庄的人们,但无意中将一种疾病带给了当地居民。她行动的效果不好,但我们并不认为她的行为是不道德的,因为她的动机是好的。”[52]在本文看来,即使认为,在伦理学上,“从内在的角度看,最道德的行为是受公正无私的动机所驱使的行为”,[53]不考虑动机内容是行为功利主义在伦理学上的缺陷,这种缺陷在刑法上也是不存在的。

就油田事件而言,发现油田是一种好结果;对总统生命产生的具体危险则是坏结果。但是,这两种结果并不是基于冲突而产生的,并不是只有刺杀总统才能发现油田,也不是只要一旦发现油田必然刺杀总统。所以,发现油田不能成为违法阻却事由,刺客仍然要承担杀人未遂的责任。一方面,规则功利主义者没有考虑总统生命的具体危险这一结果;另一方面,也可以认为,伦理学上对善恶的比较是不规范的,因而与刑法上的法益衡量大不相同。

就医生事件而言,医生自愿义务帮助非洲贫困村民的行为当然是正当的;但是,不管是有意还是无意将疾病带给当地居民,这一结果都是不正当的。二者之间也不存在冲突关系。诚然,如果她不去非洲就不会将疾病带到非洲,但是,去非洲并不意味着一定要将疾病带去非洲。所以,不能因为医生的动机是好的,就认为其将疾病带给非洲居民是正当的。规则功利主义之所以并不认为医生的行为是不道德的,是没有区分行为本身是否正当以及对行为应否谴责。

其实,区分行为本身是否正当(违法)以及应否谴责行为人(责任),可谓人的天性,连儿童也能够把握这一点。两三岁的儿童在桌上吃饭时将碗掉在地上打碎了,当父母问"怎么回事"时,处于相同情景下的所有儿童几乎无一例外地会说"我不是故意的"、"我是不小心的"。儿童此时绝对不会辩解说将碗掉在地上打碎是正确的、正当的,而只是辩解自己没有责任或没有故意责任,希望父母不要谴责自己。而一个十三四岁的少年放学后就玩电脑,当父母责问"怎么不做作业就玩电脑"时,他的回答可能是"今天没有作业"、"我的作业做完了"、"我在电脑上查资料"、"玩玩电脑有什么不对吗"。显然,他是在辩解自己的行为是正当的。所以,笔者很赞成(刑法学者都应当赞成)行为功利主义者斯马特将行为的正确与否同行为是否理性相区别、将行为是否正确与行为人是否好相区别的观点。他说:"让我们把'理性的'一词用来称赞那种对行动者来说不仅是可选择的,而且可能产生最好效果的行为;让我们把'正确的'一词用来称赞那种实际上能产生最好效果的行为。也就是说,理性的行为就是努力采取正确的行动,并且尽力产生最好的效果……这样,我们就能说,例如,这个行为者采取了正确的行为,但其行动的方式是非理性的……我们也可以说,他行动的方式是理性的,但由于坏运气而做错了事,因为有最充足的理由解释他或许要做的事情恰好没发生。"他还说:"我们的确需要一对称赞行动者和动机的术语,我建议用'好(good)'和'坏(bad)'这两个词来满足这一要求。一个好的行动者就是一个比一般的人更接近于普遍最佳的方式行动的人,一个坏的行动者就是一个不如一般的人那样以最佳方式行动的人……在特殊的情况下,一个好人做了错误的事,一个坏人做了正确的事,一个正确的行动出自坏动机,一个错误的行动出自好动机。许多反对功利主义的特殊论据都是由于混淆了这些区别。"[54]同样,二元论实际上没有区分行为本身的正当与不正当同行为人好与否,导致违法与责任混同。

包尔生指出:"在一定情况下,一个人所做的在法律上不允许的事却可能是合乎道德的。一个人处理了一件由他代管的物品,使这件物品的所有者蒙受损失,这在法律上是错误的,作为一种背信行为这种做法应受惩罚。但是在道德上它却可以是正确的;假如他只有挪用托他保管的这件东西方能使自己和他人免于一场大祸,他也许就可以这样做而不受良心责备。在法律面前他可以是有罪的和该受处罚的,但是在良心和道德法庭面前他是无罪的。"[55]他还引用德国刑法关于阻却责任的紧急避险规定,来说明法律自己也会承认上述情况,同时认为这是法律在处理实际生活事务上的矛盾之处,而这种矛盾旨在有意避免与正义理想的冲突。其实,这是刑法明确区分违法与责任的奥妙所在,也是刑法与伦理道德相区别的关键所在。

(六)正义理念

规则功利主义有一个明显优点,即通过建立符合正义的规则,避免非正义的功利。但是,这并不意味着行为功利主义必然得出非正义的结论。

麦克克洛斯基要求我们考虑下面的案例。"假设一个功利主义者访问一个存在种族冲突的地区,在他访问期间,一个黑人强奸了一个白人妇女,这一罪行的结果是:发生了种族骚乱,白人暴徒在警察的纵容下,怒殴、杀害黑人。下面就更是假设了:在罪行发生的时候我们的功利主义者正好在现场,因此他的证词将会宣告某个特定的黑人有罪。如果他知道尽快逮捕嫌疑人将会停止骚乱,停止对黑人处以私刑,作为一个功利主义者,毫无疑问,他一定会得出结论,他有责任容忍去做假证,处罚一个无辜的人。"但是,"导致一个无辜的人被判死刑,这又是错的。而功利主义又包含着这是对的,因此,功利主义一定是不正确的"。[56]概言之,行为功利主义会与正义理念相冲突。反之,规则功利主义则可以避免这一缺陷:因为遵守"不要容忍陷害无辜者的假证"这样的规范,对社会更好。"因此,反对归罪于无辜者的规范应当被接受,通过诉诸这一规范,我们得出结论:在麦克克洛斯基的例子中,那个人不应当做假证陷害无辜者。"[57]这样,就可以避免上述不符合正义理念的现象。

斯马特指出:"不管行动功利主义多么不乐于这种结论,他也必须承认,当他处于这种境遇时,应当得出非正义的结论。""如果伦理理论是功利主义的,它有时只好接受非正义,而那些受到正统教育的人事实上不喜欢这种可能性。"[58]人们认为,斯马特得出这样的结论是他坚持效果论的必然逻辑后果。因为按照行为功利主义的观点,任何一个行动,只要它的效果好于其他可选择的行动,不论是正义的还是非正义的,就是一个好行为。[59]

但是,第一,虽然按照斯马特的观点,在伦理学上必须得出非正义的结论,但在刑法上不可能得出这种非正义的结论。因为刑法采取罪刑法定原则、刑事诉讼采取无罪推定原则,所以,不可能通过诬告陷害或者作伪证的方式定罪量刑。而且,罪刑法定、无罪推定不是对行为功利主义的否认,相反,它们是行为功利主义所要求的。基于功利原则的刑法,不可能明示或暗示在极端情况下,允许对无辜者施加刑罚以实现更大的功利。这是因为,倘若刑法作出这种认可,那么,在这类极端情况下反而不可能达到它所意欲实现的目的。以反对者提出的案件为例。如果刑法允许极端情况下处罚无辜者,那么,人们不禁会怀疑这个被宣布为罪犯的人是政府所找的替罪羊,正义仍然没有实现,不但暴行、骚乱不会停止(除非暴徒们只是为了借机向异族泄愤,而不顾真正的罪犯是谁),而且刑法的权威必然受到损害。不仅如此,在其他情况下,刑法将某种行为宣告为犯罪并科处刑罚,是否真能使人们觉得正义得到伸张,自己不再受到犯罪人的威胁,也都成为疑问。因为人们完全有理由怀疑当权者是否在利用刑法欺骗他们,而潜在的犯罪人也似乎更愿意蔑视刑法的威慑,因为他们也会觉得即使犯了罪也可能会有某个倒霉的替罪羊为他们承担责任。另一方面,善良的人们还会担心自己有朝一日成为替罪羊。显然,刑法若想达成它预设的功利目标,就必须规定它所处罚的只能是被证明有罪的人,这具体体现为罪刑法定、无罪推定原则。因此,在刑法学领域,只有在罪刑法定、无罪推定的前提下,才能实现行为功利主义希望的结果。在这一点上,行为功利主义与规则功利主义不会有区别。

第二,“像这种假设的例子,由于通常预先设定不可获得的知识,证人不能确定作伪证将导致定罪还是伪证不被识破,所以最好还是遵守不作伪证的规则。当人考虑到不可避免的不确定性时,其结果是,功利主义事实上建议不作伪证。”[60]所以,难以得出批评者的结论。

第三,不能断定通过作假证处罚无辜者的结果是好的。“试想,在麦克克洛斯基描述的案件中,这个‘功利主义者’为了制止骚乱,试图归罪于一个无辜的人。他可能不会成功,他的谎言可能被揭穿,那样的话局势甚至会比以前更糟。即使他撒谎成功了,那个真正的罪犯没有被捕,真正的罪犯就可能犯下更多的罪行。如果这个犯罪团伙后来被抓住了(这总是可能的),这个谎言将会带来更大的麻烦,人们对刑事公正体系的信任会受到破坏。这里的道德是,虽然有人可能认为(think)通过这样的行为会带来最好的结果,但人们不可能确定这一点。实际上,经验告诉我们的恰恰相反:功利不会通过陷害无辜的人得到。”[61]因此,为了制止骚乱而作伪证的行为,并不能获得更大的功利,因而不能阻却违法性。也许反对者会说,没有人会知道和泄露出去,因而不会产生更坏的结果。可是,既然如此,反对者又怎么知道有这样的事情?

第四,上面设想的案件几乎不可能成为现实。在现代社会,即使发生了这种案件,预防、制止、平息骚乱的方法多得很,惩罚无辜并不是唯一的办法。所以,不能认为行为功利主义会违反正义理念。如果违反某种正义理念、基本原则的行为是保护更大、更多法益的唯一方法,我们只能对这种正义理念、基本原则产生怀疑了。例如,禁止酷刑被认为是一项基本原则,并且没有任何例外。果真如此吗?2002 年 9 月 27 日,犯罪嫌疑人 G 绑架了一名银行家 11 岁的儿子,并企图索取 100 万欧元的赎金。根据德国法兰克福警方的计划,犯罪嫌疑人在 9 月 30 日前来收取赎金的时候被捕。但是在接下来的审讯中,犯罪嫌疑人一再拒绝透露被害人的拘禁地点。警方虽然采取了诸多措施,也仍然无法找到被害人。第二天,考虑到被害人可能由于缺乏必要的饮水和食物已经处在极度的生命危险之中,法兰克福警察长官 Daschner 下令在医生的监护下通过对犯罪嫌疑人进行恐吓甚至在必要时对之施加肉体痛楚的方式逼取有关被害人藏匿地点的信息。在审讯警察施加肉刑的恐吓之下,犯罪嫌疑人终于交代了被害人的藏匿地点,以及被害人已经于 9 月 27 日晚上被其所杀害的犯罪事实。德国法院认定警察长官 Daschner 的行为构成强制罪,没有承认其具备违法阻却事由。其中的基本理由就在于,“即便是为了保护被害人的生命和尊严也不允许使用酷刑”。然而,“这个立场表现出的无视生命的冷漠使它有些站不住脚”。[62]事实上,根据德国媒体的调查,63% 的德国公民认为,Daschner 案中警察的行为应该是合法的或者至少不应该受到刑事处罚。难以认为德国 63% 的民众缺乏正义理念,或许可以说,“即便是为了保护被害人的生命和尊严也不允许使用酷刑”本身就是一个违反正义感的论断。根据行为功利主义的观点,为了保护被害人的生命,不得已对加害者的身体施加痛苦,即使是由警察施加的,也因为保护了更为优越的利益,而具备违法阻却事由。[63]诚然,人们会担心,“从现实后果的角度可以认为,一旦例外地使营救酷刑合法化,那么,由于在实务中很难划分一条确定的界限并且鉴于国家机关对之加以滥用的风险,很可能使得酷刑迅速扩展到‘难以为法治国所容忍’的地步:‘酷刑一旦开始,就不会再停止’”。[64]但是,既然只是例外,就不可能普遍化,而且不存在界限不明的问题。退一步说,倘若认为一旦例外地使营救酷刑合法化会带来更为严重的坏结果,因而应予禁止,这也是行为功利主义的结论。

行为功利主义受到的最大攻击之一是:“它可以认可非常不平等的善恶分配。由于这种理论所设立的目标是积聚性的,要求我们的行为给所有相关者带来善之于恶的最大平衡,因此批评者认为:这样的话,有些个体就会被要求担负不平等的恶,以使得他人可以集体性获得最多善。享乐主义功利主义和偏好功利主义都面对的、关于杀人是否道德的挑战,就属于这种反驳。某个体被杀,结果带来了整体上最佳积聚性结果。幸存者获得了好处,受害者丧失了一切。这种情况必定会让我们震惊,它太不公平了;然而,如果包括副效应在内的后果最佳,那么,行为功利主义者……必定会承认,这种情形不会引发道德控诉。”[65]例如,“山姆是个基本正常,颇难形容但‘很不错’的人。他去医院看望年老卧病的姨妈,姨妈是他还在世的唯一的亲人。他去探病的时候,医院里刚好有五个急症病人。一个需要移植肝,一个需要移植脾,一个需要移植肺,一个需要移植心,还有一个需要移植松果腺。这五个病人都是极其重要、备受爱戴的人物,他们的死将给很多人带来极大的悲痛和确实的身体上的不适。而另一方面,山姆的死却不会令任何人感到悲伤(除了他的姨妈,也许在神志清醒时还会为他的死感到悲伤)。医院高级管理层人员都是不折不扣的功利主义者。他们把山姆诱进手术室,移走他身上所有的重要器官,将这些器官分配给那些有需要的病人。他们就是如此按照功利性的原则,即最大多数人的最大幸福,(刻板地)做事的”。[66]

但是,其一,“这些荒诞不经的例子实际上与实际原则的选择毫不相干。功利主义者对这种例子必须说:我们所接受的那些在实践中有用的原则,我们需要培养出那种直觉,应当是那种具有可称之为‘最高度可接受性’的东西”。[67]

其二,正如西田典之教授所言:“在这样的场合,能够肯定将杀人作为唯一手段(补充性)的情形99.9%是不存在的。”[68]可以认为,上述一个人的五个器官,同时符合五个患者的器官移植的需求,可能是绝对不存在的。

其三,由于承认将生命作为手段会导致极为普遍且严重的后果,故原则上应当禁止将生命作为手段,或者说将生命作为手段的行为都是违法的。然而,如果不允许以牺牲一个人的生命保护更多人的生命,则意味着宁愿导致更多人死亡,也不能牺牲一个人的生命,这难以为社会一般观念所接受,也不一定符合紧急避险的社会功利性质。由此看来,至少对保护多数人生命而不得已牺牲一人生命的行为,应排除犯罪的成立。[69]“如果确实没有其他挽救生命的手段,也应承认对该医生有认定为紧急避险的余地。”[70]但是,只有在被牺牲者特定化的场合(例如,唯有此人处于被牺牲者的地位、被牺牲者原本即将死亡等),才能牺牲一个人的生命保护其他人的生命,而且对于“不得已”的判断应当更为严格。故在上述肝脏移植的设例中,不可以任意挑选一个健康的人进行肝脏移植。[71]否则,任何人都不敢进医院,甚至都不敢经过医院附近,结局必然导致更多人死亡。这也是违背行为功利主义的。但是,倘若置换为不得已杀害特定人的情形,则有可能牺牲少数人的生命挽救更多人的生命。以著名的电车难题为例。“有轨电车失控了,一名疯狂的哲学家将五个人捆绑在前方的轨道上。万幸的是,你可以拉动一个机关,这个机关可以让电车并到另外一条轨道上。但是那个轨道上也绑着一个人。那么,你应当开启闸门,用一条性命换取五条性命吗?大多数的哲学家都认为这么做在道德上是允许的。哲学家兼法律理论家John Mikhail做了一系列试验,认定大多数一般人都会认同这种做法。”[72]

这里涉及不能将人当作手段的问题。人是目的不是手段。可是,“把人当作手段利用与把人看作自己的目的,这两者之间的区别始终不是清楚的。康德说,我们不能‘仅仅’把人‘看作是一种手段’。那么,如果我们‘通常’把人‘看作是一种手段’会怎么样呢?……现实生活中的情况常常会使我们陷入两难境地,无论做什么,我们的行为总是可以被理解为利用他人”。[73]例如,我当老师教刑法学的一个重要动机是维持生计,这是否就证明我正在利用我的学生,把他们当作实现我的目的的手段呢?在前述出于营救目的施加酷刑的案例中,不对绑架犯施加酷刑,是将绑架犯当人看待了;可是,不对绑架犯施加酷刑,恐怕就是没有将被绑架者当作人看待了,就是放任绑架犯将被绑架者作为工具了。在前述电车难题案中,拉动机关(闸门)被认为将一个人当作工具了;可是,如果不拉动机关,则是容忍、放任疯狂的哲学家将五个人当作工具。所以,不宜动辄以将生命作为手段为由批判行为功利主义的观点。[74]

(七)权利保障

行为功利主义受到的另一批判是,“行动后果主义要求我们为了实现饥荒救济物资的捐助最大化作出巨大牺牲。行动后果主义还要求,纵然对别人的利益仅仅略微要多于对行为者的成本,也要自我牺牲”。[75]换言之,行为功利主义要求人们牺牲自己的小利益以追求人类的大利益。

这个问题在刑法上主要涉及的是不作为犯罪,但不作为犯罪的成立有严格的条件,不会因此而扩大处罚范围。即使像德国刑法第323c条那样规定见危不救之类的犯罪,也以容易救助他人,或者说救助他人并不给行为人带来明显负担为条件。对不作为设立严格条件,也是行为功利主义的要求。倘若任何人在任何时候都必须救助他们,我们的社会就会混乱不堪。

还有人批评到,结果主义否定了人的自由选择权利。结果主义的成立必须满足两个条件:一是人们必须自由的选择,二是作选择者必须确定诸抉择中的其中一种抉择可以提供较大的善或较小的恶。但这两个条件是互不相容的,同时要求它们都得到满足是不可能的。这两个条件之所以是不相容的,是因为只有当一种可供抉择的可能性或几种可能性(包括“什么也不做”)仍然保持有吸引力的情况下,对某一可能性的选择才能够在道德上是重大的和被要求的。人们选择某一东西,是因为该东西被认为是善的。然而,如果一种抉择被认为可以带来较大的善或较小的恶,那么,只许诺带来较小的善或较大的恶的其他抉择就会缺乏吸引力,人们就不可能选择它们。只许诺带来较小的善或较大的恶的其他抉择之所以没有吸引力,人们之所以不选择它们,是因为较大的善或较小的恶提供了选择较小善或较大恶所可能有的一切理由。[76]

但是,在刑法上,事实上存在两种选择:一是选择正当的行为还是选择违法的行为,即使选择违法行为会带来更大的恶,还是有人选择了这种恶;二是在义务冲突时,选择哪一种善,结局依然是选择善还是选择恶。所以,行为功利主义并没有否认人的自由选择。

三、基本结论

通过对比可以发现,在行为符合构成要件时,阻却违法性的根据是该行为保护了更为优越至少同等的法益,而不是行为符合某种规则。三阶层的犯罪论体系本身,就意味行为功利主义违法观的妥当性:违反规则的行为(如符合构成要件的杀人行为),保护了更为优越至少同等的法益时(如正当防卫),阻却违法性。

在伦理学上,有的学者对行为功利主义与规则功利主义进行了综合或者折中,那么,在刑法学上能否也进行折中呢?

"鉴于常识道德并不总是与功利主义一致,他要求人们不要像教条直觉主义者那样把这些规则看成是绝对的,而应当承认这些规则的不完善性,利用功利主义不断地改进它们,尤其当这些规则的要求发生冲突时。这体现了西季威克要从各个不同的层次来思考功利主义,在他的思想中隐藏着这种观点,'一个文明人在反思这些常识时,都会(a)当其中没有困难的时候遵守教条直觉主义的规则;(b)在有疑虑和冲突的时候运用功利主义的方法;(c)在必要的时候根据条件的改变,参照隐藏在现存规则之下的功利主义方法,小心翼翼地修正常识道德的规则以适应历史进程'。"[77]

黑尔认为,道德思维分为直觉思维层面和批判思维层面。在直觉思维层面上,道德判断依据于被普遍接受的、高度确信的道德直觉原则,这些直觉原则就是规则功利主义道德判断所依据的标准。但是,黑尔一再强调这种属于直觉道德思维层面的直觉原则是简单的、一般的、不够的,因为它不能解决道德冲突的问题。黑尔引用了一个直觉主义哲学家一向喜欢用的例子:我先答应了孩子带他们去牛津河畔野餐,而同一天我的老友突然从澳洲到访且只能在牛津停留一个下午,希望我可以带他和他的妻子参观书院,很明显我应该带他们参观书院,而且我应该遵守我对孩子的承诺。黑尔还引用了另一个例子:一艘小型护卫舰上的司令,面临一个两难的情况——如果他不投下深水炸弹,敌方的潜艇就会溜掉并且继续击沉更多的船只、伤害更多的人;如果投下炸弹,便会杀死水中的生还者。像这样一些有互相冲突的责任的处境,单靠直觉原则是无法解决的,必须依靠批判思维层面,采取行为功利主义的方法。在黑尔看来,直觉思维可以提供与人们在历史生活中所形成的规则和惯例相符的直觉原则,这是规则功利主义式的;但在日常道德规则相互冲突的情况下,原则的选择、对道德冲突的消解则必须在批判思维层面进行,这是行为功利主义式的。[78]

上面的折中学说有一个共同点,亦即,在发生冲突的时候采取行为功利主义。刑法学中的违法性领域所要处理的就是存在冲突的情况,而且是行为规范与行为终极标准之间存在冲突的情况,所以,即使行为功利主义在伦理学上存在问题,但将它运用到专门处理冲突的违法性领域,反而就没有问题了。

还有一种观点认为,适当理解的行为功利主义,只是一种正当理论,而不是决定程序。"正当的理由是依据最佳[行为或结果]来说明的理论,关于我们如何进行我们的道德思考的理论,则是依据品格的发展和使我们自己成为一种特殊类型的人[来建构的]。"[79]而违法论是评价行为是否具有正当性的理论,所以,只能依据行为的结果以及行为可能造成的结果来判断行为是否违法,这也要求刑法理论在违法性领域采取行为功利主义。

总之,刑法上的正当行为,绝对不应当受到刑罚处罚;评价行为正当与否,应当采取行为功利主义,因而应当采取结果无价值论;在两种法益存在冲突的情况下,应当通过法益的衡量,判断行为正当与否;符合构成要件的行为,即使违反了某种规则,但只要保护了更为优越或者同等的法益,就成为正当化事由;行为正当与否,与行为人应否受谴责,不是同一问题,因此,刑法理论必须严格区分违法与责任;行为人对结果的故意与过失,不影响行为本身的正当与否,因而只是责任要素,不是违法要素。

注释

1 [德]许迺曼:"区分不法与罪责的功能",载许玉秀、陈志辉编:《不移不惑献身法与正义——许迺曼教授刑事法论文选辑》,台北春风和煦学术基金 2006 年版,第 416 页。

2 [日]井田良:《刑法总论の理论构造》,成文堂 2005 年版,第 1 页。

3 [澳]斯马特、威廉斯:《功利主义:赞成与反对》,牟文武译,中国社会科学出版社 1992 年版,第 9 页。

4 [美]汤姆·雷根:《动物权利研究》,李曦译,北京大学出版社 2010 年版,第 211 页。

5 [美]弗兰克纳:《伦理学》,关键译,三联书店 1987 年版,第 81 页。

6 [日]井田良:《变革の时代における理论刑法学》,庆应义塾大学出版会 2007 年版,第 119 页。

7 [德]冈特·施特拉腾韦特、洛塔尔·库伦:《刑法总论 I——犯罪论》,杨萌译,法律出版社 2006 年版,第 81 页。

8 笔者在此不使用"侵害"一词,是因为在汉语中"侵害"一词本身就含有否定性评价。然而,正当防卫等行为虽然损害了不法侵害者的生命、身体,却不能对之进行否定性评价。

9 一个完全遵守刑法规则(包括例外规则)的行为不可能成立犯罪,对此没有争议。

10 刑法学与伦理学的目的的不同,刑法学所称的正当行为与伦理学所称的正当行为可能是重合的,却不可能完全等同,本文所称的正当行为,是指刑法上的正当行为,而不是指伦理上的正当行为。

11 虽然刑法是规定犯罪与刑罚的法律,似乎与正当行为无关,但事实上并非如此。在三阶层体系中,违法性理论实际上讨论的是正当化事由。

12 龚群:"论斯马特的行动功利主义",载《齐鲁学刊》2003 年第 2 期。

13 [美]布拉德·胡克:"规则后果主义",载[美]休·拉福莱特主编:《伦理学理论》,龚祥主译,中国人民大学出版社 2008 年版,第 223 页。

14 [日]大塚仁:《刑法概说(总论)》,有斐阁 2008 年版,第 368 页。

15 参见[日]井田良:《刑法总论の理论构造》,成文堂 2005 年版,第 15 页。

16 [美]唐纳德·帕尔玛:《西方哲学导论》,杨洋、曹洪洋译,上海社会科学院出版社 2009 年版,第 274 ~ 275 页。

17 人们之所以认为偶然防卫并不正当,一是重视偶然防卫者的主观故意;二是没有重视无辜者的利益;三是重视了自己的直觉。然而,一方面,这是忽视刑法的法益保护目的,由道德观念左右刑法理念的表现;另一方面,"直觉可能是历史成见和偏见的错误产物"([美]唐纳德·帕尔玛:《为什么做个好人很难?》,黄少婷译,上海社会科学院出版社 2010 年版,第 170 页)。

18 [美]詹姆斯、雷切斯特著,斯图亚特、雷切斯特第 5 版修订:《道德的理由》,杨宗元译,中国人民大学出版社 2009 年版,第 112 页。

19 即使有的结果无价值论者认为偶然防卫成立杀人未遂,也不是因为偶然防卫违反了规则,而是因为偶然防卫具有法益侵害的危险(参见[日]西田典之:《刑法总论》,弘文堂 2010 年版,第 171、307 页以下)。

20 牛京辉:《英国功用主义伦理思想研究》,人民出版社 2002 年版,第 202 页。

21 龚群:"论斯马特的行动功利主义",载《齐鲁学刊》2003 年第 2 期。

22 吴映平:"黑尔之功利主义观述评",载《武汉理工大学学报》(社会科学版)2008 年第 2 期。

23 如前所述,规则功利主义承认杀人有例外:"杀人是不正当的,除非为了适当的自卫"。这个有例外的规则,又可以转移为另一条没有例外的规则:"我们不可故意杀害一个无辜者,这是一个不可违犯的规范"([美]詹姆斯、雷切斯特著,斯图亚特、雷切斯特第 5 版修订:《道德的理由》,杨宗元译,中国人民大学出版社 2009 年版,第 119 页)。即便如此,甲也不是无辜者,而是杀人者。因此,丙杀害甲也是符合规范的。换言之,即使是规则功利主义者,也应当承认偶然防卫者丙的行为是正当的。

24 [德]弗里德里希·包尔生:《伦理学体系》,何怀宏、廖申白译,中国社会科学出版社 1988 年版,第 544 页。

25 [德]弗里德里希·包尔生:《伦理学体系》,何怀宏、廖申白译,中国社会科学出版社 1988 年版,第 542 页。

26 牛京辉:《英国功用主义伦理思想研究》,人民出版社 2002 年版,第 202 页。

27 参见[日]井田良:《变革の时代における理论刑法学》,庆应义塾大学出版会 2007 年版,第 113 页。

28 [日]西田典之:《刑法总论》,弘文堂 2010 年版,第 258 页。

29 [日]山口厚:《刑法总论》,有斐阁 2007 年版,第 226 页。

30 [美]詹姆斯·马奇、马丁·舒尔茨、周雪光:《规则的动态演变》,童根兴译,上海人民出版社 2005 年版,第 45~46 页。

31 国家林业局 2003 年 3 月 3 日《关于未申请林木采伐许可证采伐"火烧枯死木"行为定性的复函》。

32 [美]弗兰克纳:《伦理学》,关键译,三联书店 1987 年版,第 53~53 页。

33 [美]布拉德·胡克:"规则后果主义",载[美]休·拉福莱特主编:《伦理学理论》,龚祥主译,中国人民大学出版社 2008 年版,第 223 页。

34 [美]雅克·蒂洛、基思·克拉斯曼:《伦理学与生活》,程立显、刘建等译,世界图书出版公司 2008 年版,第 42 页。

35 吴映平:"黑尔之功利主义观述评",载《武汉理工大学学报》(社会科学版)2008 年第 2 期。

36 吴映平:“黑尔之功利主义观述评”,载《武汉理工大学学报》(社会科学版)2008 年第 2 期。

37 参见牛京辉:《英国功用主义伦理思想研究》,人民出版社 2002 年版,第 199 页。

38 [美]布拉德・胡克:“规则后果主义”,载[美]休・拉福莱特主编:《伦理学理论》,龚祥主译,中国人民大学出版社 2008 年版,第 219 页。

39 张传有:《伦理学引论》,人民出版社 2007 年版,第 160 页。

40 边沁“使用了七条标准,企图创造一种衡量快乐和痛苦的方法。这七条十分标准是:快乐的强度、持续时间、确实性、近似性、丰富性、纯度和范围。在这一点上,穆勒却有所不同。他不但以数量,而且还以质量来估价快乐。但是如果这样来评价快乐,就很难了解功利主义的标准是怎样提出来的,穆勒从来也没有把这个问题说清楚”。([美]弗兰克纳:《伦理学》,关键译,三联书店 1987 年版,第 71 页)。

41 [美]布拉德・胡克:“规则后果主义”,载[美]休・拉福莱特主编:《伦理学理论》,龚祥主译,中国人民大学出版社 2008 年版,第 219 页。

42 [日]井田良:《刑法总论の理论构造》,成文堂 2005 年版,第 3 页。

43 参见[日]西田典之:《刑法总论》,弘文堂 2010 年版,第 131 ~ 132 页。

44 刘明祥:“论紧急避险的性质”,载《法学研究》1997 年第 4 期。

45 参见[日]平野龙一:《刑法总论 II》,有斐阁 1975 年版,第 229 页。

46 [美]彼德・辛格:《实践伦理学》,刘莘译,东方出版社 2005 年版,第 294 页。

47 [日]西田典之:《刑法总论》,弘文堂 2010 年版,第 142 页。

48 转引自林庆华:“天主教新自然法学派论结果主义伦理学”,载《宗教学研究》2008 年第 2 期。

49 周光权:“违法性判断的基准与行为无价值论”,载《中国社会科学》2008 年第 4 期。

50 林庆华:“天主教新自然法学派论结果主义伦理学”,载《宗教学研究》2008 年第 2 期。

51 [德]冈特・施特拉腾韦特、洛塔尔・库伦:《刑法总论 I——犯罪论》,杨萌译,法律出版社 2006 年版,第 108 页。

52 陈真:《当代西方规范伦理学》,南京师范大学出版社 2006 年版,第 70 页。

53 [美]R. 尼布尔:《道德的人与不道德的社会》,蒋庆等译,贵州人民出版社 2009 年第 2 版,第 152 页。

54 [澳]斯马特:“功利主义:赞成与反对”,载万俊人主编:《20 世纪西方伦理学经典》(I),中国人民大学出版社 2004 年版,第 319 ~ 320 页。

55 [德]弗里德里希・包尔生:《伦理学体系》,何怀宏、廖申白译,中国社会科学出版社 1988 年版,第 544 ~ 545 页。

56 [美]詹姆斯、雷切斯特著,斯图亚特、雷切斯特第 5 版修订:《道德的理由》,杨宗元译,中国人民大学出版社 2009 年版,第 104 ~ 105 页。

57 [美]詹姆斯、雷切斯特著,斯图亚特、雷切斯特第 5 版修订:《道德的理由》,杨宗元译,中国人民大学出版社 2009 年版,第 112 页。

58 [澳]斯马特、威廉斯:《功利主义:赞成与反对》,牟文武译,中国社会科学出版社 1992 年版,第 68 ~ 69 页。

59 参见龚群:"论斯马特的行动功利主义",载《齐鲁学刊》2003 年第 2 期。

60 [美]丹尼尔·豪斯曼、迈克尔·麦克弗森:《经济分析、道德哲学与公共政策》,纪如曼、高红艳译,上海译文出版社 2008 年版,第 136 页。

61 [美]詹姆斯、雷切斯特著,斯图亚特、雷切斯特第 5 版修订:《道德的理由》,杨宗元译,中国人民大学出版社 2009 年版,第 110 页。

62 [英]朱利安·巴吉尼:《一头想要被吃掉的猪》,张容南、杨志华译,上海三联书店 2008 年版,第 50 页。

63 至于对加害者施加酷刑的行为是正当防卫、还是紧急避险,抑或属于其他正当化事由,则是另一回事。

64 王钢:"出于营救目的的酷刑与正当防卫",载《清华法学》2010 年第 2 期。

65 [美]汤姆·雷根:《动物权利研究》,李曦译,北京大学出版社 2010 年版,第 192 页。

66 [美]唐纳德·帕尔玛:《西方哲学导论》,杨洋、曹洪洋译,上海社会科学院出版社 2009 年版,第 273 页。

67 转引自孙伟平:"赫尔的功利主义思想述评",载《南京社会科学》2001 年第 8 期。

68 [日]西田典之:《刑法总论》,弘文堂 2010 年版,第 144 页。

69 关于其他情形,参见黎宏:"紧急避险法律性质研究",载《清华法学》2007 年第 1 期。

70 [日]西田典之:《刑法总论》,弘文堂 2010 年版,第 144 页。

71 否则,成立故意杀人罪或者故意伤害罪。

72 [美]劳伦斯·索伦:《法理词汇》,王凌皞译,中国政法大学出版社 2010 年版,第 126 页。

73 [美]唐纳德·帕尔玛:《西方哲学导论》,杨洋、曹洪洋译,上海社会科学院出版社 2009 年版,第 285 页。

74 "每天下午,康德会散很久的步,他的仆人兰普(Lampe)携带着雨伞伴随他以防康德被雨淋湿。康德没有把'人不能被当作手段,而必须被当作目的'的原则(没有什么比一个人的行为受制于另一个人的意愿更加可怕的)运用到他的仆人身上"([英]马丁·科恩:《哲学野史》,邱炳译,新华出版社 2010 年版,第 150 页)。

75 [美]布拉德·胡克:"规则后果主义",载[美]休·拉福莱特主编:《伦理学理论》,龚祥主译,中国人民大学出版社 2008 年版,第 230 页。

76 参见林庆华:"天主教新自然法学派论结果主义伦理学",载《宗教学研究》2008 年第 2 期。

77　陈江进、郭琰："试析西季威克功利主义的性质及其影响"，载《道德与文明》2007 年第 3 期。

78　参见吴映平："黑尔之功利主义观述评"，载《武汉理工大学学报》(社会科学版) 2008 年第 2 期。

79　[美]弗雷："行动功利主义"，载[美]休·拉福莱特主编:《伦理学理论》，龚祥主译，中国人民大学出版社 2008 年版，第 211 页。

张明楷代表作

陆

偶然防卫的基本性质

真实的偶然防卫案件可谓千年难遇，讨论偶然防卫并不具有明显的现实意义。但是，从理论上说，对偶然防卫的处理结论，是判断一位学者是行为无价值论者还是结果无价值论者的试金石。另一方面，如果行为无价值论对偶然防卫的处理不妥当，就表明行为无价值论本身存在疑问，反之亦然。

一般来说，偶然防卫是指行为人客观上针对正在进行的不法侵害实施了防卫行为，但主观上没有防卫意识。偶然防卫可以分为紧急救助型的偶然防卫与自己防卫型的偶然防卫。前者如，乙故意（过失或者意外）杀害了丙，事实上丙当时正在故意杀害丁。乙的行为保护了丁的生命，但乙对丙正在杀害丁的事实却一无所知。后者如，B 故意（过失或者意外）杀害了 C，实际上 C 当时正在对 B 实施故意杀人行为，但 B 对此并不知晓。[1]

对于偶然防卫，刑法理论上存在如下处理意见：其一，部分行为无价值论者认为，正当防卫的成立要求防卫意识（主观的正当化要素），偶然防卫缺乏防卫意识，因而成立犯罪既遂（行为无价值论的既遂说）。其二，部分行为无价值论者（也可谓二元论者）认为，正当防卫的成立要求防卫意识，偶然防卫造成了正当的结果，缺乏结果无价值，但存在行为无价值，因而成立犯罪未遂（行为无价值论的未遂说）。其三，部分结果无价值论者认为，正当防卫的成立虽然不要求防卫意识，但偶然防卫是由于偶然原因没有造成法益侵害结果，因而具有造成法益侵害的危险，故成立犯罪未遂（结果无价值论的未遂说）。其四，部分结果无价值论者认为，紧急救助型的偶

注　原文标题为“论偶然防卫”，发表于《清华法学》2012 年第 1 期。

然防卫属于正当防卫，自己防卫型的偶然防卫成立犯罪未遂（结果无价值论的二分说）。其五，部分结果无价值论者认为，正当防卫的成立不要求防卫意识，偶然防卫成立正当防卫（结果无价值论的无罪说）。[2]

显然，各种不同观点的分歧，主要表现在三个方面：首先，正当防卫的成立是否需要防卫意识？行为无价值论者采取防卫意识必要说；结果无价值论者采取防卫意识不要说。其次，如何判断行为的危险？亦即，偶然防卫行为是否具有侵害法益的危险？行为无价值论的未遂说与结果无价值论的未遂说，都可能得出肯定结论；但结果无价值论的无罪说则得出了否定结论。最后，违法性的实质是什么？换言之，阻却违法性的实质根据是什么？这是行为无价值论与结果无价值论的根本分歧所在。[3]笔者是结果无价值论者，反复论述过违法性的实质是法益侵害，也对危险的判断发表过自己的看法，[4]故本文主要在偶然防卫的具体范围内，对前四种观点及其理由展开分析与批判，从而肯定结果无价值论的无罪说的合理性。

一、行为无价值论的既遂说

（一）德日的学说

在德国，只有极个别学者主张偶然防卫成立犯罪既遂。其理由是，将偶然防卫当作未遂犯处罚，脱离了真实性的基础，因为只要“行为人实现了某一不法行为的主、客观要件”，造成了“符合构成要件的结果”，就排除了未遂的存在。[5]

但是，这种学说在德国已经丧失了影响力。因为构成要件是违法类型，为结果无价值奠定基础的不是形式上的构成要件结果，而是不法结果。偶然防卫虽然侵害了不法侵害者的利益，但是，由于不法侵害者当时处于被防卫的状态，偶然防卫行为客观上保护了无辜者的法益，因而缺乏不法结果，即使根据行为无价值论的观点，也不能成立既遂犯。[6]

在日本，采取行为无价值论的既遂说的学者有大谷实、大塚仁等教授。大谷实教授提出的理由是：“第一，刑法中的行为由主观要素与客观要素组成，即使在防卫行为中，这一点也应是当然的前提，与主观的违法要素被作为犯罪成立条件相对应，应当承认主观的正当化要素。第二，如果将明显出于犯罪意图而实施的、引起了行为人所预想的结果的攻击行为认定为正当防卫，就会保护不法者，违反通过法的确证以维护社会秩序的正当防卫的宗旨。因此,在偶然产生防卫结果的场合(偶然防卫)……因为缺乏防卫意识而不应当认定为正当防卫。第三,应当认为,刑法第36条所使用的'为了'防卫权利的文言,表明了必须有防卫意识的旨趣……必要说的一种观点认为,既然客观上满足正当防卫的要件,就不存在结果无价值,由于缺乏防卫意识,具有行为无价值,故成立未遂犯。但是,由于阻却违法性的对象是符合构成要件的事实整体,将行为与结果分开评价是不合适的。因此,既然站在必要说的立场,一般就应主张成立既遂犯。"[7]大塚仁教授提出的理由与此完全相同。[8]

本文对上述观点与理由提出以下反对意见。

第一,犯罪是符合构成要件的违法且有责的行为;在中国传统刑法学的语境下,犯罪是主客观相统一的行为。但是,主客观相统一只是对犯罪行为的要求,而不是对非犯罪行为的要求。换言之,不能认为,不构成犯罪的行为,也必须是主客观统一的。否则,那些因为没有实现主客观统一的行为,就既不是犯罪行为(因为没有实现主客观统一),也不是非犯罪行为(也因为没有实现主客观统一)。这是难以被人接受的。"刑法中的行为由主观要素与客观要素组成"这句话,只是相对于犯罪行为才成立。刑法规定的阻却犯罪成立的行为,并不必然由主观要素与客观要素组成。例如,没有故意、过失的意外事件致人死亡时,也可谓刑法中的行为(我国刑法第16条规定了这种行为),但并不是由主观要素与客观要素组成的。同样,正当防卫行为不是犯罪行为,当然不要求主客观相统一。因此,以成立犯罪要求主观的违法要素为由,认为成立正当防卫也必须具备主观的正当化要素的观点,并不妥当。退一步而言,即使将防卫意识当作正当防卫的要件,充其量也只能说不具有防卫意识的行为不成立正当防卫,而不能直接得出该行为成立犯罪既遂的结论。

第二,偶然防卫人虽然在主观上出于犯罪意图,引起了其预期的结果,但是,偶然防卫的结果却是刑法允许的结果。因为结果是否被刑法所允许,只能进行客观的判断,不以导致结果的行为人的意图好坏为转移。例如,在Y的生命处于紧迫的危险之中时,即使X出于犯罪意图,但只要X的行为客观上保护了Y的生命,就不能认定X的行为造成了坏的结果。再如,甲出于防卫意识攻击正在不法杀丁的丙,保护了丁的生命时,其结果当然被法律所允许;同样,乙偶然防卫攻击正在不法杀丁的丙,保护了丁的生命时,不能因为乙具有犯罪意图,就否认该结果是法律允许的结果。在客观结果完全相同的情况下,仅因行为人的意图不同就对结果做出不同评价,实际上是出于难以被人接受的主观主义立场。换言之,结果是一种客观存在,其好坏并不以行为人的意志为转移。只要进行客观的考察,就会发现,在乙偶然防卫的场合,其行为产生的是法律允许乃至鼓励的结果。这一结果中,既有乙所预期的杀害丙的结果,更有乙所没有预料到的保护了丁的生命的结果。不能因为乙没有预料到后一结果,就不考虑这一结果。可是,一旦考虑后一结果,再考虑到丙正在进行不法侵害的事实,就必然认为,乙造成了好的结果。不难发现,在乙偶然防卫的场合,肯定乙的行为是正当防卫,并不是保护了不法者,而是保护了无辜者丁的生命。如果认为乙的偶然防卫是犯罪既遂,则意味着乙的行为是被刑法所禁止的。但是,禁止乙的行为的结局,必然是使无辜者丁被丙杀害。不能认为这样的结局是刑法所希望的结局。

大谷实教授认为,正当防卫的宗旨是通过法的确证以维护社会秩序,这与其关于违法性的实质的观点相一致。大谷实教授指出,违法性的实质是“违反社会伦理规范的法益侵害”。[9]偶然防卫人出于犯罪意图而实施攻击行为,必然是违反伦理的行为,所以是违法的。但是,其一,虽然伦理规范与刑法规范在原理上有相同之处,但伦理规范与刑法规范本身并没有价值,而是为了保护一定的价值才存在的。正因为如此,刑法与伦理在保护一定价值的目的上并不相互排斥,所以,不少伦理规范与刑法规范相重合。但是,即使刑法规范纳入了部分伦理规范,也不是为了推行特定的人的伦理道德,只是因为部分伦理保护的价值与刑法保护的价值具有共通之处。况且,并不是所有的伦理规范都被纳入刑法规范。[10]要求法益侵害行为以违反社会伦理为前提,实际上旨在保护社会伦理。可是,刑罚不是维持社会伦理的适当手段;由于伦理具有相对性,将维持社会伦理作为刑法的任务,容易以刑法的名义强迫他人服从自己的伦理观念。刑法的任务只是保障具有不同价值观的人共同生活所不可缺少的前提条件,只要将对维持国民共同生活具有价值的、特定的、客观上可以把握的利益或状态(法益)作为保护目标即可;刑法原则上只有在违反他人意志、给他人法益造成了重大侵害或者危险时才予以适用。其二,刑法规定正当防卫阻却违法性,并不是因为正当防卫符合社会伦理秩序。这是因为,如果说正当防卫之所以阻却违法，是因为符合社会伦理秩序，那么，就会取消正当防卫的时间与限度条件。例如，人们完全可能认为，打死正在盗窃的小偷，也是符合社会伦理的。[11]也不能笼统认为，刑法规定正当防卫是为了维护社会秩序。这是因为，社会秩序是一个并不明确的概念，更是一个内容十分宽泛的概念。从这一根据中，不可能提出正当防卫的时间与限度等条件。应当认为，刑法规定正当防卫，是为了保护法益免受正在进行的不法侵害。因此，正当防卫之所以阻却违法，是因为该行为在损害一个法益的同时，保护了更为优越或者至少同等的法益。偶然防卫行为在侵害不法侵害者的法益的同时，保护了无辜者的法益，将其作为正当防卫处理，完全符合正当防卫的宗旨。

第三，日本刑法第36条、德国刑法第32条与我国刑法第20条对正当防卫的规定都使用了“为了”一词。[12]不可否认的是，将我国刑法第20条中的“为了保护……”的表述，解释为正当防卫的意图是非常容易被人接受的。这似乎表明，日本刑法、德国刑法与我国刑法都采取了防卫意识必要说。但是，法条的这一表述并不足以成为防卫意识必要说的法律根据。

如果按照刑法第20条的普通或一般字面含义进行解释，就不得不认为，防卫意识包括防卫认识与防卫意图（尤其要强调防卫目的）。亦即，成立正当防卫，一方面要求行为人明知不法侵害正当进行，另一方面要求行为人出于保护国家、公共利益、本人或者他人的人身、财产和其他权利免受正在进行的不法侵害的目的或者意图。[13]但是，如果强调行为人必须具有防卫意图，就意味着单纯出于对不法侵害者的愤怒、对抗（没有想到保护何种法益）而实施的反击行为，不成立正当防卫。可是，这样的理解明显不当地缩小了正当防卫的成立范围。另一方面，如果认为防卫意识仅要求有防卫认识，也并不符合“为了保护”的字面含义，因为“为了保护”的普通字面含义显然是指为了达到某种目的，而非只是表示对正在进行的不法侵害的认识。由此看来，即使将“为了”解释为主观的正当化要素，事实上也不可能按照其普通字面含义进行解释。

既然按照“为了保护”的普通字面含义进行解释根本行不通，就只能在该用语可能具有的含义内体系性地解释“为了保护”。[14]日本刑法第36条中的“ため”一词，也并不必然表示目的。日文词典在解释该词时，明确指出该词具有“表示因果关系”的意思。[15]德国刑法第32条使用了“um -

abzuwenden(为了避免)”这种表示目的表述,但如后所述,德国刑法也只是采取了防卫认识说。罗克辛教授指出:“虽然刑法第32条要求的是‘为了避免……现时的违法侵害所必要’的防卫,但‘为了什么的表述’,是‘表示客观的防卫行为的性质,而不是表示行为人的意图’。”[16]在本文看来,完全可以将刑法第20条的“为了使国家、公共利益、本人或者他人的人身、财产和其他权利免受正在进行的不法侵害”,解释成为客观上存在正在进行的不法侵害,防卫行为具有保护合法权益免受不法侵害的性质。换言之,“‘为了’也能表示原因,意思相当于‘由于’”。[17]吕叔湘先生曾说:“最常用的表示原因(广义)的关系词,在白话是‘因为’和‘为(了)’,在文言是‘以’、‘为’、‘由’。这些关系词可以引进原因补词,也可以连系原因小句。原因补词通常在主语和动词之间,在原因补词之前,白话多用‘为了’,用‘因为’较少。例如:他为了这件事急得三夜没有睡觉。”[18]毛泽东曾说:“湘潭一个区的农民协会,为了一件事和一个乡农民协会不和,那乡农民协会的委员长便宣言:‘反对区农民协会的不平等条约’。”[19]其中的“为了”显然表示“由于”。毛泽东还说:“在私有财产社会里,夜间睡觉总是要关门的。大家知道,这不是为了多事,而是为了防贼。”[20]其中的前一个“为了”表示原因,相当于“因为”,后一个“为了”表示目的。丰子恺先生的《忆儿时》曾写道:“蟹的味道真好,我们五个姊妹兄弟,都喜欢吃,也是为了父亲喜欢吃的缘故。”“这原是为了父亲嗜蟹,以吃蟹为中心而举行的。”[21]其中的“为了”所表示的都是原因。其实,“为了”表示原因的用法可以上溯至古代白话。“为了”在现代汉语中表示原因是古代白话的继承,在20世纪30年代左右的作品中常见,在当代作品中虽然少了一些,但它还是在部分原因式句中、互为因果的目的式句中以及某种环境中使用。[22]既然“为了”可以表示原因,那么,将刑法第20条的规定解释为“由于保护使国家、公共利益、本人或者他人的人身、财产和其他权利免受正在进行的不法侵害”,进而将其作为正当防卫的客观条件,是没有障碍与问题的。

即使将刑法第20条的“为了”解释为“由于”超出了一般人对该用语的理解,也不存在违反罪刑法定原则的问题。因为这种解释只是扩大正当防卫的成立范围,而不是扩大了犯罪的处罚范围,相反缩小了犯罪的处罚范围。或许有人认为,这样的解释侵害了不法侵害者的预测可能性。因为不法侵害者认为，只有当他人知道自己正在进行不法侵害时，才能进行防卫；如果当他人不知道自己正在进行不法侵害时也能防卫，自己就不会实施不法侵害了。显然，刑法不可能保护不法侵害者的这种预测可能性。

第四，即使采取行为无价值论的立场，也不应当得出偶然防卫成立故意犯罪既遂的结论。这是因为，作为既遂标准的结果，并不只是行为人所预期的结果，还必须是刑法所禁止的表明法益侵害的结果。在乙进行偶然防卫的场合，一方面，正在不法杀害丁的丙因为处于被防卫的状态，乙对其造成的伤亡，只要处于防卫的限度内，就不能评价为刑法所禁止的结果。另一方面，即使认为造成丙的伤亡是一种法益侵害结果，但由于乙的偶然防卫行为保护了无辜者丁的更为优越的法益，经过权衡之后，也不能认为乙的行为造成了刑法所禁止的结果。行为无价值论的既遂说，实际上也将无辜者丁的生命得到救助的结果，评价为违法结果，于是，相对方或者第三者就可以阻止、妨碍这一结果的发生。这显然不妥当。

此外，联系到大谷实教授对过失行为的正当防卫、对物防卫、假想防卫等问题的看法，还能发现其采取的行为无价值论的既遂说存在自相矛盾的现象。例如，甲以为受到野兽的袭击而开枪，实际上袭击甲的不是野兽，而是人，但甲没有认识到这一点。大谷实教授指出："在这种场合，虽然是过失行为，但由于能够认定其具有排除侵害的意识，故可以认定为正当防卫。"[23]据此，客观上的对人正当防卫与主观上的对物防卫的意识相结合，可以成立正当防卫。可是，一方面，既然故意行为造成防卫结果时，仍然成立故意犯罪既遂，那么，过失行为造成防卫结果时，也应当认定为过失犯罪。不难看出，大谷实教授的观点并不协调。另一方面，在讨论对物防卫时，大谷实教授又说："由于违法性是就人的行为产生的问题，所以，动物等的法益侵害不能成为正当防卫的对象，只能成为紧急避险的对象。"[24]既然动物的侵害不能成为正当防卫的对象，怎么能将排除动物侵害的意识当作正当防卫的意识看待呢？大谷实教授之所以得出这种结论，无非是因为具有排除动物侵害的意识时，行为人主观上就不值得谴责，因而不能认定为过失犯罪；而出于犯罪故意排除了他人的侵害时，主观上值得谴责，所以认定为故意犯罪既遂。这明显是主观主义的立场。再如，大谷实教授认为，假想防卫是法律认识错误，只要其假想没有合理的理由，就成立故意犯罪。[25]将大谷实教授对偶然防卫与假想防卫的处理联系起来，就会发现其中存在不协调之处。亦即,偶然防卫完全符合正当防卫的客观条件,但主观上不具有防卫意识。假想防卫不符合正当防卫的客观条件,但主观上具有防卫意识,因而与偶然防卫正好相反。按照大谷实教授的逻辑,既然假想防卫是法律认识错误(误以为自己的行为被法律所允许),那么偶然防卫就是相反的法律认识错误(误以为自己的行为被法律所禁止),因而属于幻觉犯,而不能以犯罪论处。

(二)美国的学说

笔者只阅读到美国学者关于偶然防卫是否成立犯罪的讨论资料,而没有阅读到美国学者关于偶然防卫是成立犯罪既遂还是未遂的讨论。本文的基本推测是,由于美国的犯罪论体系是将正当防卫作为抗辩事由对待的,具备犯行与犯意的行为,如果不具备抗辩事由,就成立犯罪,又由于偶然防卫发生了结果,故只要主张防卫意识必要说,偶然防卫就成立犯罪既遂。所以,笔者将美国的学说归入到行为无价值论的既遂说。诚然,这一推测不一定是成立的。不过,即使有资料表明美国学说主张对偶然防卫以未遂犯论处,笔者的以下反驳也是成立的。

例如,医生亚历克斯意图杀害患者戴维,准备将空气注入戴维的静脉,靠近戴维并且偷偷地拔出注射器。恰恰就在此时,戴维由于医疗账单对亚历克斯有气,就用拳头猛击亚历克斯的鼻子,使其倒下不省人事。美国学者弗莱彻在描述此案后指出:"多年以前,保罗·罗宾逊(Paul Robinson)在《加州大学洛杉矶法学评论》上发表文章认为,无论被告是否知道正当化的情节与否,都可以适用正当化的请求。他的论据是,正当化的规范是纯粹客观的;它不要求主观的心理状态作为其成立的基础。当时,我写了一篇文章回应,解释说,世界上所有的法律体系,在事实上都对自我防卫和紧急避险的辩护要求一种主观要素,这种做法看来是正确的。在上面给出的例子中,戴维将为刑事殴打罪承担责任。亚历克斯的攻击在客观上的情节应当是没有意义的。从那以后,可以公平地说,我们一直在试图改善我们的立场,但是,任何一方都没有能够提出压倒性的论点。"[26]

弗莱彻承认,"在大众的情绪中,存在着一种对客观性理论的直观性的支持,至少是部分的支持"。[27]但是,弗莱彻本人的直觉则是,戴维的行为构成殴打罪。[28]于是,他要为自己的直觉找到理由。他在分析了规范与特权的关系后指出:"最适当的描述禁止性规范和特权之间关系式是:人有义务遵守禁止性规范,并且在具备正当事由的情况下有违背这一义务的特权。""对正当事由的明知,是违背义务者行使其特权的必要条件。有三个论点支持这个结论:第一,正当事由下的规范违反(该客观事实足以阻却定罪),从其基本方面说,不必延伸到特权的领域。第二,对'行使特权'的概念分析支持一种看法:'行使'行为或者'依特权去行为',以明知正当事由的存在为前提。"第三,"正当事由的主张代表了禁止性规范的例外。作为例外,这些主张只应适用于那些享有特殊处遇的人。加入这个因素,使行为人的意图变得重要了,因为仅有客观情境不足以确立某人特殊的、践踏他人法益的权利。某人违反了规范还可以享有例外的待遇,他必须至少知道支持其例外主张的情境。"[29]但是,弗莱彻的论证存在疑问。

首先,弗莱彻认为,所有的法律体系都要求正当化的主观要素,"在美国或其他国家的制定法和案例法中,都没有对罗宾逊的客观性理论的支持"的说法,[30]并不成立。因为他自己清楚地写道:"欧洲的一些案例也支持这种纯粹的客观正当论……晚近,奥地利的法官判决指出:客观标准足以支持行为的正当性。"[31]况且,要求正当化的主观要素,基本上是出自理论学说,而不是出于刑法的明文规定。所以,弗莱彻的上述说法是不成立的,主张防卫意思必要说的学者也不应当将弗莱彻的上述说法当作论据。

其次,弗莱彻的三个论点不是理由,只是结论。换言之,弗莱彻只是用结论来论证结论。例如,为什么正当事由下的规范违反,不必延伸到特权领域?他并没有回答。再如,为什么行使特权以明知正当事由的存在为前提?他也没有说明。又如,为什么作为例外的正当化事由就使行为人意图变得重要了?他更没有论证。

再次,正当化事由其实是可以转换为消极的构成要件要素的。例如,如果没有刑法总则关于正当防卫的规定,那么,对于故意杀人罪的罪状就应表述为"除正当防卫以外的故意杀人的,处……"。于是,成立故意杀人罪,一方面要符合故意杀人罪的成立条件,另一方面必须不是正当防卫。所以,弗莱彻关于禁止规范与特权的处理,取决于犯罪论的体系安排。倘若采取其他体系,弗莱彻的观点并不适用。此外,即使否认消极的构成要件要素的理论,在某些场合(如被害人承诺),某种行为是阻却构成要件符合性还是阻却违法性,也可能是难以区分的。在这种场合,弗莱彻的观点根本行不通。所以,他自己也不得不承认:"不幸的是,这种方法(即弗莱彻的观点——引者注)不足精确解决构成要件和正当事由之间的模糊问题”。[32]

最后,要求行使规则外的特权以行为人具有主观的正当化要素的观点,难以贯彻到其他相关案件中。例如,《枪支管理法》第30条规定:“任何单位或者个人未经许可,不得运输枪支。需要运输枪支的,必须向公安机关如实申报运输枪支的品种、数量和运输的路线、方式,领取枪支运输许可证件。”显然,经过有权机关的许可运输枪支的,不可能成立非法运输枪支罪。即使获得许可的甲,经过一段时间后忘记了自己已经获得了许可,以运输枪支弹药罪的故意在许可的有效期内运输了原本已被许可运输的枪支,也不可能认定为犯罪。

二、行为无价值论的未遂说

(一)偶然防卫存在行为无价值、缺乏结果无价值的观点

德国以往流行的观点,并没有要求主观的正当化要素,但自从德国刑法第23条第3款处罚不能犯之后,刑法理论的通说为了使偶然防卫的处理与刑法第23条第3款保持一致,便认为偶然防卫成立不能犯未遂。在二元论占通说的德国,一种行为举止,只有既不具备行为无价值,也不具备结果无价值时,才可能是合法的,但偶然防卫存在行为无价值,所以,成立不能犯未遂。[33]日本的多数二元者论也持这一立场。例如,井田良教授指出:“从立足于行为无价值论的立场出发,要承认违法性阻却的效果,不仅要求存在符合违法性阻却事由(如正当防卫)的客观事实,而且要求行为人是在认识到该事实的基础上而实施的行为……行为人没有认识到属于违法性阻却事由的事实而实施行为时,是为了实现其认识到的没有被正当化的法益侵害或者危险的事实而实施行为的,故能够肯定故意犯的违法性。即使偶然产生了符合违法性阻却事实的客观事实,也仍然存在行为无价值,行为不法被肯定。”[34]

行为无价值论者之所以主张将偶然防卫作为未遂论处理,[35]有两个根本理由:其一,行为无价值论认为,故意、过失是主观的违法要素,与之相对应,正当化事由的成立需要主观的正当化事由,故成立正当防卫需要防卫人具有防卫意识。因为不是以防卫意识实施的反击行为,具备行为无价值。“但是,由于事后明显地在客观上产生了正当的结果,结果不法被否

认。因此,作为虽然存在行为不法、但没有产生结果不法的情形,在未遂的限度内肯定违法性。”[36]其二,行为无价值论认可将“事前向国民告知行为的允许性的机能”作为违法论的指导原理,同时,尽可能地使罪刑法定主义的原则以及刑法规范的一般预防的要求浸透到违法论中。[37]因此,一个在一般条件下可能造成法益侵害的行为,即使在特殊条件下没有造成法益侵害,也必须受到刑罚处罚。否则,其他人就会效仿该行为,从而造成法益侵害结果。偶然防卫正是如此。但是,上述理由不无疑问。

第一,行为无价值论在违法性问题上采取了规范违反说。由于刑法的目的是保护规范,而与过失相比,故意行为“更严重地违反了刑法保护的规范。因此,故意是受刑罚威胁的行为的要素之一,这些要素决定了违法程度,也就是说,故意是不法的组成部分”。[38]但是,一方面,对犯罪的成立承认主观的违法要素,将故意、过失纳入违法要素;另一方面,对违法阻却事由要求主观的正当化要素,将防卫意识等纳入主观的正当化要素,就不可避免地陷入自相矛盾的境地。例如,当丙正在不法侵害丁时,乙既无故意、也无过失的意外行为导致丙伤亡,从而避免了丁的死亡。根据行为无价值论的观点,由于乙缺乏故意、过失,所以其行为并不违法;但是,由于乙不具有主观的正当化要素,所以其行为违法。或许行为无价值论者会说,由于构成要件符合性判断在前,乙没有故意、过失,当然不违法;倘若丙具有杀人的故意,则具有杀人未遂的违法性;倘若丙具有防卫的意识,则成立正当防卫。然而,其一,虽然在第一阶段能得出不违法的结论,可是,倘若要进一步进行第二阶段的判断,则得出的只能是违法的结论。本来,在三阶层体系中,构成要件是违法类型,违法性领域讨论的是违法阻却事由,构成要件与违法性讨论的都是违法性的问题,不符合构成要件的行为也不可能具有刑法上的违法性。但行为无价值论的未遂说形成的局面是,不符合构成要件的行为,也具有刑法上的违法性。其二,这些自相矛盾的现象,或许只是在三阶层体系中可以视而不见,但在其他体系中则必然相当明显。可是,三阶层体系并不必然是唯一正确的体系。其三,即使在三阶层体系中,行为无价值论的未遂说也在疑问。因为根据三阶层体系和行为无价值论的未遂说,在构成要件符合性阶段,首先会肯定偶然防卫充足既遂犯的构成要件,只是在违法性阶段才认定为未遂犯。于是,又要回过头去否定偶然防卫充足既遂犯的构成要件。[39]其四,行为无价值论的未遂说,隐藏着这样的逻辑:故意是构成要件的内容,是表明行为无价值的重要要素;构成要件是违法类型,符合构成要件的行为原则上具有违法性,违法性包括行为无价值与结果无价值,因此,要成立违法阻却事由,不仅要排除结果无价值,而且要排除行为无价值(排除故意);由于偶然防卫出于故意,所以,不能排除行为无价值,因而成立犯罪未遂。但是,偶然防卫与基于防卫意识的正当防卫的唯一区别在于行为人是否认识到了正当防卫的前提事实。由此可以清楚地看出,在客观事实完全相同的情况下,行为无价值论是仅凭行为人的主观内容决定违法性的,这陷入了主观主义的立场。

第二,行为无价值论者采取了规则功利主义的立场。据此,只要行为违反了保护法益需要遵守的一般规则,即使没有造成法益侵害结果,也应认定为违法。但是,规则功利主义的地位十分尴尬,缺乏内在一致的理论体系。如果规则功利主义者强调,经验证明违反某些规则通常造成法益侵害时,人们就无论如何都必须遵守这些规则,便成为义务论者,但义务论与刑法的自由保障机能相冲突。如果规则功利主义否认自己是义务论,时时刻刻用行为的结果为行为规则辩护,那么,它便转向了行为功利主义(结果无价值论);如果违背某一规则比遵守这项规则会产生更好的结果,规则功利主义又可能按照行为功利主义来辩护。之所以如此,是因为当规则与功利(最终结果)有冲突时,规则功利主义要么违反规则追求好的结果,要么维护规则舍弃好的结果。[40]与此相联系,规则功利主义既可能过于限制国民的行动自由,也可能不利于保护法益,因而不当。例如,当违反行为规则也不会造成法益侵害与危险,反而会保护法益时,行为无价值论也认为该行为是违法的,这便忽视了规则的局限性与例外情形。再如,规则之间存在冲突是常有的现象,通过使国民遵守规则以预防犯罪的观念,在许多场合会使国民束手无策。概言之,想通过遵守行为规则实现法益保护目的,过于间接而不现实。[41]

第三,根据行为无价值论的观点,由于偶然防卫是行为人在犯罪故意支配下实施的,这样的行为如果换一个时间、地点重演,就会发生法益侵害结果。为了预防犯罪,必须将偶然防卫认定为犯罪。可是,既然是在此时、此地发生的偶然防卫,就不应当放在彼时、彼地去判断有无法益侵害的危险。既然在此时、此地是对特定的不法侵害者实施攻击行为,产生了保护法益的结果,就应当否认其违法性。为了不让他人效仿而认定该行为成立未遂犯,显然是将偶然防卫人当作预防犯罪的工具了。最为明显的是,如果此时、此地不可能发生法益侵害结果的某种行为,只要在彼时、彼地能发生法益侵害结果,也必须宣告这种行为的违法性,那么,国民只能实施在任何时候都不可能导致法益侵害结果的行为。这不当限制了国民的自由,因而不可取。

根据行为无价值论的逻辑,当行为人自以为其行为违反刑法,但事实上并不违反刑法时,也要通过科处刑罚予以制裁,否则,既不能预防行为人将来在明知违反刑法时实施行为,也不能预防其他人明知违反刑法时实施行为。诚然,行为无价值论者会说,在这种场合,因为不符合构成要件,所以不以犯罪论处。可是,逻辑是相同的。即使承认行为无价值论的上述回答,但在阻却构成要件符合性与阻却违法性难以区分的场合,行为无价值论者就会面临难题。例如,Y 准备了送给 X 礼物,X 在不知真相的情况下,以盗窃的故意将该礼物拿走。如果说被害人承诺是阻却构成要件符合性的事由,那么,行为无价值论者会认为 X 的行为不构成犯罪;如果说被害人承诺是阻却违法性的事由,那么,行为无价值论者会认为 X 的行为依然成立盗窃未遂。但是,不管被害人承诺属于何种事由,按照行为无价值论的逻辑,X 的行为换一个时间、地点就可能发生法益侵害结果,既然如此,就应当作相同处理,但事实上又没有作相同处理。不能不说这是一个矛盾。

根据行为无价值论的观点,法律对一个出于犯罪故意的行为造成的好结果是不反对的,但仍然要反对这种行为本身。换言之,对行为的评价可以或者应当独立于行为所造成的结果之外。就偶然防卫而言,之所以要独立于结果之外评价其行为无价值,是因为如果不禁止这种行为,行为人或者其他人在其他条件下实施该行为时会造成法益侵害结果。于是,一个行为是否违法,并不是由该行为是否造成或者可能造成法益侵害来决定,而是完全由该行为应否需要一般预防来决定。可是,根据什么来确定某种行为是否需要一般预防呢?答案恐怕只能是该行为造成或者可能造成法益侵害结果。既然如此,就应当判断已经实施的行为是否造成或者可能法益侵害结果,而不能离开这一点确定某种行为是否需要一般预防。此外,既然行为无价值论不反对乃至赞成偶然防卫的结果,就不应当主张禁止该行为。因为如果禁止该行为,就禁止了好的结果。

不难看出,行为无价值论的观点是不顾现实地考虑未来。例如,丙着手实施暴力准备强奸妇女丁,乙在一无所知的情形下开枪将丙射中,造成丙重伤,客观上制止了丙强奸丁的犯罪行为。根据行为无价值论的观点,乙的行为是违法的,即刑法禁止乙对丙开枪射击。于是,结局只能有两种:其一,在乙遵守规范不开枪射击的情况下,丁遭受强奸,丙被以强奸罪论处;其二,在乙违反规范开枪射击的情况下,乙被以故意杀人罪或者故意伤害罪论处,丙遭受枪击,丁免受强奸。但是,这两种结局都不能令人满意。换言之,行为无价值论是以牺牲现实的法益为前提考虑一般预防的。按照行为无价值论的观点,由于刑法禁止乙的偶然防卫,所以,乙的开枪射击是违法的,要受到刑罚处罚。于是,在规范意义上,就意味着通过牺牲丁的法益来预防其他人犯罪。不得不认为,行为无价值论是通过放纵犯罪(丙的行为)去追求预防犯罪的目的。

第四,行为无价值论的未遂说在行为与结果同时发生的行为犯中不可能得到贯彻。例如,罗克辛教授指出:"行为犯,是指积极的行为终了,同时便充足构成要件,不会出现与行为相分离的结果的情形。"同时指出:"所有的犯罪都有结果,在行为犯的场合,结果存在于行为人所实施的充足构成要件的行为中。"[42]既然行为犯是行为与结果同时发生,那么,在行为人以犯罪故意实施了行为犯,充足了构成要件,客观上却符合违法阻却事由的客观要件时,就不可能既认为侵害结果没有发生(缺乏结果无价值),又认定行为具有违法性(具有行为无价值)。换言之,在这种场合,行为无价值论者要么认为行为成立故意犯罪既遂(因为行为已经实施而肯定结果已经发生),要么认为行为不构成犯罪(因为结果没有发生而否定行为已经实施)。但是,无论如何,行为无价值论的未遂说都可能陷入两难境地。

第五,行为无价值论认为偶然防卫是违法的,但又不得不承认的是,对这种客观上处于正当化事由范围内的偶然防卫者是不可能进行防卫、阻止的,因为偶然防卫者造成了一种合法的、不应当受到阻拦的状态。[43]显而易见,这其中存在诸多问题。

行为无价值论的未遂说的矛盾之一:偶然防卫是违法的,但是,在行为的当时,对这种违法行为不能进行防卫,否则就意味着帮助不法侵害者侵害无辜者。那么,不能防卫的原因何在?答案可能有许多。首先,偶然防卫造成的是合法状态亦即好的结果，所以，不能对之防卫。但是，为什么要将一个客观上造成好的结果的行为认定为违法呢？结论只能是，行为人是以犯罪故意实施的偶然防卫行为。这基本上不是在考虑行为无价值，而是在考虑心情无价值。其次，对于偶然防卫不能进行防卫，是因为不法侵害者不能对偶然防卫者进行防卫，所以，其他第三者也不能对偶然防卫者进行防卫。可是，我国刑法规定了为了公共利益的防卫，即使不法侵害者没有防卫权，第三者面对正在进行的不法行为，都有可能进行防卫。更为重要的是，正当化事由是复数参与人之间的利益冲突与对抗，“如果行为人的行为是合法的，受侵害的相对方就只能忍受这种侵害”。[44]既然不法侵害者丙只能忍受乙的攻击，就表明乙的行为是正当的。最后，按照罗克辛教授的观点，“不能犯未遂不是攻击。诚然，在不能犯未遂的场合，虽然并不缺乏法确证利益，但缺乏保护的必要性。因此，一个人如果知道攻击者的手枪没有子弹，就不允许将攻击者打倒”。[45]由于偶然防卫属于不能犯未遂，所以，缺乏防卫的必要性。但是，这种观点使法确证利益与法保护利益相分离，难以令人赞成。况且，在偶然防卫的场合，只要考虑无辜者丁的利益，就必须肯定丙的行为的违法性；由于乙的行为是与丙的行为相对抗的行为，只能肯定乙的行为的合法性。此外，防卫不意味着一定要致人伤亡。如果肯定偶然防卫是违法行为，那么，对其防卫只是限度问题，而不应当是不能防卫的问题。

行为无价值论的未遂说的矛盾之二：偶然防卫是违法的，但是，在行为的当时，不仅不能对之实行正当防卫，而且不得对之实行任何妨碍、阻挠等行为，相反，只能放任、允许这种行为的实施。这同样是因为，在偶然防卫的案件中，知情的第三者只能允许乃至帮助偶然防卫者实施其行为，如果妨碍、阻挠偶然防卫者的行为，就是帮助不法侵害者实施违法行为。于是，在行为无价值论那里，出现了这样的结论：有的违法行为在行为的当时只能被放任、被允许；或者说，有的行为虽然是被刑法禁止的，但是在行为的当时必须允许其实施。但是，本文难以接受这样的结论。

行为无价值论的未遂说的矛盾之三：偶然防卫在行为的当时是不可以防卫或者阻止的，是应当放任、允许的，但是事后是应当受到刑罚处罚的。可是，既然在行为的当时都必须允许该行为，为什么事后科处刑罚禁止这种行为呢？行为无价值论的回答一定是，因为换一个时间、地点实施时就会发生法益侵害结果；如果不处罚，其他人就会模仿，进而侵害法益。可是，刑事判决宣布偶然防卫不违法，并不会带来消极效果。这是因为，刑事判决宣布偶然防卫不违法，既保护了偶然防卫者的法益，也不会导致有人在故意杀人时期待自己的行为产生偶然防卫的效果。亦即，当乙偶然防卫致人死亡但被法院宣告无罪时，其他人是无法模仿偶然防卫的。倘若真的有人因为偶然防卫不违法，就长时期跟踪自己的仇人，打算乘仇人杀人时将仇人杀死，则他的行为已经是有防卫意识的正当防卫了，同样不违法。概言之，在刑事司法上宣布偶然防卫不违法，不可能起到鼓励人们实施偶然防卫的作用。

行为无价值论的未遂说的矛盾之四：偶然防卫属于不能犯未遂，“不能犯未遂即使是可罚的，也不允许对之实施正当防卫。因为不能犯未遂没有给个人的法益带来危险”。[46]可是，一方面，在不法侵害者正在杀害他人时，即使偶然防卫者的攻击行为给不法侵害者造成了危险，也是法律所允许的，不具有违法性。既然偶然防卫没有给个人法益带来危险，就更应阻却违法性。但是，行为无价值论的未遂说却主张对偶然防卫科处刑罚，这也是自相矛盾的。另一方面，“虽然从形式上说，刑法上的违法性，是指对刑法规范（评价规范）的违反，但是，由于违法性是刑法规范做出否定评价的事态的属性、评价，故其内容便由刑法的目的来决定。将什么行为作为禁止对象，是由以什么为目的而禁止来决定的。在此意义上说，对实质违法性概念、违法性的实质的理解，由来于对刑法的任务或目的的理解”。[47]既然罗克辛教授认为刑法的目的与任务是保护法益，[48]就只能将对法益有侵害或者危险的行为当作违法行为。因此，将没有给个人的法益带来危险的偶然防卫认定为违法行为，存在矛盾之处。

第六，行为无价值论在偶然防卫问题上的主观主义立场相当明显。例如，丙 1 与丙 2 共同实施暴力抢劫丁的财物时，如若甲知道真相对丙 1 实施暴力，乙不知道真相对丙 2 实施暴力，按行为无价值论的观点，甲的行为是正当防卫，乙的行为是犯罪未遂。可是，客观上完全一样的行为，只是因为主观上是否知道真相，而成为是否构成犯罪的界限。将防卫人有犯罪意识和无防卫意识，作为未遂犯的行为无价值的根据，充分说明行为无价值论不过是心情无价值而已，与主观主义只有一纸之隔，甚至没有差异。再如，丙正在非法杀丁时，甲与乙没有意思联络却同时开枪射击丙，丙的心脏被两颗子弹击中;但甲知道丙正在杀丁,乙不知道丙正在杀丁。行为无价值论会得出如下结论:乙开枪是违法的,构成故意杀人罪;但甲开枪不违法,不成立犯罪。言下之意,只有知道丙在杀丁时,挽救丁的生命的行为才是合法的;不知道丙在杀丁时,挽救丁的生命的行为是非法的。但是,这样的结论同样是主观主义的反映,也难以令人赞成。

第七,关于防卫意识的内容,德国的通说认为:“行为人在客观地被正当化的范围内实施行为,而且主观上对正当化状态具有认识,对正当化来说就基本上足够了。行为人此时具有客观上实施正当行为的故意。只要认识到引起合法状态,就排除行为无价值,同时排除不法。不要求行为人进一步为了正当化的目的而实施行为。”[49]日本的行为无价值论者认为,“防卫意识的本来的意义,是积极地防卫自己或者他人的权利免受不法侵害的意思(目的或意图说),但是,即使是本能的自卫行为,也不能否定其是基于防卫意识的。而且,没有疑问的是,正当防卫的规定也考虑到了本能的反击行为,因此,在没有积极的防卫意图、动机的场合,也不能认定有防卫意识。所以,反击时即使由于亢奋、狼狈、激愤、气愤而没有积极的防卫意识,或者攻击意识与防卫意思并存,也不应当马上否认其防卫意识”。[50]可是,其一,行为无价值论者要求主观的违法要素与主观的正当化事由相对应,既然行为无价值论者将故意作为主观的违法要素,并且认为故意是认识因素与意志因素的统一,[51]那么,主观的正当化要素也应当是认识因素与意志因素统一。但是,在偶然防卫问题上,行为无价值论却只要求防卫认识,这多少有自相矛盾之嫌。其二,吊诡的是,当甲在一旁对偶然防卫者乙说“丙在杀人”时,乙因为认识到了丙的不法侵害,就当然地属于正当防卫了。旁人的一句话,就能使一个有罪者变为无罪者,何等不可思议!

第八,如果说偶然防卫成立未遂犯,那么,在丙故意杀害丁时,乙出于杀人故意对丙实施了偶然防卫行为,但未能致丙死亡,只是造成了丙的伤害乃至没有造成任何伤害时,就存在两个未遂:一方面是没有造成预期的死亡结果的未遂,另一方面是因为缺乏结果无价值的未遂,结局形成了“未遂的未遂”。[52]但这是不可思议的。行为无价值论的反论是,之所以肯定偶然防卫成立未遂犯,是因为只能在违法结果实现未遂的限度内肯定其违法性,而不是承认“未遂的未遂”。对未遂说的批判只是概念性的,而不是本质性的。[53]可是，既然要认定为犯罪未遂，就不可能不考虑未遂犯的概念。未遂犯不只是违法性阶层的问题，而且是构成要件符合性阶段的问题，未遂只能是已经着手而没有达到既遂，而不可能是没有达到未遂。仅根据所谓的实质认定未遂犯或者适用（或者准用）未遂犯的规定，并不符合刑法的安定性的指导原理。

第九，德国的行为无价值论者是将偶然防卫当作不能犯未遂处罚的。罗克辛教授指出："行为人对客观的正当防卫状况欠缺认识时，其行为被评价为不能犯。"[54]德国刑法第23条是关于未遂犯的规定，其第3款规定："行为人出于重大无知，没有认识到其未遂行为的对象种类或者所使用的方法根本不可能达到既遂的，法院可以免除刑罚或者依其裁量减轻处罚。"根据这一规定，行为人误将野兽当作仇人杀害的，以及误将白糖当作砒霜使用的，成立不能犯未遂。这其实是纯粹主观说或者抽象的危险说的结论。显然，在我国，只要不采取纯粹主观说或者抽象的危险说，就不能接受德国学者的结论。但是，纯粹主观说与抽象的危险说存在诸多缺陷，不能作为认定未遂犯的根据。[55]日本的井田良教授指出：就偶然防卫而言，"肯定行为不法仅限于行为人没有认识到存在属于违法性阻却事由的事实，而且，通常一般人也没有认识到这种事实的场合。"[56]这显然是具体的危险说的观点。但是，具体的危险说并不尽如人意。[57]不难看出，只要合理地采取客观的危险说或者修正的客观危险说，就不可能接受日本学者的这一结论。还需要说明的是，在德国与日本，未遂犯的处罚受到一定限制，所以，即使是行为无价值论者也并非主张偶然防卫一概成立未遂犯。

（二）偶然防卫既存在行为无价值、也存在结果无价值的观点

个别行为无价值论者提出，正当防卫以具有防卫意识为前提，偶然防卫不仅存在行为无价值，而且存在结果无价值。

例如，日本的高桥则夫教授指出："有观点认为，偶然防卫缺乏结果无价值，仅存在行为无价值，因而肯定其成立未遂犯。但是，未遂犯也要同时存在行为无价值与（对法益的具体危险意义上的）结果无价值，仅有行为无价值还不能为未遂犯提供根据。在偶然防卫的场合，由于不存在防卫意识，所以不能认定其具有反击行为的性质，但是，由于结局是正当防卫，所以，既存在行为规范违反，也发生了构成要件的结果。然而，这种结果不能视为'违法的'结果，只能在未遂的限度发动制裁规范。因此，可以准用该

当犯罪的未遂规定。亦即,由于发生了构成要件的结果,不是纯粹的未遂犯,但由于产生了防卫的结果,结果无价值减少,故应准未遂犯处罚。"[58]

上述观点将对法益的具体危险作为未遂犯的处罚根据,本文完全赞成。但是,其对偶然防卫准用未遂犯规定处罚的观点,则不无商榷的余地。

第一,在未遂犯与不能犯的区分问题上,高桥则夫教授认为,修正的客观危险说基本上是妥当的。并且认为,"具体的危险的有无,是危险结果的问题,是发动制裁规范的要件"。"实行行为的危险性,通过行为时的事前判断,如果对法益有抽象的危险就可以得到肯定。但是,未遂犯的成立是是否使制裁规范发动的事后判断,因此,应事后地判断行为时对该客体是否存在何种程度的危险。"[59]但是,如后所述,既然将具体的危险作为未遂犯的处罚根据,并且采取修正的客观危险说,那么,要肯定偶然防卫存在具体的危险,是相当困难的。

第二,准用未遂犯的规定存在两种情形:一是原本既不成立未遂犯,也不成立既遂犯,而准用未遂犯的规定;二是原本成立既遂犯,但基于某种原因准用未遂犯的规定。前一种场合的准用,明显违反罪刑法定原则。后一种准用则不合常理,而且自相矛盾。这是因为,既然行为已经成立既遂犯,就不应当准用未遂犯的规定。

三、结果无价值论的未遂说

(一)防卫意识不要说的理由

结果无价值论否认主观的正当化要素,因而采取防卫意识不要说。概括起来,防卫意识不要说有以下理由:

第一,日本刑法第36条所使用的"为了"防卫权利的表述,完全可以理解为客观上为防卫权利而实施的行为,没有必须理解为主观上的防卫权利的目的。[60]如前所言,德国刑法第32条使用了"为了避免",也是表示正当防卫的客观性质。我国刑法第20条也使用了"为了"一词。但如前所述,"为了"不仅可以表示目的,而且可以表示原因。所以,完全可以从客观上理解正当防卫,而不需要将防卫意识作为正当防卫的主观要件。

第二,根据结果无价值论的立场,故意、过失是责任要素而不是主观的违法要素。正当防卫是违法阻却事由,故不需要主观的正当化要素。例如,山口厚教授指出:"从结果无价值论的立场出发,不要求将防卫意识作为正当防卫的要件(防卫意识不要说)。在将防卫意识理解为防卫的意图、动机时,其是单纯的心情要素,充其量只不过可能成为责任要素。在将防卫意识理解为对属于正当防卫状况等正当防卫的事实的认识时,其是单纯的作为责任要素的正当防卫的'故意'(谨慎地说,这是一种比喻;正确地说,如后所述,在对属于正当防卫状况等正当防卫的事实具有认识时,就否定故意的存在)。只要不采取将一般故意理解为主观的违法要素的行为无价值论,其作为违法要素的性质就被否定(单纯对事实的认识,对法益侵害或者危险以及作为其阻却要素的法益拥护性,并不产生影响,因而不对行为的违法性产生影响)。因此,偶然防卫并不是不能成立正当防卫。"[61]

第三,即使以犯罪意图实施行为,但如果结局是实现了正当防卫,便不存在结果无价值。根据结果无价值论的立场,认定为正当化事由就是合适的。例如,在丙正在杀丁时,偶然防卫者乙刚好提前一点杀害了丙。由于丁与丙是"正与不正"的关系,所以,即使乙没有防卫意识,乙与丙也处于"正与不正"的关系,这正好符合正当防卫的特征。所以,成立正当防卫不需要作为主观的正当化要素的防卫意识。[62]

第四,正当防卫是一种突然的反击行为,甚至是一种本能的反击行为,如果要求防卫意识,就会使正当防卫的成立范围明显缩小,因而不合适。[63]持防卫意识必要说的福田平教授指出,基于本能的防卫,即使基本上是无意识的反射动作,也一般能认定具有防卫意识。[64]但是,如果说本能的、反射的动作不一定能评价为行为,那么,将其认定为具有防卫意识的行为是十分牵强的。

第五,倘若采取防卫意识必要说,那么,过失行为制止了正在进行的不法侵害时,由于没有防卫的意识,就不能认定为正当防卫,这是明显不当的。[65]持防卫意识必要说的福田平教授指出,由于基于本能实施的反击行为也能认定为具有防卫意识,所以,过失行为实施的反击行为也能成立正当防卫。[66]但是,"在丙正在射杀丁时,因为过失而开枪射击了丙的乙,不管其行为是否属于无意识的行动,他显然没有认识到正当防卫的状况。在这种场合也认定具有防卫意识,要么是强词夺理,要么是自欺欺人"。[67]

问题是,部分结果无价值论者在主张防卫意识不要说的同时,为什么主张偶然防卫成立未遂犯?其理由是否成立?

（二）偶然防卫存在未遂犯的结果无价值的观点

与行为无价值论认为偶然防卫存在行为无价值不同，结果无价值论认为偶然防卫存在未遂的结果无价值。

西田典之教授指出，偶然防卫“确实缺乏结果无价值，但是，也可能认为其存在发生结果的危险。这一点可以与以下问题并行考虑。例如，不知道对方是尸体，以为对方还活着而开枪，事后鉴定表明，当时对方已经死亡。该行为是否成立杀人未遂？显然，对这一问题的处理最终归结于对后述的不能犯采取何种见解，本书虽然采取防卫意识不要说，但认为偶然防卫应当具有未遂的可罚性”。[68]西田典之教授在不能犯的问题上采取了假定的盖然性说：“如果进行严格的事后的、科学的判断，所有的未遂都容易成为不能犯。因此，在判断结果发生的可能性时，既要探明结果没有发生的原因、情况，也要探求情况发生什么样的变化就可能造成结果，以及这种情况变化具有何种程度的盖然性。这样探明的结局是，当没有发生结果的盖然性，或者盖然性极低时，就应当否定危险性，认定为不能犯。这样的见解可以称为假定的盖然性说。”[69]显然，西田典之教授之所以认为偶然防卫成立未遂犯，是考虑到了丙当时没有杀害丁的盖然性。换言之，如果在行为当时，丙不实施杀害丁的行为的盖然性高，那么，乙的偶然防卫发生法益侵害结果的危险性就高，因而应当认定为未遂犯。山口厚教授也指出：“在能够认定不是基于正当防卫而有实现构成要件的可能性的场合，同时根据对未遂犯的理解，也有解释为成立未遂犯的余地。”[70]但是，本文对上述观点持怀疑态度。

第一，既然认为正当防卫的成立不需要防卫意识，那么，偶然防卫就完全符合正当防卫的条件，因而成为违法阻却事由。到此为止，就能够否认犯罪的成立，在此前提下又说偶然防卫成立未遂犯，就是不合适的。

第二，倘若说偶然防卫之所以存在法益侵害的危险，是因为丙当时可能没有实施杀害丁的行为，因而乙的偶然防卫可能侵害没有实施杀害丁的丙的生命，则其判断资料存在疑问。在这种场合，上述观点只是将偶然防卫人认识到的事实作为判断资料，而没有将偶然防卫人没有认识到的客观事实作为判断资料。既然事后肯定了乙的行为属于偶然防卫，就意味着丙正在实施杀害丁的不法行为。在这种情况下，无论设想什么样的情形，丙没有正在杀害丁的盖然性都是没有或者极小的，反过来说，乙造成法益侵害结果的盖然性是没有或者极小的。

第三,即使认为丙可能没有进行不法侵害,可能是无辜者,乙的偶然防卫行为可能侵害无辜者的法益,也不能直接肯定乙的行为成立未遂犯。因为事实上的另一面是,乙的行为客观上保护了丁的生命,或者说乙的行为避免了法益侵害。法益侵害与造成法益侵害的危险相比较,进行法益衡量的结果必然是,乙的行为并不违法。详言之,根据结果无价值论的观点,在为了第三者的利益有意识地进行正当防卫的场合,由于不法侵害者处于被防卫的状态,被侵害者没有义务忍受不法侵害,权衡不法侵害者的法益与被侵害者的法益所得出的结论是,被侵害者的法益具有绝对的优越性,法益衡量成为阻却违法性的原理。[71]既然如此,在偶然防卫的场合,也必须将被侵害者的法益纳入衡量的范围。一旦将被侵害者的法益纳入衡量范围,即使认为乙的偶然防卫具有侵害(可能没有实施不法侵害的)丙的生命的危险,但与客观上保护了处于优越地位的丁的生命相比较,就应当否认行为的违法性。

第四,将问题再延伸一点,如果说乙的行为因为对丁的生命、身体产生了危险,进而认定为犯罪未遂,则更不妥当。在偶然防卫的场合,枪杀无辜者的危险与客观上保护了无辜者的生命相比(如果没有枪杀无辜者的危险,就不可能保护无辜者的生命),这种危险就必须允许(法益衡量的结果,而不是行为无价值的结论)。况且,即使不是偶然防卫而是有防卫意识的正当防卫(射杀不法侵害者)时,无辜者的生命同样存在危险,防卫人也完全能够认识到这种危险,但不能认定为未遂犯。例如,在罪犯绑架人质的场合,常常出现为了救助人质而对罪犯开枪射击的情形。在这样的情形下,即使在击中罪犯的同时,给人质的生命造成了一定的危险,也是允许的。

由上可见,对偶然防卫是否具有发生法益侵害的危险的判断,与对一般场合的故意行为是否具有发生法益侵害的危险的判断,还是存在区别的。因为在后一种场合(如为了杀人而向床上开枪,刚好因为被害人夜间去卫生间而没有击中),行为并不存在保护法益的事实,所以,不需要进行法益衡量。但在偶然防卫的场合,由于客观上存在保护法益的事实,因此在进行危险的判断与法益的衡量时,必然和普通的判断有所不同。但是,上述结果无价值论的未遂说却忽视了这一点,因而不为本文所取。

（三）偶然防卫存在危险无价值的观点

山中敬一教授采取防卫意识不要说，[72]但他认为，偶然防卫存在危险无价值。例如，在丙故意杀害丁时，偶然防卫者乙向丙开枪，碰巧造成了正当防卫的结果。倘若乙的行为不管是稍微提前一点，还是稍微推后一点，都成立故意杀人罪。在所有的偶然防卫事例中，都是如此。所以，即使不采取事前判断的具体危险说，而是采取事后的观察，也可以说乙的行为产生了造成违法结果的危险状态。例如，在丙于乙开枪之后的最后一瞬间实施了侵害行为的场合，乙的行为就已经发生了具体的危险。在这种情况下，虽然存在正当防卫的结果，不存在结果无价值，但已经发生的违法的危险状态不能被正当化。概言之，虽然不存在结果无价值，却存在危险无价值。[73]但是，这种观点存在疑问。

第一，"由于危险无价值意味着发生结果的危险，所以，在进行事后的观察，不存在结果无价值（完全适法）的场合，也不存在危险无价值"。[74]换言之，危险状态本身就是结果，既然认为偶然防卫缺乏结果无价值，就不应当认为偶然防卫存在危险无价值。

第二，不能以偶然防卫稍微提前一点或者推后一点都能成立故意杀人罪为由，认为偶然防卫存在危险无价值。既然采取事后的观察，就不能改变事实本身，判断提前一点或者推后一点可能发生什么事情。其实，即使是有防卫意识的正当防卫，在许多场合，稍微提前一点或者推后一点，也可能属于防卫不适时，而成立故意犯罪。但不能因此认为，有防卫意识的正当防卫也存在危险无价值。

第三，在法益面临紧迫的危险时，就可以实施正当防卫。例如，在丙正在瞄准丁时，即使还没有扣动扳机，也可以进行正当防卫。因此，所谓"在丙于乙开枪之后的最后一瞬间实施了侵害行为的场合，乙的行为就已经发生了具体的危险"的说法，也是难以成立的。

四、结果无价值论的二分说

结果无价值论的二分说认为，紧急救助型的偶然防卫属于正当防卫。本文对此持赞成态度。问题是，为什么自己防卫型的偶然防卫成立犯罪未遂？

主张这一观点的曾根威彦教授指出，在B以杀人故意杀害了C，实际上C当时正在对B实施故意杀人行为的场合,“B的法益与C的法益处于冲突之中,法律不可能认为其中的任何一方处于优越的地位”。“二者处于不正对不正的关系,缺乏正当防卫的前提,因而难以认定B的行为成立正当防卫。就此而言,在本案中,结局是防卫意识作为主观的正当化要素起到了作用,但必须注意的是,这是因为没有防卫意思的B的法益被评价为不正当的利益,而不是像行为无价值论所说的那样,不具有防卫意思的B的心理状态本身为行为的违法性奠定了基础。但是,虽然不能认定B的行为成立正当防卫,但应认为其违法性的程度仅处于未遂的限度内。诚然,C已经死亡,B的行为符合杀人既遂的构成要件(这一点在通常的正当防卫的场合也一样),但由于C的法益也是不值得法保护的不正当利益,故应做出与通常的杀人不同的法律评价。不过,由于现实上发生了结果,不是适用未遂犯的规定,而是准用未遂犯的规定。”[75]这一观点的确有一定的合理之处,也可能符合一般人的法感情,但是,本文对此持不同看法。

第一,曾根威彦教授对危险的判断采取客观的危险说,亦即,将事后查明的、行为当时存在的所有事实作为判断资料,以科学的一般人为标准判断有无危险。[76]可是,“如果从事后来观察,为了自己的偶然防卫,也可以说处于‘正对不正’的关系”,[77]因而符合正当防卫的特征。换言之,只要事后查明,C正在实施杀害B的行为,就能认定B的生命处于紧迫的危险之中,即使B稍微提前一点杀害C,也不能否认其行为符合正当防卫的条件。人们可能会问,如果在C杀害B的时候,B稍微提前一点杀害C的,C是否也成立正当防卫。本文对此也持肯定态度。“正当防卫状态,第一要义应是从结果上进行观察得出判断。”[78]只要进行事后的客观判断,就会发现“先发制人”的一方都是正当防卫。人们或许会说,这不是正对正或者不正对不正的关系吗?其实,应当认为分别存在正对不正的关系:在C偶然防卫杀害B的场合,是C的正与B的不正的关系;如果变为B偶然防卫杀害C的情形,则是B的正与C的不正的关系。

第二,曾根威彦教授一方面认为,认定B的行为不成立正当防卫,并不是像行为无价值论那样,将缺乏防卫意识本身作为违法性的根据,另一方面又认为,B没有防卫意识就导致其法益被评价为不正当利益。在本文看来,这只是表述不同而已,实际上是将防卫意识当成了主观的正当化要素，与曾根威彦教授的结果无价值论的立场相冲突。

第三，曾根威彦教授是用“自己防卫型的偶然防卫属于不正对不正”这一前提来论证偶然防卫是违法行为的，这其实是在进行前提与结论的相互论证。[79]诚然，曾根威彦教授提出了一个基本理由，偶然防卫者之所以是不正的，是因为其没有防卫意识，因此，其法益不值得刑法保护。然而，一个客观存在的法益，不可能因为法益主体具有犯罪故意或者缺乏防卫意识而当然地丧失刑法的保护；只有当法益主体正在实施不法侵害时，才使其处于受防卫的地位。既然自己防卫型的偶然防卫行为客观上是保护自己生命的行为，对方的行为属于不法侵害，那么，就不能认为偶然防卫者因为缺乏防卫意识而使自己的法益丧失刑法的保护。

第四，二分说的结论也显得不协调，亦即，保护了第三者法益的偶然防卫，不成立犯罪，但保护了自己法益的偶然防卫，则成立犯罪未遂。这多多少少将伦理的判断纳入了刑法领域。

五、结果无价值论的无罪说

对上述各种学说的批判，大体是就意味着结果无价值论的无罪说具有合理性，下面简要归纳结果无价值论的无罪说的两种基本观点。

（一）防卫意识必要说的观点

黎宏教授指出：“从我国刑法有关正当防卫的立法历史来看，除1950年的《中华人民共和国刑法大纲草案》中有关正当防卫的成立要件，使用了‘因防卫……’这种纯粹强调客观事实的用语之外，之后历次的刑法草案以及现行刑法均是使用‘为了……免受正在进行的不法侵害’这种主观色彩浓厚的用语。在这种现实背景之下，只要坚持罪刑法定原则，就应当说，成立刑法中的正当防卫，可以不考虑行为人主观上是不是具有防卫意识的观点，是勉为其难的。”[80]有鉴于此，黎宏教授采取了防卫意识必要说，据此，偶然防卫不成立正当防卫。但是，黎宏教授同时指出：“说偶然防卫不成立正当防卫并不意味着偶然防卫成立犯罪。在现行刑法规定之下，偶然防卫也不成立犯罪。从我国刑法第13条有关犯罪概念的规定来看，犯罪，是实质上具有值得刑罚处罚程度的社会危害性，形式上违反刑法规定的行为。详言之，某行为是否成立犯罪，客观上，要求行为人的行为具有社会危害性，侵害或者威胁我国刑法分则各个具体犯罪所保护的法益；主观上,要求行为人对自己的行为所引起的侵害或者威胁法益的结果具有认识。上述两个方面是成立犯罪所缺一不可的要件,否则就不能成立犯罪。偶然防卫的场合,尽管行为人在主观犯罪目的(杀人意图)的支配下,实施了杀人行为,但由于从事后来看,该行为不但没有造成剥夺无辜者的生命的严重后果,反而引起了法律上所允许的挽救自己或者他人生命的正当防卫的效果,因此,该行为客观上没有产生侵害或者威胁法益的效果,即不具有社会危害性。既然如此,那么,从犯罪是客观危害和主观罪过的统一,二者缺一不可的角度来看,偶然防卫行为显然达不到成立犯罪的要求,难以构成刑法中所规定的具体犯罪。"[81]本文虽然赞成黎宏教授的无罪结论,但难以赞成其理由。

首先,如前所述,"为了"既是带有浓厚主观色彩的用语,也是表示客观原因的用语,因此,既然采取结果无价值论,就应当选择"为了"的后一含义,进而放弃防卫意识必要说。换言之,只要采取结果无价值论,就应当采取防卫意识不要说。采取防卫意识不要说,不会违反罪刑法定原则。

其次,黎宏教授只是从实质上论述了偶然防卫不成立犯罪。但是,在三阶层或者两阶层体系下,当行为符合了构成要件时,单纯从实质上论证该行为没有违法性,进而得出无罪的结论,不仅难以令人信服,而且容易损害刑法的安定性,也否认了构成要件是违法类型的原理。在我国的四要件体系下,当行为符合犯罪构成的四个要件时,单纯从实质上论证该行为缺乏社会危害性,进而得出无罪结论,也会造成判断的恣意性,损害刑法的安定性。概言之,不管采取何种犯罪论体系,在客观上造成了"损害"的场合,要么以行为不符合构成要件为由宣告无罪,要么以行为具备违法阻却事由或者责任阻却事由为由宣告无罪,而不宜直接以不具备犯罪本质为由宣告无罪。

最后,按照黎宏教授的观点,偶然防卫成为超法规的违法阻却事由。但是,超法规的违法阻却事由,能否得到认可,总是容易存在争议。于是,只要司法人员不承认超法规的违法阻却事由,就会将偶然防卫认定为犯罪。因此,当人们对一个无罪的行为是属于法定的违法阻却事由还是属于超法规的违法阻却事由存在争议时,应当尽可能将其归入法定的违法阻却事由。亦即,当一个无罪行为属于违法阻却事由时,应当优先考虑适用刑法关于违法阻却事由的规定。事实上,只要采取防卫意识不要说,偶然防卫就成为法定的违法阻却事由,从而避免认定的恣意性。

(二)防卫意识不要说的观点

本文采取结果无价值论,并且采取防卫意识不要说。

违法的本质是法益侵害,而不是规范违反,更不是伦理违反与社会相当性的缺乏。与之相应,一个行为之所以阻却违法性,或者是因为它保护了更为优越或者至少同等的法益(如正当防卫、紧急避险等),或者是因为被害人放弃了法益的保护(如被害人承诺)。偶然防卫与通常的正当防卫一样,只要没有超过必要限度,就意味着保护了更为优越或者至少同等的法益,因而阻却违法性。

行为是否侵害法益,是一种客观事实。因此,故意、过失是责任要素,而不是违法要素。与之相应,所谓的防卫意识,也不是影响违法性的要素。所以,成立正当防卫不以防卫人主观上具有防卫意识为前提(防卫意思不要说);不能因为偶然防卫人缺乏防卫意识,而认定为其行为具有违法性。

由于防卫意识并不影响违法性,又由于正当防卫是违法阻却事由,所以,当偶然防卫符合了正当防卫的各种客观要件时,就意味着阻却了违法。在此前提下,又说偶然防卫成立未遂犯,有自相矛盾之嫌。偶然防卫人当初的杀人故意或者伤害故意,只是单纯的犯意而已。但是,单纯的犯意是不可能成立犯罪的。

在偶然防卫的场合,“客观上存在紧迫、不正的侵害事实,以及防卫行为与防卫效果,客观上处于正对不正的关系,因而存在法确证的客观的利益”。[82]按照从客观到主观认定犯罪的路径,应当排除犯罪的成立。“不管是从事前观察,还是从事后观察,偶然防卫都客观上阻却了作为未遂犯的不法内容的基础,应当无罪。”[83]

偶然防卫并不限于所谓故意的偶然防卫,而且还包括所谓的过失(或意外)的偶然防卫,后者又为分两种类型:其一,丙正在非法杀丁时,在附近擦猎枪的乙因为疏忽(或者意外),枪支走火打中了丙,保护了丁的生命。其二,甲因为疏忽(或者意外)误以为受到野兽的袭击而开枪,实际上袭击甲的不是野兽,而是人。根据结果无价值论的无罪说,甲、乙的行为属于正当防卫,不成立犯罪。

总之,偶然防卫成立正当防卫,只能以无罪论处。正如行为无价值论者所言:“客观地考察不法的见解,对此问题的解决是首尾一贯的。”[84]“不可罚说的理论,贯彻了违法性判断的事后性的原则,对未遂犯的处罚采取了客观的危险说,的确是前后一致的。只要采取事后判断,在客体不能的场合,客观上就不存在值得保护的客体,也不能肯定法益侵害的危险性。同样,在偶然防卫的场合,如果采取事后判断的标准,在任何意义上都不能肯定违法性。"[85]

需要说明的是,以上关于偶然防卫的讨论仅限于偶然防卫人的行为与故意针对客观上的不法侵害者而言。如果偶然防卫人的行为与故意是针对无辜者,而偶然造成不法侵害者伤亡时,则是需要另外讨论的问题。例如,逃犯甲、乙均持枪瞄准追逃的警察丙开枪射击,但甲的子弹射中了乙。在这种情况下,虽然甲对乙的行为属于偶然防卫,不成立犯罪,但由于甲是瞄准警察丙开枪的,其行为具有杀害警察丙的危险性,因而对丙成立故意杀人未遂。[86]并且,说偶然防卫无罪,只是就偶然防卫行为本身而言。所以,并不排除偶然防卫之前的行为成立犯罪预备。例如,甲为了杀害乙而事前准备了凶器,调查了乙的行踪。后来杀害乙时,乙正在杀害丙。说偶然防卫无罪,只是说甲杀害乙的"实行行为"无罪。至于甲此前实施的预备行为,当然可能成立杀人预备。显然,得出上述结论没有任何矛盾。

注释

1 只要客观上造成了防卫结果,主观上没有防卫意识,就可谓偶然防卫。因此,着眼于偶然防卫人的主观内容,可以将偶然防卫分为故意的偶然防卫(出于犯罪故意的行为造成了正当防卫的结果),过失的偶然防卫(过失行为造成了正当防卫的结果)与意外的偶然防卫(意外行为造成了正当防卫的结果)。本文主要围绕故意的偶然防卫展开讨论。因为如果故意的偶然防卫应当以无罪论处,过失的偶然防卫与意外的偶然防卫更应当以无罪论处。

2 参见[日]关根彻:"偶然防卫について",载[日]川端博等编:《立石二六先生古稀祝贺论文集》,成文堂2010年版,第191页。

3 此外,在三阶层体系中,还涉及构成要件与违法阻却事由(正当化事由)的关系。

4 参见张明楷:《刑法的基本立场》,中国法制出版社2002年版,第152页以下;张明楷:《法益初论》,中国政法大学出版社2003年版,第269页以下;张明楷:"行为无价值论的疑问",载《中国社会科学》2009年第1期。

5 赫尔希(Hirsch)教授的观点,参见[德]冈特·施特拉腾韦特、洛塔尔·库伦:《刑法总论 I——犯罪论》,杨萌译,法律出版社 2006 年版,第 196 页。

6 C. Roxin, Strafrecht Allgenmeiner Teil, Band I, 4. Aufl., C. H. Beck, 2006, S. 645; H. Jeschck/T. Weigend, Lehrbuch des Strafrechts. Allgemeiner Teil, 5. Aufl., Duncker & Humblot, 1996, S. 330.

7 [日]大谷实:《刑法讲义总论》,成文堂 2009 年新版,第 288～289 页。

8 参见[日]大塚仁:《刑法概说(总论)》,有斐阁 2008 年版,第 390 页。

9 [日]大谷实:《刑法讲义总论》,成文堂 2009 年新版,第 236 页。

10 参见[日]西田典之:《刑法总论》,弘文堂 2010 年版,第 31 页。

11 实际中经常出现这样的现象,甚至出现事后打死小偷的现象。也许是因为人们认为打死小偷也是符合社会伦理秩序的。

12 日本刑法第 36 条使用的是“ため”,德国刑法第 32 条使用了“um－zu”。对此下面主要联系我国刑法的规定展开论述。

13 参见陈兴良:《规范刑法学》,中国人民大学出版社 2008 年版,第 142～143 页。

14 《现代汉语词典》写道:“表示原因,一般用‘因为’,不用‘为了’”(中国社会科学院语言研究所词典编辑室:《现代汉语词典》,商务印书馆 2005 年版,第 1422 页),既然只是“一般”不用“为了”表示原因,就不排除特殊情况下用“为了”表示原因。

15 [日]新村出编:《广辞苑》,岩波书店 1983 年版,第 1514 页。

16 C. Roxin, Strafrecht Allgenmeiner Teil, Band I, 4. Aufl., C. H. Beck 2006, S. 642.

17 孟田:《关联词语例释》,黑龙江人民出版社 1981 年版,第 94 页。

18 吕叔湘:《中国文法要略》,商务印书馆 1982 年版,第 388 页。

19 《毛泽东选集》(第 1 卷),人民出版社 1991 年版,第 35 页。

20 《毛泽东选集》(第 3 卷),人民出版社 1991 年版,第 904 页。

21 丰子恺:《丰子恺文集》,人民文学出版社 2008 年版,第 38～39 页。

22 参见邵则遂:“‘为了’表示原因刍议”,载《培训与研究》(湖北教育学院学报)1999 年第 4 期。

23 [日]大谷实:《刑法讲义总论》,成文堂 2009 年新版,第 290 页。

24 [日]大谷实:《刑法讲义总论》,成文堂 2009 年新版,第 283 页。

25 [日]大谷实:《刑法讲义总论》,成文堂 2009 年新版,第 297 页。

26 [美]乔治·弗莱彻:《刑法的基本概念》,蔡爱惠等译,中国政法大学出版社 2004 年版,第 133 页。

27 [美]乔治·弗莱彻:《刑法的基本概念》,蔡爱惠等译,中国政法大学出版社 2004 年版,第 134 页。

28 [美]乔治·弗莱彻:《反思刑法》,邓子滨译,华夏出版社 2008 年版,第 408 页。

29 [美]乔治·弗莱彻:《反思刑法》,邓子滨译,华夏出版社 2008 年版,第 414 页。

30 [美]乔治·弗莱彻:《刑法的基本概念》,蔡爱惠等译,中国政法大学出版社 2004 年版,第 134 页。

31 [美]乔治・弗莱彻:《反思刑法》,邓子滨译,华夏出版社 2008 年版,第 411 页。

32 [美]乔治・弗莱彻:《反思刑法》,邓子滨译,华夏出版社 2008 年版,第 416 页。

33 C. Roxin, Strafrecht Allgenmeiner Teil, Band I, 4. Aufl., C. H. Beck 2006, S. 641, 644.

34 [日]井田良:《讲义刑法学・总论》,成文堂 2008 年版,第 258 页。

35 如后所述,德日的行为无价值论者并没有主张将所有的偶然防卫都作为未遂犯处理。

36 [日]井田良:《讲义刑法学・总论》,成文堂 2008 年版,第 260 页。

37 [日]井田良:《变革时代の理论刑法学》,庆应义塾大学出版会 2007 年版,第 113 页。

38 [德]冈特・施特拉腾韦特、洛塔尔・库伦:《刑法总论 I——犯罪论》,杨萌译,法律出版社 2006 年版,第 108 页。

39 Vgl., V. Krey, Deutsches Strafrecht Allgenmeiner Teil, Band I, W. kohlhammer 2001, S. 158.

40 参见[美]汤姆・雷根:《动物权利研究》,李曦译,北京大学出版社 2010 年版,第 211 页;[美]布拉德・胡克:"规则后果主义",载[美]休・拉福莱特主编:《伦理学理论》,龚群主译,中国人民大学出版社 2008 年版,第 223 页。

41 参见张明楷:"行为功利主义违法观",载《中国法学》2011 年第 5 期。

42 C. Roxin, Strafrecht Allgenmeiner Teil, Band I, 4. Aufl., C. H. Beck, 2006, S. 330.

43 C. Roxin, Strafrecht Allgenmeiner Teil, Band I, 4. Aufl., C. H. Beck, 2006, S. 640.

44 [日]井田良:《犯罪论の现在と目的的行为论》,成文堂 1995 年版,第 151 页。

45 C. Roxin, Strafrecht Allgenmeiner Teil, Band I, 4. Aufl., C. H. Beck, 2006, S. 659.

46 C. Roxin, Strafrecht Allgenmeiner Teil, Band I, 4. Aufl., C. H. Beck, 2006, S. 654.

47 [日]山口厚:《刑法总论》,有斐阁 2007 年版,第 101 页。

48 参见[德]克劳斯・罗克信:"刑法的任务不是法益保护吗?",樊文译,载陈兴良主编:《刑事法评论》(第 19 卷),北京大学出版社 2007 年版,第 146 页以下。

49 C. Roxin, Strafrecht Allgenmeiner Teil, Band I, 4. Aufl., C. H. Beck, 2006, S. 641.

50 [日]大谷实:《刑法讲义总论》,成文堂 2009 年新版,第 289 ~ 290 页。

51 Vgl., C. Roxin, Strafrecht Allgenmeiner Teil, Band I, 4. Aufl., C. H. Beck, 2006. S. 437; H. Jeschck/T. Weigend, Lehrbuch des Strafrechts. Allgemeiner Teil, 5. Aufl., Duncker & Humblot, 1996, S. 293; [日]大谷实:《刑法讲义总论》,成文堂 2009 年新版,第 165 页。

52 参见[日]西村克彦:"いわゆる'偶然防卫'について",载《判例时报》第 824 号(1976 年)。

53 [日]井田良:《犯罪论の现在と目的的行为论》,成文堂 1995 年版,第 134 页。

54 C. Roxin, Strafrecht Allgenmeiner Teil, Band I, 4. Aufl., C. H. Beck, 2006, S. 719.

55 参见张明楷:《刑法的基本立场》,中国法制出版社 2002 年版,第 236 页以下。

56 [日]井田良:《讲义刑法学·总论》,成文堂2008年版,第260页。
57 参见张明楷:《刑法的基本立场》,中国法制出版社2002年版,第239页以下。
58 [日]高桥则夫:《刑法总论》,成文堂2010年版,第268页。
59 [日]高桥则夫:《刑法总论》,成文堂2010年版,第375~376页。
60 参见[日]浅田和茂:《刑法总论》,成文堂2007年补正版,第227页。
61 [日]山口厚:《刑法总论》,有斐阁2007年版,第124页。
62 参见[日]曾根威彦:《刑法总论》,成文堂2008年版,第104页。
63 [日]山中敬一:《刑法总论》,成文堂2008年版,第463页。
64 参见[日]福田平:《全订刑法总论》,有斐阁2004年版,第158页。
65 [日]平野龙一:《刑法总论II》,有斐阁1975年版,第243页。
66 参见[日]福田平:《全订刑法总论》,有斐阁2004年版,第158页。
67 [日]山中敬一:《刑法总论》,成文堂2008年版,第463页。
68 [日]西田典之:《刑法总论》,弘文堂2010年版,第171页。
69 [日]西田典之:《刑法总论》,弘文堂2010年版,第310~311页。
70 [日]山口厚:《刑法总论》,有斐阁2007年版,第124页。
71 参见[日]山口厚:《刑法总论》,有斐阁2007年版,第113~114页。
72 [日]山中敬一:《刑法总论》,成文堂2008年版,第435页。
73 [日]山中敬一:《刑法总论》,成文堂2008年版,第465页。
74 [日]浅田和茂:《刑法总论》,成文堂2007年补正版,第230页。
75 [日]曾根威彦:《刑法の重要问题(总论)》,成文堂2005年版,第94~95页。
76 [日]曾根威彦:《刑法总论》,弘文堂2008年版,第230页。
77 [日]浅田和茂:《刑法总论》,成文堂2007年补正版,第230页。
78 [日]山中敬一:《刑法总论》,成文堂2008年版,第463页。
79 参见[日]前田雅英:《现代社会と实质的犯罪论》,东京大学出版会1992年版,第149页。
80 黎宏:《刑法总论问题思考》,中国人民大学出版社2007年版,第324~325页。
81 黎宏:《刑法总论问题思考》,中国人民大学出版社2007年版,第344页。
82 [日]内藤谦:《刑法讲义总论(中)》,有斐阁1986年版,第344页。
83 [日]林幹人:《刑法总论》,东京大学出版会2008年版,第197页。
84 C. Roxin, Strafrecht Allgenmeiner Teil, Band I, 4. Aufl., C. H. Beck, 2006, S. 640.
85 [日]井田良:《犯罪论の现在と目的的行为论》,成文堂1995年版,第135页。
86 参见[日]松原芳博:《刑法总论》,日本评论社2013年版,第152页。

张明楷代表作

柒

危险接受的基本法理

现实生活中经常发生危险接受的案件，但我国刑法理论基本上还没有展开具体研究，导致司法实践对危险接受案件的处理缺乏理论指导，出现了对于相似案件刑事判决认定被告人承担刑事责任，而民事判决认定被告人不承担民事责任的奇怪现象。本文对危险接受的基本法理发表很不成熟的意见，旨在起到抛砖引玉的作用。

一、危险接受概说

（一）危险接受的类型

广义的危险接受，大体分为三种类型：[1]

一是狭义的自发的自己危险化：被害人在认识到自己的行为对自己的法益具有危险的情况下，仍然实施该行为，进而给自己造成了实害。在这种场合，只有被害人实施了与其法益遭受侵害之间具有因果关系的行为。例如，被害人认识到摔伤的危险却爬树采果实，果真摔成重伤。显然，这种案件本身不具有刑法上的意义，[2]故本文不展开讨论。

二是自己危险化的参与：被害人意识到并实施了危险的行为，而且遭受了实害结果，但被告人的参与行为与被害人的实害结果之间具有物理的或者心理的因果性。简言之，被告人参与了被害人的自发的自己危险化。例如，德国曾发生如下案件：被害人是海洛因的持有人，让被告人将注射器给其使用，被害人利用该注射器注射海洛因进而死亡。德国法院曾认定这种行为成立过失致人死亡罪，但在本案中否认了过失致人死亡罪的成立

注　原文标题为“刑法学中危险接受的法理”，发表于《法学研究》2012 年第 5 期。

(海洛因案)。[3]

三是基于合意的他者危险化:虽然给被害人造成实害结果的是他人的行为,但被害人认识到并且同意被告人行为给自己带来的危险(即被害人仅承诺了危险,而没有承诺实害结果)。如德国的梅梅尔河案:在狂风暴雨之际,两位乘客不顾船工的"危险"警告,要求船工使其过河。船工在运送乘客过河时,渡船翻沉导致乘客死亡。德国法院认为,船工对乘客没有特别的保护义务,也没有违反义务,否认其行为构成过失致人死亡罪。[4]

上述介绍给人的印象是,凡是属于危险接受的案件,均阻却犯罪的成立。但事实上并非如此。例如,被害人知道被告人酒后驾驶机动车,仍然坐在其车上。被告人因为驾驶失误,导致其车跨越道路中间分隔带,与对面的车辆相撞,导致同乘的被害人受重伤(双方驾驶人员均受重伤)。德国法院认为,被告人的行为符合刑法第315a条和第316条的构成要件,即使同乘的被害人认识到危险,也不阻却被告人行为的违法性。因为上述两个法条的规定,并不只是保护交通参与者的身体与生命,而且要保护道路交通安全及一般公共安全,于是认定被告人的行为成立过失致人伤害罪。[5]但是,罗克辛教授认为,在这样的案件中,将死伤结果归属于被告人的行为,是不能令人满意的。[6]事实上,不少学者认为,德国的梅梅尔河案的船工,也成立过失致人死亡罪。[7]由此可见,哪一种危险接受阻却犯罪的成立,阻却犯罪成立的条件与根据是什么,都值得研究。

(二)自己危险化的参与和基于合同的他者危险化的关系

自己危险化的参与和基于合意的他者危险化有三个共同特点:其一,实害结果的发生,由被告人与被害人的不注意的态度相互作用而共同引起。其二,被告人与被害人都不希望、放任实害结果发生;相反,都相信、期待实害结果不发生。其三,被害人"过失地"参与了结果发生,所涉及的都是被告人最终应否承担过失犯刑事责任的问题。[8]

正因为自己危险化的参与和基于合意的他者危险化具有共同点,所以,刑法理论用危险接受概括二者。倘若认为对二者的处理结论相同,对二者的区分就没有意义;如若认为对二者应当做出不同处理,对二者的区分则具有意义。如所周知,按照三阶层体系,成立犯罪的条件是构成要件符合性、违法性、有责性,与此相对应,排除犯罪成立的情形便是不符合构成要件、具有违法阻却事由或者责任阻却事由。应当肯定的是,危险接受不是责任论领域的问题，[9]而是构成要件符合性与违法性（二者合称为不法）的问题。所以，从实质上说，不管是自己危险化的参与还是基于合意的他者危险化，都只能从不法层面解决。[10]就此而言，对二者的解决并无区别。但是，不能因为自己危险化的参与不符合构成要件，就直接认定基于合意的他者危险化也不符合构成要件。亦即，“不符合构成要件、具有违法阻却事由因而不成立犯罪”，适用于所有案件，但是，不能因为B行为与不构成犯罪的A行为具有相同点，就直接否认B行为成立犯罪。概言之，排除犯罪成立的大前提是相同的，但具体事实并不相同。所以，有必要区分自己危险化的参与和基于合意的他者危险化展开讨论，[11]因为二者在事实层面存在重大差别，事实层面的差别会影响价值判断。

德国的许迺曼教授一方面认为，二者的区分标准在于被告人行为与被害人行为的时间前后关系：如果被害人的行为在后，就是自己危险化的参与；如果被告人的行为在后，则是基于合意的他者危险化。另一方面认为，对于二者的处理应当完全相同：在被害人接受危险这一点上，基于合意的他者危险化和自己危险化的参与相同，故均阻却犯罪的成立。[12]但本文难以赞成这种观点。首先，根据这种观点，厨师没有按规定处理好河豚的肝，被害人吃后死亡的，由于被害人的行为在后，因而属于自己危险化的参与。显然，这种观点过于形式化，不利于合理判断实害结果应当归属于谁的行为。其次，如同教唆、帮助自杀与得到承诺的杀人并不相同、过失帮助他人自杀与过失致人死亡并不相同一样，对于将毒品注射器借给被害人使用和直接给被害人注射毒品，也应当做出不同的法律评价。

日本的山中敬一教授认为，在第一次危险创出后，被害人认识到有危险而介入其中的，是自己危险化的参与；被害人的自己危险行为与第一次危险创出行为同时起作用的，是基于合意的他者危险化。[13]但是，这种区分过于形式化，不利于确定实害结果实质上究竟由谁的行为造成。因为对实害结果起决定性作用的，并不仅仅取决于参与行为的时点。根据山中敬一教授的观点，女性被害人明知男性被告人患有艾滋病，却没有采取预防措施与之发生性关系，进而感染了艾滋病的（艾滋病案），是基于合意的他者危险化。[14]这便明确扩大了基于合意的他者危险化的范围。[15]

本文主张，应在与正犯论相关联的意义上区分二者，区分标准在于是自己侵害还是他者侵害。亦即，被害人自己支配了实害结果的发生时，被告人的行为属于自己危险化的参与;被告人的行为支配了实害结果发生时,则是基于合意的他者危险化。换言之,在自己危险化的参与的场合,被告人是共犯、被害人是正犯;而在基于合意的他者危险化的场合,被告人是正犯、被害人是共犯。[16]这样的区分标准,既比较明确,又具有实际意义。

有争议的是在形式上难以区分正犯与共犯的场合,即由于被害人与被告人的互动或者共同作用导致实害结果发生的场合。本文以为,可以分为三类情形得出结论:其一,虽然被害人可以自由决定是否自陷危险,但是,导致实害结果发生的行为由被告人支配时,就属于基于合意的他者危险化。例如,被害人明知被告人醉酒驾驶,仍然乘坐其驾驶的车辆,被告人的过失导致被害人伤亡。虽然被害人完全可以不乘坐被告人的车辆,但是,导致伤亡结果的行为是由被告人支配的。其二,与此相反,导致实害结果发生的行为决定权取决于被害人时,或者说导致实害结果发生的行为由被害人支配时,应认定为自己危险化的参与。如前述艾滋病案,对被告人的行为应认定为自己危险化的参与。在这样的场合,形式上是二人共同作用导致被害人感染艾滋病,但被告人并没有强行与被害人发生性关系,也没有隐瞒患艾滋病的事实,是否发生性关系进而是否感染艾滋病,完全由被害人支配,而不能认定被告人支配了实害结果的发生。其三,如果被害人与被告人实质上共同支配了结果,则应归入自己危险化的参与。例如,甲、乙二人共骑一辆自行车下坡时,由甲握车把、乙踩脚踏往下冲,甲身受重伤。在这种场合,二人的行为对结果的发生都起到了实质的重要作用。但是,在危险接受案件中,虽然可能运用共同犯罪的原理,但由于被害人不是被告人,因而不可能采取部分实行全部责任的原则。一旦不采取部分实行全部责任的原则,就不能将结果归属于被告人乙的行为,亦即不能认定被告人乙支配了结果的发生。既然如此,就只能认定为自己危险化的参与。[17]

(三)危险接受与被害人承诺的关系

危险接受与被害人承诺(同意)具有两个明显区别:其一,危险接受基本上是就过失犯罪而言;被害人承诺虽然也适用于过失犯,但主要是就故意犯罪而言。其二,危险接受时,被害人只认识到了行为的危险,并没有承诺实害结果的发生,没有放弃自己的法益;被害人承诺时,被害人同意实害结果的发生,放弃了自己的法益。[18]

从20世纪初开始,德国便开始讨论过失犯中的同意对象问题,亦即,是只要同意行为就阻却违法,还是只有同意结果才阻却违法?例如,乙、丙、丁都认识到甲醉酒驾驶机动车,但仍然坐在甲驾驶的机动车上,甲过失导致事故,乙、丙、丁三人均受重伤。如果说同意的对象只是行为就可以了,那么,既然被害人乙、丙、丁同意了醉酒驾驶行为,甲对三人的重伤便不负刑事责任,因而不成立交通肇事罪(或过失致人重伤罪),仅成立危险驾驶罪。但是,如果认为同意的内容必须包含结果,由于乙、丙、丁只是同意了醉酒驾驶的行为,而没有同意重伤的结果,所以,乙要承担交通肇事罪(或过失致人重伤罪)的刑事责任。[19]

根据威尔哲尔(H. Welzel)的观点,过失犯的违法性基础,是懈怠社会生活上必要的注意行为即违反注意义务的行为(行为无价值),结果发生(结果无价值)只是具有限制不法的机能,而不具有构成不法的机能。给过失犯的不法奠定基础的是存在违反注意义务的行为和不存在违法阻却事由,所以,被害人承诺的对象只要指向违反注意义务的行为就够了。换言之,对危险行为本身的承诺,阻却了过失犯的行为无价值,因而阻却违法性。[20]井田良教授也持类似观点:"自己决定权的内容,不仅包括允许自己的利益受到损害的自由,而且包括会使自己的利益遭受危险的自由,即具有通过甘冒风险而享受超越风险的某种利益的自由……代表性的事例有柔道、拳击等格斗性运动和医生的危险手术等。在这样的场合,可能以被害人知道行为具有一定的危险而同意为由,在此限度内否定被害人的法益的刑法保护……实行行为是'具有超出被允许的危险之上的危险的危险行为',被害人对该危险的同意,使被害人遭受该危险而适法化。"[21]

但是,这种观点难以成立。其一,这种观点的基础是行为无价值论,亦即,过失犯的违法性在于违反注意义务这种行为无价值,所以,只要被害人同意了危险行为,就缺乏行为无价值,因而不违法。然而,姑且不论行为无价值论本身的问题,即使认为过失犯的违法性在于违反注意义务,也不能认为过失犯中只要被害人同意危险行为就阻却违法。这是因为,完全可能通过"由于被害人认识到法益实害结果而放弃法益,进而不存在对这种被放弃的法益的注意义务"的理论来说明被害人承诺;"而不是只能从行为无价值论一义地推导出同意的对象论。亦即,同意的对象论,毕竟只能通过同意论的内在的分析来解决"。[22]其二,"法最终所否认的是法益受到损失的状态,而不是引起这种事故的行为本身。行为被认定为违法,也是因为它具有侵害法益的可能性(危险性),在法律上,行为只是具有引起结果的手段的意义,禁止行为本身并不是法的自身目的。况且,从被害人方面来看,被害人关心的是,自己的法益是被保全了还是被侵害了,而不是关心行为人是否违反了注意义务。因此,被害人的承诺,本来是对最终的实害结果的承诺,而不是对作为其前提的行为的承诺。"[23]其三,既然认为被害人承诺是自我决定权的实现,那么,意志因素就是不可或缺的。亦即,被害人仅认识到行为的危险,还不是自我决定权的实现;只有当被害人具有实现危险的意志时,才能称得上自我决定权的实现。其四,从事实上看,被害人只是同意了自己所认识的危险,并没有同意危险的现实化。换言之,即使危险是被允许的,也只是意味着使被害人遭受危险是适法的,而不意味着使被害人遭受侵害是适法的。其五,上述观点将正当业务行为与被害人承诺相等同,或者说仅以正当业务行为为例说明被害人承诺只需要对行为的承诺,是存在疑问的。正当业务行为之所以阻却违法,并不只是因为被害人接受危险,还因为业务行为本身具有正当性,能够保护更为优越的法益。

前田雅英教授认为,被害人同意在故意犯与过失犯中都阻却违法性,但是,在过失犯的场合,大多会发生当事人预想外的结果,被害人对所发生的结果本身存在明确同意的情形较少。因此,在过失犯的场合,同意的内容较为抽象即可阻却违法。亦即,虽然严格地说被害人对结果发生没有同意,但自己积极地置身于高度危险时,就可以说对于由该危险当然预测到的结果存在同意。[24]林幹人教授也认为,与被害人承诺不同的是,在危险接受的场合,被害人认识到结果发生的可能性低,或者只有抽象的认识,而且不希望结果的发生。但是,这样的区别并不妨碍将被害人承诺运用于危险接受的情形(准同意说)。[25]

但是,两位教授的观点存在疑问。其一,上述观点实际上认为,在故意犯的场合,被害人的承诺要求被害人认识到实害结果,但是在过失犯的场合,被害人的承诺只需要被害人认识到结果发生的可能性。显然,这便将故意、过失本身的要素,与故意犯、过失犯中的被害人承诺的要素相混同。其二,上述观点实际上将被害人认识到危险拟制为被害人同意实害结果的发生。[26]然而,即使认识到了结果发生,也不意味着法益主体希望或者容忍结果的发生。如果认为认识到了危险,就意味着容认实害结果的发生,实际上就否认了危险接受的现象。从事实上看,在危险接受的场合,被害人并没有容忍实害结果的发生,相反,期待、希望实害结果不发生。例如,当杂技演员向美女身旁投掷飞刀时,美女只是接受了危险,而不会容忍飞刀刺中自己的身体。其三,被害人承诺之所以阻却违法,是因为被害人基于自己的决定放弃了自己的法益,因此,成立被害人承诺,要求被害人认识到实害结果并且同意实害结果的发生。但是,在危险接受的场合,被害人只是同意了被害人的危险行为,并没有同意实害结果的发生,因而不能认为被害人放弃了自己的法益。

近来,德国学者毕尔克(W. Beulke)指出,对于危险接受,应当通过被害人承诺一元地解决。因为确实认识行为对自己法益的危险而承诺该行为的人,事后提出没有考虑实害结果的发生,是不自然的、非现实的。换言之,在危险接受的场合,应当肯定被害人承诺了结果。刑法只是处罚得到承诺的故意杀人行为,既然如此,就不能认为刑法也处罚得到承诺的过失致人死亡行为,所以,当过失致人死亡的行为得到了被害人承诺时,就不能以犯罪论处,否则与罪刑法定原则相抵触。[27]

但是,这种观点存在以下三个问题:其一,如上所述,在危险接受的场合,认定被害人承诺了实害结果,是不符合事实的。在现实生活中,"冒险"的人并不都是愿意接受损害结果的人。如果借用对过失犯的表述,在危险接受的场合,被害人主观上只有"过于自信的过失",亦即,虽然认识到危险,但误以为危险不会现实化。其二,以刑法只处罚得到承诺的故意杀人行为为根据,得出被害人对故意杀人的承诺无效,对过失致人死亡的承诺有效的结论,并不妥当。因为对故意杀人的承诺无效,意味着对死亡的承诺无效。换言之,刑法对生命实行绝对保护,否认了对死亡的承诺。其三,既然被害人承诺死亡结果时,也可能成立得承诺的杀人罪,那么,在被害人并没有承诺死亡,只是认识到死亡的危险时,被告人的行为更具有可罚性。

总之,对于危险接受案件,是不能用被害人承诺来解决的。亦即,危险接受案件,不同于被害人承诺案件。因此,如果能评价为被害人承诺的,就不宜依照危险接受的法理来处理。

(四)讨论危险接受的理论前提

讨论危险接受问题,必须明确以下几个前提条件:[28]

第一,危险接受案件以发生实害结果为前提。倘若被告人实施了被害人所同意的危险行为,但并没有发生实害结果,则不具有刑法上的意义。

第二,被害人必须具有认识能力与控制能力。例如,在被害人毒瘾发作,处于没有控制能力的状态时,被告人将大量毒品交付给被害人吸食,被害人吸食后死亡的,就不属于危险接受的问题,被告人的行为成立相应的犯罪。

第三,被害人必须对危险事实具有明确认识。如果被告人隐瞒真相,使被害人缺乏相应的认识时,就不应当作为危险接受案件处理。例如,被告人知道自己患有严重性病,但隐瞒真相,与对方性交时不使用安全套,使对方感染严重性病的,成立故意伤害罪。

第四,被告人在被害人还没有认识到危险的情况下实施了某种行为,导致被害人不得不陷入危险的,不属于危险接受案件。例如,被告人甲对乙家放火,放火燃烧的当时,乙为了救助家中的亲人,而冲入燃烧的家中,但因为丧失意识而倒下,因一氧化碳中毒而死亡。甲应对乙的死亡承担刑事责任。

第五,对于侵害公法益的犯罪,不存在危险接受的问题。例如,乙明知卖淫女甲患有严重性病,但依然不采取预防措施而与之性交,进而感染了严重性病。就甲的行为是否对乙成立过失致人重伤罪而言,是危险接受问题。但是,即使否认甲的行为成立过失致人重伤罪,也不能否认其行为成立侵害公法益的传播性病罪。

第六,被告人在实施自己危险化的参与行为或者基于合意的他者危险化的行为之后,仍然可以救助被害人而没有救助的场合,能否成立不作为犯,不是危险接受本身的问题。一方面,不能因为行为人没有履行作为义务,就直接肯定自己危险化的参与行为或者基于合意的他者危险化的行为成立犯罪。前者可能是故意的不作为犯,而后者是过失犯罪问题。另一方面,不能因为行为人当时没有作为义务或者缺乏作为可能性,就直接否定自己危险化的参与行为或者基于合意的他者危险化的行为成立犯罪。例如,被害人为了赶时间要求出租车司机超速行驶,司机因超速行驶,导致车的右侧撞在电线杆上,被害人身受重伤,因为抢救不及时而死亡。被害人身受重伤,是危险接受问题。司机在当时有无抢救义务、能否及时抢救,则是不作为问题。不能因为对不作为问题得出肯定结论,就直接肯定前面的基于合意的他者危险化行为成立犯罪;反之亦然。

二、自己危险化的参与

自己危险化的参与的最大特征是,被害人的行为是导致实害结果发生的直接原因,或者说,被害人自己支配了实害结果的发生,被告人只是参与了被害人的自己危险化。本文的基本观点是,对于自己危险化的参与,只要符合前述危险接受的前提条件,就不能将实害结果归属于被告人的行为(被告人的行为不成立犯罪)。问题是,如何说明其理由。[29]

(一)规范的保护范围之外的见解

20 世纪 70 年代以后,德国的通说通过客观归责理论中的构成要件作用范围,否认自己危险化的参与行为成立犯罪。其基本理由是,根据德国刑法的规定,被告人故意参与被害人的故意自杀或者故意自伤的行为,原则上不受处罚;既然如此,被告人参与他人的故意的自己危险化的行为,同样也不能受处罚;比之更轻的过失参与他人的自己危险化的行为,就更不应当受到处罚。[30]换言之,既然故意教唆、帮助他人自杀的行为,不在构成要件的作用范围之内(处于规范的保护范围之外),那么,过失教唆、帮助被害人的自己危险化的行为,就不可能符合构成要件。

我国刑法没有明文规定处罚教唆自杀与帮助自杀,刑法理论对如何处理教唆自杀与帮助自杀也存争议,[31]但司法实践大多处罚教唆自杀与帮助自杀的行为。这种局面,似乎给危险接受的讨论增加了难度。换言之,按照德国刑法理论通说的见解,可能得出如下结论:如果我国刑法处罚教唆自杀与帮助自杀,对自己危险化的参与就不能直接得出无罪的结论,若要得出无罪的结论,必须寻找其他理由;如果我国刑法不处罚故意教唆自杀与帮助自杀的行为,根据当然解释的原理,对自己危险化的参与就不能以犯罪论处。

但是,德国通说的理由并不成立,其中的当然推论也遭受了质疑。[32]诚然,从表面上看,被告人参与被害人的故意自杀行为(自己侵害)比参与被害人的可能致死行为(自己危险化)更为严重。但是,如果从被害人的自己决定的角度来看,前者的被害人不仅认识到实害结果,而且期待、希望实害结果的发生;后者的被害人只是认识到行为的危险,并反对实害结果的发生。[33]对结果的评价,必须联系法益主体对法益的态度。在参与被害人的自我侵害的场合，被害人放弃了法益；但在参与被害人的自己危险化的场合，被害人没有放弃法益。概言之，假如承认对自杀、自伤的承诺有效，教唆、帮助自我侵害的行为没有侵害法益，而教唆、帮助自己危险化的行为却侵害了法益。既然如此，就不能认为参与被害人的自我侵害比参与被害人的自己危险化更为严重。

诚然，从客观危险状态考察，在一些场合，自我侵害行为（自杀）对生命的危险高于自己危险化的行为。在此意义上说，既然参与危险更高的行为（教唆、帮助自杀）不可罚，那么，参与危险较低的自己危险化的行为，就更不可罚。但是，这也难以成为自己危险化的参与一概不可罚的论据。在自己危险化的参与的场合，即使被害人并不希望、放任死亡结果发生，但其行为导致死亡的危险性也可能很高。例如，自杀存在大量未遂情形，自己危险化存在大量现实化的情形。这表明，自己侵害与自己危险化的区别，并不是危险程度高低的区别。亦即，不能认为，自己危险化的行为的危险性必然低于自己侵害行为的危险性。因此，不能从自杀（自己侵害）参与的不可罚性论证自己危险化的参与的不可罚性。[34]

（二）与过失的教唆犯、帮助犯的比较

如果说刑法只处罚过失的正犯，而不处罚过失的教唆犯与过失的帮助犯，那么，就没有理由处罚自己危险化的参与行为。这是因为，即使过失乃至故意的正犯导致第三者的法益遭受侵害时，过失的教唆行为与过失的帮助行为也不受刑罚处罚，既然如此，在被害人自己导致法益遭受侵害时，过失的教唆行为与过失的帮助行为（自己危险化的参与）就更不应当受处罚。

显然，这一理由是以对过失犯采取限制的正犯概念为前提的。如果对过失犯采取统一的正犯概念，过失的教唆犯与过失的帮助犯均属于正犯，则难以得出上述结论。

“倡导目的行为论的 Welzel 认为，在故意犯与过失犯，更正确地说是在故意作为犯与其他犯罪中，采取同一的正犯基准，本身就是错误的。并非目的性行为的过失犯（以及不作为犯）本来就不存在正犯与共犯的区别，进而主张惹起构成要件结果的行为均为正犯的二元主义或者二元的正犯概念。”[35]罗克辛教授指出，在故意犯中，“‘限制的正犯概念’才是正确的见解，据此，正犯原则上被限定为分则描述的构成要件行为。教唆犯和帮助犯则是基于刑罚扩张事由,其可罚性超出了被称为正犯的可罚性的核心范围。由此,人们同时也找到了正犯与共犯之间的界限:这条界限存在于对构成要件的实现上,而不是在于因果关系上”。[36]但是“在现行的德国刑法中,统一的正犯概念在过失犯领域确实被一般性采用。由于刑法明文规定成立教唆犯和帮助犯以存在故意为前提(第26条、第27条),故在过失犯中不可能存在教唆犯或者帮助犯。由此,任何过失地导致构成要件结果的行为人,都总是过失犯罪的正犯。当然,过失共同正犯的可能性也没有被排除”。[37]

根据这种观点,故意帮助他人自杀的,不是故意杀人罪的正犯;但是,过失帮助他人自杀的,则是过失致人死亡罪的正犯。将这种二元的正犯概念运用到自己危险化的参与案件中来,就会肯定自己危险化的参与的可罚性。这是因为,过失帮助他人自杀导致他人死亡的,并不是过失的帮助犯,而是过失的正犯。既然是过失的正犯,就难以否认其可罚性。

然而,认为刑法不仅处罚过失的教唆犯与帮助犯,而且将其作为过失的正犯处罚的观点,难以被我国接受和采纳。其一,刑法以处罚故意犯为原则,以处罚过失犯为例外。如果将过失的教唆与帮助当作过失的正犯,必然无限扩大过失犯的处罚范围,不符合过失犯处罚的例外性。其二,我国刑法第15条第2款明文规定:“过失犯罪,法律有规定的才负刑事责任。”刑法分则没有一个条文规定处罚过失的教唆与帮助行为,刑法总则第25条的规定将共同犯罪限定在故意犯罪的范围内。因此,将过失的教唆、帮助行为当作正犯处罚,有违反罪刑法定原则之嫌。其三,如果处罚过失的教唆与过失的帮助行为,就必然导致国民的行为萎缩。易言之,处罚过失的教唆,可能导致国民不敢和他人进行语言、文字交流;处罚过失的帮助,可能导致国民不敢向他人提供任何物品。这样的结局,显然不符合刑法保障国民自由的本旨。其四,需要说明的是,德国学者从“过失犯中不可能存在教唆犯或者帮助犯”推论出“任何过失地导致构成要件结果的行为人,都总是过失犯罪的正犯”,只是一种逻辑推论。事实上完全可以进行相反的推论:既然处罚教唆犯、帮助犯以行为人具有故意为前提,那么,没有故意的过失教唆与过失帮助就不受处罚。

由上可见,只要对过失犯采取限制的正犯概念,认为过失的教唆与帮助不可罚,那么,自己危险化的参与行为就因为缺乏故意而不可罚。但是,这样的论证仍然难以令人满意。其一,我国刑法是采取了限制的正犯概念,还是统一的正犯概念,还没有定论,因为刑法第25条的规定并没有明确否定对过失犯采取统一的正犯概念。[38]其二,如果说自己危险化的参与,只是因为被告人没有故意而不可罚,那么,在结果无价值论看来,这就意味着自己危险化的参与行为本身仍然符合教唆犯与帮助犯的成立条件,具有违法性,只是缺乏故意的责任。但是,这种结论并不妥当。

总之,从与过失的教唆犯、帮助犯比较的角度,得出自己危险化的参与行为不成立犯罪的结论,虽然是可能的,但并不是理想的路径。

(三)共犯从属性原理的运用

本文主张通过否认构成要件符合性,并运用共犯从属性的原理,得出自己危险化的参与不构成犯罪的结论。

自己危险化的参与,虽然不是真正意义上的共同犯罪,但是,在由二人以上的行为共同造成了实害结果的意义上说,则与共同犯罪相同。共同犯罪是违法形态,从违法层面来说,共同犯罪的立法与理论所解决的问题,是将违法事实归属于哪些参与人的行为。就具体案件而言,司法机关认定二人以上的行为是否成立共同犯罪,是为了解决二人以上行为的客观归责问题。在自己危险化的参与的场合,也可谓二人以上的行为共同造成了实害结果的发生,因而与共同犯罪存在相同之处。亦即,均存在谁的行为直接造成实害结果(正犯),谁的行为通过他人的行为实害结果(共犯)的问题。因此,共同犯罪中关于正犯与共犯的区分,完全可以运用于自己危险化的参与的情形中(如后所述,也能适用了基于合意的他者危险化的情形)。亦即,在自己危险化的参与的场合,被害人是正犯,正犯自冒风险时,其行为既不符合构成要件,也不具有违法性。例如,过失致人重伤,是指"过失伤害他人致人重伤"(刑法第235条);过失致人死亡时,其中的人也应指"他人",而不应当包括行为人本人。[39]当被害人自己过失导致自己重伤、死亡时,其行为并不符合过失致人重伤罪、过失致人死亡罪的构成要件。既然正犯的行为不符合构成要件,那么,根据共犯从属性说的原理,不管在从属性程度上采取何种学说(任何从属性学说都要求正犯行为具有构成要件符合性),教唆行为与帮助行为就都不可能成立犯罪。

例如,在校大学生周强、刘卿、刘敏相约来到一河边渡口游泳,刘敏提出到水最深的地方看河水到底有多深,周强、刘卿表示同意。因害怕危险,三人决定手牵手试水，由于三人手未拉稳，一起掉了下去，他人听到呼救赶到时，刘敏被冲向沙滩边，自己爬上岸，刘卿被人救起，而周强则沉入水中，直到次日下午才被打捞起尸体。在本案中，三人手牵手试水的行为，对各自都是一种危险行为，但死者周强的行为并不符合过失致人死亡罪的构成要件。既然如此，实施了参与行为的刘敏、刘卿，就不可能成立过失的教唆犯与帮助犯。本案没有作为刑事案件处理，是完全正确的。[40]

但是，在我国的司法实践中，经常可以见到将自己危险化的参与行为认定为犯罪的不当现象。

例如，2010 年 1 月 29 日上午，顾某（男，42 岁）与被害人倪某等人在启东市北新镇一船上游玩。其间，顾某觉得无聊便想找点乐子。顾某想起夏天时和倪某玩过的一个游戏，即他将 50 元现金扔到河中，让倪某下水捞钱，钱捞到后归倪某所有。于是，顾某再次提出玩此游戏，因冬天水太冷，倪某不愿下河，顾某便提出加价至 100 元，倪某同意。顾某随即将 100 元现金扔进河中，倪某跳入冰冷的河水中捞钱，却因河水太冷溺水身亡。某法院以过失致人死亡罪判处顾某有期徒刑 1 年。[41]

本案的特点是，被告人唆使被害人实施自己危险化的下河捞钱行为，被害人虽然并不希望或者放任自己的死亡，却实施了该危险行为。所以，被告人的行为是典型的自己危险化的参与。可以肯定的是，导致被害人死亡的原因，是被害人自己跳入河中的行为（被害人自己过失地造成了自己的死亡）。但是，被害人的这一行为并不符合过失致人死亡罪的构成要件。因为如上所述，过失致人死亡中的"人"，只是他人而不包括自己。既然如此，被告人就并未参与符合构成要件的行为。另一方面，在危险性认识的问题上，被告人的认识与被害人的认识并没有区别；也不可能认为被告人的行为在客观上对被害人形成了心理或者物理的强制。质言之，被告人的行为并不符合间接正犯的成立条件。所以，无论从哪个角度来说，被告人的行为都不成立过失致人死亡罪。

再如，2011 年 3 月 8 日上午 8 时许，某派出所民警依法将涉嫌寻衅滋事的肖凤琴传唤至派出所进行讯问。在去派出所之前，肖凤琴将此事告诉其妹肖凤侠，并让肖凤侠给她买农药送到派出所，以便以喝农药的形式吓唬民警。肖凤侠与王某某一起到某农药门市部购买两小瓶丁硫吡虫啉，到派出所后交给肖凤琴。肖凤琴接到农药后提出去洗手间，等她从洗手间出来后,民警发现她满脸通红,口中有白沫,立即拨打急救电话,将肖凤琴送至医院抢救,肖凤琴因抢救无效死亡。法院认为,被告人肖凤侠明知农药能致人死亡,为帮他人达到恐吓公安干警的目的,将农药送给他人,造成他人死亡的严重结果,其行为构成过失致人死亡罪,判处有期徒刑 3 年,缓刑 5 年。[42]

本案的特点是,被告人帮助他人实施自己危险化的行为。但是,被告人对被害人的死亡结果并没有故意,被害人虽然并不希望或者放任自己的死亡,却实施了喝农药的危险行为。所以,被告人的行为是典型的自己危险化的参与。由于被害人的行为并不符合过失致人死亡罪的构成要件,对于过失帮助的被告人也不得以过失致人死亡罪论处。[43]

总之,就自己危险化的参与而言,作为正犯的被害人行为并不符合任何犯罪的构成要件,因此,参与其中的被告人的行为不可能成立犯罪。按照本文前述观点,对被告人与被害人共同导致实害结果发生的情形,也应当视为自己危险化的参与,否认被告人的行为成立犯罪。例如,2006 年 7 月 28 日晚上,被告人张东岳与被害人余某在张东岳的桑塔纳轿车上发生性关系时,张东岳应邀帮助被害人共同用手掐被害人的颈部。发现昏厥后,张东岳同他人将余某送往医院抢救。余某经抢救无效死亡,经鉴定,余某系颈部受外力作用致机械性窒息死亡。法院认为,被告人用手掐被害人的颈部,致被害人颈部受外力作用致机械性窒息死亡,但主观上其对被害人的死亡结果具有过失,其行为侵犯了他人的生命权,构成过失致人死亡罪。判处有期徒刑 6 年。[44]在本文看来,倘若由被告人单独用手掐被害人的颈部,就属于基于合意的他者危险化。但是,本案是由被告人与被害人共同用手掐被害人的颈部,不能将死亡结果归属于被告人的行为。如所周知,所谓部分实行全部责任,是指在共同正犯中,即便被告人仅实施了部分行为,也要肯定其行为是结果发生的原因。这是因为,共同正犯中的各被告人相互利用、补充其他人的行为,使自己的行为与其他人的行为成为一体导致了结果的发生。如果分别考虑,反而难以确定结果由谁的行为造成。而且,在共同正犯中,所有正犯都属于“被告人”。然而,在上例中,即使可以在一般意义上肯定被害人与被告人的共同行为导致了实害结果的发生,但被害人不是被告人,被害人的行为与其遭受的实害结果之间的因果关系,不可能成为他人行为与结果之间具有因果关系的理由,因而不可能适用部分实行全部责任的原理。显然,一旦撇开被害人的行为,就意味着只能单独考察被告人的行为;一旦仅考察被告人的行为,就不可能得出被告人的行为与被害人的死亡结果之间具有因果关系的结论,亦即,不能认为被告人的行为支配了死亡结果的发生。既然如此,就只能否认被告人的行为具有构成要件符合性。

三、基于同意的他者危险化

如前所述,基于合意的他者危险化与自己危险化的参与存在区别。但是,德国、日本的刑法理论,大多试图以同一原理说明二者均不可罚,而且,学者们的理由可谓五花八门,[45]在此只能评介几种具有代表性的观点,然后发表自己的浅见。

(一)规范的保护范围之外的见解

如前所述,罗克辛教授认为,自己危险化的参与时,因为行为造成的结果不在规范的保护范围之内,因而不能将结果归属于自己危险化的参与行为。罗克辛教授进而指出,当基于合意的他者危险化行为在所有重要方面可以与自己危险化的参与行为同视时,就否定结果归责。换言之,只有当基于合意的他者危险化,也处于规范的保护范围之外时,才否定客观归责。罗克辛教授一方面认为,这种同视一般是不可能的。因为将自己的危险化委托给他人的人(即基于合意的他者危险化的场合),比尝试以自己的力量支配危险进而使自己危险化的人(即自己危险化的参与的场合),更要听任事态摆布。另一方面又指出,具备下列条件时,二者可以同视:一是实害结果是被告人所冒危险的现实化,不是添加了被告人的其他过错而产生的;二是就共同实施的行为,被危险化的被害人与实施危险化行为的被告人,具有同等程度的答责性。而且,只要被害人与被告人对危险化具有同等程度的预见,就能肯定同等程度的答责性,进而否定客观归责。[46]

不过,罗克辛教授的上述观点存在疑问。

首先,自己危险化的参与时,被害人支配了结果的实现,而在基于合意的他者危险化的场合,被告人支配了结果的实现,认为二者具备一定条件就可以同视,基本上是不可能的。诚然,从作为该理论基础的自己决定的自由来看,二者似乎没有本质不同。但是,在自己危险化的参与的场合,被告人的参与行为只是附属性的存在,通常应当置于刑法的规制之外;在基于合意的他者危险化的场合,被告人的危险行为正是刑法评价的对象,被害人的合意只不过是间接影响犯罪性程度的附随情况。[47]

其次,罗克辛教授提出的两个同视条件,不仅缺乏实际意义,而且导致自己危险化的参卢和基于合意的他者危险化完全等同。第一个条件是没有任何价值的,因为即使在自己危险化的参与场合,实害结果也是所冒危险的现实化。如果实害结果不是所冒危险的现实化,就不成其为危险接受的案件。[48]第二个条件也不能为基于合意的他者危险化提供否定客观归责的根据。因为在自己危险化的参与的场合,被害人与被告人对危险化都具有同等程度的预见。例如,不管是出借毒品注射器给吸毒者(自己危险化的参与),还是直接给吸毒者注射毒品(基于合意的他者危险化),对毒品可能致人死亡的危险的预见,不会存在区别。于是,对基于合意的他者危险化案件的处理,几乎与自己危险化的参与完全相同,均否定客观归责。这明显不合适。再者,为什么可以通过第二个条件就能使基于合意的他者危险化与自己危险化的参与同视(为什么具有同等预见,就应当同等客观归责),罗克辛教授也没有提出令人信服的任何理由。基于合意的他者危险化,不是由被害人的行为直接导致结果发生的,而是由被告人的危险行为直接导致实害结果发生的。既然如此,就不能仅凭被告人与被害人对危险的预见相同,而否定将实害结果归属于被告人的行为。换言之,在基于合意的他者危险化的场合,要否定结果的归属,必须提出更高的条件。

最后,由此可以进一步发现罗克辛教授的观点有自相矛盾之嫌:一方面明确区分自己危险化的参与和基于合意的他者危险化,并且认为后者一般不可能与前者同视;另一方面又对否定基于合意的他者危险化的客观归责设定很低的条件,导致对二者的处理结论几乎完全相同。

(二)被害人的自我答责理论

被害人的自我答责理论,也可谓客观归责理论的一个内容。但是,在危险接受问题上,这种理论并不是从规范的保护范围角度展开讨论的,而是从被害人与被告人的答责分配的角度而言的。不过,将被害人自我答责理论作为基于合意的他者危险化不构成犯罪理由的各种观点并不完全统一,所提出的排除犯罪成立的条件更不一致。下面只能选择几种具有代表性的观点予以说明。

1. 扎茨克(R. Zaczyk)教授的见解

扎茨克教授认为,个人的自我答责是不法层面的问题。刑法上的不法,是对各具体人的人格性的攻击,即对各具体人的现实自由的缩减。通常的不法案件,表现为参与一方的积极部分与另一方的消极部分的对置,故自己侵害本身并不意味着不法。因为针对自己实施的自己侵害行为,缺乏法律上特定的人格性的关联。基于这样的观点,扎茨克教授指出,“有意识的自己侵害”,是被害人知道结果却实施侵害自己法益的行为,被害人意欲结果的发生。在此,是被害人制造了“意思、行为与结果的统一体”,被害人是行为的中心,也是行为的目标。在这种场合,原则上排除被告人的答责,完全由被害人答责。但是,在危险接受的场合,被害人以为结果不会发生,因而不像有意识的自己侵害那样,制造了“意思、行为与结果的统一体”,故不能完全由被害人自我答责。换言之,在危险接受案件中,之所以将被告人作为过失正犯予以处罚,是因为结果的发生是由被告人偶然造成,而不是由被害人造成。那么,如何确定谁答责呢? 扎茨克教授提出通过以下两个阶段的考察来确定。第一个阶段:“在法所确定的形态上,被害人能否信赖他人通过适合义务的态度对导致侵害的过程进行支配?”如果对此持肯定回答,就否定被害人自我答责,产生他人的答责性;如果得出否定结论,则由被害人自我答责,否定他人的答责。但是,即使肯定被害人自我答责时,还需要进行第二个阶段的考察:“在法所确定的形态上,被害人能否信赖自己完全没有推进自己危险化的可能性?”如果对此持肯定回答,就否定被害人自我答责,产生他人的答责性。但是,这种肯定他人答责性的情形仅限于例外场合,因为一般来说,被告人没有对被害人的监督义务。结局是,只要被告人没有违反注意义务就缺乏归责可能性。据此,梅梅尔河案中,只能由被害人自己答责,因为船工对乘客并不负有特别的监督义务。反之,在毒品案中(被告人将毒品或者注射品交付被害人,被害人注射毒品过量导致死亡),由于被告人的行为违反有关毒品的法律,违反了注意义务,因而不是由被害人答责,而必须由被告人答责。[49]

在本文看来,扎茨克教授的观点存在缺陷。其一,扎茨克教授所做的两个阶段的信赖可能性的判断,分别为第一阶段的被告人“对危险的因果过程的支配义务”和第二阶段的被告人“对被害人的监督义务”。并且,将被害人的有意识的自己危险化,作为确定被告人是否存在注意义务违反的事实来考虑。显然,这一理论只是说明被告人是否违反了注意义务,并没有道出更多的内容。[50]其二,扎茨克教授的理论看似很精巧,但是,如何判断谁制造了“意思、行为与结果的统一体”却缺乏具体标准。其三,按照扎茨克教授的基本观点,在危险接受的场合,原本不应当由被害人自我答责,但其结论却是大多是由被害人自我答责。其四,扎茨克教授虽然区分了有意识的自己侵害与危险接受,但是没有合理地区分自己危险化的参与和基于合意的他者危险化,导致基于合意的他者危险化可能不成立犯罪,而自己危险化的参与反而成立犯罪,其结论难以被人接受。

2. 盐谷毅教授的见解

日本学者盐谷毅虽然区分了自己危险化的参与和基于合意的他者危险化,但同时认为,二者具备以下三个条件时,阻却犯罪的成立:一是被害人完全认识到行为的危险性和特定的构成要件结果发生的可能性;二是被害人对上述危险性具有认识、评价的能力(自己答责能力),具有意志决定的自由;三是在客观上,被害人并不只是单纯地将事态发展委托给被告人,而是对结果发生至少显示出与被告人同等程度以上的积极态度(自己答责的态度)。虽然自己危险化的参与通常能满足第三个条件,但基于合意的他者危险化并不当然满足第三个条件,只有当被害人对事态整体掌握了“主动权”,实害结果归属于被害人的答责领域时,才符合第三个条件。[51]

本文难以接受盐谷毅教授的观点。首先,盐谷毅教授是将危险接受作为客观归责问题展开讨论的,但是,其所提出的由被害人自我答责的条件,基本上都是从主观角度而言的。其次,所谓被害人对事态整体掌握“主动权”,也并不是指被害人支配了结果发生,而是指被害人可以决定是否参与危险行为。可是,在基于合意的他者危险化的场合,客观上由被告人直接造成结果发生时,不应当认定被害人对事态整体掌握了“主动权”。例如,在梅梅尔河案中,不能因为被害人要求渡河,就认为其对事态整体掌握了“主动权”。最后,盐谷毅教授一方面认为,在基于合意的他者危险化的场合,由于被告人的行为直接导致了结果发生,“原则上可以推定被告人的正犯性,故要认定被害人的自己答责就必须具有特别的事情”。另一方面认为,在梅梅尔河案中,被告人已经指出了危险,并且劝说被害人不要渡河,但被害人依然要求船工将其渡河,故“可以认定被害人‘对结果发生的积极性’”,被害人具有间接正犯性质,而被告人的行为应评价为帮助性质。[52]盐谷毅教授表面上认为基于合意的他者危险化原则上并不符合其提出由被害人自我答责的第三个条件，但对具体案件的分析结论基本上是由被害人自我答责。这显然是自相矛盾的。

3. 冯军教授的见解

冯军教授在讨论被害人自我答责时，认为可以通过被害人自我答责的理论使被告人的行为不成立犯罪。被害人自我答责的成立条件有四：一是被害人具有认识导致结果发生的危险和阻止危险现实化（变成结果）的能力；二是被害人自己引起了发生损害结果的危险；三是被害人在自己尽管还能够管理危险时却强化了危险；四是法规范上不存在他人应该优先地阻止危险现实化的特别义务。自己危险化的参与（“自己故意实施危险行为”）和基于合意的他者危险化（“同意他人实施风险行为”）都应当由被害人对所发生的实害结果承担责任。[53]显然，冯军教授对自己危险化的参与和基于合意的他者危险化，作了完全相同的处理。

首先应当澄清的是，冯军教授所称的“自己故意实施危险行为”中的“故意”并不是指被害人对实害结果持希望或者放任态度；否则，就完全成为被害人承诺的案件，而不一定需要采用被害人自我答责的理论。

其次应当承认的是，冯军教授就被害人自我答责提出的四个条件是最完整的。问题在于，基于合意的他者危险化是否具备了冯军教授所称的第二个条件和第三个条件，即能否认为被害人自己引起、强化了发生损害结果的危险？本文对此存在疑问。例如，2005 年 6 月，被告人田玉富与其妻康滕青为违法生育第三胎而被本县板栗树乡计划生育工作人员带至县计划生育技术指导站实施结扎手术。6 月 25 日上午 11 时许，被告人田玉富为使其妻逃避结扎手术，对计生工作人员谎称其妻要到指导站住院部三楼厕所洗澡。骗取计生工作人员信任后，被告人田玉富先用手掰开厕所木窗户，然后用事先准备好的尼龙绳系在其妻胸前，企图用绳子将其妻从厕所窗户吊下去逃跑，但由于绳子在中途断裂，致使其妻从三楼摔下后当场死亡（法院认定被告人的行为构成过失致人死亡罪）。[54]本案是典型的基于合意的他者危险化。被害人无疑认识到了行为的危险，但是，危险完全掌控在被告人手中，被告人的过失行为支配了实害结果的发生。既然如此，就难以认为被害人自己引起和强化了危险。诚然，被害人可以不同意被告人的行为，但是，不能因为被害人有这种决定权，就认定她自己引起、强化了发生死亡结果的危险。更为重要的是,在当今社会,与引起危险的行为相比,引起法益实害结果的行为更值得重视。所以,退一步来说,即使认为被害人引起了危险,也不能否认被告人将危险现实化的侵害行为对实害结果的重要性。所以,基于合意的他者危险化,也并不符合冯军教授设定的条件,因而不能由被害人自我答责。

4. 共性问题

被害人自我答责的理论还存在如下共性问题:

首先,从总体上来看,被害人自我答责的理论相当混乱:其一,虽然持这一理论的学者均认为,被害人自我答责属于客观归责问题,但是,被害人自我答责时,究竟是意味着被告人的行为没有增加危险,还是危险没有现实化,抑或超出了构成要件的保护范围,既不明确,也不统一。其二,主张这一理论的学者,对于被害人自我答责的条件并不相同;事实上,各个学者都是事先对各种案件有了自己的结论,然后根据自己的结论设定条件。其三,与此相应,主张这一理论学者,对相同案件的处理,也没有得出相同的结论。

其次,被害人自我答责与被害人承诺是基于相同的理论根基,即被害人的自我决定权。可是,既然对于基于合意的他者危险化不能通过被害人承诺排除不法,为什么可以通过基于相同理论根基(自己决定权)的自我答责性原则来排除不法?[55]此乃被害人自我答责理论难以回答的问题。这是因为,既然承认被害人对生命的承诺无效,亦即,即使得到了被害人的承诺,对其生命的侵害也是违法的,那么,在被害人并没有对生命做出承诺,只是同意对生命有危险的行为时,更不可能否认行为人对其生命侵害的违法性。换言之,在被害人对生命做出承诺时,并不因为被害人的责任而否认杀人者的杀人行为的违法性。既然如此,在被害人只是同意对生命有危险的行为,而没有对生命做出承诺时,就更不能因为被害人的责任而否认行为人对其生命侵害的违法性。

再次,被害人自我答责的原理,与后述被害人信条学的原理有一个相通之处,均认为法益主体具有保护自己法益的义务。[56]但是,这种观点并不成立。其一,这种观点与被害人承诺的法理相冲突。亦即,如果认为法益主体具有保护自己法益的义务,那么,法益主体同意他人侵害自己的法益时,就违反了其法义务。这便否认了自己决定的价值,使被害人承诺不能成为违法阻却事由。而且,自己加害与他人加害就没有本质区别,甚至对自我加害行为予以刑法处罚，也是可能的。但是，这不仅与现行法相冲突，而且不符合客观事实。[57]其二，主张被害人对自己的法益具有保护义务，“容易认可国家对市民生活的过度介入”。[58]例如，在盗窃频发的地区，国家就可以强迫国民锁好门窗，否则就违反其法益保护义务。但是，这种强迫法益主体必须以特定方式保护自己法益的做法，“不可能与以‘个人自由’为基础的现行法秩序相调和”。[59]

最后，刑法的目的是保护法益，如果一个案例只有被害人，刑法就根本不可能介入。一旦存在被告人的行为及其对他人法益造成的侵害，就必须判断该行为是否具备构成要件符合性、违法性与有责性。但是，被害人自我答责理论，如同英美侵权法中的所谓与有过失规则：“在以过错为基础分配损失……的范围内，个人应‘合理’行为以避免害人或害己，不合理行为便承担全部损失；即使其被同样不合理行为的他人伤害，情况亦然。这意味着，如果我是事故受害者且我的行为不合理，那么，即使加害人于加害我时行为亦不合理，我也要承担全部的损失。这便是与有过失(contributory negligence)规则。此规则愚不可及，已为许多州所抛弃。”“对与有过失的一项经典批评是，‘它把假定由双方所致损失的全部负担施加给一方’……换言之，尽管加害人与被害人皆有过错，与有过失原则仍厚此薄彼。”[60]被害人自我答责的理论亦是如此，即使行为人对被害人的法益造成了实害结果，但只要被害人认识到了危险仍然同意被告人实施该危险行为，就要将全部负担施加给被害人，典型的厚此(被告人)薄彼(被害人)。

(三)被害人信条学的原理

如果说被害人自我答责理论所考虑的是被害人与被告人之间的答责关系，那么，被害人信条学的原理则考虑的是被害人与国家之间的管辖关系。

被害人信条学的原理的根本思想是，“在并非由家长主义而是由自由主义构成的法秩序中，保持法益、不使法益危险化的第一次的管辖，指向的是作为法益主体的被害人本身”。[61]如阿梅隆(K. Amelumg)教授指出，刑法是国家保护法益的最后手段，如果被害人本身可运用适当的手段保护其法益而任意不用，则刑法没有介入的余地。[62]许迺曼教授指出，传统的犯罪论体系仅以被告人的行为为依据判断是否具有构成要件符合性、违法性与有责性,但这种做法不能全面地解释因被害人行为介入所产生的犯罪行为;被害人的行为对于犯罪的成立有其独立的地位;对被告人的刑罚的必要性与对被害人保护的必要性是相对存在的,因为刑罚作为国家预防社会侵害的最后手段,在被害人能够自我保护却疏于自我保护的情况下,即被害人不值得保护也不需要保护的情况下,国家刑罚权便无发动的余地,对被告人也就没有处罚的必要。[63]所以,"刑法相对于可能和可胜任自我保护的潜在被害人应当是一种辅助性手段,或者说具有第三顺位性"。[64]

根据这样的观点,被害人对自己法益的态度就具有重要性,在可以期待被害人保护自己的法益、回避实害结果的场合,即使被告人参与其中,也不应当承担罪责。因此,在基于合意的他者危险化的场合,由于被害人没有妥善地保护自己的法益,故不得动用刑法追究被告人的责任。甚至有学者认为,只要被害人对危险有相当缓和的、抽象的危险的认识,或者只要被害人有认识的可能性,就不应当追究被告人的刑事责任。例如,如果被害人知道被告人是卖淫女,就应当具有抽象的危险的认识,即使卖淫女隐瞒自己患有艾滋病的真相,被害人没有认识到具体的艾滋病感染可能性而感染了艾滋病的,也要否定卖淫女的行为成立过失犯。[65]

不分情形,在任何场合都认为被害人是保护自己法益的第一责任人,是存在疑问的。诚然,被害人从药店购买了非处方药品后,不按说明使用,导致死亡或者伤害的,不可能由他人承担刑事责任。但是,这种观点不能彻底化,或者说不能贯彻到任何情形中。其一,将被害人信条学的原理作为刑法的普遍原则,使刑罚的必要性取决于对被害人保护的必要性的观点,违反刑法精神。例如,即使被害人疏于保护自己的财物,导致对财物的占有弛缓而被盗时,也不能因此否定被告人成立盗窃罪。在基于合意的他者危险化的场合,如果因为被害人容易轻信行为人,便将其排除在刑法的保护范围之外,同样不符合立法精神。其二,刑法的补充性并不能推论出被害人信条学的原理。刑法的补充性的基本内涵是,国家能够使用较轻微的方法以预防社会损害时,则没有适用刑法的余地。显然,该原则是针对国家的行为而言,适用对象并不包括一般国民,并不是说,"国民可以自我保护时,刑法便没有适用的余地"。换言之,刑法的补充性原则是指,当国家有多种方式履行保护义务的时候,应该选择对公民基本权利干涉程度最轻的方式。然而,所谓的被害人信条学原理,却是将法益保护的责任推卸给了公民自己。可是,保护公民的法益原本就是国家存在的重要目的和意义,也是国家存在的合法性依据所在。既然如此,就不能认为被害人是保护自己法益的第一责任人。其三,被害人信条学的原理将刑法的补充性原则扩张解释为“要求国民自我保护”的原则,这也不符合历史事实。因为从历史的发展来看,禁止国民采用私刑,将刑罚权赋予国家独占,正是为了解除国民的自我保护任务。其四,被害人信条学的原理也违反刑事政策。如果个人因为轻易相信他人就不能得到国家保护,那么,个人在公众生活中就必然时时刻刻提心吊胆,个人行为的自由也随之受到限制。[66]

此外,持被害人信条学理论的学者,还认为被害人自我答责理论过于僵化,被害人信条学则很有弹性,这种弹性表现在三个方面:其一,运用层次多样性,不仅可以运用于客观归责,还可以运用于违法阻却事由以及作为刑法分则的重要解释原理。其二,没有排他性,可以联合其他一些原则进行法益权衡,以具体实现刑法的最后手段原则。其三,提供了可以依循的思考方向,可以避免非此即彼的僵化判断。[67]由此可见,被害人信条学的原理,并没有为危险接受案件提供清晰的判断标准。被害人自我答责理论主张无罪的情形,被害人信条学原理可能得出有罪的结论。[68]而且,由于被害人信条说很有弹性,即使同样采纳被害人信条学原理的学者,对同一案件也可能得出不同的结论;即使得出的无罪结论相同,但有的会认为缺乏违法性,有的会认为缺乏有责性。

(四)行为的危险性否定说

山口厚教授曾经指出,在“对死亡的危险接受”的事例中,法益主体虽然并没有同意死亡结果,但同意了死亡的危险(同意了行为的危险性)。行为的危险性,是认定相当因果关系或者客观归属关系的要件。因此,在确实能够认定被害人“同意”行为的危险性的限度内,就可以规范地否认“行为的危险性”,进而否认相当因果关系或者客观归属关系,结局是否认过失犯的构成要件符合性,因而不成立过失犯。[69]后来,山口厚教授指出,法益主体具有使自己的利益遭受危险的自由,这种自由既可以表现在自己危险化的参与中,也可以表现在基于合意的他者危险化中。既然法益主体认识到并同意实施危险行为,那么,对于客观上、主观上不可能回避的结果,就不应当追究行为人的刑事责任。如果追究刑事责任,就与允许实施危险行为相矛盾。反过来说,如果客观上、主观上具有回避结果的可能性,则没有理由否认行为人的行为构成犯罪。[70]

但是,山口厚教授的观点也并非没有疑问。其一,如所周知,山口厚教授是非常彻底的结果无价值论者,但在此问题上,山口厚教授却以否认行为的危险性为由否认构成要件符合性,这似乎与其结果无价值论的立场相冲突。其二,如果说法益主体认识到他人的行为会对自己法益造成实害而放弃法益,那么,完全可能在规范的评价上否认行为的危险性。这是因为,既然被害人放弃了法益,造成该法益损害的行为,便不再是侵害法益的违法行为。但是,当法益主体只是认识到行为的危险,而没有接受法益实害结果时,仅凭法益主体对行为危险的认识就否认行为的危险性,也是缺乏根据的。[71]换言之,在基于合意的他者危险化的场合,否认行为的危险性的规范评价是缺乏根据的。其三,如果说被害人同意对自己生命危险的行为时,就否认被告人行为的危险性,那么,当被害人同意他人杀害自己时,更应当否认被告人行为的危险性,事实上并非如此(各国处罚得承诺的杀人就表明了这一点)。[72]其四,山口厚教授实际上将被害人对危险的同意与对实害结果的同意作了等同处理,亦即,将被告人对危险的同意拟制为对实害结果的同意。然而,对生命的承诺是无效的,为什么对生命有危险的行为,因为法益主体对危险的同意,就不能追究行为人的刑事责任?这是山口厚教授没有回答的问题。[73]此外,在基于合意的他者危险化的场合,不能因为被害人同意危险行为,就认为被告人在客观上、主观上不可能回避结果的发生。

(五)本文观点

综上所述,各种试图使基于合意的他者危险化行为排除在犯罪之外的学说并不成功。本文的观点是,对基于合意的他者危险化,也只能从是否具备构成要件符合性、违法性和有责性的角度展开分析。基于合意的他者危险化,不是责任领域的问题,只是构成要件符合性与违法性层面的问题。但是,就构成要件符合性而言,由于行为人造成了他人的重伤或者死亡,客观上完全符合过失致人死亡罪或者过失致人重伤罪的构成要件。即使采取客观归责理论,也不能认为基于合意的他者危险化行为,没有制造不被允许的危险,更不能否认危险的现实化,同样不能认为超出了构成要件的保护范围。在违法性层面,基于合意的他者危险化,也并没有保护更为优越的利益,因而并不存在违法阻却事由。[74]既然如此,基于合意的他者危险化，就没有排除犯罪成立的理由。

例如，1999 年 12 月 26 日 12 时许，被告人钟平与龙丽娟驾驶夏利牌轿车到延庆县官厅湖水库南侧游玩。为近距离观赏野鸭子，钟平查看冰层很厚，约有 30 厘米，又在冰面上向前走了七八十米，认为可以承载其驾驶汽车，提议驾车穿过冰面到对岸，龙丽娟表示同意，钟平即驾驶该车载龙丽娟向水库北岸行驶，当车行至河岔中心偏北侧时，冰面破裂，汽车落入冰下水中，导致车内龙丽娟溺水死亡。钟平上岸后既没有采取抢救措施，亦未报案，自己悄然返回北京，后于 2004 年 6 月 11 日被查获。公诉机关认为被告人钟平的行为触犯了过失致人死亡罪。一、二审辩护律师均认为，钟平没有过失，本案属于意外事件。但一、二审判决均认定钟平的行为成立过失致人死亡罪。[75]本案并没有认定被告人的行为成立不作为犯罪，换言之，本案是典型的基于合意的他者危险化。诚然，被害人可以不坐入车内，但是，不能因为被害人有这种决定权，就认定她自己引起了发生死亡结果的危险，更不能认定她自己造成了死亡结果。无论如何都应当认为，被告人的行为引起了发生死亡结果的危险，并且使危险现实化。换言之，被害人虽然认识到了行为的危险，但是，危险完全掌控在被告人手中，被告人的过失行为支配了死亡结果的发生。由于被告人的行为完全符合过失致人死亡罪的构成要件，也不具备违法阻却事由与责任阻却事由，故认定其行为构成过失致人死亡罪的判决是正确的。

如果梅梅尔河案发生在我国，也宜以过失犯论处。因为在梅梅尔河案中，船工对于渡河具有优越的知识，也负有使乘客安全渡河的义务。[76]船工虽然是因为乘客的请求才驾船，但乘客当然信赖船工会安全地使自己渡河。在这样的情形下，不能否认船工的行为符合过失致人死亡罪的构成要件。[77]基于同样的理由，当乘客为了赶飞机，要求出租车司机超速行驶时，司机超速行驶过失导致乘客死亡的，也成立交通肇事罪（或者过失致人死亡罪）。

被害人乘坐醉酒的被告人驾驶的机动车后，被告人因为过失导致被害人死亡的，被告人也应当对该结果承认刑事责任。因为结果是由被告人的行为造成的，被告人的行为不具备阻却犯罪成立的任何事由。前述被害人自我答责理论大多认为，在这种场合，被告人仅对危险驾罪负责，而不承担过失致人死亡罪或者交通肇事罪的责任。本文难以赞成这种结论。既然被告人实施了刑法禁止的危险驾驶行为，并造成了死亡结果，而被害人并没有承诺死亡结果（即使承诺死亡也无效），该行为也没有保护其他同等或者更为优越的法益，就没有理由否认被告人应当承担过失致人死亡罪或者交通肇事罪的责任（参见我国刑法第133条之一）。

显然，本文所主张的基于合意的他者危险化并不阻却犯罪成立的观点，是以被告人实施了符合构成要件的正犯行为为前提的。因此，如果表面上看，是被告人的行为造成了法益实害结果，但实际上被害人是间接正犯时，就不能肯定构成要件符合性，被告人便不对结果负责。亦即，虽然表面上看由被告人实施了导致结果发生的行为，但被告人处于被害人的压倒性的意思支配之下，实质上可以评价为被害人自己实行的导致结果发生的场合，被告人不对结果负责。[78]因为当被害人自己成为侵害自己法益的间接正犯时，其行为并不符合任何犯罪的构成要件，根据共犯从属性说的原理，被告人的参与行为也就不可能符合构成要件。这主要表现为两种情形：

第一，被害人对被告人实施强制行为，支配了因果发展进程。

例如，2002年10月16日下午，巫溪县公安局上磺派出所余立带领本所干警陈皓等人，在上磺镇至古路镇的公路上设卡进行交通检查，被告人邓光忠无证驾驶无牌照摩托车路经此处，被余立等人扣留，余立责令被告人邓光忠驾驶该车搭载余立前往上磺派出所接受处理。当邓光忠驾驶该车行至上磺至古路1km+200m右转弯处时，因车速过快，操作不当，致使该车与路边石块相撞，致余立受重伤（一级伤残）。巫溪县公安局交通警察大队责任认定书认定，被告人负此次事故的全部责任。巫溪县人民法院认定被告人的行为构成交通肇事罪，判处有期徒刑1年。重庆市第二中级人民法院经审理认为，上诉人邓光忠无证驾驶机动车辆，因操作不当，致被害人余立重伤，其无证驾驶摩托车是受到执法者的临时授权和指令，在此情况下，邓光忠不具有选择其他适法行为的可能性，违章驾驶行为不能归责于上诉人邓光忠，故其行为不符合交通肇事罪的基本构成要件。但上诉人邓光忠对自己驾驶摩托车可能造成他人伤害的后果负有预见义务，基于其认识水平和认识能力，上诉人本应尽到安全行驶的注意义务，因其驾车时操作不当，对路边障碍物没有采取有效措施予以避让，主观上具有疏忽大意的过失，客观上造成一人重伤的结果，其行为完全符合过失致人重伤罪的构成要件，应以过失致人重伤罪定性处刑。重庆市第二中级人民法院鉴于上诉人邓光忠犯罪情节轻微,免予刑事处罚。[79]

在本文看来,本案被告人的行为并不构成犯罪。在被告人无证驾驶被查处的情况下,被害人作为一名正在行使交通检查职权、查处违章行为的派出所民警,明知被告人无驾驶资格仍然要求被告人继续驾驶并搭乘自己,应当评价为一种强制行为。换言之,在当时的情况下,被告人不可能抵抗被害人的行为。既然如此,就应当认为,被害人的行为支配了结果的发生。二审法院仅从被告人是否存在过失的角度做出判断,而且只是从形式上判断重伤结果由被告人的过失行为造成,没有从实质上判断被害人的重伤结果应当归属于谁的行为,因而并不妥当。由于可以认定本案中的被害人自己支配了结果的发生,而这种自己侵害行为并不符合刑法第235条所规定的过失伤害“他人”的构成要件,根据共犯从属性说的原理,被告人的行为也不成立犯罪。反之,如果本案被告人身受重伤,被害人反而应当承担刑事责任。

第二,被害人对危险行为具有优越的知识,支配了因果发展进程。

日本千叶赛车案可谓适例:被害人有七年的赛车经验,发现初学赛车的被告人技术低劣,在被告人练习时,被害人要求坐在车上对被告人进行技术指导。被告人按照被害人的指示,在练习赛车时错误操作,致使赛车失去控制,撞到防护栏后翻车,防护栏的支柱刺穿被害人一侧的窗户,导致同乘的被害人死亡。法院宣告被告人的行为不构成犯罪。[80]

在本案中,被害人不仅认识到了赛车竞技运动的危险性,而且基于优越的知识,通过对被告人的建议、指示,在很大程度上掌控了危险,形式上是被告人造成了实害结果,实质上被害人处于间接正犯的地位。换言之,实质上是被害人的自己侵害行为造成了自己的死亡。由于该行为并不符合任何犯罪的构成要件,根据共犯从属性说的原理,被告人的行为也不符合任何犯罪的构成要件。

此外需要说明的是,某些基于合意的他者危险化,完全可能通过其他途径解决。例如,没有违反规则的拳击致人死亡时,虽然也可谓基于合意的他者危险化,但正当业务行为就可以解决。治疗行为也是如此。还需要说明的是,如果行为人的行为符合构成要件且具有违法性,但行为人对实害结果没有过失时,则应当以缺乏责任为由排除犯罪的成立。但这已经不是危险接受本身的问题。

注释

1 参见[日]吉川敏雄:"'合意のある他者危殆化'について",载[日]冈野光雄等编:《西原春夫先生古稀祝贺论文集》(第1卷),成文堂1998年版,第407页以下。

2 当然,需要区分被害人的自己危险化是自发的还是由他人的行为引起的。总的来说,如果被告人的行为对被害人产生了物理的或者心理的强制,导致被害人实施自己危险化的行为时,就不能认定为自发的自己危险化,而应肯定实害结果与行为人的行为之间具有因果关系(参见张明楷:《刑法学》,法律出版社2011年版,第185页以下)。

3 BGHSt 32(Urt. v. 124. 2. 1984),S. 262ff.

4 RGSt 57(Urt. v. 3. 1. 1923),S. 172ff.

5 BGHSt 6(Urt. v. 24. 6. 1954),S. 232.

6 C. Roxin, Strafrecht Allgemeiner Teil, Band I, 4. Aufl. C. H. Beck, 2006, S. 411.

7 Vgl., D. Dölling, Fahrlässige Tötung bei Selbstgefährdung des Opfers, GA 1984, S. 93;[日]曾根威彦:"过失犯における危险の引受",载《早稻田法学》第73卷(1997年)第2号;[日]深町晋也:"危险引受け论について",载《本乡法政纪要》2000年第9号。

8 参见[日]盐谷毅:《被害者の承诺と自己答责性》,法律文化社2004年版,第178页。

9 也有少数学者以责任阻却为由否认被告人的行为构成犯罪。参见[日]神山敏雄:"危险引き受けの法理とスポ-ツ事故",载[日]大谷实等编:《宫泽浩一先生古稀祝贺论文集》(第3卷),成文堂2000年版,第36页以下。

10 而且,危险接受的参与者都有过失,所以,即使采取行为无价值论,也只能从客观层面(如客观构成要件符合性、客观归责等)解决问题。

11 西班牙学者梅里亚(M. C. Meliá)认为,将危险接受分为自己危险化的参与和基于合意的他人危险行为,是有问题的,这种分类"往往只具有象征的意义。这种分类也不能提供足够的解决问题机制。而且,将事件区分为自己的危险化或是基于合意的他人危险行为,并不能预先判断解决方法。"[M. C. Meliá, *Victims and Self-Liability in Criminal Law: Beyond Contributive Negligence and Foreseeabikity (Without Blaming the Victim)*, Pace Law Review, Vol. 28(2007-2008)]其实,这是基于其不加区别地一概认为危险接受案件均阻却犯罪成立所提出的观点。如后所述,明确区分二者,对于妥当处理危险接受案件具有重要意义。

12 B. Schünemann, Moderne Tendenzen in der Dogmatik der Fahrlässigkeits- und Gefährdungsdelikte, JA 1975, S, 715ff.

13 [日]山中敬一:《刑法における客观的归属の理论》,成文堂1997年版,第731页。

14 [日]山中敬一:《刑法における客观的归属の理论》,成文堂1997年版,第741页以下。

15 德国巴伐利亚州法院认定,在艾滋病案中,被告人的行为是对自己答责的意欲的自己危险化的参与,不成立刑法第223条的危险伤害罪(OLG Bayern,NJW1990,S. 131)。

16 参见[日]岛田聡一郎:“被害者による危险引受”,载[日]山口厚编着:《クロ-ズアップ刑法总论》,成文堂2003年版,第140~141页。

17 上述第二种情形与第三种情形可能难以区分,或者说,第二种情形也可以并入第三种情形。不过,由于二者均属于自己危险化的参与,区分与否以及能否区分都不影响处理结论。

18 当然,如果认为被害人承诺只要同意危险行为即可,则在此问题上没有区别。

19 参见[日]岛田聡一郎:“被害者による危险引受”,载[日]山口厚编著:《クロ-ズアップ刑法总论》,成文堂2003年版,第126页。

20 H. Welzel, Das Deutsche Strafrecht, 11 Aufl., Walter de Gruyter & Co. 1969, S. 136.

21 [日]井田良:“被害者の同意”,载《现代刑事法》第14号(2008年)。

22 [日]深町晋也:“危险引受け论について”,载《本乡法政纪要》2000年第9号。

23 [日]曾根威彦:“过失犯における危险の引受”,载《早稻田法学》第73卷(1997年)第2号。

24 [日]前田雅英:《刑法总论讲义》,东京大学出版会2011年版,第409页;[日]前田雅英:“许された危险”,载[日]中山研一等编:《现代刑法讲座》(第3卷),成文堂1979年版,第46页。

25 [日]林幹人:《刑法总论》,东京大学出版会2008年版,第173页以下。

26 参见[日]林慎一郎:“被害者による危险の引受けについて”,载《立命馆法政论集》2004年第2号。

27 参见[日]北川敦子:“Werner Beulke‘刑法における被害者の自律性’”,载《早稻田法学》第85卷(2009年)第1号。

28 参见[日]岛田聡一郎:“被害者による危险引受”,载[日]山口厚编著:《クロ-ズアップ刑法总论》,成文堂2003年版,第130页以下。

29 德国、日本学者大多试图以一个原理解决自己危险化的参与和基于合意的他者危险化,因此,后述关于基于合意的他者危险化的学说,也成为自己危险化的参与阻却犯罪成立的理由。

30 Vgl., C. Roxin, Strafrecht Allgemeiner Teil, Band I, 4. Aufl. C. H. Beck, 2006, S. 402.

31 参见陈兴良:《判例刑法学》(下卷),中国人民大学出版社2009年,第154页以下。

32 参见[德] Ingeborg Puppe:《法学思维小学堂》,蔡圣伟译,元照出版有限公司2010年版,第135页。

33 参见[日]曾根威彦:《刑事违法论の研究》,成文堂1998年版,第169页。

34 参见[日]岛田聡一郎:“被害者による危险引受”,载[日]山口厚编着:《クロ-ズアップ刑法总论》,成文堂 2003 年版,第 141 页。

35 [日]松宫孝明:《过失犯论の现代的课题》,成文堂 2004 年版,第 251 ~ 252 页。

36 C. Roxin, Strafrecht Allgemeiner Teil, Band II, C. H. Beck, 2003, S. 7.

37 C. Roxin, Strafrecht Allgemeiner Teil, Band II, C. H. Beck, 2003, S. 8.

38 参见张明楷:《刑法学》,法律出版社 2011 年版,第 365 页。

39 即使认为"故意杀人"中的"人"可以包含本人,也不应认为"过失致人死亡"中的"人"包含本人。任何人都不可能阻止他人的正当行为,从人们可以阻止他人的自杀行为,似乎可以认为自杀是违法的,因而"故意杀人"中的"人"可以包含本人。但是,如果认为人们可以阻止他人可能对自己生命有危险的行为,则必然导致他人没有行为自由,因而不妥当。例如,当他人登山时,任何人不得以"可能过失摔死"为由阻止他人登山。

40 本案的在民事诉讼中,周强的父母提起诉讼,要求判令刘卿、刘敏共同承担赔偿责任。法院终审判决认为,"三人相约试水深,属于自甘冒险,对由此造成的后果应当自负,继而驳回了周强父母的诉讼请求"(程成:"相约游泳试水身亡,甘愿冒险责任自负",载《检察日报》2008 年 11 月 1 日)。

41 徐德高、张晋中:"为取乐,诱人下水去取钱　贪小财,溺水身亡真可悲",载《检察日报》2010 年 5 月 15 日。

42 (2011)夏邑县刑初字第 194 号,载 http://vip. chinalawinfo. com/case/Display. asp? Gid = 117856890&KeyWord = 肖凤侠,2012 年 2 月 11 日访问。

43 诚然,购买农药是"故意"的,但是,这种故意不是对被害人死亡的故意,因而不是刑法意义上的故意。

44 "河间民警为追求性爱'快感''掐死'歌厅女案一审宣判"(原文未署名),载 http://www. hbktv. com/portal. php? mod = view&aid = 825,2012 年 2 月 9 日访问。

45 如被害人承诺论、因果过程操纵论、危险共同体论、被害人的管辖论、危险自己负担行为论、社会的相当性说、部分社会论、责任阻却说、被允许的危险说、信赖原则说、禁止溯及论等(参见[日]盐谷毅:《被害者の承诺と自己答责性》,法律文化社 2004 年版,第 263 页以下)。

46 C. Roxin, Strafrecht Allgemeiner Teil, Band I, 4. Aufl. C. H. Beck, 2006, S. 411.

47 参见[日]曾根威彦:"过失犯における危险の引受",载《早稻田法学》第 73 卷(1997 年)第 2 号。

48 参见[日]岛田聪一郎:"被害者による危险引受",载[日]山口厚编者:《クローズアップ刑法总论》,成文堂 2003 年版,第 142 页。

49 R. Zaczyk, Strafrechtliches Unrecht und die Selbstverantwortung des Verletzten, C. F. Müller Verlag 1993, S. 25ff.

50 参见[日]深町晋也:"危险引受け论について",载《本乡法政纪要》2000 年第 9 号。

51 ［日］盐谷毅:《被害者の承诺と自己答责性》,法律文化社 2004 年版,第 371 页以下。

52 ［日］盐谷毅:《被害者の承诺と自己答责性》,法律文化社 2004 年版,第 373 ~ 374 页。

53 冯军:“刑法中的自我答责”,载《中国法学》2006 年第 3 期。

54 湖南省麻阳苗族自治县人民法院(2005)麻刑初字第 111 号,载 http://www.pkulaw.cn/fulltext_form.aspx? Db = pfnl&Gid = 117613765&keyword = &EncodingName = &Search_Mode = accurate,2012 年 2 月 11 日访问。

55 参见［日］曾根威彦:“过失犯における危险の引受”,载《早稻田法学》第 73 卷(1997 年)第 2 号。

56 例如,持这一理论的盐谷毅教授指出:“刑法是将法益的保持作为第一目标的社会制度,法益的保持不是仅显示为‘他人不得干涉、侵害’,法益主体对于法益的保护也负有固有的责任。法益主体尽该责任,自己不使法益危险化,正是法所期待的。法益主体(被害人)与他人(被告人)共同作用导致法益危险化的场合,就必须明确对法益保护应当负有第一责任的法益主体在自身的事态(及结果的发生)中的作用。在此,对被害人的状况的‘自我答责性’的认定就具有意义。亦即,被害人在满足一定的主观事情(自我答责能力等)的前提下,以自己的态度(自我答责的态度)显示出在事态中采取‘主动权’时,被告人的危险性和发生的结果就应归属于作为‘正犯的’被害者自身的答责领域,被告人充其量只能被视为作为‘共犯’即‘帮助’性地参与了事态。”参见［日］盐谷毅:“自己危殆化への関与と合意による他者危殆化について(四)”,载《立命馆法学》1997 年第 1 号。

57 参见［日］东雪见:“法益主体の危险引受け(一)”,载《上智法学论集》第 47 卷(2003 年)第 2 号。

58 ［日］曾根威彦:“过失犯における危险の引受”,载《早稻田法学》第 73 卷(1997 年)第 2 号。

59 ［日］小林宪太郎:“被害者の关与と结果の归责”,载《千叶大学法学论集》第 15 卷(2000 年)第 1 号。

60 ［美］圭多·卡拉布雷西:《理想、信念、态度与法律》,胡小倩译,北京大学出版社 2012 年版,第 22、128 页。

61 U. Neumann, Die Strafbarkeit der Suizidbeteiligung als Problem der Eigenverantwortlichkeit des “Opfers”, JA 1987, S. 248.

62 参见申柳华:《德国被害人信条学研究》,中国人民公安大学出版社 2011 年版,第 96 页。

63 参见［德］伯恩特·许乃曼:“刑事制度中之被害人角色研究”,王秀梅、杜澎译,载《中国刑事法杂志》2001 年第 2 期;王梅英、林钰雄:“从被害者学谈刑法诈欺罪”,载《月旦法学杂志》1998 年第 4 期。

64 转引自申柳华:《德国被害人信条学研究》,中国人民公安大学出版社 2011 年版,第

97 页。

65 M. C. Meliá, Opfer Verhalten und objective Zurechnung, ZStW 111, S. 378.

66 Vgl. , C. Roxin, Strafrecht Allgemeiner Teil, Band I, 4. Aufl. C. H. Beck 2006, S. 607ff.

67 参见申柳华:《德国被害人信条学研究》,中国人民公安大学出版社 2011 年版,第 293 页以下。

68 参见申柳华:《德国被害人信条学研究》,中国人民公安大学出版社 2011 年版,第 292 页。

69 [日]山口厚:"被害者による危険の引受と过失犯处罚",载《研修》第 599 号(1998 年)。

70 [日]山口厚:《刑法总论》,有斐阁 2007 年版,第 170 ~ 171 页。

71 参见[日]深町晋也:"危险引受け论について",载《本乡法政纪要》2000 年第 9 号。

72 参见[日]须之内克彦:《刑法における被害者の同意》,成文堂 2004 年版,第 252 页。

73 参见[日]佐伯仁志:"被害者の同意とその周边(2)",载《法学教室》第 296 号(2005 年)。

74 如果像治疗行为那样保护更为优越的利益,则是另一回事(不必作为危险接受案件处理)。

75 北京市第一中级人民法院(2006)一中刑终字第 1871 号,载 http://www.pkulaw.cn/fulltext_form.aspx? Db = pfnl&Gid = 117670800&keyword = &EncodingName = &Search_Mode = accurate,2012 年 2 月 11 日访问。

76 倘若被告人不是负责摆渡的船工,只是普通渔民,或者被害人上船之后自己操纵船只,则会得出不同结论。

77 参见[日]恩田祐将:"刑法における危险引受けと过失犯の成否",载《创价大学大学院纪要》2008 年号。

78 [日]曾根威彦:"过失犯における危险の引受",载《早稻田法学》第 73 卷(1997 年)第 2 号。

79 重庆市第二中级人民法院(2003)渝二中刑一终字第 91 号,载 http://www.pkulaw.cn/fulltext_form.aspx? Db = pfnl&Gid = 117560922&keyword = &EncodingName = &Search_Mode = accurate,2012 年 2 月 11 日访问。

80 [日]西田典之等编:《刑法判例百选 I(总论)》,有斐阁 2008 年版,第 314 页。

张明楷代表作

捌

罪过形式的确定标准

刑法总则规定了故意与过失两种罪过(责任)形式,但刑法分则条文并没有完整地规定各种具体犯罪的罪过形式。如何确定具体犯罪的罪过形式,成为刑法理论与司法实践的重要问题。

一、现状的反思

我国刑法第 14 条与第 15 条规定了故意与过失两种罪过形式,其中,第 14 条第 2 款与第 15 条第 2 款分别规定:“故意犯罪,应当负刑事责任。”“过失犯罪,法律有规定的才负刑事责任。”

从实质上说,上述两款规定表明,刑法以处罚故意犯罪为原则,以处罚过失犯罪为例外,这也是当今世界各国刑法的通例。[1]从形式上讲,上述两款规定说明,刑法分则(以及“其他有刑罚规定的法律”)条文仅描述客观构成要件、没有规定罪过形式的犯罪,只能由故意构成;只有当“法律”对处罚过失犯罪“有规定”时,才能将该犯罪确定为过失犯罪。因此,确定罪过形式的核心任务,在于判断哪些犯罪属于“法律有规定”的“过失犯罪”(其余均为故意犯罪)。如果刑法仅规定处罚故意犯罪,而理论上与实践上却认为该犯罪属于“法律有规定”的“过失犯罪”,就违反了罪刑法定主义原则,侵犯了行为人的自由。而且,在没有法律根据的情况下,对过失行为与故意犯罪适用同一法定刑,也有悖于罪刑相适应原则。

但是,我国的刑法学论著在确定具体犯罪的罪过形式时,大多没有注

注　原文标题为“罪过形式的确定——刑法第 15 条第 2 款‘法律有规定’的含义”,发表于《法学研究》2006 年第 3 期。

视刑法第 15 条第 2 款的规定,没有分析“法律有规定”的含义,也没有讨论确定罪过形式的标准与方法。例如,有的论著在论述刑法第 186 条规定的违法发放贷款罪的罪过形式时指出:“本罪的主观方面,可以是过失,即行为人应当预见违法发放的贷款有可能给银行造成重大损失,但由于疏忽大意而没有预见,或者已经预见但轻信可以避免;也可以是间接故意,即行为人已经预见其违法发放贷款的行为可能给银行造成重大损失,而放任损失的发生。但行为人对违法发放贷款则可能出于故意(包括直接故意与间接故意)。”[2]有的教科书在论述刑法第 189 条规定的对违法票据承兑、付款、保证罪的罪过形式时指出:“行为人在主观方面对违法票据予以承兑、付款或者保证的行为,往往出于故意,也可能出于过失,但对违法票据承兑、付款或者保证所造成的重大损失,一般出于过失,也不排除间接故意。”[3]不难看出,类似这样的论述,都只是在对相关行为人的心理事实进行分析与归纳,仅仅考虑了行为人通常可能出于何种心理状态实施某种犯罪的客观行为,而没有关注相关犯罪是否属于刑法第 15 条第 2 款所称的“法律有规定”的过失犯罪,也未能提出确定罪过形式的标准与方法。结果是,只要行为人事实上可能出于过失心理状态实施刑法第 186 条、第 189 条规定的客观行为,就成立过失犯罪。于是,是否追究过失行为的刑事责任,不是取决于“法律有无规定”,而是取决于“事实上能否出于过失”。应当认为,类似的观点与做法,不符合罪刑法定原则。

有的学者提出了确定罪过形式的基本方法,即区分条文规定的犯罪是行为犯、危险犯、还是结果犯;行为犯只能是直接故意犯罪;犯罪为危险犯时则需要比较法定刑;犯罪为结果犯时应当分析结果与行为人的主观愿意是否矛盾。[4]但是,这种确定罪过形式的方法存在缺陷。首先,由于完全没有考虑到将某个犯罪的罪过形式确定为过失,是否属于刑法第 15 条第 2 款的“法律有规定”,容易违反罪刑法定原则。其次,行为犯是与结果犯相对应的概念,危险犯是与侵害犯相对应的概念,行为犯完全可能是侵害犯;是否以及应否存在过失的危险犯也存在争议,而且行为犯与结果犯的区分标准并不统一。[5]所以,以犯罪是行为犯、危险犯、结果犯为基准确定罪过形式,既不全面,也难以得出具有说服力的结论。例如,认为行为犯只能由直接故意构成的观点,便缺乏法律根据。最后,所谓分析结果与行为人的主观愿意是否矛盾,实际上是根据部分案件事实确定刑法规定之罪的罪过形式,以“事实上能否出于过失”的归纳替代“法律有无规定”的判断。例如,该学者在分析刑法第 188 条规定的非法出具金融票证罪的罪过形式时指出:“行为人为他人出具信用证或者其他保函、票据、存单、资信证明的行为虽然是故意的,但他的目的绝不是为了给金融机构造成损失,而是为了给对方提供一点帮助。如果他知道会造成损失,他也就不会出具此类证明了,除非他是为了与对方合谋进行诈骗。绝大多数情况下,所以会造成损失,都是由于行为人对对方产生了轻信心理,或者说,他是由于轻信对方的经济实力,才出具了此类证明,以致造成了较大的损失,因而其主观上应属于过于自信的过失……本罪在个别情况下也可以由间接故意构成。”[6]显然,这是基于所谓“常理”对行为人的心理事实进行的一般性分析,而不是根据刑法对故意、过失的规定作出的判断,其中的“虽然是故意的”,也不是在刑法意义上说明的。诚然,我们应当从社会生活事实中发现法,但是,通过事实解释规范,并不意味着将某些事实强加于规范和以某种事实限制规范。我们不能将自己“熟悉的事实”解释为“必须的事实”,不能将自己了解的部分行为人的心理状态,声称为刑法规定的罪过形式。实际上,刑法第 188 条的文字表述,并没有表明其规定的犯罪既可以由过失构成、也可以由间接故意构成。

有的学者虽然注意到了刑法第 15 条第 2 款的规定,但在将某种犯罪的罪过形式确定为过失时,也没有考虑该犯罪是否属于“法律有规定”的过失犯罪;不仅只根据行为人的心理状态确定罪过形式,而且认为,刑法分则条文没有明文规定哪些犯罪属于过失犯罪,是为了“有意扩大犯罪主观方面,强调对这类犯罪的预防和打击”。[7]这种观点不仅导致刑法第 15 条第 2款丧失了限制处罚过失犯罪的机能,而且有悖刑法以处罚故意犯罪为原则、以处罚过失犯罪为例外的精神。

正因为刑法理论在确定具体犯罪的罪过形式时,没有考虑刑法第 15 条第 2 款的规定,只是将行为人的心理状态归纳为法定的罪过形式,因而对同一犯罪的罪过形式出现了形形色色的观点。例如,关于刑法第 337 条规定的逃避动植物检疫罪的罪过形式,一种观点认为,“本罪的主观方面为故意”;[8]另一种观点认为,本罪“主观方面由过失构成。但行为人对自己的行为违反进出境动植物检疫法的规定,是明知的,而对于行为可能引起重大动植物疫情的结果是持过失心态”;[9]还有一种观点指出,本罪“主观方面一般出于过失,但也可以是故意”。[10]对刑法第129条、第169条、第186条、第188条、第189条、第219条第2款、第250条、第284条、第330条、第331条、第332条、第334条、第339条第2款、第397条、第403条、第405条规定的犯罪,也存在类似的争议。

更为重要的是,由于刑法理论没有充分考虑刑法第15条第2款的规定,没有分析何种犯罪属于“法律有规定”的过失犯罪,导致罪刑法定原则、罪刑相适应原则未能得到充分贯彻,造成了不当扩大过失犯罪处罚范围的局面。

本文认为,罪过形式的确定,主要取决于如何理解和贯彻刑法第15条第2款的“法律有规定”这一法定的标准。与此同时,还需要牢记并落实尊重人权主义、责任主义以及刑法的谦抑性等原理。

二、法定的标准

刑法第15条第2款的“法律有规定”,显然是指法律对“过失”犯罪有规定。联系国外刑法理论的相关学说,[11]大体而言,对“法律有规定”可能出现以下见解:

第一,将“法律有规定”理解为“法律有明文的规定”,即只有当法律条文对某种犯罪使用了“过失”、“疏忽”、“失火”等明确指示过失犯罪的用语时,该犯罪才属于“法律有规定”的过失犯罪(以下简称“明文规定说”)。[12]

明文规定说特别忠实罪刑法定主义,明确划定了过失犯的处罚范围。但是,我们还不能贯彻这种学说。因为我国刑法分则并没有对所有过失犯罪使用“过失”、“疏忽”等概念。例如,刑法分则关于重大飞行事故罪、重大责任事故罪、消防责任事故罪的规定,没有使用“过失”、“疏忽”等概念,但无疑属于过失犯罪。再如,根据明文规定说,刑法第400条第2款所规定的“司法工作人员由于严重不负责任,致使在押的犯罪嫌疑人、被告人或者罪犯脱逃,造成严重后果的”行为,也因为法条没有使用“过失”、“疏忽”等概念而成为故意犯罪。于是,本罪与该条第1款规定的私放在押人员罪属于法定刑不同的两类故意犯罪,这显然有悖罪刑相适应原则。从立法体例与立法技术考虑,分则条文也不可能将故意致使在押人员脱逃的行为分为法定刑不同的两类故意犯罪。

第二,将“法律有规定”理解为“法律有实质的规定”,即为了实现分则刑法条文的法益保护目的,只要有必要处罚过失行为,即使没有“明文规定”,也应认定为“法律有规定”(以下简称“实质规定说”)。[13]

实质规定说着眼于刑法的法益保护目的,试图使侵害法益的过失行为受到处罚,似乎具有合理性。因为刑法的目的是保护法益,所以,行为所侵害的法益是否具有重大性,是否需要通过处罚过失行为实现法益保护目的,是决定能否处罚过失行为的重要根据。尽管如此,本文仍然不赞成实质规定说。根据罪刑法定原则的“法律主义”的要求,即使行为侵害了重大法益,但如若刑法没有明文将其规定为犯罪,也不得定罪处罚;根据罪刑法定原则的“禁止处罚不当罚的行为”的要求,对于轻微的法益侵害行为,不得以犯罪论处。所以,“‘法益保护’概念,如果不被严格解释,就有被滥用的危险”。[14]换言之,刑法只能在罪刑法定原则的框架内发挥法益保护的机能。例如,妇女的性的自主权和幼女的身心健康是值得特别保护的法益,但如果仅从法益保护的观念出发,就可能肯定过失强奸罪。再如,国家安全也是特别值得保护的法益,但如果不考虑法条的文理,就会肯定过失非法提供国家秘密、情报罪、过失资敌罪。不难看出,仅以法益保护目的或者实质的处罚根据为由,将“法律有规定”理解为“法律有实质的规定”,必然架空罪刑法定原则,导致过失犯处罚的恣意性。

第三,将“法律有规定”理解为“法律有文理的规定”,即法律条文虽然没有“过失”、“疏忽”、“失火”之类的“明文规定”,但根据具体条文的文理,能够合理认为法律规定了过失犯的构成要件时,就属于“法律有规定”,因而处罚过失犯(以下简称“文理规定说”)。[15]

本文赞成文理规定说。一方面,以成文刑法规定犯罪与刑罚,是罪刑法定主义的基本要求。“一切法律规范都必须以‘法律语句’的语句形式表达出来。可以说,语言之外不存在法。只有通过语言,才能表达、记载、解释和发展法。”[16]换言之,“一个刑罚法规的目的,必须在它实际使用的语言中去寻找,根据它明显的和清晰的含义来解释”。[17]所以,我们应当根据刑法条文使用的文字及其文理,确定某种犯罪是否属于“法律有规定”的过失犯罪。另一方面,“法律有规定”并不一定指明文规定。刑法要以简短的语言表述罪刑规范,当分则条文对一个方面的表述足以表明另一方面的含义时,往往省略对另一方面的明文规定。所以,“法律有规定”既包括明文的规定,还包括隐含的规定。例如,我国刑法理论既承认构成要件的法定性,也肯定不成文的构成要件要素;[18]后者虽然是法律规定的要素,却不是"明文规定"的要素,而是经由文理解释与论理解释形成的要素。我国刑法分则的具体规定,也能说明这一点。例如,刑法第400条第1款规定了私放在押人员罪(故意犯罪),第2款虽然没有使用"过失"概念,但从其使用的"严重不负责任"的表述,要求"造成严重后果"的规定,以及较轻的法定刑来看,应认为其规定了过失犯罪。否则,就不可能说明第2款与第1款的关系。再如,刑法第412条第1款规定了商检徇私舞弊罪(故意犯罪),第2款规定:"前款所列人员严重不负责任,对应当检验的物品不检验,或者延误检验出证、错误出证,致使国家利益遭受重大损失的,处三年以下有期徒刑或者拘役。"如果仅着眼于"对应当检验的物品不检验,或者延误检验出证"的规定,还难以将本罪确定为过失犯罪,但是,从"严重不负责任"、"错误出证"的表述、要求"致使国家利益遭受重大损失"的规定、较轻的法定刑以及第2款与第1款的关系来考察,也应认为第2款规定的是过失犯罪。

刑法条文的文理是否表明某种犯罪为过失犯罪,首先需要通过分析其用语含义得出结论。[19]

其一,分则条文使用"过失"概念的,其规定的犯罪无疑属于"法律有规定"的过失犯罪。[20]

其二,分则条文使用"严重不负责任"表述的,一般应确定为"法律有规定"的过失犯罪。应当承认,"严重不负责任"首先是对行为的描述,换言之,"严重不负责任"属于客观构成要件要素。但是,"严重不负责任"也明示了行为人主观上的严重疏忽或者过于自信。换言之,因为重大疏忽而没有预见危害结果就实施某种职务行为的,预见了危害结果却没有采取充分有效措施而实施某种职务行为的,其行为属于"严重不负责任"。[21]故意造成危害结果的行为,一般不会被描述为"严重不负责任"。所以,只要不存在其他文理冲突,就可以认为"严重不负责任"的表述,明示了该犯罪为过失犯罪。[22]

其三,分则条文使用的"发生……事故"之类的表述,虽然是对客观构成要件要素的规定,但通常也能表明该犯罪属于"法律有规定"的过失犯罪。首先,在日常用语中,"事故"一般是指过失或者意外造成的事件。人们习惯于将过失致人死亡的案件称为事故，但一般不会将故意杀人案件称为事故。其次，分则条文在使用“发生……事故”表述时，一般同时要求“致人重伤、死亡”等严重结果，这符合刑法总则第 15 条对过失犯罪的规定。最后，分则条文使用了“发生……事故”用语的犯罪，法定刑一般较为轻缓，这也从一个侧面说明其为过失犯罪。[23]所以，只要不存在其他文理矛盾，就可以认为“发生……事故”之类的表述，明示了该犯罪为过失犯罪。[24]

其四，分则条文使用的“玩忽职守”一词，首先是对行为的描述，同时也表明该犯罪属于“法律有规定”的过失犯罪。一方面，在日常生活用语中，“玩忽”的含义是不严肃认真对待、忽视、忽略，因而与过失相一致。另一方面，刑法第 397 条将玩忽职守与滥用职权并列规定、第 425 条将玩忽职守与擅离职守并列规定。由于对应的滥用职权与擅离职守属于故意犯罪，[25]所以，可以认为“玩忽职守”表明了该犯罪属于“法律有规定”的过失犯罪。

仅以分则条文的用语含义为根据，也可能难以确定罪过形式或者得出不同的结论。在这种情况下，需要根据条款关系进行逻辑分析。一般来说，当一个条文的第 1 款所规定的犯罪属于故意犯罪，而第 2 款规定的客观行为与第 1 款规定的客观行为相同或者基本相同，具有上述表明过失犯罪的用语，并明确要求发生严重结果，且法定刑轻于第 1 款的法定刑时，可以从文理上认为第 2 款规定的犯罪属于“法律有规定”的过失犯罪。如刑法第 229 条第 2 款、第 400 条第 2 款、第 412 条第 2 款，以及第 413 条第 2 款，就属于这种情形。令人困惑的是，同一条文使用了相互冲突的用语（既有表明故意的用语，也有表明过失的用语）的情形。对此，应当根据用语之间的关系、条文的体系地位等诸多信息，判断该条文规定的犯罪是否属于法律有文理规定的过失犯罪。

例一，刑法第 304 条规定：“邮政工作人员严重不负责任，故意延误投递邮件，致使公共财产、国家和人民利益遭受重大损失的，处二年以下有期徒刑或者拘役。”其中既使用了象征过失的“严重不负责任”一语，也使用了“故意”概念，因而完全可能产生以下不同观点：其一，本条规定的是故意犯罪，据此，过失延误投递邮件的行为，不构成犯罪。其二，本条规定的是过失犯罪，但由此产生的问题是，故意延误投递邮件的行为不构成犯罪或者仍然以过失犯罪论处。这便缺乏合理性，也难以解释立法动机。其三，本条规定的犯罪既包括故意犯罪，也包括过失犯罪。可是，如后所述，对刑法分则没有明文规定的情况下，肯定一个犯罪既可以由故意构成，也可以由过失构成，是存在重大疑问的。

刑法第304条的规定，涉及总则的“故意”与分则的“故意”的关系。仅就用语的统一性而言，分则的“故意”与总则的“故意”应是同一的，但实际上却并非完全如此。分则的“故意”分为两种情形：一种情形与总则的故意含义相同。如分则第232条所规定的“故意杀人”中的“故意”，与总则的故意含义相同，要求行为人明知自己的行为会发生他人死亡的结果，并且希望或者放任这种结果发生。另一种情形仅表明行为人有意识地实施某种行为，但不一定表明行为人希望或者放任危害结果发生。刑法第304条中的“故意”便是如此。[26]但是，这并不意味着分则的“故意”与“总则”的故意相冲突，相反，刑法第304条的“故意”（只是表明了总则的“故意”的部分要素）与总则的“故意”具有一致性。如果认为刑法第304条规定的是过失犯罪，那么，分则的“故意”便与总则的“过失”相一致，这是不能令人接受的。另一方面，“延误”不一定意味着过失，除刑法第304条外，刑法第380条也有“故意延误”军事订货的规定，而该条没有“严重不负责任”的表述。将这两条相联系进行体系性解释，应认为刑法第304条规定的是故意犯罪。概言之，凡是分则条文使用了“故意”用语的，都不宜确定为过失犯罪，否则，不仅产生文理上的混乱，而且导致分则条文与总则条文的冲突。

例二，刑法第138条前段规定：“明知校舍或者教育教学设施有危险，而不采取措施或者不及时报告，致使发生重大伤亡事故的，对直接责任人员，处三年以下有期徒刑或者拘役。”本条既有表明过失的“发生……事故”一语，又有象征故意的“明知”一词，因而从用语上会得出不同结论，理论上也因此存在不同观点。[27]

这涉及总则的“明知”与分则的“明知”的关系。我国刑法分则的“明知”也分为两种情形：其一，在绝大多数情况下，分则的“明知”是作为总则故意中的“明知”的具体化而规定的。例如，刑法第171条第1款的“明知是伪造的货币”、第312条的“明知是犯罪所得的赃物”，是分则条文为了防止将过失行为认定为犯罪所作出的注意规定。因为根据故意犯罪的原理，故意的认识内容（对象）是符合客观构成要件的事实，成立运输假币罪当然要求行为人明知是伪造的货币,成立赃物犯罪必然要求行为人明知是犯罪所得的赃物。所以,这类条文中的“明知”是对故意的认识内容的提示,其规定的犯罪属于故意犯罪。在这种情形下,总则的“明知”是故意的一般构成因素,分则的“明知”是故意的特定的构成因素;只有具备分则的“明知”,才能产生总则的“明知”;但分则的“明知”不等于总则的“明知”,只是总则的“明知”的前提。[28]其二,在个别情况下,分则的“明知”主要是作为总则中的过于自信的过失的具体化而规定的。刑法第138条便是如此。我国刑法没有采取认识主义,而是承认了过于自信的过失。过于自信的过失与间接故意的关键区别在于意志因素不同:前者反对结果发生,后者同意(放任)结果发生。虽然过于自信的过失与间接故意对构成事实的认识程度可能不同,但这不是二者的关键性区别。换言之,不能简单地认为,行为人“明知”构成事实时就是故意,“预见”构成事实时便是过失。所以,“明知校舍或者教育教学设施有危险”,也可能表述的是“已经预见校舍或者教学设施有危险”。[29]从立法体例考虑,刑法不会在一组过失的责任事故犯罪中插入一项故意犯罪;而且,本罪的法定刑与刑法分则第二章规定的其他过失责任事故犯罪的法定刑相同。所以,宜认为刑法第138条规定的是过失犯罪。

总之,“法律有规定”是确定过失犯罪的基本前提。在根据法条文理不能得出某种犯罪属于“法律有规定”的过失犯罪的结论时,即使行为人实际上可能基于过失心理状态实施该罪的客观行为,也不能将该犯罪确定为过失犯罪。

三、实质的理由

上述法定的标准,为确定罪过形式提供了重要标准。但是,人们对相同的用语可能得出不同的结论,而且单纯根据形式的标准确定罪过形式时,也会导致不当扩大过失犯的处罚范围,所以,对罪过形式的确定需要更为实质的理由。概言之,只有当法律有文理规定,而且具有处罚过失犯罪的实质理由时,才属于“法律有规定”的过失犯罪;对于此外的犯罪只能确定为故意犯罪。

第一,根据尊重人权主义的原理,即使具有法律的文理规定,也只有当客观行为严重侵害了法益时,才能确定为过失犯罪。

在民主国家，刑法原则上只能将违反禁止规范的“作为”规定为犯罪；通过刑罚威慑强制国民履行实施积极行为的义务属于极为例外的情形。[30]否则，就不当限制了国民的自由，不利于保障人权。虽然过失犯罪也可能是作为犯罪，但过失犯罪的本质是违反注意义务；对过失犯罪的广泛处罚，意味着漫无边际地以刑罚强制国民履行实施积极行为的义务，因而不符合民主国家的理念。对过失犯罪的广泛处罚，还意味着国民的行动受到严格限制，进而导致国民的行为萎缩，严重妨碍国民的自由。所以，对过失犯的处罚必须进行实质的限定。

刑法分则明确规定的过失犯罪，主要有三种类型：一是过失侵害生命、身体的犯罪，包括过失危害公共安全的犯罪，如第 115 条、第 119 条、第 233 条、第 235 条规定的犯罪；二是过失行为间接地侵害生命、身体的犯罪，如第 370 条第 2 款规定的过失提供不合格武器装备、军事设施罪；三是负有特定职责的国家工作人员严重违反注意义务造成严重危害后果的犯罪，如第 167 条规定的签订、履行合同失职被骗罪、第 168 条规定的国有公司、企业人员失职罪，以及刑法分则第九章规定的过失渎职罪。[31]这也说明，只有当过失行为侵害了重大法益，或者行为主体因为特殊身份而严重侵害了法益时，才宜确定为过失犯罪。

基于上述考虑，本文认为，只有当过失行为直接或者间接侵害了他人生命、身体，或者国家工作人员严重违反注意义务造成法益侵害结果时，才有可能确定为过失犯罪。此外的情形，不宜确定为过失犯罪。

其一，对于单纯造成财产损失的行为，不宜确定为过失犯罪。

刑法分则第五章仅规定了故意毁坏财物罪，没有规定过失毁坏财物罪。这说明，对于单纯造成财产损失的行为，不应确定为过失犯罪。即使以刑法第 115 条的规定为根据（该条表面上肯定了过失造成重大财产损失的行为构成失火、过失爆炸等罪），也不能得出单纯造成重大财产损失的行为成立过失犯罪的结论。

我国刑法理论的通说认为，危害公共安全罪，是指故意或者过失危害不特定或者多数人的生命、健康或者重大公私财产安全的行为。[32]据此，单纯侵害重大公私财产安全的行为，也属于危害公共安全的行为。但这种观点值得反思。首先，如果说只要行为侵害了价值重大的财产就属于危害公共安全罪，那么，一方面，盗窃银行、博物馆并取得重大价值财物的行为，就属于危害公共安全罪;另一方面,还会出现明确的不协调现象:刑法只处罚故意毁坏财物罪,而过失毁损价值重大的财产时,反而成立危害公共安全罪。这都是难以令人理解的。其次,如果说只要行为侵害了不特定或者多数人的财产就属于危害公共安全罪,那么,面向不特定或者多数人实施的集资诈骗行为,流窜犯盗窃多人财物的行为,都成立危害公共安全罪。这也是难以令人接受的。

所以,本文认为,刑法分则第二章所规定的过失危害公共安全的犯罪,都是以危害不特定或者多数人的生命、身体安全以及公共生活的平衡与安宁为前提的。换言之,只有当某种过失行为具有危害不特定或者多数人的生命、身体安全以及公共生活的平衡与安宁的性质,并造成人身伤亡或者财产损失等后果的,才能认定为过失危害公共安全的犯罪。例如,失火行为单纯造成重大财产损失,而不可能危害不特定或者多数人的生命、身体安全的,不能认定为失火罪。再如,过失破坏交通工具的行为,倘若不可能危害不特定或者多数人的生命、身体的安全,就不能认定为过失损坏交通工具罪。所以,刑法第 115 条第 2 款的"使公私财产遭受重大损失",应是以危害不特定或者多数人的生命、身体安全为前提的。[33]刑法第 119 条第 2 款、第 124 条第 2 款所规定的过失犯罪,也均以危害不特定或者多数人的生命、身体安全或者公共生活的平衡与安宁为前提。

基于以上考虑,对于刑法分则中仅将造成财产损失作为构成要件结果的犯罪,不宜确定为过失犯罪。例如,刑法第 186 条规定的违法发放贷款罪、第 188 条规定的违规出具金融票证罪、第 189 条规定的对违法票据承兑、付款、保证罪等,虽然属于妨害金融管理秩序的犯罪,但由于刑法条文分别将"造成较大损失"、"造成重大损失"作为构成要件结果,又由于其中的"损失"是指财产损失,而对过失造成财产损失的行为不宜以过失犯罪论处,所以,不宜将上述犯罪确定为过失犯罪。[34]

其二,对于过失破坏经济秩序与过失扰乱公共秩序的行为,不宜确定为过失犯罪。

真正意义上的破坏经济秩序与扰乱公共秩序的犯罪,其结果往往表现为无形的、非物质性的形态。与物质性结果相比,非物质性结果是难以认定的。例如,保险诈骗行为对保险秩序的侵害结果难以认定,但对保险诈骗行为造成的财产损失结果,则容易判断。事实上,当行为的结果表现为非物质性的形态时，司法机关只是认定行为是否符合构成要件，而不考虑是否发生了非物质性结果。这或多或少表明，即使将非物质性结果作为构成要件要素予以规定，也难以起到限制处罚范围的作用。然而，刑法第 15 条第 2 款明文规定，只有发生了危害社会的结果，才能认定为过失犯罪。可见，如果将难以认定的非物质性结果作为过失犯罪的危害结果，进而肯定过失行为导致非物质性结果时也构成过失犯罪，结局必然是，只要过失实施一定行为，不管是否发生危害结果就成立过失犯罪。这便明显违反了刑法第 15 条的规定，不当扩大了过失犯罪的处罚范围。

例如，刑法第 284 条规定："非法使用窃听、窃照专用器材，造成严重后果的，处二年以下有期徒刑、拘役或者管制。"有人指出："本罪主体是为一般主体，如果是合法拥有窃听、窃照专用器材者，对于非法使用的危害后果一般是能够认识的；如果是出于好奇等动机，非法获得这类器材并非法使用，这时行为人对造成的结果可能是出于过失。无论是持故意还是持过失的心理态度，只要造成了严重后果，都是严重扰乱公共秩序的行为，都应以本罪论处。"[35]

但是，这种观点不仅只是从事实上分析非法使用窃听、窃照专用器材的行为能否出于过失，没有注视这种行为是否属于"法律有规定"的过失犯罪，而且也没有分析过失使用窃听、窃照专用器材的行为是否侵害了重大法益，没有考虑是否可能因为"严重后果"的范围宽泛与难以认定而扩大该罪的成立范围。本文认为，如果重视"法律有规定"的法定标准，考虑到非法使用窃听、窃照专用器材罪所侵害的法益不具有重大性，就会否认本罪可以由过失构成。

其三，对于侵犯知识产权的行为，不宜确定为过失犯罪。

由于刑法第 219 条第 2 款的规定具有特殊性，仅根据文理解释不可能得出合理结论，所以需要特别讨论。该条第 1 款规定了侵犯商业秘密罪的三种表现形式，第 2 款规定："明知或者应知前款所列行为，获取、使用或者披露他人的商业秘密的，以侵犯商业秘密论。"有一种观点认为，"在明知的情况下，实施侵犯商业秘密行为，应当是故意犯罪。在应知情况下而实施侵犯行为时又没有认识到，符合疏忽大意过失的心理状态"。[36]

应当认为，上述文理解释具有一定道理。因为"明知"通常是对故意的认识因素的表述；"应知"是指行为人应当知道而现实上没有知道，因而属于疏忽大意的过失。但是,侵犯商业秘密本身不是重罪,商业秘密并非重大法益;与第219条第1款规定的行为相比,第2款规定的行为更为轻微;而且,对过失侵犯商业秘密的行为,通过民事侵权损害赔偿的途径就足以保护被害人的权益,将其作为过失犯罪处罚,并不符合刑法严格限制过失犯处罚范围的精神。所以,将侵犯商业秘密罪确定为故意犯罪具有实质的合理性。

从文理上说,应当将本罪中的"应知"理解为,根据案件的各种证据,可以推定行为人知道他人是以不正当手段获取权利人的商业秘密,却仍然希望或者放任非法获取、使用或者披露权利人商业秘密的侵害结果发生。换言之,"应知"是一种推定的"明知"。[37]事实上,最高人民法院与最高人民检察院的一些司法解释,也使用"应知"或"应当知道"的概念表示推定的"明知"。[38]

其四,对于非国家工作人员实施的没有侵害重大法益的行为,不宜确定为过失犯罪。

由于国家工作人员负有高度的注意义务,其义务违反行为的违法性重于一般人义务违反行为的违法性,所以,对于以国家工作人员为主体的过失侵害法益的行为,可能确定为过失犯罪。这从另一角度说明,一般人违反注意义务的过失行为,如果只是侵害了非重大法益,便不宜认定为过失犯罪。因此,普通业务人员,没有履行注意义务,签订履行合同失职被骗的,没有被刑法规定为犯罪。基于同样的理由,当刑法分则条文所规定的犯罪主体不要求是国家工作人员,所规定的犯罪并没有侵害生命、身体等重大法益时,不宜确定为过失犯罪。前述刑法第186条、第188条、第189条规定的犯罪,也能以此为由,将其限定为故意犯罪。[39]

第二,按照责任主义原理以及刑法的基本原则,将某种犯罪确定为过失犯罪时,以存在对应的故意犯罪为前提。[40]换言之,如果将某种犯罪确定为过失犯罪时,并无对应的故意犯罪,那么,这种确定结论就不具有妥当性。

故意与过失是两种不同的罪过形式。根据责任主义原理,不仅成立犯罪要求行为人主观上具有罪过,而且罪过的形式不同,非难可能性的程度就不同,刑罚也不同。从非难可能性程度来说,故意行为时,因为行为人认识到了符合构成要件的客观事实,应当产生反对动机放弃实施行为,但行为人不仅不放弃行为，而且希望或者放任行为的危害结果，其非难可能性严重。过失行为时，由于行为人没有认识到符合构成要件的客观事实，或者虽然认识到了符合构成要件的客观事实，但相信自己能够避免犯罪的实现而实施行为，其非难可能性较小。因此，在客观事实相同或基本相同的情况下，不应出现非难可能性小的行为构成犯罪，非难可能性大的行为反而不构成犯罪的局面。从立法上说，故意犯罪的法定刑通常远远重于对应的过失犯罪的法定刑。从量刑上说，在客观事实相同或基本相同的情况下，对过失犯罪的量刑也远远轻于故意犯罪。

因此，在刑法分则缺少对应的故意犯罪的情况下，将某种犯罪确定为过失犯罪，是存在疑问的。然而，从前面引用的我国刑法理论的现状来看，这种不可思议的现象却是普遍存在的。

例如，刑法第129条规定："依法配备公务用枪的人员，丢失枪支不及时报告，造成严重后果的，处三年以下有期徒刑或者拘役。"一种观点认为，本罪是过失犯罪。[41]这便出现了如下疑问：对于丢失枪支不报告造成严重后果持故意时，应当如何处理？既然过失可以成立某种犯罪，故意更能构成犯罪。所以，主张丢失枪支不报罪属于过失犯罪的学者，必须考虑行为人出于故意时构成何罪。如果声称某种犯罪由过失构成，而根本不考虑故意行为是否符合其他犯罪的构成要件，至少会间接违反罪刑法定原则。

或许有人认为，如果行为人丢失枪支不报告，对他人利用该枪支实施杀人行为持故意态度，就可以认定为故意杀人罪。可是，丢失枪支不报告的行为，即使间接地引发了杀人案件，也不可能符合故意杀人罪的客观构成要件。因为"所谓'杀人'行为，并不包含偶然导致死亡结果发生的一切行为，而必须是类型性地导致他人死亡的行为。例如，希望他人死于新干线事故而使他人勉强乘坐新干线，即使碰巧实际上发生事故而死亡，也不能说使他人乘坐新干线的行为是'杀人'行为"。[42]只是主观上认识到并希望或者放任死亡结果发生，并不意味着其行为必然是杀人行为。否则，刑法分则对客观构成要件的规定便形同虚设，罪刑法定主义也荡然无存。基于同样的理由，当行为人丢失枪支不报告，对他人利用该枪支实施抢劫行为持故意态度时，也不能认定丢失枪支不报告的行为构成抢劫罪。因为这种行为完全不符合刑法第263条所规定的抢劫罪的客观构成要件。

也许有人主张，丢失枪支不报告对严重后果持故意态度的，可以认定为以危险方法危害公共安全罪。但是,这种观点也有违反罪刑法定主义之嫌。刑法第114条、第115条所规定的"其他危险方法",仅限于与放火、决水、爆炸、投放危险物质相当的方法,而不是泛指任何具有危害公共安全性质的方法。因为刑法将本罪规定在第114条与第115条之中,根据同类解释规则,它必须与前面所列举的行为相当;根据该罪所处的地位,"其他危险方法"只是刑法第114条、第115条的"兜底"规定,而不是刑法分则第二章的"兜底"规定。换言之,对那些与放火、爆炸等危险方法不相当的行为,不管是否危害公共安全,都不宜认定为本罪。[43]所以,丢失枪支不报告并不符合以危险方法危害公共安全罪的客观要件。

也有一种观点认为,丢失枪支不报罪,既可能是过失犯罪,也可能是间接故意犯罪。[44]这种观点同样难以成立。因为在我国刑法中,间接故意与直接故意均属于故意,而且直接故意的非难可能性甚至重于间接故意的非难可能性。如果认为本罪可以由间接故意构成,不可能由直接故意构成,或者认为本罪由间接故意构成,若出于直接故意则构成其他犯罪,便明显违反刑法关于故意与过失的规定。[45]此外,将过于自信的过失与间接故意作为一类罪过形式的观点(复合罪过说),[46]只是一种立法建议。但解释者不应根据自己的立法设想解释现行的刑法规定,否则,对死亡结果持过于自信的过失时,也可能被认定为故意杀人罪。所以,认为某些犯罪只能由过失或者间接故意构成,而不能由直接故意构成的观点,也缺乏合理性。[47]

许多条文都存在类似问题。例如,刑法第339条第2款前段规定:"未经国务院有关主管部门许可,擅自进口固体废物用作原料,造成重大环境污染事故,致使公私财产遭受重大损失或者严重危害人体健康的,处五年以下有期徒刑或者拘役,并处罚金。"按照文理规定说,将擅自进口固体废物罪确定为过失犯罪,具有文理的根据("造成重大环境污染事故")。但问题是,如果将本罪确定为过失犯罪,那么,出于故意的行为符合何种犯罪的构成要件?可以肯定,"擅自进口固体废物用作原料"的行为,既不符合以危险方法危害公共安全罪的客观要件,也不符合故意杀人、故意伤害等罪的构成要件。所以,只有将本罪确定为故意犯罪,才能解决这一问题。

再如,倘若将违法发放贷款罪确定为过失犯罪,就必须考虑故意违法发放贷款的行为构成何罪。事实上,在排除了共同犯罪的情形下,故意违法发放贷款的行为,不可能符合其他更为严重的故意犯罪的构成要件。既然如此,就不能将违法发放贷款罪确定为过失犯罪,否则便形成了刑法就同一客观事实,仅处罚过失犯而不处罚故意犯的不正常现象。[48]

那么,能否认为,将某种犯罪确定为过失犯罪时,如果没有对应的故意犯罪,对故意实施的行为也以过失犯罪论处,从而消除上述不正常现象呢?这涉及故意与过失的关系,值得进一步讨论。

关于故意与过失的关系,在解释论上存在不同看法。德国有学者指出:“过失不是故意的减轻形式,而是与故意不同的概念(BGH 4,340[341])。与对应的故意犯罪相比,过失犯罪行为的不法内容与责任内容较轻。因为在过失情况下,行为人对法秩序的要求的违反不是有意识,而是因为不注意。因此,就同一事实而言,故意和过失是相互排斥的。”[49]根据这种观点,不能将故意行为认定为过失犯罪;在行为人的心理状态不明的情况下,也不能认定为过失犯罪。

德国与日本刑法理论界相反观点则认为,故意与过失是位阶关系,而不是对立关系。如日本有学者指出,如果说故意责任的本质是“认识到了构成要件事实”,过失责任的本质是“没有认识到构成要件事实”,那么,故意与过失的责任内容在逻辑上就是相互排斥的,不可能存在共通之处。但这种观点以过失的本质是“违反预见义务”为前提。如果说违反预见义务是过失犯的本质,那么,故意犯罪时因为履行了预见义务,责任就应更轻了,但事实上并非如此。所以,故意责任的本质是认识到了构成要件事实,过失责任的本质是具有认识构成要件事实的可能性。“因此,不应将预见义务违反作为过失犯的要素。故意与过失存在大小关系或者阶段关系,两者都是为责任提供根据的心理要素。过失中并非没有任何心理状态,而是存在可能预见犯罪事实特别是法益侵害的心理状态。”[50]德国的通说也认为,故意和过失处于一种位阶关系,即在不清楚一个行为是出于故意还是出于过失时,根据存疑时有利于被告人的原则,能够认定为过失犯罪。这并不是说,故意概念中包含了过失的要素,因为一个放任结果发生的人,不可能轻信可以避免结果的发生;一个明知结果发生的人,不可能没有预见结果的发生。但不能据此否认故意与过失之间的规范性位阶关系,亦即,与过失相比,故意必须具备更多的要素。[51]据此,对于故意行为可能认定为过失犯罪。

笔者也赞成后一种观点。但是,认为故意犯罪与过失犯罪是位阶关系，主要是为了处理事实不清的案件。例如，行为人对结果具有预见可能性，但不能证明行为人已经明知结果的发生，即便如此，也能认定为过失犯罪。但是，从立法动机来看，立法机关不可能就同一构成事实仅规定过失责任，而不规定故意责任。由于刑法以处罚故意犯罪为原则、处罚过失犯罪为例外，所以，立法机关完全可能只规定故意责任而不规定过失责任。所以，在完全可以将某种犯罪确定为故意犯罪时，就不应当将该犯罪确定为过失犯罪，进而主张对故意实施的行为也以过失犯罪论处。[52]更为重要的是，故意责任与过失责任是两种明显不同的责任形式，将某种犯罪确定为过失犯罪，并将故意行为以过失犯论处，也不符合罪刑相适应原则。

诚然，刑法第 398 条、第 432 条明文将故意与过失规定为泄露国家秘密与泄露军事秘密的罪过形式，并就故意责任与过失责任规定了相同的法定刑。[53]这似乎表明，刑法理论也可以像这两个条文一样，肯定同一犯罪既可以由故意构成，也可以由过失构成。但是，本文不以为然。首先，上述两个法条明文规定既处罚故意行为，也处罚过失行为，在解释论上，刑法理论不可能否定过失可以构成泄露国家秘密罪、泄露军事秘密罪；然而，在没有法律文理根据的情况下，刑法理论不能认为某种犯罪同时包括故意与过失两种罪过形式。其次，上述刑法第 398 条与第 432 条规定的犯罪，被司法解释分别确定为故意泄露国家秘密罪与过失泄露国家秘密罪、故意泄露军事秘密罪与过失泄露军事秘密罪。这意味着，一个犯罪只有一个罪过形式，而不可能同时包含故意与过失。然而，丢失枪支不报罪、违法发放贷款罪、违规出具金融票证罪等，只是一个独立罪名，如果将其罪过形式确定为故意与过失，就必须分解为两个罪名，即将丢失枪支不报罪分为故意丢失枪支不报罪与过失丢失枪支不报罪，将违法发放贷款罪分为故意违法发放贷款罪与过失违法发放贷款罪，将违规出具金融票证罪分为故意违规出具金融票证罪与过失违规出具金融票证罪。但事实上并非如此，在缺乏法律根据的情况下也不应当如此。最后，从立法论上而言，对客观行为与结果相同的故意犯罪与过失犯罪规定相同的法定刑，并不符合责任主义原理与罪刑相适应原则，也不利于预防犯罪。在此意义上说，刑法第 398 条、第 432 条乃至第 397 条，也存在立法缺陷。法谚云："有利的应当扩充，不利的应当限制（Favorse ampliandi, odia restringenda）"。具有立法缺陷的条文，不应当作为类比解释的根据，相反，应严格限制其适用范围。所以，不能以具有立法缺陷的条文为根据,将其他诸多犯罪的罪过形式解释为同时包括故意与过失。否则,便会导致立法缺陷蔓延。

第三,依循刑法的谦抑性与刑罚的目的,罪过形式的确定,不能以其他法领域规定的过错形式为标准。换言之,在其他法律针对同一事实既处罚故意行为,又处罚过失行为,刑法也处罚该事实时,不能直接以其他法律规定为依据,将刑法中的犯罪确定为过失犯罪。

刑法的谦抑性具有三个方面的含义:"第一是刑法的补充性。即使是关于市民安全的事项,只有在其他手段如习惯的、道德的制裁即地域社会的非正式的控制或民事的规制不充分时,才能发动刑法……第二是刑法的不完整性……第三是刑法的宽容性,或者可以说是自由尊重性。即使市民的安全受到侵犯,其他控制手段没有充分发挥效果,刑法也没有必要无遗漏地处罚。在现代社会,人不或多或少侵犯他人就不能生存下去,因此,各人在某种程度上必须相互忍耐他人的侵犯。如果对所有的侵犯行为都禁止,反而容易阻碍个人的活动。"[54]由于过失犯罪的非难可能性小,预防的必要性小,而且采用民事的、行政的甚至道德的制裁,就足以防止许多过失违法行为。所以,就过失犯而言,尤其应贯彻刑法的谦抑性原则。质言之,民法、商法、经济法、行政法等规定的违法行为,并不必然也无必要全部成为刑法上的犯罪行为。基于同样的理由,其他法律领域中的过失违法行为,并不当然成为刑法上的过失犯罪。对于过失侵犯商业秘密、过失丢失枪支不报告、过失非法使用窃听、窃照专用器材等行为,给予经济法、行政法上的制裁便能充分发挥抑止效果,完全没有必要确定为刑法上的过失犯罪。

民法、商法等法律规定的法律后果的目的,主要在于赔偿被害人的损失,所以,一方面,只要行为人有过失,就应当承担赔偿责任,甚至还存在无过错责任,主观过错形式并不是特别重要的问题。所以,民法、商法甚至经济法、行政法中的违法行为,大多可以由过失构成。但是,刑罚的目的与其他法律制裁的目的并不相同。刑罚是对犯罪人最严厉的谴责,其目的是预防犯罪;而在考量能否实现预防犯罪目的时,必然以行为人的罪过形式与内容为重心。因此,近现代刑法特别重视区分故意与过失。同一过失行为,在民法、商法、经济法等领域,可能需要承担责任,但不一定要承担刑事责任。例如,公司基于过失提供了虚假财务会计报告的,也应承担商法规定的法律后果,但不可能承担刑事责任。所以,不能直接将其他法律领域的过失违法行为,作为刑法上的过失犯罪处理。换言之,不能以其他法领域规定的过错形式为标准确定刑法上的罪过形式。

事实上,刑法中的一些条文,作出与其他法律条文不同的表述,也是为了限制过失犯罪的处罚范围。例如,1995 年《票据法》第 105 条规定:"金融机构工作人员在票据业务中玩忽职守,对违反本法规定的票据予以承兑、付款或者保证的,给予处分;造成重大损失,构成犯罪的,依法追究刑事责任。"一种观点据此认为,对违法票据承兑、付款、保证罪主观上只能是过失。[55]但是,现行刑法第 189 条既删除了"玩忽职守"的规定,也没有其他表明过失的用语,这说明刑法第 189 条并不处罚过失对违法票据承兑、付款、保证的行为,所以,本罪应为故意犯罪。[56]

四、简短的结论

综上所述,在确定具体犯罪的罪过形式时,不能以"事实上能否出于过失"的归纳取代"法律有无规定"的判断,而应当充分考虑并贯彻刑法第 15 条第 2 款"过失犯罪,法律有规定的才负刑事责任"的规定。将某种犯罪确定为过失犯罪的法定标准,是"法律有规定";"法律有规定"是指法律有文理规定。在符合了"法律有规定"的前提下,还需要考察是否存在将某种犯罪确定为过失犯罪的实质理由:根据尊重人权主义的原理,对于法益侵害并非严重的行为,不宜确定为过失犯罪;依照责任主义原理以及刑法的基本原则,不能出现某种犯罪只能由过失构成、不能由故意构成的局面,也不能出现某种犯罪只能由过失与间接故意构成、不能由直接故意构成的现象;依循刑法的谦抑性与刑罚的目的,在确定罪过形式时,不能以其他法律规定的过错形式为标准;其他法律领域中的过失违法行为,不一定属于刑法中的过失犯罪。

根据上述分析,刑法第 129 条、第 169 条、第 186 条、第 188 条、第 250 条、第 284 条、第 330 条、第 332 条、第 337 条、第 403 条、第 405 条规定的犯罪,以及第 397 条规定的滥用职权罪,因为缺乏"法律有规定"的前提,只能确定为故意犯罪。第 331 条、第 334 条第 2 款规定的犯罪,虽然几乎没有争议地被确定为过失犯罪,[57]但由于缺乏"法律有规定"的文理根据,确定为故意犯罪更为合理。另一方面,刑法第 219 条第 2 款、第 339 条第 2

款、第304条规定的犯罪，虽然存在“法律有规定”的（部分）文理根据，但由于缺乏确定为过失犯罪的实质理由，也宜确定为故意犯罪。[58]当然，将上述犯罪确定为故意犯罪时，应当根据刑法总则关于故意犯罪的规定，合理确定其认识内容与意志内容。在某些情况下，宜将行为直接侵害法益的结果作为认识内容与意志内容；将刑法为了限制处罚范围所规定的结果，作为客观的超过要素对待。[59]

本文观点可能遭受的质疑是，如果将上述条文规定的犯罪确定为故意犯罪，就会排除行为人故意实施上述条文规定的行为可能构成其他严重犯罪的情形。事实上，刑法理论之所以将上述条文规定的犯罪确定为过失犯罪，常常是以故意行为可能构成其他严重犯罪为根据的。例如，有的论著在讨论对违法票据承兑、付款、保证罪的罪过形式时指出，本罪“主观方面为过失，即行为人虽然明知是违法票据而予以承兑、付款、保证，但对由此而造成的重大损失，并不希望，也在持放任的心理态度，否则构成诈骗、侵占等其他故意犯罪”。[60]然而，其一，在客观行为完全相同的情况下，仅因罪过形式不同而成立不同犯罪的情形，应当是比较少见的。本文对故意丢失枪支不报罪的分析，便说明了这一点。其二，即使按照本文的观点，将上述条文规定的犯罪确定为故意犯罪，当故意实施的行为的确同时构成其他严重犯罪时，也可以按照想象竞合犯处理。例如，银行工作人员与持有伪造的票据的人员通谋为其付款的，既触犯了对违法票据付款罪，也触犯了其他故意犯罪（视性质与情节成立票据诈骗罪、贪污罪、职务侵占罪、故意毁坏财物罪等）。在这种情况下，可以从一重罪处罚，既不会导致重罪轻罚的局面，又维护了罪刑法定原则。再如，将擅自进口固体废物罪确定为故意犯罪，有利于处理本罪与走私废物罪的想象竞合关系。

注释

1 参见德国刑法第15条、法国刑法第121—3条、意大利刑法第42条、奥地利刑法第7条、西班牙刑法第12条、瑞士刑法第18条、俄罗斯刑法第24条、日本刑法第38条、韩国刑法第13条、美国模范刑法典第2.02条，等等。

2 马克昌主编：《经济犯罪新论：破坏社会主义市场经济秩序罪研究》，武汉大学出版社1998年版，第331页。

3 高铭暄、马克昌主编：《刑法学》，北京大学出版社、高等教育出版社2000年版，第423页。

4 参见侯国云:“论新刑法典中若干新罪名罪过性质的认定”,载《法学家》1998 年第 3 期。

5 参见张明楷:《刑法学》,法律出版社 2003 年版,第 165、310 页以下。

6 侯国云:“论新刑法典中若干新罪名罪过性质的认定”,载《法学家》1998 年第 3 期。

7 参见金泽刚:“若干个罪的罪过性质问题研究”,载《中国刑事法杂志》1998 年第 6 期。

8 马克昌主编:《刑法学》,高等教育出版社 2003 年版,第 606 页。

9 周道鸾、张军主编:《刑法罪名精释》,人民法院出版社 2003 年版,第 594 页。

10 杨春洗、杨敦先主编:《中国刑法论》,北京大学出版社 1998 年版,第 590 页。

11 例如,日本刑法第 38 条第 1 项规定:“没有犯罪故意的行为,不处罚,但法律有特别规定的,不在此限。”日本刑法典分则,对于过失犯罪都有明文规定,但日本附属刑法(行政刑法)对是否处罚过失犯罪并无明文规定,而日本刑法典第 8 条规定:“本编(即刑法典总则)的规定也适用于其他法令规定的犯罪。”这意味着,附属刑法也只有在“有特别规定”时才处罚过失犯罪。但是,如何理解“有特别规定”,理论上也存在争议,判例也不完全一致。

12 日本学者木村龟二、野村稔认为,只有当法律使用了“因过失”、“因失火”等用语时,才能处罚过失犯罪,否则便违反了罪刑法定主义(参见[日]木村龟二:《刑法总论》,有斐阁 1978 年增补版,第 79 页;[日]野村稔:《刑法总论》,全理其、何力译,法律出版社 2001 年版,第 108 页)。

13 日本 20 世纪 80 年代以前的判例大多采取这种观点。如日本最高裁判所 1953 年 3 月 5 日的判决指出,虽然没有明文规定,但根据“规制事项的本质”,也可以作为过失犯罪处罚(日本《最高裁判所刑事判例集》第 7 卷第 3 号,第 510 页)。再如,日本最高裁判所 1968 年 1 月 13 日的判决指出,虽然没有明文规定,但通过合理判断“法规的旨趣、目的”等,能够得出处罚过失犯的结论时,应认为具有处罚过失犯的“特别规定”(日本《判例时报》第 524 号,第 85 页)。德国的旧刑法时代,判例在缺乏法律明文规定的情况下,也常常根据法规的旨趣、目的处罚过失犯(参见[日]萩原滋:《罪刑法定主义と刑法解释》,成文堂 1998 年版,第 258 页以下)。

14 [日]甲斐克则:《责任原理と过失犯论》,成文堂 2005 年版,第 85 页。

15 如日本学者福田平指出:“在有‘因过失’的规定的场合,认定为过失犯的构成要件是没有问题的,但即使没有这样的明文规定,只要在各个构成要件的解释上,能够认为该构成要件所规定的是过失犯的构成要件,就可以处罚过失犯。”([日]福田平:《全订刑法总论》,有斐阁 2001 年第 3 版增补,第 124 页)。

16 [德]伯恩·魏德士:《法理学》,丁小春、吴越译,法律出版社 2003 年版,第 73 页。

17 Jane C. Ginsburg, *Legal Methods*, 2nd ed, Foundation Press 2003, p. 271.

18 参见高铭暄、马克昌主编:《刑法学》,北京大学出版社、高等教育出版社 2000 年版,第52、511页以下。

19 这里所称的用语,仅限于刑法分则条文就基本罪状所使用的用语,不包括在加重、减轻罪状中所使用的用语。

20 刑法第115条第2款、第119条第2款、第124条第2款、第233条、第235条、第324条第3款、第369条第2款、第398条、第432条即是。

21 刑法第229条第3款使用的“失实”一词也能表明行为人主观上为过失,但由于该款具有“严重不负责任”的表述,故没有必要另行讨论。

22 刑法第167条、第168条(国有公司、企业人员失职罪)、第229条第3款、第335条、第399条第3款(执行判决、裁定失职罪)、第400条第2款、第406条、第408条、第409条、第412条第2款、第413条第2款、第419条所规定的犯罪,应是过失犯罪。但如前所述,第304条犯罪的罪过形式存在疑问。

23 “造成严重后果”与较轻的法定刑,只是确定罪过形式时需要考虑的要素,而非表明犯罪由过失构成的用语。因为分则条文完全可能针对故意犯罪规定“造成严重后果”与较轻的法定刑。

24 刑法第131条至第139条、第338条、第408条(与“严重不负责任”重叠)、第436条属于此类。但第143条的“足以造成……事故”主要是对行为属性的规定,不是表明过失的用语。此外,第339条第2款的规定还存在疑问。

25 虽然也有论著主张滥用职权罪可以由过失构成(参见周道鸾、张军主编:《刑法罪名精释》,人民法院出版社2003年版,第741页),但这种观点缺乏法律的文理根据。

26 这样区分的实际意义在于,如果将第304条规定的犯罪确定为故意犯罪,那么,仅仅有意识地延误投递邮件并不符合刑法总则的“故意”,而应进一步要求行为人对行为的结果具有希望或者放任态度。

27 参见刘守芬、申柳华:“重大责任事故罪罪过形式研究”,载《法学论坛》2006年第1期。

28 参见郑健才:《刑法总则》,台北三民书局1982年修订再版,第96页。

29 应当预见校舍或者教育教学设施有危险,可能发生重大伤亡事故,但由于疏忽大意而没有预见,以致发生重大伤亡事故的案件,涉及其他诸多问题,需要另外撰文探讨。

30 参见[日]山口厚:《刑法总论》,有斐阁2001年版,第77页。

31 其他类型的过失犯罪较为罕见与特殊(如过失毁损文物罪),在缺乏明文规定的情况下,不宜将其作为参照条文。

32 参见高铭暄、马克昌主编:《刑法学》,北京大学出版社、高等教育出版社2000年版,第352页。有的表述为危害“不特定多数人”的生命、健康或者重大公私财产安全(参见周道鸾、张军主编:《刑法罪名精释》,人民法院出版社2003年版,第52页)。

33 从刑法第115条与第114条的关系,也能得出这一结论。

34 与刑法第 186 条、第 188 条、第 189 条规定的犯罪一样,《刑法修正案(六)》之前的第 187 条规定的用账外客户资金非法拆借、发放贷款罪,也要求"造成重大损失",由于该条同时要求"以牟利为目的",故刑法理论没有争议地认为本罪属于故意犯罪(经《刑法修正案(六)》修正后的第 187 条所规定的吸收客户资金不入账罪也属于故意犯罪)。其实,刑法第 186 条、第 188 条、第 189 条规定的犯罪,也都可能"以牟利为目的"。在此意义上说,也宜肯定刑法第 186 条、第 188 条、第 189 条规定的犯罪为故意犯罪。

35 金泽刚:"若干个罪的罪过性质问题研究",载《中国刑事法杂志》1998 年第 6 期。

36 高铭暄主编:《新编刑法学》(下册),中国人民大学出版社 1998 年版,第 663 页。

37 参见张明楷、黎宏、周光权:《刑法新问题探究》,清华大学出版社 2003 年版,第 243 页。

38 参见最高人民法院、最高人民检察院 2001 年 4 月 5 日《关于办理生产、销售伪劣商品刑事案件具体应用法律若干问题的解释》第 6 条;最高人民法院、最高人民检察院 2004 年 12 月 8 日《关于办理侵犯知识产权刑事案件具体应用法律若干问题的解释》第 9 条;最高人民法院、最高人民检察院、公安部、国家工商行政管理局 1998 年 5 月 8 日《关于依法查处盗窃、抢劫机动车案件的规定》第 17 条;等等。

39 即使这些犯罪的主体包括了国家工作人员,也不能以此为由将其确定为过失犯罪。更不能认为,国家工作人员实施上述行为时,不管故意与过失,都构成犯罪;非国家工作人员实施上述行为时,只有出于故意时,才构成犯罪。因为同一犯罪不可能因为主体不同而导致对罪过形式的要求不同。

40 当然,并不要求一一对应。从我国的刑法分则体例来看,一个过失犯罪可能有几个对应的故意犯罪,一个故意犯罪可能有几个对应的过失犯罪。

41 参见高铭暄、马克昌主编:《刑法学》,北京大学出版社、高等教育出版社 2000 年版,第 373 页;何秉松主编;《刑法教科书》(下卷),中国法制出版社 2000 年版,第 711 页;周振想:《刑法学教程》,中国人民公安大学出版社 1997 年版,第 344 页。

42 [日]前田雅英:《刑法总论讲义》,东京大学出版会 1998 年版,第 125 页。

43 参见张明楷:《刑法学》,法律出版社 2003 年版,第 545 页。

44 参见叶峰主编:《刑法新罪名通论》,中国法制出版社 1997 年版,第 34 页。

45 在现行立法体例下,不应当也不可能出现就同一客观事实,间接故意构成此罪、直接故意构成彼罪的情形。

46 参见储槐植、杨书文:"复合罪过形式探析",载《法学研究》1999 年第 1 期。

47 这种观点也只是通过对行为人的心理状态进行归纳得出的结论,而不是根据刑法规定得出的结论。

48 关于醉酒型危险驾驶罪的罪过形式,刑法理论存在不同观点。一种观点认为,本罪的罪过形式为过失,如果行为人持故意则构成以危险方法危害公共安全罪(参见冯军:“论《刑法》第133条之一的规范目的及其适用”,载《中国法学》2011年第5期)。但是,将本罪的罪过形式确定为过失,不仅缺乏刑法第15条第2款所要求的“法律有规定”的文理根据,而且导致将故意的醉酒驾驶均作为以危险方法危害公共安全罪处理。然而,一方面,行为是否产生具体的公共危险,并不是取决于醉酒驾驶的行为是出于故意还是过失。即使认为故意是违法要素,也不可能得出只要是故意醉酒驾驶就产生具体公共危险的结论。另一方面,将故意的醉酒驾驶均作为以危险方法危害公共安全罪处理,既不符合司法实践,也会导致刑罚畸重。还有一种观点认为,本罪是过失的抽象危险犯,但故意醉酒驾驶的行为没有发生具体公共危险的,依然成立危险驾驶罪(参见梁根林:“《刑法》第133条之一第2款的法教义学分析”,载《法学》2015年第3期)。这种观点实际上肯定了本罪既可以由过失构成也可能由故意构成,但这一观点同样缺乏法律根据;而且将故意犯与过失犯等同处罚,并不符合罪刑相适应原则。应当认为,醉酒驾驶属于故意犯罪,行为人必须认识到自己是在醉酒状态下驾驶机动车。只有这样,才能正确处理本罪与以危险方法危害公共安全罪的关系(参见张明楷:“危险驾驶罪的基本问题”,载《政法论坛》2012年第6期)

49 H. Jescheck/T. Weigend, Lehrbuch des Strafrechts Allgemeiner Teil, 5 Aufl., Duncker & Humblot, 1996, S. 563.

50 [日]高山佳奈子:《故意と违法性の意识》,有斐阁1999年版,第137页。

51 C. Roxin, Strafrecht Allgemeiner Teil, Band I, 4. Aufl., C. H. Beck, 2006, S. 1091.

52 在将违法发放贷款等罪确定为故意犯罪时,可能产生的问题是,行为人虽然对发放贷款行为本身持故意,但对“造成重大损失”并无希望或者放任的态度,因而难以与刑法总则关于犯罪故意的规定相吻合。其实,在这样的场合,可以认为,行为人对金融秩序的破坏这一结果持希望或者放任态度,“造成重大损失”则属于客观的超过要素,不需要行为人具有希望或者放任态度(参见张明楷:“‘客观的超过要素’概念之提倡”,载《法学研究》1999年第3期)。

53 由于旧刑法没有明文规定处罚过失泄露国家秘密的行为,故理论上存在争议(参见王作富:《中国刑法研究》,中国人民大学出版社1988年版,第739页)。立法机关只是简单地在条文中增加了“故意或者过失”的规定,以避免争议,而没有分别规定法定刑。

54 [日]平野龙一编:《现代法11——现代法と刑罚》,岩波书店1965年版,第21页以下。

55 参见鲜铁可主编:《金融犯罪的定罪与量刑》,人民法院出版社1999年版,第207页。

56 2004年修改后的《票据法》第104条依然规定:“金融机构工作人员在票据业务中玩忽职守,对违反本法规定的票据予以承兑、付款或者保证的,给予处分;造成重大损失，构成犯罪的，依法追究刑事责任。”但这并不意味着刑法第 189 条的犯罪可以由过失构成。在附属刑法没有明文规定罪状与法定刑的情况下，只能根据刑法的规定确定构成要件。

57 参见高铭暄、马克昌主编：《刑法学》，北京大学出版社、高等教育出版社 2000 年版，第 577、579 页；马克昌主编：《刑法学》，高等教育出版社 2003 年版，第 601、603 页；周道鸾、张军主编：《刑法罪名精释》，人民法院出版社 2003 年版，第 578、586 页；陈兴良：《规范刑法学》，中国政法大学出版社 2003 年版，第 601、604 页；张明楷：《刑法学》，法律出版社 2003 年版，第 847、850 页。

58 以上是从解释论角度进行论述和得出结论的。从立法论来考察，刑法有必要在分则及其他有刑罚规定的法律中明文规定过失犯罪的处罚范围。

59 参见张明楷：“‘客观的超过要素’概念之提倡”，载《法学研究》1999 年第 3 期。

60 周道鸾、张军主编：《刑法罪名精释》，人民法院出版社 2003 年版，第 254 页。

张明楷代表作

玖

具体方法错误的处理

事实认识错误分为具体的事实认识错误与抽象的事实认识错误。具体的事实认识错误，是指行为人认识的事实与实际发生的事实虽然不一致，但没有超出同一犯罪构成范围的情形（因而也被称为同一犯罪构成内的错误）。刑法理论一般认为，具体的事实错误包括对象错误、方法错误与因果关系的错误。[1]对于具体的事实错误，主要存在具体符合说与法定符合说的争论。[2]前者认为，行为人所认识的事实与实际发生的事实具体地相一致时，才成立故意的既遂犯；后者主张，行为人所认识的事实与实际发生的事实，只要在犯罪构成范围内是一致的，就成立故意的既遂犯。[3]

具体的事实错误中的对象错误（或客体错误），是指行为人误将此对象当作彼对象加以侵害，而此对象与彼对象处于同一犯罪构成内，行为人的认识内容与客观事实仍然符合同一犯罪构成的情形。例如，行为人 A 本欲害仇人 X，黑夜里误将亲生父亲 Y 当作 X 进行杀害。根据法定符合说，刑法规定故意杀人罪是为了保护人的生命，而不只是保护特定的 X 或者特定的 Y 的生命，因此，只要行为人主观上想杀人，而客观上也杀了人，就符合故意杀人罪的构成要件，成立故意杀人既遂。具体符合说也认为，这种对象错误并不重要，因而不影响故意犯罪既遂的成立。因为在行为的当时，行为人想杀的是“那个人”（Y），而事实上也杀了“那个人”（Y），因而属于具体的符合，成立故意杀人既遂。[4]换言之，在对象错误的场合，所谓的“行为人 A 本欲杀害仇人 X”，是指 A 事前想杀 X；但在行为时，A 认识到了自己要杀害眼前的“那个人”（Y），事实上也杀害了眼前的“那个人”

注　原文标题为“论具体的方法错误”，发表于《中外法学》2008 年第 2 期。

(Y),因而属于具体的符合。[5]所以,就这种对象错误而言,具体符合说与法定符合说的结论完全相同。但是,对于方法错误应当如何处理,刑法理论上则存在激烈争议。

一、方法错误的范围

方法错误(行为差误、打击错误),是指由于行为本身的差误,导致行为人所欲攻击的对象与实际受害的对象不一致,但这种不一致仍然没有超出同一犯罪构成的情形。例如,A 举枪射击仇人 X,但因没有瞄准而击中了旁人 Y,导致 Y 死亡(案例 1)。这是德国、日本等大陆法系国家刑法理论公认的方法错误的典型事例。

方法错误并非仅发生于以人为对象的犯罪中,而是也可能发生在以物为对象的犯罪中。例如,A 想杀害 X 饲养的狗而开枪,但因为没有瞄准而击中了 Y 饲养的狗(案例 2)。A 的主观认识(杀害 X 饲养的狗——毁坏 X 的财物的故意)与客观事实(杀害 Y 饲养的狗——毁坏了 Y 的财物)不一致,但不管是 X 饲养的狗还是 Y 饲养的狗,都是刑法第 275 条规定的故意毁坏财物罪的对象,故 A 的认识错误没有超出同一犯罪构成,属于具体的方法错误。

我国有人认为,方法错误"这种情况与行为人主观认识错误无关,纯属客观行为的失误或行为误差,因此,不属于刑法上错误的范围"。[6]这种观点将方法错误归结为行为的客观失误,因而得出了行为人主观上没有认识错误的结论。其实,认识错误理论所要解决的问题是,能否让行为人对现实发生的结果承担故意责任。在案例 1 中,存在 A 应否对 Y 的死亡承担故意杀人既遂的责任的疑问,这正是认识错误理论所要解决的问题。所以,刑法上的事实认识错误并不限于行为人主观上发生了错误,而是指行为人的主观认识与客观事实不相符合的情形。[7]在方法错误的情况下,行为人的主观认识(射击 X)与客观事实(打中 Y 并导致 Y 死亡)就是不一致的,应当放在认识错误中研究。案例 2 也是如此。倘若认为方法错误不属于认识错误,就必须另建立一套处理方法错误的理论。但事实上,对方法错误的处理,也是适用有关认识错误的理论的(以下将处理认识错误的理论称为错误论)。

当然,方法错误也并非泛指一切主观认识与客观事实不一致的情形。

方法错误中的主观认识，是指犯罪的故意；客观事实，是指符合客观构成要件的事实（结果）。因此，其一，如果行为人主观上没有犯罪的故意，即使客观上发生了构成要件的结果，也不是方法错误的问题。例如，行为人本欲开枪杀死疯狗，但因为没有瞄准，而射中了他人。由于行为人主观上没有犯罪的故意，因而不是方法错误，只是过失犯与意外事件的区分问题。[8]其二，如若行为人主观上具有犯罪的故意，但客观上没有造成构成要件的结果，也不是方法错误。例如，行为人本欲开枪杀害他人，但因为没有瞄准，而射中了一条疯狗。由于没有发生构成要件的结果，故不属于方法错误，只是未遂犯的问题（如不具有杀害他人的危险性，则是不可罚的不能犯）。[9]

显然，方法错误不同于我国刑法理论（以往）所称的手段错误或工具错误。例如，较早的教科书指出："对手段的认识错误，即行为人对所采用的手段或方法能否造成危害结果的不正确认识。它可能表现为所采用的手段不足以造成危害结果，行为人误认为能够造成危害结果。例如某甲为了杀害他已嫌弃的女朋友，购买了四十粒利眠宁使其服下，实际上四十粒利眠宁并不能将人杀死。其女友昏睡一天多后又苏醒过来……它也可能表现为所采取的手段足以造成危害结果，行为人误认为不能造成危害结果。例如李某误把敌敌畏当作药酒，给诉说患有腰疼病的客人喝，致客人中毒死亡。"[10]在本文看来，其中的前一种情形即某甲的行为，不属于认识错误，而是未遂犯与不可罚的不能犯的区别问题，应在未遂犯中讨论。因为不能犯原本是"与实行行为存在无形的关系，即在内容上毗邻的情形"，不能犯"缺乏本来构成要件预定的危险性，因而也就不符合实行行为的特征"。[11]换言之，就前一种情形而言，所要解决的问题是，某甲是否着手实行了杀人的实行行为，因而属于是否成立未遂犯的问题，而不存在某甲是否应对自己预想的死亡结果承担故意责任的问题。后一种情形即李某的行为，也不是认识错误，而是过失犯罪与意外事件的区别问题。因为就此情形而言，所要解决的问题是，李某对被害人的死亡是否存在过失，而不是对被害人的死亡是否承担故意责任的问题。新近的教科书中，也有依然将上述前一种情形作为认识错误处理。[12]但本文所讨论的方法错误，不包括这类所谓的手段错误与工具错误。

二、错误论与故意论的关系

关于故意的内容,国外刑法一般没有作出明确规定,故刑法理论上存在诸多学说。[13]但可以肯定的是,故意的成立至少要求行为人对客观构成要件的事实具有认识。如果行为人只是对客观构成要件的事实具有认识可能性,却缺乏现实的认识,就只能成立过失犯罪。因此,对客观构成要件的事实的认识错误会影响故意,其中,有的会影响特定故意的成立与否,有的会影响行为人对现实发生的结果是否具有故意(影响犯罪的形态)。

如前所述,认识错误是指行为人的主观认识与客观事实不一致,并不一定意味着行为人主观上产生了错误的认识(本文所称认识错误,仅指事实认识错误)。刑法理论总是在与故意犯的关联上讨论认识错误,并不是在与过失犯的关联上讨论认识错误。[14]于是,错误论与故意犯的关系,就成为重要问题。

一种观点认为,错误论是对故意实施行为整体(包括发生结果)的评价,具有与故意论不同的独立的作用,因而具有与故意论不同的原理。[15]这种观点的实质是,在不能根据故意论认定行为人对某种结果具有故意时,可能或者可以根据错误论认定行为人对该结果具有故意。于是,错误论成为认定故意的另一途径。本文难以赞成这种观点。我国刑法第 14 条明文规定了故意的一般定义,此外,具体犯罪的客观构成要件规制了具体犯罪故意的认识内容与意志内容。显然,在行为人的主观内容不符合刑法第 14 条规定的要求,对属于客观构成要件的事实缺乏认识时,不可能成立故意。在此情形下,当然不能将错误论作为认定行为人具有故意的途径。

另一种观点认为,错误论是故意论的反面。本文持此观点。因为,"刑法学中所讨论的错误,并非主观面与客观面之间存在不一致的所有情形,而是限于故意(犯)的成立与否成为问题的场合。客观面发生了某种重大的事项(如发生了人死亡的结果),主观面对一定的事态具有认识时,主观面的这种认识,可否认为是与该客观事实相对应的故意(如杀人罪的故意),才是刑法中的错误论的问题"。[16]显然,认识错误与故意是表里关系,对认识错误的处理在于解决行为人对于发生的结果是否具有故意责任。所以,"必须维持'错误论是故意论的反面(Kehrseite)'这一命题。因此,在故意成为问题的时候,不存在'不适用错误论'的情形;在根据故意论不认为有故意的场合,也不能根据错误论认定有故意”。[17]

不过,也不能走向另一极端,认为错误论与故意论是完全等同关系。有的学者否认客观构成要件的故意规制机能,认为成立故意不要求认识到符合客观构成要件的事实,只要认识到事实的意义即可;换言之,只要对作为构成要件内容的不法、责任内容具有认识,就成立故意。反之,在行为人由于认识错误,导致其主观认识与客观事实属于不同犯罪构成时,只要两者的不法、责任内容相同,行为人对于没有预见的客观事实也应承担故意既遂犯的责任。[18]于是,错误论便是故意论本身。但是,一方面,否认客观构成要件的故意规制机能,不利于对故意的认定,因而使构成要件丧失罪刑法定主义的机能。况且,持上述观点的学者同时认为,“成立故意犯,要求行为人……对所有与构成要件要素相对应的事实具有认识”。[19]既然如此,客观构成要件就具有故意的规制机能。另一方面,在行为人没有发生认识错误的情况下,不必适用错误论,只需适用故意论;反之,在行为人发生了认识错误的情况下,才既需要适用错误论,也必须适用故意论。所以,错误论与故意论虽然是表里关系,但不宜等同化。

正因为错误论与故意论是表里关系,所以,行为人的主观认识与客观事实在何种程度上一致,既是故意的认识内容问题,也是错误论的问题。可以肯定的是,只有当行为人所认识的事实与实际发生的事实,在“构成要件的范围内”相符合时,才能在此限度内肯定故意的既遂犯。换言之,应当以构成要件为基准,判断某种事实是否属于作为故意的认识对象(或内容)的重要事实;如果对重要事实存在认识错误,就阻却故意的既遂犯;反之,则肯定故意的既遂犯。但问题在于,如何理解“构成要件”与“相符合”?一种观点认为,应当以构成要件要素为水准,对符合构成要件的事实进行一定抽象的把握,而不考虑符合构成要件要素的事实的个别性、具体性。倘若事实符合某种构成要件要素,其具体性则不是故意的认识内容。例如,故意杀人罪的构成要件要素中的“人”是重要内容,至于是谁、是什么人则并不重要。所以,故意杀人罪的成立要求行为人认识自己所杀的是人,而不要求认识到自己所杀的人是谁、是什么人。[20]这正是法定符合说的主张。另一种观点也认为,应当以构成要件要素为水准,对符合构成要件的事实进行抽象的把握,但主张不能舍弃法益主体的个别性、具体性(甚至主张不能舍弃行为对象本身——如盗窃罪中的财物——的个别性、具体性），对于法益主体间的认识错误的案件，应按法益主体判断构成要件符合性。例如，在案例1中，A本欲杀X，但因为方法错误而杀害Y时，应分别按X与Y来判断构成要件符合性。显然，A对X成立故意杀人未遂，对Y成立过失致人死亡。[21]这正是具体符合说的主张。此外，还有介于二者之间的行为计划理论。

三、具体符合说

根据具体符合说，在方法错误的场合，由于客观事实与行为人的主观认识没有形成具体的符合，所以，在案例1中，A对X承担杀人未遂的责任，对Y则承担过失致人死亡的责任；由于只有一个行为，故二者属于想象竞合犯，从一重罪论处。显然，具体符合说重视法益主体的区别，认为故意的认识内容包括对具体的法益主体的认识。但在本文看来，具体符合说存在不少缺陷。

第一，根据具体符合说，在案例1中，由于只有一个行为，只能从一重罪处罚，因而按故意杀人未遂处罚。但在行为人具有杀人故意，客观上也杀害了他人的情况下，却认定为杀人未遂，有悖社会的一般观念。刑法理论不应当接受有悖社会一般观念的结论。因为犯罪的成立之所以要求行为人具有非难可能性，重要原因之一就是缘于社会一般观念可以接受的观点。[22]换言之，在行为人没有故意、过失等表明非难可能性的要素的情况下，仅以其客观行为及其结果为根据追究行为人的责任，违背了社会的一般观念，或者说违背了国民的规范意识。既然如此，反过来说，在讨论方法错误时，就不能不考虑将案例1中的A以杀人未遂论处，而不令其对Y的死亡结果承担故意责任，是否有悖社会的一般观念。

当然，“社会的一般观念”的理由可能缺乏说服力。持具体符合说的学者会举出其处理结论符合社会的一般观念的案件。例如，A以杀人故意对X开枪，但因为没有瞄准，却打中了自己的女儿Y（案例3）。在具体符合说看来，认定A对X为故意杀人未遂，对自己的女儿Y成立过失致人死亡罪，反而是符合社会的一般观念的。因为社会的一般观念不会认为A对自己的女儿Y有杀人故意。但是，案例3不能成为具体符合说的根据。如前所述，就对象错误而言，具体符合说与法定符合说的结论完全相同。将案例略加改变，就会表明具体符合说的结论存在疑问。A持枪寻找仇人

X,但在黑暗中误将自己的女儿Y当作X而杀害(案例4)。根据具体符合说,应认定A对Y的死亡承担故意杀人既遂的责任。因为A主观上就是想杀害眼前的“那个人”(Y),而事实上也杀害了“那个人”(Y),属于具体的符合。于是,具体符合说的论者会认为,社会的一般观念认为A对Y有杀人故意。这似乎有自相矛盾之嫌。显然,只有在案例1、案例3、案例4中,均认为A对Y的死亡具有故意,才能避免矛盾现象。

第二,根据具体符合说,行为人A开枪射击X时,只要没有导致X死亡,不管是否导致Y或者其他人死亡,其结局都只负杀人未遂的责任,这会导致罪刑不均衡。例如,A开枪射击X,但因为方法错误,导致C、D、Y、Z等多人死亡(案例5)。根据具体符合说的观点,对案例5中的A也只能以一个故意杀人未遂处罚。这显然难以做到罪刑相适应。我国主张具体符合说的学者意识到了这一点,便解释道:“因为,按照我国刑法第23条第2款的规定,对未遂犯只是可以比照既遂犯从轻或减轻处罚(并不是应当从轻或者减轻处罚),这就意味着我们可能根据案件的具体情况,对未遂犯与既遂犯同样的处罚。这样,也不会出现对犯罪分子处刑过轻的不合理现象。”[23]言下之意,先将案例5中的A的行为评价为犯罪未遂,但处罚时按既遂犯对待。或者说,在定罪时评价为故意杀人未遂,但在量刑时评价为故意杀人既遂。这恐怕是自相矛盾的。在德国、日本,主张将A以杀人未遂处罚,就是为了使A仅承担未遂的责任,从而得到减轻处罚。如果对A不减轻处罚,具体符合说便丧失了意义。反之,采取法定符合说的人,主张将A以杀人既遂论处,就是为了避免对A减轻处罚。所以,中国学者的上述观点,表面上采取了具体符合说,实际上采取的仍然是法定符合说。而且,根据中国学者的上述观点,只要想杀X的A客观上杀害了Y,均不从轻、减轻处罚,这便完全丧失了采取具体符合说的意义。

第三,根据具体符合说,行为人A在公共汽车上原本要扒窃身穿西服的X的钱包,因为方法错误事实上却扒窃了身穿夹克的Y的钱包时,对X成立盗窃未遂,对Y成立过失盗窃(案例6)。在德国、日本,由于刑法明文规定处罚盗窃未遂,故对于A的行为至少可以作为犯罪处理,就此而言,具体符合说的缺陷并不明显。可是,在我国,对盗窃未遂通常不处罚,过失盗窃不可能构成犯罪,结局是A的行为无罪。这似乎不合理。采取具体符合说的人或许会提出两点反论:其一,我国刑法并没有禁止处罚盗窃未遂,相反根据刑法总则的规定原则上处罚盗窃未遂,因而对案例 6 中的 A 的行为仍能以盗窃(未遂)罪论处。其二,根据司法实践,对于盗窃未遂情节严重的,应以盗窃罪论处,可以认为案例 6 中的 A 的盗窃未遂情节严重,故应以盗窃未遂论处。但是,首先,虽然我国刑法并没有禁止处罚盗窃未遂,但根据犯罪的本质与司法实践,事实上只有情节严重的盗窃未遂才以犯罪论处,所以,其第一点反论并不成立。否则,必然导致处罚盗窃未遂的恣意性。其次,认为案例 6 中的 A 盗窃未遂情节严重,无非是考虑到了 A 窃取了 Y 的钱包的事实。但是,根据具体符合说的观点,A 对 Y 的钱包只是过失盗窃;可是,刑法并不禁止过失盗窃,故过失盗窃不能成为刑法的评价对象。倘若将盗窃未遂与过失盗窃综合起来,认定盗窃未遂情节严重,意味着将刑法并不评价的事实作为犯罪事实,这显然形成了间接处罚,违反了罪刑法定原则。[24]

再如,行为人 A 欲砍掉 X 的小手指,但因为行为差误,却砍掉了 Y 的小手指(案例 7)。根据具体符合说,A 对 X 成立故意轻伤未遂,对 Y 属于过失轻伤。在德国、日本,至少对 A 的行为能够以侵害身体罪(德国刑法第 223 条)或暴行罪(日本刑法第 208 条)论处。就此而言,具体符合说的缺陷也不明显。可是在我国,故意伤害尤其是故意轻伤的,均不处罚未遂,更不处罚过失轻伤害,刑法又没有规定侵害身体罪与暴行罪;倘若采取具体符合说,意味着 A 的行为不成立犯罪,这也难以令人赞同。如若以伤害未遂论处,也会形成未遂犯处罚的恣意性与间接处罚。

由此看来,在德国、日本或许不存在明显缺陷的具体符合说,在中国则可能存在明显缺陷。

第四,具体符合说主张,行为人的主观认识与客观事实(结果)具体地相符合,才对结果承担故意责任,但是,“具体”到何种程度才承认其符合性,则是没有解决的问题。

例如,X 的左手与右手都提着自己的电脑时,A 原本想砸坏 X 左手的电脑,但因为方法错误而砸坏了 X 右手的电脑(案例 8)。具体符合说中的一种观点认为,此时因为对象不具有同一性,应否认 A 对 X 右手的电脑具有毁坏的故意(以对象的同一性为基准的学说)。于是,案例 8 中的 A 对 X 左手的电脑成立故意毁坏财物未遂,对 X 右手的电脑成立过失毁坏财物,结局不构成任何犯罪。[25]但是,在被害的法益主体相同的情况下,也认为A的行为无罪,似乎走向了极端,不利于保护法益。于是,具体符合说中的另一种观点认为,由于法益主体具有同一性,所以,依然认定A对X右手的电脑具有故意,进而认定A的行为成立故意毁坏财物罪既遂(以法益主体的同一性为基准的学说)。[26]

但是,倘若将案例略加改变,会发现具体符合说存在疑问。例如,X的左手提着自己的电脑,右手提着Y的电脑(设定X只是Y的电脑的占有辅助者,而非占有者),A原本想砸坏X左手的电脑,但因为方法的错误,砸坏了右手提着的Y的电脑(案例9)。根据具体符合说,A的行为便不可罚。因为法益主体不同,A对X左手的电脑成立故意毁坏财物未遂(不可罚),对X右手的电脑成立过失毁坏财物(不可罚)。但是,案例9与案例8,不仅在违法性上没有任何区别,行为人的故意内容也没有任何区别。而具体符合说却得出不同结论,难以令人赞同。

不仅如此,在行为人为了杀害多名政府官员而实施爆炸行为,但由于方法错误导致无辜民众死亡的情况下,具体符合说要么为了维持理论的一贯性,坚持认为行为人对无辜民众的死亡没有故意,要么为了得出合理结论而将“具体的符合”进行了一定的抽象化。但是,前者的结论明显不合理,后者已经不再是具体符合说了。

第五,如前所述,根据具体符合说,A误将Y当作X而杀害(对象错误)时,依然成立对Y的故意杀人既遂;而A原本想杀X,由于方法错误导致Y死亡时,对X成立杀人未遂,对Y成立过失致人死亡罪。但是,在对象错误与方法错误难以区分的场合,具体符合说会产生困惑。

例如,A以杀害X的目的,将毒酒送给X。但是,X没有喝。数月后,不知情的X的妻子将毒酒送给Y,Y饮酒后死亡。而A完全没有预想到对Y产生死亡结果(案例10)。又如,A想杀X,便将弹药安装在X的车上。但X的妻子Y意外地驾驶该车时,被爆炸身亡(案例11)。再如,A为了勒索财物,向X的办公室拨打恐吓电话,但接电话的是X的秘书Y,Y基于恐惧心理交付了财物(案例12)。在上述场合,行为人A所特定的“那个人”是X还是Y呢?持具体符合说得出的结论并不相同,有人认为上述三例中的A是对象错误,有人认为A是方法错误。事实上,在上述三例中,Y是否属于行为人A所特定的“那个人”,即A是否对Y成立故意杀人既遂或者敲诈勒索既遂,持具体符合说的人之间也存在重大分歧。[27]

之所以如此,是因为具体符合说对法益主体的特定化基准并不明确。

我国刑法分则的细致规定,导致存在更多的难以区分对象错误与方法错误的情形。例如,行为人A捡拾了一张伪造的信用卡,但他却误以为是他人真实有效的信用卡而使用(案例13)。从客观上说,A实施的是“使用伪造的信用卡”的行为,但A并没有认识到其使用的是伪造的信用卡。从主观上说,A意图实施“冒用他人信用卡”的行为,但其客观上并没有冒用他人真实有效的信用卡。如果因此认定A的行为不成立犯罪,显然不合适。因为倘若A捡拾了一张真实有效的信用卡而使用,无疑构成信用卡诈骗罪,而当A捡拾了一张伪造的信用卡,在其认识到是他人真实有效的信用卡却没有认识到是伪造的信用卡而使用的情况下反而宣告无罪,这显然违反了刑法的公平正义性。我国刑法理论上常常没有将类似问题作为认识错误来处理,而只是讨论行为人所“冒用”的信用卡、金融票据等是否必须真实有效,[28]这可能难以解决问题。其实,对于上述问题,应当作为事实认识错误来解决。至于是对象错误还是方法错误,是很难界定的问题,但只要采取法定符合说,就可以认定为信用卡诈骗既遂。如若采取具体符合说,就必须先区分是对象错误还是方法错误,但结论必然因人而异,不利于案件的妥当处理。

第六,即使具体符合说能够提出区分对象错误与方法错误的合理标准,但司法实践中完全存在对于教唆犯而言属于方法错误,对实行犯而言属于对象错误的情况。在这种情况下,具体符合说必然得出不同结论,因而不可取。

例如,A以重金雇请B杀X,于是将X的照片交给B,并将X日常经过的场所告诉B,但B误将Y当作X予以杀害(案例14)。[29]在德国与日本,具体符合说产生了形形色色的观点:观点一:B的错误属于对象错误,对象错误并不阻却故意,故B构成故意杀人罪(既遂)。但对于A而言,则是方法错误。由于B没有着手实行杀X的行为,根据共犯从属性说,A不成立故意杀人的教唆犯;如果A对Y的死亡具有过失,则成立过失致人死亡罪的正犯。结果是,A可能无罪。[30]观点二:A成立杀人未遂的教唆犯。因为B射杀Y的行为也是杀害X的未遂行为,而A教唆了杀害X的行为。[31]观点三:B的错误属于对象错误,B构成故意杀人罪(既遂)。由于A将实行计划委任于B,A对B的行为没有任何错误,故B的对象错误,相对于A而言也是对象错误,故A也成立故意杀人罪(既遂)的教唆犯。[32]观点四:按照B是否遵从了A的指示区分对象错误与方法错误。如果B没有遵从A的指示,则A是方法错误,结论与观点一相同;如果B遵从了A的指示,则A是对象错误,结论与观点三相同。就案例14而言,应认定B遵从了A的指示,故A属于对象错误。[33]观点五:如果B的错误对于A而言是可以预见的,则A负教唆既遂的责任;如果B的错误对于A而言是不可预见的,则B成立教唆未遂(不可罚)。[34]

在本文看来,上述观点一是具体符合说的当然结论,虽然具有理论的一致性,但其结论明显难以令人接受。观点二存在明显的缺陷:一方面,在X并不在场的情况下,认定B已经着手对X实行杀害行为,显然不妥当;另一方面,即使X在场,B对Y实施的既遂的杀人行为,难以同时被认定为对X的杀人未遂。观点三意识到了观点一的缺陷,得出了合理的结论,但其理论缺乏一致性。因为就案例14而言,认为A存在对象错误,即认为A误将Y当作X,是没有任何根据的。观点四与观点五既试图避免不妥当的结论,又试图维持理论的一贯性,可结局是,在认定A为方法错误时,得出的结论并不妥当;在认定A为对象错误时,缺乏理论的一贯性。而且,观点五已经偏离了错误论。

第七,具体符合说不利于解决我国刑法分则中的选择性构成要件要素的认识错误问题。例如,拐卖妇女、儿童罪的对象既可以是妇女,也可以是儿童,行为人误以为自己拐卖的是已满14周岁的妇女,但实际上拐卖的是13周岁的男童。根据具体符合说,行为人成立拐卖妇女未遂(也可能是不能犯)与过失拐卖儿童,但后者不受处罚。这样的结论难以被人接受。再如,盗窃枪支、弹药罪的对象既可以是枪支、也可以是弹药,行为人误以为自己盗窃的是枪支,实际上盗窃的只是弹药。根据具体符合说,行为成立盗窃枪支的未遂(也可能是不能犯)与过失盗窃弹药(不受处罚),本文难以接受这样的观点。或许有人认为,上述两例属于对象错误,因而应当认定为犯罪既遂。然而,错误论是故意论的反面,既然主张具体符合说,就意味着行为人必须认识到构成要件的具体事实。可是,在上两例中,行为人并没有认识到具体的行为对象是13周岁的儿童与弹药,根据具体符合说的观点,不应当认定为犯罪既遂。

第八,具体符合说实际上导致错误论与故意论完全等同,而且与对抽象的事实错误的处理不协调。具体符合说的基本思路是:首先确定现实发生的具体结果是什么,然后判断行为人对该具体结果是否具有认识。如果有认识,则对结果成立故意犯;如果没有,则对结果不成立故意犯。于是,错误论与故意论完全一体化,而且不利于处理抽象的事实错误。

例如,行为人A为了毁坏X的照相机而投掷石块,但由于方法错误,导致石块击中X的摄影机(案例15)。根据真正的、彻底的具体符合说,首先确定现实发生的结果,即首先确定摄影机被毁坏的结果,然后考察和判断A是否认识到自己要毁坏X的摄影机。结论当然是没有。于是,A对照相机成立故意毁坏财物未遂,对摄影机成立过失毁坏财物,二者均不可罚。[35]显然,根据这种思路,就故意犯的成立而言,只需考察和判断行为人对现实发生的具体结果有无认识即可,错误论完全丧失了意义。更为重要的是,这种思路使构成要件丧失了类型化的作用。诚然,认定犯罪应当从客观到主观,先查清客观事实,再考察主观内容。但是,在查清客观事实时,必然以构成要件为指导,从构成要件意义上分析客观事实,而不是在确定了自然事实之后,考察行为人的主观内容。在案例15中,A的行为造成了X的摄影机的毁坏,之所以将其作为刑事案件,是因为摄影机属于刑法第275条所要保护的财物,既然如此,只要行为人在投掷石块时具有毁坏财物的故意即可。

再以抽象的事实错误(对象错误)为例。行为人A将X占有的财物误以为是Y的遗忘物而取走(案例16)。按照具体符合说的思路,首先确定现实发生的具体结果,即X占有的财物被盗,然后判断A是否认识到财物为X占有。如果有认识,就成立盗窃的既遂犯;如果没有认识,则不成立盗窃罪。在案例16中,A没有认识到是X占有的财物,所以不成立盗窃罪。但是,持具体符合说的学者们并不认为案例17中的A不构成犯罪,而是主张在二者重合的限度内成立犯罪。亦即,持具体符合说的学者们几乎一致认为,A的主观认识与客观事实在侵占(遗忘物)罪的范围内是重合的,故主张认定为侵占罪的既遂犯。因为侵占遗忘物与盗窃罪存在“共通构成要件”。[36]显然,具体符合说对具体的事实错误的处理与对抽象的事实错误的处理,是不协调的。因为在具体的方法错误的场合,不只是存在“共通构成要件”,而是存在“相同构成要件”。但持具体符合说的学者在具有“相同构成要件”的具体的方法错误的场合,不承认故意的既遂犯;而在仅有“共通构成要件”的抽象的事实错误的场合,反而承认故意的既遂犯。

第九,具体的事实错误多种多样,就是否影响犯罪成立而言,任何构成要件要素都是等价的,但具体符合说唯独将方法错误进行特别处理,缺乏理论根据。[37]

四、行为计划理论

关于具体的方法错误,德国刑法理论的通说为具体符合说。但是,由于具体符合说存在疑问与缺陷,有学者提出了中间学说。具有代表性的是罗克辛教授的行为计划理论。

罗克辛教授对故意与过失的区别采取了客观的意志说。他认为,应当从客观上判断某种心理状态是故意还是过失,如果从客观上进行评价得出的结论是,结果与行为人的计划相符合,则认定为故意;否则即为过失。例如,有意识地引起某种事故,认识到第三者或许会在事故中受到侵害,即使并不希望第三者受到侵害,也应认为行为人对第三者受侵害存在故意。反之,躺在宾馆床上吸烟的人导致火灾的,即使明知有发生火灾的危险,也不能认定有放火的故意。[38]与之相适应,就具体的方法错误而言,罗克辛教授采取的行为计划理论认为,如果方法错误导致行为计划失败,就不成立故意犯罪既遂;反之,则成立故意犯罪既遂。例如,前述案例 3,A 以杀人故意对 X 开枪,但因为没有瞄准,却打中了自己的女儿 Y,对此不能认定为故意杀人既遂。因为 A 的错误导致其行为计划失败。再如,A 出于恶作剧向过往行人扔雪球,可雪球没有击中所瞄准的 X,而是击中后面散步 Y 的脸部(案例 17),对此应认定故意伤害既遂。[39]

但是,本文认为,行为计划理论存在缺陷,不宜被我国刑法理论采纳。

首先,如何评价行为计划是否实现,缺乏明确标准。案例 3 的结果是导致行为人的女儿死亡,所以,明显不符合行为人的行为计划。当 A 向 X 开枪而击中并非 A 的女儿而是另一不相识的 Y 时,行为计划理论也认为结果不符合行为计划。而另一方面,对上述案例 17 而言,行为计划理论却认为行为计划没有失败,因为行为计划的实现,不依赖于被害人的身份。[40]显然,死者与行为人的关系以及行为方式本身,影响了犯罪既遂与未遂的区分。根据行为计划理论,恐怖分子 A 深爱着自己的妻儿,但 A 以爆炸方法实施杀人行为时,因为方法错误,导致其妻儿死亡的(案例18),由于妻儿的死亡不符合恐怖分子的计划,恐怖分子对其妻儿的死亡仅承担过失责任。不能不认为,这是将伦理观念纳入刑法观念的表现,也是以自然意义的故意取代规范意义的故意的表现。此外,当A想杀仇人X但误将女儿Y当作仇人开枪射击时(对象错误),也不符合A的行为计划。既然如此,对A也应认定为故意杀人未遂与过失致人死亡的竞合。可是,按照罗克辛教授关于对象错误的观点,则并非如此。显然,行为计划理论难以贯彻到底。

其次,罗克辛教授在解决方法错误问题时,提出根据行为人对一个标志性问题的回答,区分行为计划是否实现。这个标志性问题是:"在行为人预见到会有方法错误时,他还会这样做吗?"显然,如果行为人的计划以具体的对象为前提,那么,他预见到会有方法错误时,不会这样做,故此时要采取具体符合说;反之,如果行为人的计划不以具体的对象为前提时,即使他预见到会有方法错误时,也会这样做,那么,此时要采取法定符合说。[41]言下之意,行为人具有概括的故意时,采取法定符合说,认定行为人对结果承担故意犯罪既遂的责任;在行为人具有此外的故意时,采取具体符合说,认定行为人对结果不承担故意犯罪既遂的责任。但是,概括的故意与确定的故意以及不确定故意中的择一的故意、未必的故意没有实质区别。而行为计划理论却使二者产生了实质区别,因而缺乏合理性。

再次,行为计划理论导致有时以极为具体的对象同一性为基准判断行为人是否具有故意。例如,行为人A本想使用一种有毒物质使X丧失生殖力,但其使用的有毒物质不是使X丧失生殖力,而是使X双目失明(案例19)。根据罗克辛教授的观点,由于A的行为计划失败,故A对X的双目失明没有故意,充其量仅有过失(如无预见可能性则是意外事件);A对丧失生殖力则是未遂。[42]考虑到德国刑法第226条的规定方式,罗克辛教授的观点或许具有合理性。但是,倘若在中国采取这一观点,所得出的结论大概不会得到认同。我国刑法第234条所规定的重伤害,既包括行为人仅有轻伤害的故意却过失造成了重伤害结果的情形(结果加重犯),也包括行为人以重伤害的故意造成重伤害结果的情形。例如,犯罪人A本想让目不识丁的证人X成为聋哑人而投放毒药,但所投放的毒药却导致X双目失明,依然可以作证(案例20)。根据行为计划理论,A对使X成为聋哑人成立未遂犯,对双目失明成立过失犯。这便造成了适用法律的困难。其一,如若认定A成立故意重伤未遂,难以为人们接受,因为A的行为已经造成了重伤结果;其二,倘若认定A成立过失致人重伤罪,更不能为人们接受,因为A具有造成重伤害的故意;其三,假若认定A有轻伤害的故意,但过失造成了重伤(结果加重犯),故仍然对重伤害(双目失明)承担责任,则明显不符合案件事实,因为A具有重伤害的故意;其四,即若认定A有重伤(使X成为聋哑人)的故意,并对重伤害(双目失明)承担过失责任,仍然不能确定如何适用法律;其五,设若认定A有重伤害(使X成为聋哑人)的故意,并对重伤害(双目失明)承担故意责任,才具有合理性。但这已不是行为计划理论的观点,而是法定符合说的结论。

最后,罗克辛教授承认,自己的行为计划理论是处于具体符合说与法定符合说之间的一种学说,而且在结论上与具体符合说更为接近。[43]既然如此,本文前述对具体符合说的批判,也适用于行为计划理论中与具体符合说相同、相接近之处。

五、法定符合说

本文赞成法定符合说,即就案例1而言,行为人A主观上具有杀人(X)故意,客观上的杀人行为也导致他人(Y)死亡,虽然Y与X是不同的法益主体,但Y与X都是刑法第232条所规定的故意杀人中的“人”,所以,A的主观故意与客观行为在故意杀人罪的犯罪构成内是完全一致的,因而成立故意杀人既遂。显然,法定符合说重视法益的性质,但并不重视法益主体的区别。换言之,法定符合说既重视A主观上是否有杀“人”的故意,也重视A客观上是否杀害了“人”,但主观上想杀的“人”与客观上被杀的“人”是否同一人,则在所不问。法定符合说在德国只是少数说,但在日本大体上是通说。此外,英美普通法上的犯意转移(transferred malice或transferred intention)原则,也属于法定符合说。[44]

无须赘言,采取法定符合说,可以避免具体符合说的缺陷。例如,就案例1、案例3与案例5而言,认定A成立故意杀人既遂,符合社会的一般观念,有利于实现罪刑相适应的原则。再如,对案例6认定A成立盗窃既遂,对案例7与案例19、案例20分别认定A成立故意轻害既遂与故意重伤既遂,对案例8、案例9以及案例15均认定为故意毁坏财物既遂,具有妥当性。又如,对案例 10 至案例 13,法定符合说还可以不严格区分对象错误与方法错误,并对行为人以故意犯罪既遂论处。还如,对共同犯罪的事实认识错误(如案例 14),以及针对恐怖分子实施的无差别的杀人、绑架等行为(如案例 18),法定符合说也可以得出妥当结论(案例 14 中的 A 成立故意杀人既遂的教唆犯,案例 18 中的 A 对其妻儿的死亡承担故意责任)。不仅如此,法定符合说具有其他方面的许多优点。

第一,采取法定符合说,有利于平等地保护法益。当 A 意欲杀 X 时,即使造成 Y 死亡,或者同时造成 X 与 Y 死亡,均应认定为故意杀人既遂,从而使 X 的生命与 Y 的生命得到平等保护,而不致因为行为人的认识错误影响了刑法对被害人生命的保护程度。诚然,人的生命是一身专属法益,故意杀人罪中的"人"是具体的人,而不是抽象的人。但是,X 与 Y 都是具体的人,都是刑法的保护对象。具有杀人故意的 A,不管是造成 X 死亡,还是造成 Y 死亡,其违法性(对生命法益的侵害)没有区别。如果 A 的行为同时造成了 X 与 Y 的死亡,则违法性增大,在量刑上重于故意杀害一个人,也是理所当然的。显然,采取法定符合说,更有利于平等地保护人的生命与其他法益。

第二,采取法定符合说,符合责任的本质,有利于实现刑罚目的。责任的本质是就符合构成要件的违法行为对行为人的非难。处罚不具备有责性的行为,不可能抑止在将来的同样状况下发生相同的"犯罪"行为(不存在预防犯罪的效果)。换言之,刑法通过对法益侵害行为的预告、制裁,使国民产生不犯罪的动机(对犯罪产生反对动机)。只有当国民能够产生不犯罪的动机,即只有当国民在行为的当时可以选择其他合法行为而不实施违法行为时,对犯罪的预防才是有效的。故意、过失是责任的两种形式,故意的非难可能性重于过失,对故意犯罪的预防必要性也大于过失犯罪。因为当行为人认识到了法益侵害事实时,就能够产生反对动机,其仍然实施该行为,就表明其积极侵害法益的态度;而当行为人对法益侵害事实具有认识的可能性还没有现实的认识时,仅具有产生反对动机的可能性,其依然实施该行为,只表明其对法益的消极不保护态度。一方面,行为人 A 故意向 X 开枪击中了 X,与行为人 B 故意向 X 开枪却击中了 Y 相比较,二者的责任非难程度是不应当有区别的。因为 A 与 B 不仅认识的事实相同,而且反对动机形成的可能性完全相同,合法行为的期待可能性也完全相同。在此意义上说,行为人对死亡结果是否具有故意,由其行为时的认识内容与意志内容决定,而不能事后确定。另一方面,采取法定符合说有利于禁止故意犯罪。亦即,对于以杀害X的犯罪故意开枪射击他人的行为人,即使其因为方法错误造成了Y死亡,对其预防必要性也未减少。如若采取具体符合说,对B以故意杀人未遂论处,便与其预防必要性不协调;采用法定符合说以故意杀人既遂论处,正好与预防必要性相适应。

第三,采取法定符合说,能够合理区分正犯与狭义的共犯。例如,A守在黑暗处准备杀害将要经过的X,B得知A的行为计划后,为了使自己的仇人Y死亡,便让Y经过A的守候地,A以为Y是X而杀害了Y(案例21)。根据具体符合说,被害人是X还是Y,在构成要件上具有重要区别,于是必然得出B是杀Y的正犯而不是从犯的结论。[45]但根据本文采取的法定符合说,由于A支配了杀人的事实,因而是杀害Y的正犯。B虽然导致A没有杀X而是杀害了Y,但由于Y与X的生命具有等价性,均为故意杀人罪的对象,B的行为对于杀"人"这一点没有起支配作用,故应认定B是从犯(共犯)。诚然,由于A已有杀人故意,故B不是A杀人的教唆犯。但是,由于A杀害Y只是对象错误,在行为当时,A就是要杀眼前的"那个人"(Y),而B将Y引诱至A的守候处,正可谓帮助A杀害了Y。而且,可以肯定的是,在中国的司法实践中,几乎绝对不可能认定B是主犯,只能认定B是从犯。

不可否认的是,法定符合说也面临着难题,因而也受到了批判。所以,采取法定符合说,需要回应来自具体符合说的批判。

第一,关于如何处理过剩结果与并发结果的问题。

例如,A本欲杀X,但因为行为差误,同时导致X与Y死亡的(案例22,此即所谓"过剩结果"),应如何处理?根据具体符合说,A对X成立故意杀人既遂,对Y成立过失致人死亡罪,这是很容易理解且能够接受的结论。但对于法定符合说而言,则成为难题。

对此,出现了两种解决路径:其一,认为案例22中不存在认识错误,因而不适用错误论。一方面,A本欲杀X,客观上也杀害了X,当然成立故意杀人既遂;另一方面,A对Y的死亡完全是过失。但由于只有一个行为,故成立想象竞合犯,仅以故意杀人既遂论处,完全不需要适用错误理论。[46]但本文不采取这种路径。因为A以杀X的故意同时导致X与Y死亡时,完全属于主观认识与客观事实不一致的情形，当然属于认识错误，应当适用错误论解决问题。其二，适用错误论解决过剩结果与并发结果现象。法定符合说中的数故意说认为，A对X与Y都成立故意杀人既遂；一故意说则认为，以一个故意（杀X的故意）杀死X、Y二人时，只成立对X的故意杀人既遂和对Y的过失致人死亡罪，因为对X的杀害目的已实现，对Y的死亡结果属于过剩结果，不能用故意去说明，只能认定为过失。然而，一故意说在实践上与理论上都存在缺陷。从实践上看，一故意说对问题的解决存在不合理之处。例如，A意欲杀X，但射击的一发子弹导致X受伤和Y死亡（案例23，此即所谓“并发结果”或“并发事实”），根据一故意说，A首先对Y成立故意杀人既遂，由于只有一个故意，对X只成立过失致人伤害罪，这明显不合适。从理论上看，一故意说的理论根基是，在案例23中，A对X的杀人故意，在法定符合的范围内可以转用于Y。于是，A是否对Y成立故意杀人既遂，不是故意的内容本身的问题，而是能否通过错误论将A对X的杀人故意转用于Y的问题。[47]换言之，在一故意说看来，错误论是故意论的例外，而不是故意论的反面。这是本文难以赞成的。所以，本文采取数故意说。就案例22而言，A对X与Y均成立故意杀人既遂，但由于只有一个行为，故成立想象竞合犯，以一罪论处。就案例23而言，A对X成立故意杀人未遂，对Y成立故意杀人既遂，由于只有一个行为，以一个故意杀人既遂论处。

西田典之教授对数故意说作了如下批判：“数故意说认为，甲想杀乙时，对杀害行为产生的与杀害行为具有（相当）因果关系的一切死亡结果或者死亡危险均有故意。由于这样的处理被批评为违反责任主义，于是，数故意说主张，对数个故意犯作为观念的竞合，按照科刑上一罪处理，并不违反责任主义。但是，现在，判例的量刑行情是，如果杀害3人原则就判处死刑。如果甲分别杀害3人，作为并合罪，当然判处死刑。再者，投掷一枚炸弹，同时杀害3人时，由于只有一个行为而属于观念的竞合，也能选择死刑。但是，甲只想杀害乙而开枪，而导致预想外的丙、丁死亡时，就不能作为观念的竞合而判处死刑。因为只有一个故意却对3人的死亡承担责任，是违反责任主义的。因此，根据数故意犯说作为观念的竞合处理，尽管是权宜之计，也是违反责任主义的。”[48]但是，在我国，采取数故意说并不意味着案例22中的A成立数个故意杀人罪，而是按想象竞合犯以一个故意杀人罪论处。就此而言,并不违反责任主义。另一方面,在量刑时,对故意杀人罪的量刑,并不是单纯取决于被害人的数量。责任的轻重,对于量刑有重大影响。事实上,案例 22 中作为想象竞合犯的杀害数人,与故意杀害数人的同种数罪,在责任上存在明显区别,因而量刑时应区别对待。例如,在我国,倘若在量刑实践上对于故意杀害二人以上的,判处死刑立即执行,那么,对于基于方法错误而导致二人以上死亡的想象竞合犯,则不宜判处死刑立即执行。

第二,关于法定符合说的理论一致性问题。

西田典之教授还指出:"法定符合说批判道,如果不认可客体的抽象化,那么,例如,A 向 X 的汽车投掷石块,却击中和毁坏了 Y 的汽车时(案例 24——引者加),就是毁坏财物未遂和过失毁坏财物因而不可罚,这是不当的。但是,倘若 A 向 X 的汽车投掷石块,却击中旁边的 Y 导致 Y 死亡时(案例 25——引者加),论者也认为,只是不可罚的毁坏财物的未遂与过失致人死亡。倘若旁边是 Y 的汽车就承认有故意,倘若旁边是 Y 本人就否定故意,这在理论上是不一致的。"[49]

本文认为,上述批判不足以说明法定符合说存在理论的不一致性。首先,这里存在构成要件符合性的判断问题。在案例 24 的场合,根据法定符合说,按照从客观违法性到主观有责性的判断顺序,A 实施了毁坏 Y 的汽车(财物)的行为,其主观上毁坏 X 的汽车的故意,使得我们可以将客观行为与结果归责于他,所以,对 A 应认定为故意毁坏财物既遂。但是,在案例 25 的场合,虽然客观事实符合故意杀人罪的客观构成要件,但是,由于 A 不具有杀人的故意,也不能将其毁坏财物的故意作为故意杀人罪的主观归责根据,故只能认定为过失致人死亡。其次,反过来说,就案例 24 与案例 25 而言,A 都只有毁坏(X 的)汽车的故意,根据法定符合说,只要汽车被毁坏,就成立故意毁坏财物罪,而不过问被毁坏的是 X 的汽车还是 Y 的汽车。反之,如果汽车没有被毁坏,刑法也不处罚毁坏财物未遂,那么,当然不成立故意毁坏财物罪。案例 24 中的 A 客观上毁坏了(Y 的)汽车,所以成立故意毁坏财物既遂;案例 25 中的 A 客观上没有毁坏(Y 的)汽车,当然不成立故意毁坏财物既遂。换言之,在 A 实施毁坏 X 的汽车的行为时,若 X 的汽车旁边是 Y 的汽车,并毁坏了 Y 的汽车,当然成立故意毁坏财物既遂;若 X 的汽车旁边是 Y 本人,即使导致 Y 死亡,也不成立故意毁坏财物罪。可见,法定符合说没有不一致之处。采取具体符合说的论者似乎认为,法定符合说只有在案例25中也得出A成立故意毁坏财物既遂或者故意杀人既遂的结论,才具有理论的一致性。但是,倘若得出A成立故意毁坏财物既遂或者故意杀人既遂的结论,则是抽象的符合说的观点。[50]法定符合说所要求的是主观认识与客观事实在同一构成要件内的符合,因而不同于抽象的符合说。在案例24中,主观认识与客观事实在同一构成要件内相符合,在案例25中,主观认识与客观事实不是同一构成要件内的符合,当然应得出不同结论。最后,案例24属于具体的事实错误,而案例25属于抽象的事实错误。法定符合说并不是认为只要主观认识与客观事实抽象地符合即可,而是要求在同一构成要件内符合。因此,由于案例24属于同一构成要件内的符合,故认定为故意毁坏财物罪的既遂;由于案例25不存在同一构成要件内的符合,故既不认定为故意毁坏财物罪的既遂,也不认定为故意杀人罪的既遂。就此而言,法定符合说具有理论上的一致性。

反过来的情形也是如此。例如,A本欲杀害X而向X砸石块,但由于方法错误,砸坏了X身旁的Y的汽车(案例26)。根据具体符合说与法定符合说,A对X成立故意杀人未遂,对Y的汽车成立过失毁坏财物,因而不可罚。具体符合说的论者也就此批判法定符合说缺乏一致性。但是,就案例26而言,法定符合说得出上述结论,完全与其理论相一致。由于Y的汽车被毁坏,不能评价为人的死亡,故A不成立故意杀人既遂(在故意杀人的构成要件内没有符合)。另一方面,由于A对X的杀人故意,不能评价毁坏财物的故意,所以,对A不能认定为故意毁坏财物既遂(在故意毁坏财物罪的构成要件内也没有符合)。

那么,对于法定符合说而言,为什么在A想毁坏X的汽车却毁坏了Y的汽车时,成立故意毁坏财物既遂,而在A想毁坏X的汽车却砸死了Y本人时,反而不成立故意毁坏财物仅成立过失致人死亡罪,导致结论与具体符合说相同呢?这是因为,与具体符合说一样,法定符合说也要求主观认识与客观事实在同一构成要件内相符合,所以,行为人A所认识的法益与其客观上侵害的法益必须相同。法定符合说与具体符合说的区别在于,后者要求行为人A认识的法益主体与客观上遭受侵害的法益主体相同,而前者不要求相同。所以,在A想毁坏X的汽车却毁坏了Y的汽车时(如案例24),由于法益相同,但法益主体不同,故法定符合说主张成立故意毁坏财物既遂,而具体符合说主张故意毁坏财物未遂与过失毁坏财物(均不可罚)。而在A想毁坏X的汽车却砸死了Y本人(如案例25)或者相反(如案例26)时,由于A主观认识的法益与客观行为侵害的法益不同,并没有在同一构成要件内相符合,因而得出了与具体符合说相一致的结论。

此外,平野龙一教授在回应法定符合说对具体符合说的批判时指出:"对于具体的法定符合说,也有人以在毁坏财物等场合会产生不合理的结论为由进行批判。例如,A想损坏X的车而投掷石块,但没有投中X的车,而是砸坏了停在边上的Y的车,根据具体的法定符合说,A对X的车是毁坏未遂,对Y的车是过失毁坏,但由于在现行法上二者均不可罚,结局是A不受处罚。这是不当的。是否不当是处罚感觉的问题,但既然现行法既不处罚毁坏未遂也不处罚过失毁坏,就可以说具体的法定符合说的不可罚的结论是符合法的趣旨的。至少不能说存在必须排斥具体的法定符合说的程度的不合理性。再者,在类似的场合不可罚的情形也还存在。例如,以为是人而开枪但打中物的场合,除极为例外的场合以外,并不成立杀人未遂,故结局也是不可罚的。如果要说这种场合与上述砸车的场合相比,哪一个更不合理,显然是这种场合更不合理。可是,尽管如此,采取(抽象的)法定符合说的人,不得不说这是立法上的不完备。但是,如果在上述砸车的场合,由于结论不合理,而主张应认定对Y的车具有毁坏的故意,那么,在这种人与物的场合,却不说对毁坏财物具有故意,这是不一致的。"[51]然而,A误以为是X本人而以杀人故意砸石头,结局是砸坏了Y的汽车的(案例27),属于对象错误。根据具体符合说与法定符合说,如果Y的汽车旁边根本没有人,A的行为成立不可罚的不能犯与过失毁坏财物(不可罚),结局A无罪。这并不是法定符合说的理论矛盾,而是因为案例27中没有杀人的实行行为,A的主观认识与客观事实没有在同一构成要件内相符合,故得出了上述与具体符合说相同的结论。

显然,法定符合说与具体符合说具有相同点,即都要求主观认识与客观事实在同一构成要件范围内相符合,既然如此,二者就可能就某些案件得出相同结论。所以,不能因为法定符合说就部分案例得出的结论与具体符合说得出的结论相同,就认为法定符合说存在矛盾。

第三,关于法定符合说的基本立场问题。

持具体符合说的学者对法定符合说提出了另一批判:一般的社会伦理规范是不得杀一般的人;而故意杀人罪的构成要件,是“杀具体的人”、“杀那个人”,而不是“杀抽象的人”、“杀一般的人”,即有关故意杀人罪的规范是不得杀具体的人。“杀人罪的规范,是在行为人将要着手杀人的实行行为阶段才起作用的,此时的规范,不是以‘不得杀一般的人’的这种一般形态表现出来的,而是以行为人正在认识的结果发生的‘不得杀那个人’的形式起作用的。抽象的法定符合说对规范的理解,混淆了社会伦理规范与刑法规范。”[52]

但本文认为,这一批判难以成立。其一,所谓“一般的社会伦理规范是不得杀一般的人”,并不是指社会伦理规范禁止杀抽象的人,也是指社会伦理规范禁止杀任何具体的人。刑法关于故意杀人罪的规定也是禁止杀任何具体的人,而不是仅禁止杀害行为人所认识到的那个人。在这一点上,社会伦理规范与刑法规范并无区别。诚然,刑法的目的不是保护伦理,而在于保护法益。但是,“应当说,伦理规范、刑法规范,只要是由来于社会的需要,在原理上就具有同样的构造。亦即,伦理规范、刑法规范自身并没有价值,而是其所保护的对象具有一定的价值,才具有存在的理由。于是,在以保护一定的利益为目的这一点上,刑法与伦理并不相互排斥”。[53]对杀人的禁止便是如此。其二,“构成要件是抽象的、类型的东西,只要在法定的实行行为的范围内认定符合性就够了,这是构成要件论的归结。在此之上要求具体的符合,有否认构成要件论之嫌”。[54]所以,法定符合说与刑法规定的构成要件相吻合,而不是根据社会伦理规范处理方法错误。

六、结论

错误论是故意论的反面,所以,具体符合说与法定符合说的争论,实际上是对故意的认识内容的争论,是对主观认识与客观事实的“符合性”程度的争论。客观构成要件具有类型性,所以,必须以客观构成要件为指导归纳案件的客观事实;客观构成要件具有故意的规制机能,因此,故意的成立只需要认识到符合客观构成要件的事实,而不要求对刑法上没有重要意义的事实具有认识。换言之,只要行为人所认识的事实与现实发生的事实是符合同一构成要件的事实,就必须对现实发生的事实承担故意责任。这正是法定符合说的结论。

在某种意义上说，具体符合说与法定符合说表现为如下对立：责任论是应尽可能结果无价值化，还是应对故意这样的责任要素作行为无价值性的思考？站在结果无价值论的立场，违法性理当是客观的。但是，这并不意味着只能对故意责任进行事后判断。由于行为人在行为时已经认识到或者可能认识到法益侵害事实时，就具有形成反对动机的可能性，所以，可以容纳事前的视点从行为人的角度考察责任要素。换言之，就责任非难的层面来说，行为人主观认识的结果与现实发生的结果之间的差异，并不影响对行为人的责任非难，因而这种结果的差异并不重要。[55]这也是法定符合说的结论。

注释

1 参见［日］前田雅英：《刑法总论讲义》，东京大学出版会2006年版，第243页。

2 由于具体符合说与法定符合说的共同点，是要求主观认识与客观事实在同一构成要件内相符合，故日本学者平野龙一教授认为，应当将具体符合说与法定符合说，分别称为具体的法定符合说与抽象的法定符合说（参见［日］平野龙一：《刑法总论I》，有斐阁1972年版，第175页）。显然，抽象的法定符合说并不同等于抽象符合说。本文除引文外，一般称为具体符合说与法定符合说。

3 刑法理论上还存在抽象符合说，但抽象符合说是针对抽象的事实错误所采取的一种学说。抽象符合说的基本观点是，在行为人的主观认识与客观事实分属不同构成要件时，至少在其中轻罪的限度内成立故意的既遂犯。但是，这种观点基本上已被淘汰。

4 参见［日］山口厚：《刑法总论》，有斐阁2007年版，第205～206页；C. Roxin, Strafrecht Allgemeiner Teil, Band I, 3. Aufl., C. H. Beck, 1997, S. 448f.

5 显然，如果就行为人行为时的主观认识与客观事实而言，对象错误可谓没有“错误”。

6 何秉松主编：《刑法教科书》（上卷），中国法制出版社2000年版，第336页。笔者也曾发表过类似观点（参见张明楷：《犯罪论原理》，武汉大学出版社1991年版，第306页）。

7 当然不是指客观事实与主观认识不一致的一切情形。例如，A本想盗窃X的手机，但客观上窃取的是X的掌上电脑。这种错误没有重要意义，不影响定罪。

8 基于同样的理由，如果行为人本欲开枪打死疯狗，但黑夜里误将他人当作疯狗而开枪射击并导致他人死亡的，也不是对象错误，而是过失犯与意外事件的区分问题。

英美普通法上所讲的错误则包括这种情形。“例如，设想D在未经过V同意的情况下与之发生了性行为，他错误地认为V同意他这样做。D被指控强奸罪……因为强奸罪是个一般故意犯罪，因而法庭使用可罚性方法来方析D的事实错误；如果他认为V已经同意的事实错误是合理的，那么他将不会被定罪”（[美]约书亚·德雷斯勒：《美国刑法精解》，王秀梅等译，北京大学出版社2009年版，第143页）。显然，英美法上的这种事实错误，并不是大陆法系国家刑法理论以及本文所称的事实错误。

9 基于同样的理由，如果行为人本欲开枪射击他人，但黑夜里误将疯狗当作他人而开枪射击并导致疯狗死亡的，也不是对象错误，而是不可罚的不能犯与未遂犯的区分问题。

10 高铭暄主编：《中国刑法学》，中国人民大学出版社1989年版，第142页。

11 [日]西原春夫：《犯罪实行行为论》，戴波、江溯译，北京大学出版社2006年版，第5~6页。

12 参见高铭暄、马克昌主编：《刑法学》，北京大学出版社、高等教育出版社2007年版，第136页。

13 参见张明楷：《外国刑法纲要》，清华大学出版社2007年版，第215~217页。

14 例如，行为人误以为是自己的财物而毁坏，但实际上毁坏了他人财物。这不是错误论所解决的问题。

15 [日]佐久间修：“错误论における结果归属の理论”，载[日]福田平/大塚仁博士古稀祝贺论文集：《刑法法学の综合的检讨》（上卷），有斐阁1993年版，第146页。

16 [日]井田良、丸山雅夫：《ケ－ススタディ刑法》，日本评论社2004年版，第112页。

17 [日]平野龙一：《刑事法研究最终卷》，有斐阁2005年版，第3页。

18 参见[日]町野朔：《刑法总论讲义案I》，信山社1995年版，第229~230页。

19 [日]町野朔：《刑法总论讲义案I》，信山社1995年版，第220页。

20 参见[日]团藤重光：《刑法纲要总论》，创文社1990年版，第298页；[日]大塚仁：《刑法概说（总论）》，有斐阁1997年版，第205页；[日]大谷实：《刑法讲义总论》，成文堂2007年新版，第184~187页；[日]前田雅英：《刑法总论讲义》，东京大学出版会2006年版，第246~247页；Puppe, Zur Revision der Lehre vom “konkreten” Vorsatz und der Beachtlichkeit der aberratio ictus, GA 1981, S. 1；等等。法定符合说（即德国的等价说）在德国并非主流观点。

21 参见[日]平野龙一：《刑法总论I》，有斐阁1972年版，第175页；[日]铃木茂嗣：《刑法总论（犯罪论）》，成文堂2001年版，第103~104页；[日]山口厚：《刑法总论》，有斐阁2007年版，第206页；等等。具体符合说既是日本的有力说，也是德国刑法理论中的主流学说（Vgl., C. Roxin, Strafrecht Allgemeiner Teil, Band I, 3. Aufl., C. H. Beck, 1997, S. 437f）。

22 参见[日]前田雅英：《刑法总论讲义》，东京大学出版会2006年版，第54、200页。

23 刘明祥:《刑法中错误论》,中国检察出版社 2004 年版,第 181 页。

24 参见张明楷:“结果与量刑——结果责任、双重评价、间接处罚之禁止”,载《清华大学学报》(哲学社会科学版)2004 年第 6 期。

25 参见[日]町野朔:《刑法总论讲义案 I》,信山社 1995 年版,第 242 ~ 244 页;[日]佐伯仁志:“故意 · 错误论”,载[日]山口厚、井田良、佐伯仁志:《理论刑法学の最前线》,岩波书店 2001 年版,第 113 ~ 116 页。

26 参见[日]西田典之:《刑法总论》,弘文堂 2006 年版,第 209 页;[日]山中敬一:《刑法总论 I》,成文堂 1999 年版,页 317 ~ 318。

27 参见[日]浅田和茂:《刑法总论》,成文堂 2007 年补正版,第 313 ~ 314 页;[日]井田良、丸山雅夫:《ケ - ススタディ刑法》,日本评论社 2004 年版,第 122 ~ 123 页;[日]松宫孝明:《刑法总论讲义》,成文堂 2004 年版,第 188 ~ 189 页。

28 刘华:《票据犯罪研究》,中国检察出版社 2001 年版,第 177 页;王明、康瑛、杨克:“票据诈骗若干问题研究”,载赵秉志、张军主编:《中国刑法学年会文集(2003 年度)——第二卷:刑法实务问题研究》(上册),中国人民公安大学出版社 2003 年版,第 259 页;李文燕主编:《金融诈骗犯罪研究》,中国人民公安大学出版社 2002 年版,第 144 页。

29 德国曾经发生的最具争议性的案件是:被告人 B 企图杀害自己的儿子 S,但是又觉得自己“没有能力实施犯罪”,于是花钱雇请正犯实施杀害行为。为了不误伤他人,B 向正犯讲述了 S 的习惯与相貌,并将 S 的照片交给正犯;正犯事前也见过了 S(并没有完全记住 S 的相貌)。1985 年 11 月 25 日晚上,正犯潜伏在马厩中(S 习惯于穿过马厩回家),伺机杀害 S。当时四周非常黑暗,大约 19 时许,身材与 S 很相似的邻居 N 进入了院子并且打开了马厩的门。正犯将 N 误认为 S,从而在近距离枪杀了 N(庄园继承人案)。

30 参见[日]曾根威彦:《刑法总论》,弘文堂 2000 年版,第 287 页;[日]堀内捷三:《刑法总论》,有斐阁 2000 年版,第 288 页。

31 Vgl. , H. Jescheck /T. Weigend, Lehrbuch des Strafrechts allgemeiner Teil, 5. Aufl. , Duncker & Humblot, 1996, S. 690ff.

32 参见[日]山中敬一:《刑法总论 I》,成文堂 1999 年版,第 316 页。

33 参见[日]平野龙一:《刑法总论 II》,有斐阁 1975 年版,第 387 页。

34 德国联邦法院在上述庄园继承人案中,基本上采取了这种观点(BGHSt37,218)。

35 参见[日]町野朔:“故意论と错误论”,载《刑法杂志》1984 年第 26 卷第 2 号。

36 [日]西田典之:《刑法总论》,弘文堂 2006 年版,第 219 页;[日]山口厚:《刑法总论》,有斐阁 2007 年版,第 222 页。

37 参见[日]林幹人:《刑法总论》,东京大学出版会 2008 年版,第 253 ~ 254 页。

38 Vgl. , C. Roxin, Strafrecht Allgemeiner Teil, Band I, 3. Aufl. , C. H. Beck, 1997, S. 365f.

39 Vgl. ,C. Roxin,Strafrecht Allgemeiner Teil,Band I,3. Aufl. ,C. H. Beck,1997,S. 439.

40 Vgl. , C. Roxin, Strafrecht Allgemeiner Teil, Band I, 3. Aufl. , C. H. Beck, 1997, S. 439f.

41 Vgl. , C. Roxin, Strafrecht Allgemeiner Teil, Band I, 3. Aufl. , C. H. Beck, 1997, S. 439f.

42 Vgl. , C. Roxin, Strafrecht Allgemeiner Teil, Band I, 3. Aufl. , C. H. Beck, 1997, S. 435f.

43 Vgl. ,C. Roxin,Strafrecht Allgemeiner Teil,Band I,3. Aufl. ,C. H. Beck,1997,S. 439.

44 J. Dressler,*Understanding Criminal Law*(second edition),Mathew Bender & Company, Inc. 1995,p. 107.

45 有的认为B是(片面的)共同正犯(参见[日]山口厚:“实行行为と责任非难”,载[日]三井诚等编:《铃木茂嗣先生古稀祝贺论文集》[上卷],成文堂2007年版,第211页);有的认为B是间接正犯(C. Roxin, Strafrecht Allgemeiner Teil,Band II,C. H. Beck ,2003,S. 45)。

46 参见[日]福田平:《刑法解释学の诸问题》,有斐阁2007年版,第43页。

47 参见[日]福田平:《刑法解释学の主要问题》,有斐阁1989年版,第90页。

48 [日]西田典之:《刑法总论》,弘文堂2006年版,第207页。

49 [日]西田典之:《刑法总论》,弘文堂2006年版,第208页。

50 即使是抽象的符合说,也不会认为案例25中的A成立故意杀人既遂,只会认为A成立故意毁坏财物既遂。

51 [日]平野龙一:《刑事法研究最终卷》,有斐阁2005年版,第5~6页。

52 [日]佐伯仁志:“故意·错误论”,载[日]山口厚、井田良、佐伯仁志:《理论刑法学の最前线》,岩波书店2001年版,第107~108页。

53 [日]西田典之:《刑法总论》,弘文堂2006年版,第30页。

54 [日]大谷实:《刑法讲义总论》,成文堂2007年新版,第184页。

55 参见[日]前田雅英:《刑法总论讲义》,东京大学出版会2006年版,第247~248页。

张明楷

代表作

拾

期待可能性的法理

期待可能性具有多种含义，对期待可能性理论的梳理，有利于将该理论的合理内容运用于我国的刑事司法实践。

一、期待可能性的基本问题

哲学界关于自由意志的讨论中，“可供取舍可能性”（alternate possibilities；alternative possibilities）原则起到了统辖性作用。“这个原则说，只有当一个人本来能够做其他行动的时候，他才能对他所做的行动负有道德责任。”[1]换言之，“一个人为了能够对自己的行为承担道德责任，他就必须（在到达那个行为的某个相关点上）具有某种类型的可供取舍的可能性，这是一个基本的、广泛的假设。这个基本观念被概括在‘可供取舍的可能性原则’中，它的各种版本都要求道德责任要伴随着可供取舍的可能性的出现”。[2]根据这种观点，行为人对A行为及其结果的道德责任，[3]是以其在实施A行为的当时本来能够实施B、C等行为为前提的。这种可供取舍的可能性就是刑法理论上的他行为可能性。

是否承认可供取舍的可能性，在何种范围内承认可供取舍的可能性，是哲学家、法学家们长期争论的问题。决定论者并不承认人的自由意志与可供取舍的可能性。有的学者否定“只有当一个人本来能够以其他的方式行为时，他才对他所做的事情负有道德责任”的观点，但肯定“只有当一个人本来可以履行一个给定的行为时，他才能对没能履行那个行动负有道德责任”的论断。[4]本文不可能就此展开讨论，只是站在非决定论的立场论

注　原文标题为“期待可能性理论的梳理”，发表于《法学研究》2009年第1期。

述期待可能性问题。

之所以站在非决定论的立场，是因为刑法上的责任概念，原本就是以自由意志为前提而形成的。如所周知，“确定体系性意义中的责任概念、对责任刑法的展开做出重大贡献的，是启蒙思想家 S. 普芬道夫（Samuel Pufendorf，1632－1694）。他将人作为具有理性、基于自由意志而行为的存在来把握，即将人作为可以基于自由意志决定实施好行为或者恶行为的存在来把握。于是，他认为，只有这样的自由的行为，可以主观地归属于行为人，只有在这样的场合对行为才是有责的。普芬道夫将行为理解为自由意志的产物，使自由意志占据归责中心的观点，对其后的学说产生了很大影响”。[5]在刑法上，普芬道夫“由意思自由的前提出发，得出责任只有在具备归责能力和辨认能力的情况下才成立，由此创设出责任刑法的一个新学说。国家目的中合道德性的设立，限制了教育和威慑作为刑法的目的，预防代替了复仇。普芬道夫刑罚威慑的道德强制思想走在了费尔巴哈的心理强制学说的前面”。[6]可以认为，倘若不以行为人具有自由意志为前提，刑法学上恐怕难以存在当今的责任概念。

之所以站在非决定论的立场，还基于以下几个理由：其一，虽然自由意志难以得到证明，但自由意志是值得向往和保护的。刑法禁止的一些犯罪（如强奸罪、外国刑法规定的胁迫罪等），不仅保护人的行动自由，而且保护人的意识活动自由。如果人没有自由意志，其一举一动完全是被决定的，那么，法律就没有必要保护人的意识活动自由。其二，否认自由意志的结局，要么像新派的代表人物之一菲利（Ferri）那样，主张没有责任与刑罚的刑法典，[7]要么认为法律责任不以自由意志为前提。但是，前者行不通，后者不能说明刑法上的责任。其三，承认意志自由，可以解决刑法上的诸多问题。例如，正是因为人有自由意志，刑法规范可以影响人们做出适当的意志决定，预防犯罪才有可能，并且成为刑罚的目的。其四，刑法的重要机能是保障被告人的自由，承认意志自由，对被告人更有利。否认自由意志的结果，要么否认责任，从而使刑罚不能受到责任的限制，导致刑罚过重；要么完全由一般预防的必要性大小决定刑罚轻重，使被告人成为预防他人犯罪的工具。其五，即使认为自由意志是一种假定，这种假定也和社会契约论一样，具有积极意义。事实上，即使不（完全）承认自由意志或者不使用自由意志概念的刑法学者，其理论也往往以人具有自由意志为前提。[8]概言之,承认人具有自由意志比否定人具有自由意志更好。

承认人具有自由意志,就意味着承认他行为可能性。他行为可能性,一般是指合法行为的可能性(在特殊情况下,可能意味着危害更小行为的可能性)。反过来说,他行为可能性意味着犯罪行为的可避免性。如后所述,这种他行为可能性,与刑法上的他行为(合法行为)的期待可能性是难以区分的。

德国是期待可能性理论的发源地,但令中国刑法学者"难以置信"的是,期待可能性理论恰恰在德国受到冷落,已变得无足轻重。[9]还有学者认为,随着罪责概念的客观化,期待可能性理论的命运已经衰落。[10]那么,期待可能性理论在德国受到冷落的原因何在?受到冷落的是何种意义上的期待可能性?对此问题的回答,有助于我国刑法理论与司法实践正确对待期待可能性理论。这是期待可能性理论的整体命运问题。

除此之外,国内外的期待可能性理论,还就以下具体问题存在重大争议。

第一,期待可能性的地位。即期待可能性是责任的积极要素还是消极要素?倘若认为期待可能性是积极要素,那么,它是故意、过失的构成要素,还是与责任能力、故意、过失相并列的责任要素?倘若认为期待可能性是消极要素,则意味着缺乏期待可能性是一种责任阻却事由,那么,刑法基于何种原因将责任能力、故意过失设定为责任要素?在我国,刑法理论与司法实践所遇到的具体问题,是应当在故意论、过失论中讨论期待可能性,还是应当在故意论、过失论之外讨论期待可能性?公诉机关是否需要举证证明被告人具有期待可能性?与此相联,关于责任能力与期待可能性的关系,在我国刑法理论上也有争议。一种观点认为,不满14周岁的人之所以不负刑事责任,是因为其缺乏辨认控制能力,无法期待其实施合法行为。[11]还有人指出,缺乏期待可能性是精神病人不负刑事责任的根据。[12]另一种观点则指出:"无责任能力人不负刑事责任,与期待可能性理论之间没有关联。"[13]

第二,期待可能性的法律性质。即缺乏期待可能性,是一般的超法规的责任阻却事由,还是仅限于刑法有规定时才成为责任阻却事由?在我国,刑法理论与司法实践所面临的问题是,虽然刑法分则没有明文将近亲属关系作为窝藏、包庇等罪的责任阻却事由,但能否因为近亲属之间的窝藏、包庇等行为缺乏期待可能性,而否认近亲属之间的窝藏、包庇等行为构成犯罪?

第三,期待可能性的判断标准。众所周知的行为人标准说、平均人标准说与法规范标准说虽然各有理由,却都受到了批判。这也是我国刑法理论与司法实践面临的问题。例如,能否以缺乏期待可能性为由,宣告许霆无罪?因灾害逃往外地或者被拐卖至外地的已婚妇女,又与他人结婚的,是否缺乏期待可能性而不构成重婚罪?

第四,期待可能性的认识错误问题。期待可能性的认识错误,包括积极的错误与消极的错误。前者是指原本并不存在缺乏期待可能性的事情,但行为人误以为存在;后者是指原本存在缺乏期待可能性的事情,但行为人误以为不存在。例如,行为人误将他人的犯罪证据,作为自己的犯罪证据而毁灭,或者相反的,应当如何处理?这也是我国刑法理论与司法实践需要解决的问题。

在本文看来,之所以存在上述争议,一个重要的原因是,学者们所使用的期待可能性概念并不特定,换言之,争论的背后可能意味着期待可能性具有多重含义。

二、期待可能性的多重含义

仔细考察会发现,刑法理论上至少在四种不完全相同的意义上使用期待可能性概念。

(一)作为心理强制可能性的期待可能性——作为责任基础的期待可能性

期待可能性理论,是规范责任论的当然结论。规范责任论的特色是,在与法律规范的关系上把握责任。法律规范终究是以对个人的命令、禁止表现出来的,这种命令、禁止就行为人一方而言,只有在能够遵从即能够实施犯罪行为以外的行为时,才是适当的。所以,责任非难,以行为人在行为当时具有适法行为的期待可能性为基础。亦即之,缺乏期待可能性,就没有非难可能性。这种意义上的期待可能性,并不只是与责任能力、故意、过失相并列的责任要素,而是责任的基础。

将有责性作为犯罪成立要件,是实质的正义的基本要求。正义的理念要求犯罪成立条件与法律效果之间具有实质的适合关系。刑罚是对行为人的犯罪行为进行的非难,这种非难理所当然以具有非难可能性为前提。将有责性作为犯罪成立条件,也是刑罚目的的基本要求。因为对在刑罚不可能产生影响的心理状态下实施的行为处以刑罚,就收不到刑罚的效果;处罚不具备有责性的行为,不可能抑止在将来的同样状况下发生相同的"犯罪"行为(不存在预防犯罪的效果)。概言之,只有具有非难可能性,才能够科处刑罚。

"为这种非难提供基础的东西可谓'他行为可能性'(能够回避符合构成要件的违法行为,能够实施此外的其他行为)。尽管关于人的行为存在决定论(其立场是,人的意思决定及其行为,是某种原因的结果,在此意义上是被决定的)与非决定论(其立场是,人可以自由地决定其意思,选择行为)的对立,但在缺乏'他行为可能性'的场合,就不可对实施了符合构成要件的违法行为的人进行非难。只有当具有实施其他行为的可能性,却实施了符合构成要件的违法行为时,才可能做出'不应当实施该行为'的非难。这里所说的他行为可能性,意味着通过进一步发动规范意识(或者说如果具有更强的规范意识),就不会实施符合构成要件的违法行为。尽管如此,却实施了符合构成要件的违法行为,所以受到非难。"[14]概言之,根据规范责任论,他行为可能性是责任的基础。

那么,他行为可能性与他行为的期待可能性,究竟是什么关系?如果对他行为可能性采取一般标准或者客观标准,对他行为的期待可能性采取个人标准或者主观标准,二者或许有区别。但事实上,二者不仅密切联系,而且几乎不可能区分。正因为如此,不少学者在等同意义上使用他行为可能性与期待可能性概念。例如,西田典之教授指出:"犯罪成立的第三个要件是有责性或责任。有责性,可以说是就符合构成要件的违法行为,能够对行为人进行非难。这个要件由来于刑罚目的。亦即,刑法从保护法益的见地禁止一定的行为,通过预告、实行对违反行为的刑罚制裁,使国民产生不实施犯罪的动机。因此,其前提必须是可能产生不实施犯罪的动机,换言之,行为人在实施犯罪行为之际具有选择其他适法行为的可能性。此即他行为可能性。在能够期待不实施违法行为而实施适法行为的意义上,也可改称为期待可能性。概言之,所谓有责性,是指对于能够期待实施其他适法行为(他行为可能性·期待可能性)却实施了违法行为的法的非难。"[15]再如,前田雅英教授在论述责任主义与期待可能性时分别指出:

"'没有责任(非难可能性)就没有刑罚'的原则,称为责任主义。一般来说,只有在'尽管行为人具有实施其他行为的可能性,却实施犯罪行为的场合(具有他行为可能性的场合)',才能认为具有非难的可能。""要非难行为人,就必须要求在行为时存在的具体情况下,能够期待行为人不实施违法行为,而能够实施其他适法行为的可能性。这种可能性称为期待可能性。"[16]据此,既可以说,非难的基础是他行为可能性,也可以说,非难的基础是他行为的期待可能性。还有学者指出:"责任原则要谈的是对于行为人为不法行为的原因的评价问题……如果行为人形成不法行为的意志是因为某一些特殊情况所致,则行为人可以不对他所做的不法行为负责。……如果用通说所说的责任概念来看,所谓责任是指行为人对于所做的事情的控制可能性(能力)的问题,或者从另外一个角度来看,也是我们对于行为人为合法行为的期待可能性。并且因为行为人可以被期待为合法行为,但是行为人却做了不法行为的选择,所以法律对行为人有可非难性,所以是有责任而应该接受刑罚。"[17]据此,期待可能性是责任的基础。

一方面,如果行为人没有他行为可能性,就必然没有他行为的期待可能性。另一方面,如果行为人具有他行为可能性,法秩序就会期待其实施他行为。换言之,他行为可能性,既是他行为期待可能性的前提,也是他行为的期待可能性的根据。于是,对他行为的期待可能性的判断与对他行为可能性的判断就是一致的。正因为如此,规范责任论者会在责任基础意义上使用期待可能性概念。

(二)作为责任要素的期待可能性——狭义的期待可能性

如同作为违法根据的法益侵害必须具体化为构成要件要素一样,上述作为责任基础的期待可能性,也应当具体化为责任要素。责任能力、故意、过失以及违法性认识的可能性,实质上是他行为可能性的具体化,因而也是作为责任基础的期待可能性的具体化。[18]换言之,具有责任能力的人,对客观构成要件事实具有认识(故意)或者预见可能性(过失),并具有违法性认识的可能性时,就可以期待其产生不实施符合构成要件的违法行为的动机,进而不实施该行为;倘若行为人实施了该行为,就认定行为人具有责任。

但是,上述责任要素的设定,是以能够期待行为人实施其他合法行为为前提的。换言之,认为具有责任能力、具有故意或过失以及违法性认识的可能性,就值得非难,是就通常情形所作的设定,或者说是以行为时的附随情况的正常性为前提的。在社会生活中,不排除在极少数情况下,由于行为时的附随情况异常,导致具有责任能力的人,即使认识到或者可能认识到符合构成要件的违法事实,即使具有违法性认识的可能性,却依然不能期待其实施其他合法行为的情形。所以,必须将特殊情形下的期待可能性作为责任要素。这个意义上的期待可能性可谓狭义的期待可能性。[19]我国刑法理论界所讨论的期待可能性,大体上是指这种狭义的期待可能性。

(三)作为义务强制可能性的期待可能性——不作为犯中的作为可能性

违反禁止规范的行为是作为,违反命令规范的行为是不作为。[20]换言之,作为是实施了被禁止的行为;不作为是指没有实施被期待的作为。命令规范的实现,必须具备三个条件:其一,受命人原本存在意志行动;如果没有意志行动,就不可能有命令;其二,命令者与受命人之间具有作为关联的可能性,即命令者能够影响受命人;其三,受命人具有支配意志的可能性,并且能够实施命令所要求实施的行为。[21]

就不作为犯而言,并不是只要不作为与法益侵害结果之间具有因果关系,就肯定构成要件符合性。例如,在溺水儿童没有得到救助而死亡的场合,倘若认为所有可能救助溺水儿童的人的不作为都符合故意杀人罪的构成要件,就明显扩大了处罚范围。于是,刑法理论将基于保证人地位的作为义务,视为不作为犯的成立要件。即负有防止结果发生的特别义务的人是“保证人”,其中防止结果发生的特别义务就是作为义务。所以,刑法理论首先要确定哪些人是负有防止结果发生的特别义务的人,即确定特别义务来源于何处(作为义务的发生根据)。显而易见的是,义务的履行以保证人具有作为可能性为前提。

作为可能性,是指保证人具有履行义务(采取积极措施)的可能性。法律规范与法律秩序只是要求能够履行义务的人履行义务,而不会强求不能履行义务的人履行义务。[22]问题在于,作为可能性是作为义务的前提,还是与作为义务并列的要件?一种观点认为,如果行为人没有作为可能性,就丧失了作为义务的前提(即没有作为可能性就没有作为义务);[23]另一种观点认为,作为可能性与作为义务是两个不同的问题。[24]显然,如果认为作为义务与作为可能性都是违法阶段的问题,上述争议没有特别意义。然而,一旦认为作为义务是违法阶段的问题,作为可能性是责任阶段的问题,上述争议就具有意义。这一点又取决于对以下问题的回答:作为可能性的判断标准是什么?作为可能性与期待可能性是什么关系?

第一种说法是:“不作为犯的成立,除要求有作为义务以外,还必须有作为的可能性……例如,在母亲A在河岸没有救助溺水之子的场合,当A不会游泳,事实上不可能救助时,便不成立不作为犯。即不作为犯的成立,必须具有通过作为防止结果的事实的可能性。这与所谓的期待可能性的场合的心理的可能性不同,是事实的可能性。”[25]据此,没有作为可能性时,缺乏不作为犯构成要件的符合性,与期待可能性没有关系。但是,构成要件符合性是一种类型判断,其判断标准不可能因人而异,而这种观点将保证人的具体的作为可能性设定为构成要件要素,因而存在疑问。另一方面,由于构成要件是违法类型,这种观点必然导致保证人的个人能力影响违法性的判断,从而走向了主观的违法性论。此外,在判断保证人是否具有作为可能性时,能否明确区分事实的可能性与心理的可能性,仍存疑问。例如,母亲虽会游泳,但因为风大浪高,担心自己也会身亡而不敢下水救助溺水之子时,是事实的不可能性,还是心理的不可能性,恐怕难下结论。

第二种观点认为作为可能性是构成要件符合性的问题,也承认“不作为还受具体情况下可以支配的工具以及具体的行为人的能力的约束”(例如,“只有当不作为人事实上有能力实施理论上可以防止结果发生的行为,才能将结果归责于他的不作为,因此,如果没有船只可供使用,不利用船只救助落水者的人就没有‘不作为’;不会游泳,而未游泳前往救助落水者的人,也没有‘不作为’”)。还认为,“在不作为犯罪里,不可期待性是限制行为义务的一般原则,同时也包含了特别的,适用于作为犯罪的阻却违法事由与免责事由”,[26]但没有表明作为可能性与期待可能性的关系。德国的刑法理论大抵如此。[27]但如后所述,德国刑法理论普遍承认期待可能性在不作为犯中的作用,这至少表明,不作为犯中的作为可能性与期待可能性具有密切关联。

第三种观点指出,作为可能性为作为构成要件要素的作为义务奠定基础,应当以一般人或者社会的一般观念为基准进行判断。具体行为人的作为可能性,则是责任的问题。例如,在自己的幼儿溺水的场合,倘若因为波浪太高相当危险而基本上不能救助时,其父母就没有作为义务,不存在不作为犯的问题。与此相对,如若因为其父母不会游泳而事实上不可能救助时,就存在作为义务,只是有无责任的问题。[28]据此,当根据社会的一般观念具有作为可能性,而行为人事实上没有作为可能性时,是责任论的问题。那么,是责任论中的什么问题呢?显然,这种缺乏事实上的作为可能性的情形,既不是故意、过失的问题,也不是责任能力与违法性认识的可能性问题,因而只能是期待可能性的问题。

第四种观点认为,作为可能性的判断标准只是个人能力,故将其作为构成要件要素是存在疑问的,将其作为责任要素是合适的。但是,由于将作为可能性置于因果关系中讨论更容易解决问题,而且,作为可能性是对违法行为起限定作用的责任要素,故例外地将其纳入构成要件要素也是可以的。"但是,即使这样解释,也必须将履行作为义务的期待可能性留在责任层面。"[29]由此看来,这种观点承认了作为可能性也是期待可能性的问题。

无论如何,作为可能性的判断,既要以附随情况正常性与否为资料,也要以保证人的个人能力为资料。即使认为作为可能性是构成要件符合性的判断,因而只能以社会的一般观念为标准,也不可否认另需要根据保证人的个人能力做出判断。后者实际上也是期待可能性的问题。因为不作为犯的成立以作为可能性为前提,而没有履行作为义务的期待可能性,就意味着没有作为可能性,进而阻却构成要件符合性与违法性。在这种场合,德国刑法理论虽然以缺乏作为可能性或者没有作为义务为由否认不作为犯的成立,但实际上已经将期待可能性置于不作为犯的构成要件符合性问题进行考虑了。当然,这并不意味着德国刑法理论混淆了作为可能性与期待可能性,而是因为在不作为犯中,对作为可能性与期待可能性的判断所依据的资料相同。例如,在幼儿溺水的场合,一方面,在没有船只的情况下(附随情况),法秩序不可能期待行为人利用船只救人;另一方面,在行为人不会游泳的情况下(个人能力),法秩序不可能期待行为人游泳救人。显然,行为的附随情况与个人能力导致不能期待保证人履行作为义务,结果不可避免发生时,既可以认为保证人缺乏作为可能性,也可以认为保证人缺乏期待可能性。

(四)作为过失犯成立条件的期待可能性——过失犯的成立要素

以往在责任的实体上,采取的是心理责任论。心理责任论认为,责任的实体是行为人的心理关系，基于心理关系不同，将责任分为故意与过失，行为人在具有责任能力之外，还具有故意、过失时，就追究行为人的责任。这一学说在 19 世纪末 20 世纪初占统治地位。即使采取规范的责任论，也不意味着完全放弃过失的心理要素。例如，疏忽大意过失中的预见可能性，并不因为规范责任论而丧失其意义。

根据以结果预见可能性为中心的旧过失论，当行为人不能预见自己的行为会发生法益侵害结果时，不成立过失犯罪。问题在于：缺乏结果的预见可能性与缺乏期待可能性是什么关系？显然，当行为人不能预见行为的结果时，就不能期待他预见，也不能期待他选择其他合法行为。所以，即使行为人没有选择其他合法行为，也不具有非难可能性。在这种场合，既可以说因为行为人没有结果的预见可能性而不成立过失犯，也可以说因为行为人缺乏预见结果的期待可能性、缺乏他行为的期待可能性，而不成立过失犯。

根据新过失论的观点，即使对结果有预见可能性，但如果履行了结果回避义务，就不成立过失犯。这样，过失犯的注意义务的中心，就由结果预见义务移向结果回避义务；而且，将结果回避义务作为客观的行为基准而设定成客观的注意义务，使之成为违法要素。新过失论不仅将过失作为责任问题，而且也作为构成要件符合性与违法性的问题，故不仅着眼于作为心理状态的过失，而且着眼于其行为的侧面。由于新过失论者将违反注意义务作为过失犯的不法问题，"接下来的分歧则集中于，应该对这种共同构成不法理由的违反义务的行为设定哪些要求，是违反了一般的（客观的）注意义务就足以，还是要求行为人根据其个人能力本来可以尽到必要的注意义务"。[30]

第一种观点（德国的主流观点）采取"两级理论"：违反客观的注意义务时，具有过失犯构成要件符合性与违法性。这种客观的注意义务，会根据职业分工、生活领域以及具体情景而有所不同，但不会以负有义务的个人为划分标准。行为人是否具有履行客观的注意义务的能力，则是有责性的问题。[31]

第二种观点（德国的少数观点）认为，过失犯的构成要件，不仅包括违反了客观的注意义务，而且包括违反按行为人的个人能力而确定的义务。[32]

第三种观点(德国的折中说)认为,在平均水平以下的能力并不能排除过失犯的构成要件符合性与违法性,只能排除有责性。因为构成要件的实现不能取决于个别化标准,否则便混淆了不法与责任的区别。[33]

根据上述第一、三种观点,个人无能力(缺乏履行注意义务的能力)阻却过失犯的有责性;根据第二种观点,个人无能力阻却构成要件符合性与违法性。不过,个人无能力与缺乏期待可能性是什么关系,是值得讨论的问题。虽然有的学者明确区分无能力与无期待可能性,但德国的司法判决有时并不区分个人无能力与缺乏期待可能性。[34]在本文看来,在过失犯中,要区分个人无能力与无期待可能性是相当困难甚至是不可能的。因为缺乏履行注意义务能力的人,法秩序都不可能期待其履行注意义务。正因为如此,德国有学者指出,在过失犯中,期待可能性具有双重功能:一是在不法的领域中决定客观的注意义务的履行与否;二是在责任领域决定主观的预见义务。[35]

我国刑法将过失区分为疏忽大意的过失与过于自信的过失。就疏忽大意的过失而言,行为人缺乏预见可能性(不能预见)时,刑法就不能期待其预见(不应当预见),因而不能成立过失犯;就过于自信的过失而言,行为人预见自己的行为会发生法益侵害结果时,如果他不可能避免结果发生,就不能期待其避免结果(与不作为犯存在交叉与重合)。只有当行为人预见了法益侵害结果,能够放弃该行为或者采取有效措施避免结果时,刑法才期待他放弃该行为或者采取有效措施,进而肯定过失犯的成立。

由此看来,不管过失是责任问题,还是构成要件与违法性问题,当行为人不能预见和不能避免法益侵害结果,即不能履行结果预见义务与结果回避义务时,都不可能成立过失犯。而在行为人不能预见或者不能避免结果时,刑法理论便可以认为行为人缺乏他行为的期待可能性。这里的期待可能性,实际上是过失犯的成立条件。

三、期待可能性的整体命运

明确了期待可能性的多重含义之后,就可以回答以下问题:期待可能性理论在德国受到冷落、已变得无足轻重的原因何在?受到冷落的是何种意义上的期待可能性?我国应当如何对待期待可能性?

第一,作为责任基础的期待可能性理论是规范责任论的当然结论,期待可能性理论在德国受到冷落的一个重要原因是,部分学者采取了功能责任论(或机能责任论、预防责任论),而没有(完全)采取规范责任论。

例如,雅科布斯(G. Jakobs)教授认为,只有目的才能使责任概念具有内涵,责任概念的内容完全由一般预防的目的所决定,有无一般预防的必要性就决定了行为人有无责任。换言之,责任的前提不是非难可能性,而是现实的或可能的预防需要。行为人本来是否可以不实施符合构成要件的违法行为而实施其他合法行为的问题,被让行为人承担责任是否必要、是否多余替代了。[36]这种功能责任论使得非难可能性、他行为可能性、期待可能性概念没有存在的余地。

不难发现,倘若采取作为通说的规范责任论,期待可能性理论就仍有重要地位。事实上,在德国,对功能责任论持否定态度的学者,肯定了期待可能性的重要地位与作用。[37]另一方面,功能责任论在日本没有得到普遍认同,所以,期待可能性理论在日本并没有像德国那样受到冷落。所以,这里的关键是如何评价功能责任论。

功能责任论的最大缺陷在于混淆了刑法与刑事政策的关系。首先,倘若国家不将"为了目的而不择手段"的理念当成国家行为的最高指导原则,那么,科处最为严厉的刑罚就必须具有特殊的合理性理由。换言之,仅指出刑罚之工具理性上的有益性是不够的,必须将刑罚表现为一种国民可以接受为合理的、正义的措施。[38]然而,"功能责任论把责任概念替换为预防,从而在对一般预防的关系中使责任主义所具有的限制功能变得无力。以一般预防的观点,对无法治疗的重症精神病患者认定其责任,或者对难以守法的累犯认定沉重的责任是不妥当的。责任概念依预防的目的而受到影响时的情况也是一样的。传统意义上的责任主义是为保护有宪法秩序行为人的规范,故不得为技巧性的理论所侵害。其次,在依功能责任论的情况下也不可能有什么可以稳定秩序信赖的明确标准。这最终将责任概念交给立法者或法官,而使犯罪的成立与否变得不明确"。[39]因为刑法在何等条件下才能够发挥一般预防的效应,才不会丧失刑法的一般预防效力,是迄今为止还没有得到答案的问题。再次,责任主义可以防止国家为了追求一般预防的效果而处罚无责任的违法行为。换言之,责任主义不仅被当成一项合理化原则,而且必然成为发挥限制刑罚的原则。因此,在完全独立于预防概念的情况下，责任具有法治国家的详细内涵。[40]“此外，理论上从（积极的）一般预防理论的角度来看，刑事归责标准与传统的罪责概念的标准不可能不同。就此而言，罪责要求的功能性含义仅仅是概念上的混淆。”[41]最后，功能的责任概念，必然导致责任的客观化；而责任的客观化，不可避免导致在科处刑罚时将行为人工具化，也使刑罚保安处分化，形成仅有保安处分而无刑罚的局面。总之，功能责任论缺乏妥当性、可行性。[42]

我国以往的刑法理论一直将故意、过失等同于罪过，采取了心理责任论。但本文认为，我们应当采取当今世界的通说，即规范责任论。其一，如前所述，在具体情况下，即使认定了具有故意、过失的心理事实，也存在不能给予非难的情形。这是因为，刑法对犯罪规定法定刑，旨在使行为人对犯罪产生反对动机。虽然一般来说，在具有故意、过失以及责任能力与违法性认识的可能性的情况下，就应当或者能够产生反对动机，“但是，在一定的场合……特别是当行为人内在的根源性的冲动，远远强于对法所预告的苦害的恐怖之念时，反对动机的设定就是没有意义的。例如，在对生命的紧急避险这样的界限状态中，人的脆弱性与自我保存的本能是显著的”。[43]在这种场合，行为人便没有责任。其二，刑法第 16 条的规定含有规范责任论的思想。该条规定：“行为在客观上虽然造成了损害结果，但不是出于故意或者过失，而是由于不能抗拒或者不能预见的原因所引起的，不是犯罪。”所谓不能抗拒，是指行为人虽然认识到自己的行为会发生损害结果，但由于当时主客观条件的限制，不可能排除或防止结果的发生。显然，不可抗力事件的行为人缺乏期待可能性。其三，规范责任论以他行为可能性为前提，如前所述，以他行为可能性为前提展开责任论的讨论，具有合理性。其四，规范责任论并不意味着对心理要素的否认；相反，故意、过失仍然是责任要素。换言之，“虽说是心理的责任论，也并不是不规范地考虑责任；虽说是规范的责任论，也并非否定心理的要素的存在……只不过规范的责任论认为，即使在有责任能力的人认识到犯罪事实而实施行为的场合，也有通过检讨其‘心理的’动机形成的过程，而不能对其非难的情形”。[44]所以，我们需要在故意、过失之外讨论期待可能性问题。其五，规范责任论并不意味着责任与预防犯罪无关。“作为对实施了符合构成要件的违法行为的行为人的非难可能性的责任，是作为使具备非难性质的刑罚科处正当化的要件而要求的……刑罚就是在这种非难的条件或者制约下,为了追求预防犯罪的目的而科处的。”[45]如前所述,对于没有他行为可能性的行为给予处罚,不可能收到预防犯罪的效果。以期待可能性为前提,正是为了实现预防犯罪的目的。

第二,由于期待可能性具有多重含义,“它也许是一个包括不同情况的集合概念”,[46]其基本原理已在不同场合以其他概念发挥了不同作用。

“期待可能性理论原是依责任阻却事由的基本原则来展开的。但按学者的解释,期待可能性的补正功能并不单纯适用于责任阻却事由,对于不作为犯和过失犯,期待可能性可用来解释构成要件的该当性甚至不法。只是在关于期待不可能性阻却构成要件该当性甚至不法的范围上有以下几种见解:第一,期待不可能性在纯正不作为犯的情况中决定作为义务的范围,故阻却构成要件该当性;[47]第二,不仅是纯正不作为犯的情况,对于不纯正不作为犯也阻却构成要件该当性;第三,在不作为犯之外的过失犯的情况,期待可能性在不法的领域中决定客观的注意义务的履行与否,关于责任则具有决定主观的预测义务的双重意义。”[48]

在笔者看来,德国刑法理论之所以普遍承认期待可能性在不作为犯中与过失犯中的意义,[49]其中一个重要原因,是不作为犯中的作为可能性与过失犯中的预见可能性与结果回避可能性,需要根据期待可能性原理解决。换言之,在德国,期待可能性这一原本属于责任领域的概念,于不作为犯中,实际上在构成要件符合性阶段发挥作用了;于过失犯中,实际上在构成要件符合性与违法阶段发挥作用了(新过失论)或者在过失的成立条件上发挥作用了(旧过失论)。

就故意的作为犯而言,在当今社会,缺乏期待可能性的情形已经比较少见。从客观上说,作为犯表现为以积极的身体动作实施法所禁止的行为,而要求行为人不以积极的身体动作实施作为犯罪,在通常情况下没有过分之处。这是因为,“从期待可能性的角度而言,同样是一个人,我们比较可以期待的是消极不为恶。我们比较难以期待的是,行为人要积极行善。二者之间不仅是有差距,而且往往是有极大的差距”。[50]换言之,在故意的作为犯的场合,法秩序所期待的仅仅是消极不为恶,因而通常具有期待可能性。从主观上说,故意意味着行为人已经认识到了法益侵害结果,因而很容易产生反对动机,要求其不产生犯罪动机并无过分之处。所以,期待可能性理论适用于故意的作为犯的余地就不大了。另一方面，德国的犯罪论体系是以故意的作为犯为中心构建的，即首先且主要讨论故意的作为犯，然后讨论过失犯与不作为犯。而在故意的作为犯论中，缺乏期待可能性的情形的确罕见，于是期待可能性理论受到“冷落”。换言之，德国刑法理论也只是认为，在故意的作为犯论中，期待可能性已经无足轻重。

与德国的犯罪论体系不同，我国的犯罪论体系是将故意的作为犯与不作为犯、过失犯综合在一起讨论的。显然，在我国的犯罪论体系中，就不可能笼统地说期待可能性无足轻重。

第三，在德国，缺乏期待可能性的情形已基本上被刑法明文规定为犯罪阻却事由，故超法规的缺乏期待可能性的情形已不多见。

德国刑法总则第 33 条规定，由于慌乱、恐惧或者惊吓而防卫过当的，不受处罚；第 35 条规定了免责的紧急避险。这两个条文就是基于期待可能性理论而设。德国刑法分则也规定了因缺乏期待可能性而不予处罚的情形。例如，德国刑法第 138 条规定了不告发被计划的犯罪行为罪，第 139 条第 3 款规定，如果为防止亲属犯罪做出了努力，即使不告发的，也不予处罚。再如，德国刑法第 258 条规定，为了自己或者为了自己的亲属所实施的妨碍刑事司法的行为，不受处罚。又如，德国刑法之所以不处罚单纯脱逃行为（即没有使用暴力、胁迫、毁坏监管设施等方式的脱逃行为），也是因为行为人缺乏期待可能性。[51]

显然，倘若刑法已经将缺乏期待可能性的行为全部规定于刑法中，缺乏期待可能性就不可能成为超法规的责任阻却事由，只能成为法定的责任阻却事由的理论根据。但是，在我国，许多明显缺乏期待可能性的情形还没有法定化。既然如此，我们就不能像德国刑法理论那样，否认缺乏期待可能性可能成为超法规的责任阻却事由。

第四，在当今的德国，由于社会的充分发展、法律的日臻完备，国民在法律范围内享有充分的自由，在行为时缺乏期待可能性的情形的确少见。以众所周知的癖马案为例。在今天，根据德国的劳动法，癖马案的行为人已经不会再陷入强制状态；换言之，如果癖马案发生在今天的德国，行为人应当负过失伤害罪的刑事责任。[52]

综上所述，在德国，在不作犯与过失犯中，期待可能性仍然具有重要地位；倘若采取规范责任论而不采取功能责任论，作为责任基础的期待可能性仍然具有重要意义;只是在故意的作为犯中,狭义的期待可能性才没有发挥重要作用的余地。

四、期待可能性的具体问题

以下侧重讨论的是狭义的期待可能性的具体问题,同时也会涉及作为责任基础的期待可能性。

(一)期待可能性是责任的积极要素还是消极要素?

作为责任基础的期待可能性,既不是责任的积极要素,也不是责任的消极要素。存在争议的是,狭义的期待可能性是责任的积极要素,还是消极要素?它与故意、过失以及责任能力是什么关系?

复合的责任概念认为,责任能力、故意或过失和期待可能性是责任的积极要素,换言之,期待可能性是与责任能力、故意或过失相并列的第三个责任要素。纯粹的责任概念主张,故意或过失是违法问题,只有责任能力、违法性认识的可能性与期待可能性是责任要素,但在有责性标题上讨论的实际上是责任阻却事由,故缺乏期待可能性是责任阻却事由;或者认为,责任能力、故意或过失是责任的原则要素,期待可能性是责任的例外要素,因此,缺乏期待可能性是一种责任阻却事由。[53]

其实,上述两种观点并没有实质的对立,充其量只是判断方法上的差异,因为责任阻却事由与责任要素是一个问题的两个方面。一方面,要对一个人实施符合构成要件的违法行为进行非难,就要求行为人具有实施其他行为的期待可能性。在此意义上说,期待可能性是责任要素。但另一方面,由于一般人通常都具有合法行为的期待可能性,所以,在认定犯罪时,并不需要公诉机关举证证明行为人具有期待可能性。然而,如果在特殊案件中,行为人的确没有期待可能性,就阻却责任。所以,从前一方面说,期待可能性是责任的积极要素;从后一方面说,缺乏期待可能性是责任阻却的事由。换言之,从非难可能性以期待可能性为条件的角度来说,将期待可能性作为责任的积极要素是成立的;从缺乏期待可能性就不能给予非难的角度来说,将缺乏期待可能性作为责任阻却事由,也是成立的。二者争论的具体问题也不难解决。其一,纯粹的责任概念主张者指出,如果认为期待可能性是责任的积极要素,那么,公诉机关对每一个案件都必须积极证明存在期待可能性,这是不合理的,而且事实上也并非如此。其实,由于一般人通常都具有实施合法行为的期待可能性,因此,对于具体案件而言,并不需要公诉机关对每一个案件都积极证明期待可能性的存在。其二,复合的责任概念主张者指出,倘若期待可能性不是责任的积极要素,就不能说明期待可能性小时,对减轻责任所起的作用。其实,这种观点可能未区分作为责任基础的期待可能性与作为责任要素的期待可能性。作为责任阻却事由,不存在大小问题;只要缺乏期待可能性,就不具有责任。反之,在具有期待可能性情况下,期待可能性的大小只是影响量刑。即使从狭义的期待可能性的角度来说,既然缺乏期待可能性是责任阻却事由,那就表明具有期待可能性是责任的要素。所以,期待可能性的大小当然对责任轻重的判断起作用。

通过与责任能力的比较,也能得出上述结论。从成立犯罪必须要求行为人具有责任能力的角度来说,责任能力是责任的积极要素。但是,达到一定年龄的人通常具有责任能力,故不需要公诉机关证明行为人具有责任能力。正因为如此,各国刑法都是从消极的角度规定责任能力的,即无责任能力的人的行为不成立犯罪。据此,无责任能力是阻却责任的要素,因而是责任的消极要素。但是,这并不意味着责任能力就没有程度之分;相反,在具有责任能力的前提下,责任能力的减弱会减轻行为人的责任程度。

概言之,作为责任基础的期待可能性,当然有程度之分,故它也会具体化为责任减轻事由(例如,防卫过当、避险过当之所以减轻或者免除处罚,其重要原因之一是期待可能性小。从反面来说,刑法之所以规定对自首的从宽处罚,就是因为犯罪后逃逸是犯罪人的理性,不能期待犯罪人犯罪后留在原地或者向司法机关投案)。但是,由于具有责任能力的人在预见或者可能预见法益侵害结果的情况下,一般能够产生反对动机,故在犯罪论体系上,将缺乏狭义的期待可能性作为责任阻却事由(消极的责任要素),可能更为合适。

此外,如前所述,我国有学者认为,无责任能力者之所以不对其行为与结果负责,是因为缺乏期待可能性。有的学者则反驳道:“责任能力是有责性的第一要素,如果行为人不具有责任能力,自然也不具有有责性,不构成犯罪……在德日刑法中,对于无责任能力之人,即使实施了符合构成要件的违法行为,也不会适用期待可能性理论来解释其不负刑事责任,无责任能力本身便足以成为非罪的理由。”[54]在本文看来,两种观点的对立,缘于在不同意义上使用期待可能性概念。前者是从责任基础意义上使用期待可能性概念;后者使用了狭义的期待可能性概念。倘若人们进一步追问:为什么没有责任能力的人不承担责任?为什么没有责任能力的人所实施的行为不构成犯罪?答案应当是,由于他们没有责任能力,既没有违法性认识的可能性,也不能期待其实施其他适法行为(当然,不处罚没有达到法定年龄的人,还具有刑事政策的理由)。在此意义上说,责任能力的要素,实际上是作为责任基础的期待可能性的具体化。

(二)缺乏期待可能性,是一般的超法规的责任阻却事由,还是仅限于刑法有规定时才成为责任阻却事由?

作为责任基础的期待可能性,必然也会成为责任阻却事由的理论基础,不仅能成为法定的责任阻却事由的基础,而且也能成为超法规的责任阻却事由的基础。刑法不可能将责任基础的期待可能性完全具体化,于是存在着符合构成要件并具备故意、过失等积极的责任要素,也不具备其他违法阻却事由与法定的责任阻却事由,只能通过缺乏狭义的期待可能性使其免受刑罚制裁的情形。

在此问题上,德国与日本的立场并不相同。德国的通说认为,缺乏期待可能性只是刑法规定的责任阻却事由的理论基础,或者说,缺乏期待可能性只限于法律规定的责任阻却事由,而不是一般的超法规的责任阻却事由。例如,德国刑法规定的因慌乱、恐惧或者惊吓导致的防卫过当以及阻却责任的紧急避险不受刑罚处罚,其根据就是期待可能性的理论。在法律没有明文规定的情况下,不能以缺乏期待可能性为由免除责任。德国刑法理论持这一观点的主要理由是,"缺乏期待可能性这一超法规的免责事由,无论是从主观上还是从客观上加以理解,都会削弱刑法的一般预防的效果,导致适用法律的不平等。因为所谓'缺乏期待可能性'并不是可能适用的标准。此外,根据法律明确的体系,免责事由置于不能扩大适用的例外规定。甚至对于面临困难的生活状况的人,共同体也可能要求其忍受巨大牺牲以遵从法律"。[55]日本的通说则认为,缺乏期待可能性能够成为超法规的责任阻却事由。理由是,既然在实定法的背后存在期待可能性的思想,那么,在缺乏期待可能性时,应解释为阻却责任。如果只将期待可能性理论作为刑法规定的责任阻却事由的解释原理,就不能充分发挥这一理论的作用。[56]然而,在日本最高裁判所的判例中,并未见到以缺乏期待可能性为由宣告无罪的判例。这说明,在刑法已经将缺乏期待可能性的基本情形做出规定后,上述两种观点在结局上并没有明显区别。

本文认为,在我国,依然有必要将缺乏狭义的期待可能性作为超法规的责任阻却事由。

作为责任基础的期待可能性,必然在分则条文中得到反映。换言之,分则规定构成要件时,一般会将缺乏期待可能性的情形排除在犯罪之外。例如,行为人犯罪后作虚假供述、毁灭、伪造证据或者掩饰、隐瞒犯罪所得及其产生的收益的,虽然妨害了刑事司法,但刑法并没有规定处罚行为人(伪证罪的主体不包括犯罪人;帮助"当事人"毁灭、伪造证据的,才成立犯罪;本犯以外的人才成立掩饰、隐瞒犯罪所得、犯罪所得收益罪),就是因为不能期待行为人犯罪后不实施上述行为。

如前所述,在德国、日本,直接以缺乏期待可能性为由而宣告无罪,的确很罕见。因为缺乏期待可能性的情形,基本上已类型化在刑法规定中,使得刑法明文规定之外,基本上不再有缺乏期待可能性的情形。所以,德国刑法理论与部分日本学者否认将缺乏期待可能性作为超法规的责任阻却事由具有相当根据。但是,这并不意味着我国也必须持否认态度,因为我国刑法明显没有完全将缺乏期待可能性的情形类型化在刑法中。古代中国、旧中国已经法定化的缺乏期待可能性的情形,以及当今德国、日本等国刑法中已经法定化的缺乏期待可能性的情形,并没有作为法定的责任阻却事由规定在我国刑法中。既然如此,我们就必须承认缺乏期待可能性是一种超法规的责任阻却事由,不以犯罪论处。下列略举几例:

其一,妨害作证罪。刑事案件的犯罪嫌疑人、被告人实施本罪行为的,是否成立本罪?一种观点认为,犯罪嫌疑人、被告人本身采取非法手段妨害作证的,也构成本罪。[57]但是,这种观点存在疑问。根据规范责任论的基本观点,如果犯罪嫌疑人、被告人采取一般的嘱托、请求、劝诱等方法阻止他人作证或者指使他人作伪证的,因缺乏期待可能性,不应以妨害作证罪论处。只有当犯罪嫌疑人、被告人采取暴力、威胁、贿买等方法阻止他人作证或者指使他人作伪证时,才能认为并不缺乏期待可能性,进而认定为妨害作证罪。

其二,帮助毁灭、伪造证据罪。行为人帮助配偶、近亲属(当事人)毁灭、伪造证据的,是否成立帮助毁灭、伪造证据罪?虽然司法实践中对这种行为通常以犯罪论处,但这种做法有悖责任主义原理,应当将其作为缺乏期待可能性的情形宣告无罪。

其三,窝藏、包庇罪。犯罪的人自己窝藏、逃匿的,因为缺乏期待可能性,而不成立本罪。问题是,对犯罪人的配偶、近亲属实施的窝藏、包庇行为,应如何处理？虽然司法实践中对这种行为一般也以犯罪论处,但宜以行为人缺乏期待可能性为由宣告无罪。

其四,单纯脱逃。脱逃罪的行为主体是依法被关押的罪犯(已决犯)、被告人与犯罪嫌疑人。问题在于,事实上无罪的人能否成为本罪的行为主体？从实质上说,肯定说与否定说涉及是优先保护国家利益,还是优先保护个人利益的问题;从法律上说,肯定说与否定说除涉及如何理解和判断"依法"之外,还涉及期待可能性的问题。在本文看来,虽然原则上只要司法机关在关押的当时符合法定的程序与实体条件,就应认为是依法关押,被关押的罪犯、被告人、犯罪嫌疑人就可以成为行为主体,但不能忽视的是,在行为人原本无罪,完全由于司法机关的错误导致其被关押的情况下,行为人只是单纯脱逃的,应认为缺乏期待可能性,不以犯罪论处。

其五,针对生命的紧急避险。如果说生命是等价可量化的,那么,就可以用牺牲生命的方法来保护等价的生命,尤其是可以用牺牲一个人生命的方法保护多数人的生命。可是,生命是人格的基本要素,其本质是不可能用任何尺度进行比较的,法秩序不允许将人的生命作为实现任何目的的手段。例如,在一个人的肝脏可以供五个肝病患者进行肝脏移植进而挽救五个人的生命时,也不能任意取出一个人的肝脏进行移植。[58]在此意义上说,将生命作为手段的行为都是违法的。然而,如果不允许以牺牲一个人的生命保护更多人的生命,则意味着宁愿导致更多人死亡,也不能牺牲一个人的生命,这难以为社会一般观念所接受,也不一定符合紧急避险的社会功利性质。由此看来,至少对保护多数人生命而不得已牺牲一人生命的行为,应当排除犯罪的成立。[59]但是,首先,只有在被牺牲者特定化的场合(例如,此人承诺牺牲自己、唯有此人处于被牺牲者的地位等),才能牺牲一个人的生命保护其他人的生命,而且对于"不得已"的判断应当更为严格。故在上述肝脏移植的设例中,不可以任意挑选一个健康的人进行肝脏移植。其次,由于法秩序不允许将人的生命作为手段,故上述行为可能仍然是违法的。但应当认为避险者缺乏期待可能性,因而不具备有责性,即作为超法规的紧急避险处理。基于同样的理由，对于为了保护自己或者亲友的生命，在不得已的情况下牺牲特定他人生命的行为，也可以视为超法规的紧急避险。

由上可见，期待可能性理论在我国仍有大量的适用余地。换言之，在我国，还存在许多超法规的责任阻却事由（其中一些情形在国外已属于法定的责任阻却事由），而阻却责任的根据便是缺乏期待可能性。

（三）应当根据什么标准判断期待可能性？

所谓期待可能性的判断标准，是指判断行为人在实施符合构成要件的违法行为时是否具有适法行为的期待可能性的标准。

行为人标准说主张，以行为时的具体状况下的行为人自身的能力为标准。如果在当时的具体状况下，不能期待该行为人实施适法行为，就表明缺乏期待可能性。可是，如果行为人本人不能实施适法行为，就不期待其实施，那么就没有法秩序可言。而且，这一学说不能说明确信犯的责任，因为确信犯大多认为自己的行为是正当的，倘若以行为人为标准，这些人就缺乏期待可能性，因而不能承担责任，但事实上并非如此。平均人标准说认为，如果对处于行为人状态下的平均人，能够期待其实施适法行为，则该行为人也具有期待可能性；如果对处于行为人状态下的平均人，不能期待其实施适法行为，则该行为人也不具有期待可能性。但是，此说没有考虑到对平均人能够期待而对行为人不能期待的情况，这就不符合期待可能性理论的本意。法规范标准说或国家标准说主张，以国家的法秩序的具体要求为标准，判断是否具有期待可能性。因为所谓期待，是指法秩序对行为人的期待，而不是行为人本人的期待，所以，是否具有期待可能性，只能以法秩序的要求为标准，而不是以被期待的行为人或平均人为标准。然而，期待可能性的理论本来是为了针对行为人的人性弱点而给予法的救济，故应考虑那些不能适应法秩序期待的行为人，法规范标准说则没有考虑这一点；而且究竟在什么场合法秩序期待行为人实施适法行为，是一个不明确的问题，因此，法规范标准说实际上没有提出任何标准。

其实，上述三种学说只是把握了期待可能性判断标准的部分侧面，其对立并无重要意义。换言之，行为人标准说，侧重于判断资料；平均人标准说，侧重于判断基准；法规范标准说，侧重于期待主体。但三者是可以并无矛盾地适用的。

就行为人的身体的、心理的条件等能力而言,必须以具体的行为人为基准,而不可能以一般人为基准,但这并不意味着,以“因为是这个行为人所以没办法”为由而阻却责任。“平均人”也不意味着统计学意义上的平均人,而是具有行为人特性的其他多数人。“此一‘平均’概念,是判断行为人合法行为可能性时不可或缺的技术性概念,因为如果不是和其他人作对照,我们根本不可能判断某一特定人的行为可能性。因此,所谓行为人、平均人或类型人,实际上的意义并没有差别。”[60]

法规范标准说与个人标准说也不是对立的。因为期待可能性的判断,并不是单纯从行为人一方的他行为可能性的观察就可以得出合理结论,而是要考虑法秩序的需要。换言之,期待可能性的判断,是对个人与法秩序之间的紧张关系的一种判断。

结果只能是,站在法益保护的立场,根据行为人当时的身体的、心理的条件以及附随情况,通过与具有行为人特性的其他多数人的比较,判断能否期待行为当时的行为人通过发挥其能力而不实施违法行为。[61]例如,在许霆案中,根据许霆的能力,完全可以期待其在行为当时不实施取款行为,因而不缺乏期待可能性。结婚后因遭受自然灾害外流谋生,或者因配偶长期外出下落不明,造成家庭生活严重困难,又与他人形成事实婚姻的,因强迫、包办婚姻或因婚后受虐待外逃,或者已婚妇女在被拐卖后,与他人形成事实婚姻的,都是由于受客观条件所迫,不具有期待可能性,因而阻却责任,不宜以重婚罪论处。但是,上述妇女又与他人前往婚姻登记机关登记结婚的,并不缺乏期待可能性。

(四)期待可能性的认识错误属于什么性质?

一般来说,狭义的期待可能性的认识错误,属于对客观的责任要素的认识错误,主要存在两种情形:

第一,积极的错误,即原本并不存在丧失期待可能性的事情,但行为人误以为存在。第一种观点认为,积极的错误阻却故意。[62]倘若认为,故意的认识内容(认识对象)包含有责的事实,那么,这种观点便具有合理性。但是,故意是对符合客观构成要件的违法事实的认识与容认,期待可能性本身并不是故意的认识内容,而是故意之外的责任要素。第二种观点认为,对于期待可能性的积极错误,应当像禁止的错误一样处理:如果该错误不可避免,则阻却责任。[63]这种观点虽然提出了处理原则,但缺乏根据。第三种观点认为，如果行为人对其陷入认识错误具有过失，便成立过失犯。[64]这种观点也认为，缺乏期待可能性是责任阻却事由，但是，既然在行为人具有故意、过失与责任能力时，原则上就具有期待可能性，那么，在确定了行为人已经具有故意或者过失后，再以期待可能性的错误影响故意与过失的成立，显然不当。第四种观点认为，"在有关期待可能性的积极错误的场合，应当直接就行为人的心理状态本身判断有无期待可能性。亦即，不是以对错误是否有过失、错误是否可以避免为基准，而是应以是否存在足以否定期待可能性的心理状态为基准。因此，在有关期待可能性的积极错误的场合，应当认为已经在规范的责任的层面上，阻却或者减弱了责任"。[65]但是，一概承认期待可能性的积极错误阻却或者减弱责任，会导致不当扩大责任阻却的范围，损害刑法的安定性。第五种观点认为，期待可能性的积极错误，虽然使行为人缺乏期待可能性，但是，如果行为人发挥自己的主观能力，就可以认识到存在期待可能性时，应认为存在期待可能性。因此，对于期待可能性的积极错误，宜在期待可能性的判断内部予以解决。[66]

本文认为，对此应当区分为两种情形考虑：其一，当刑法因为缺乏期待可能性而不可罚，而在构成要件中所规定的是不缺乏期待可能性的场合，积极的错误实际上是构成要件的错误，阻却故意的成立。例如，行为人甲误将他人的犯罪证据当作自己的犯罪证据而毁灭的，应当如何处理？不可否认，毁灭自己犯罪证据的行为，因为缺乏期待可能性，而不可能成立犯罪。在此意义上，刑法是从责任角度将"帮助当事人毁灭"的要素纳入构成要件的。然而，一旦纳入构成要件，就应当认为是构成要件要素而不是责任要素。倘若不是如此，而是将"当事人"按照责任要素处理，那么，由于故意的成立不需要认识到责任要素，于是，误将自己的犯罪证据当作他人的犯罪证据而毁灭的，也因为不能肯定责任的减少，而具有可罚性。这显然违反刑法第 307 条第 2 款的规定。既然刑法第 307 条将构成要件表述为"帮助当事人毁灭"证据，就意味着要求行为人认识自己所毁灭的是他人的犯罪证据。在甲没有认识到自己毁灭的是当事人的犯罪证据，以为毁灭了自己犯罪证据的情况下，就缺乏构成要件的故意，当然不成立犯罪。[67]当然，严格地说，这种认识错误已经不是期待可能性的认识错误，而是构成要件的事实认识错误。

其二，期待可能性的积极错误与故意无关时，宜采取上述第五种观点，在期待可能性的判断内部予以解决。例如,乙误认为自己的生命存在紧迫危险,误认为唯一办法是针对他人的生命实施紧急避险,进而杀害他人。如果能够期待行为人当时不产生这种错误,那么,就不能阻却责任,应认定其行为成立故意杀人罪。反之,如果不能期待行为人当时不产生这种错误,就阻却责任。

第二,消极的错误,即原本存在丧失期待可能性的事情,但行为人误以为不存在。既然客观上存在缺乏期待可能性的事情,理当阻却责任。另一方面,既然实际上存在缺乏期待可能性的事情,就没有对行为人进行特殊预防的必要性;又由于这种消极的错误极为罕见,因而也缺乏一般预防的必要性,故不能进行非难。[68]

五、结论

综上所述,即使在德国,期待可能性也只是在故意的作为犯中受到冷落,在我国,仍然有必要合理适用期待可能性理论。

对于刑法理论以往在不同意义上使用的期待可能性概念,必要时应当加以区分。在本文看来,在违法性阶段能解决的问题,不应当作为责任领域的期待可能性考虑。换言之,既然刑法理论公认为期待可能性是有责性的问题,那么,客观构成要件与违法性方面的问题,就不宜当作期待可能性处理。因此,不作为犯中的作为可能性不属于责任问题,不宜当作期待可能性讨论。换言之,在客观构成要件阶段与违法性阶段可以排除犯罪成立的,不应留在责任论排除犯罪的成立。所以,义务冲突的问题宜在违法性阶段判断,而不宜在有责性阶段判断。另一方面,当作为责任基础的期待可能性已经被具体化为相关内容时,不宜将其作为期待可能性问题讨论。例如,责任能力、过失犯的预见可能性,虽然是责任问题,但不应再作为期待可能性问题处理。否则,会导致概念的混乱和判断的烦琐。

必须区分作为责任基础的期待可能性与作为责任要素的期待可能性(作为责任阻却事由的缺乏期待可能性)。一方面,对于刑法有关责任阻却、减少事由的一些规定,刑法理论可以从作为责任基础的期待可能性予以说明;另一方面,对于确实没有期待可能性,又无其他明文根据宣告无罪的,应作为超法规的责任阻却事由宣告无罪。

但是,的确不能滥用狭义的期待可能性理论,即不能动辄以行为人缺乏期待可能性(具有超法规的责任阻却事由)为根据宣告无罪。对于刑法应当类型化而还没有类型化的责任阻却事由(缺乏期待可能性的事由),刑法理论应当予以类型化。在类型化之外,只有在极为特殊的情形下,才可能得出因缺乏期待可能性而无罪的结论。

注释

1 [美]哈里·法兰克福:"可供取舍的可能性与道德责任",载徐向东编:《自由意志与道德责任》,江苏人民出版社 2006 年版,第 359 页。

2 [美]约翰·马丁·费尔希:"法兰克福式例子与半相容论",载徐向东编:《自由意志与道德责任》,江苏人民出版社 2006 年版,第 392 页。

3 道德责任是与因果责任相对的概念。道德责任并不特别需要与道德上的对错相联系,而是与人的反应性态度相联系。可以认为,在刑法上,因果责任是客观归责问题,而道德责任是主观归责问题。但是,这并不意味着刑法上的责任是一种伦理责任或者道义责任。

4 [美]约翰·马丁·费尔希:"法兰克福式例子与半相容论",载徐向东编:《自由意志与道德责任》,江苏人民出版社 2006 年版,第 394 页以下。

5 [日]堀内捷三:"责任论の课题",载[日]芝原邦尔等编:《刑法理论の现代的展开—总论 I》,日本评论社 1988 年版,第 172 ~ 173 页。

6 [德]格尔德·克莱因海尔、扬·施罗德主编:《九百年来德意志及欧洲法学家》,许兰译,法律出版社 2005 年版,第 345 页。

7 参见[意]恩里科·菲利:《实证派犯罪学》,郭建安译,中国人民公安大学出版社 2004 年版,第 185 页以下。

8 例如,德国学者 C. Roxin 提倡规范的应答可能性说。当行为人在行为时,他的精神和心理处于能够应答规范的号召的状态,心理上具有作出以规范为导向的行为决定的可能性,在具体案件中存在健康的成年人都具有的心理的控制可能性时,就可以肯定行为人的责任。这种责任不涉及不可能证明的假说,而是涉及经验科学的智识。责任是经验的材料与规范的材料的混合;控制能力与规范的应答可能性是根据经验认定的;适法行为的可能性,则是规范的要求。在刑法上,他行为可能性中的自由是一种规范的假设,既不可验证,也无法反驳(C. Roxin, Strafrecht Allgemeiner Teil, Band I, C. H. Beck 4. Aufl. ,2006,S. 851ff)。

9 参见陈兴良:"期待可能性问题研究",载《法律科学》2006 年第 2 期。

10 参见劳东燕:"罪责的客观化与期待可能性理论的命运",载《现代法学》2008 年第 5 期。

11 苗玉红:“期待可能性理论”,载《黑龙江政法干部管理学院学报》2001 年第 3 期。

12 欧锦雄:“期待可能性理论的继承与批判”,载《法律科学》2000 年第 5 期。

13 李立众:“期待可能性研究诸失误之匡正”,载《现代法学》2004 年第 3 期。

14 [日]山口厚:《刑法总论》,有斐阁 2007 年版,第 181 ~ 182 页。

15 [日]西田典之:《刑法总论》,弘文堂 2006 年版,第 191 页。

16 [日]前田雅英:《刑法总论讲义》,东京大学出版会 2007 年版,第 53、370 页。

17 黄荣坚:《基础刑法学(下)》,元照出版有限公司 2006 年版,第 635 ~ 636 页。

18 例如,当行为人根本没有预见也不可能预见自己的行为会造成法益侵害结果时,他就不可能产生放弃该行为的动机,因而不可能选择其他行为,故没有他行为可能性(没有期待可能性)。所以,犯罪的成立以行为人具有故意或过失为必要。

19 参见[日]平野龙一:《刑法总论 II》,有斐阁 1975 年版,第 154 页。

20 区分作为与不作为的其他标准,大多是区分违反禁止规范与违反命令规范的具体化。

21 参见[日]青井秀夫:《法理学讲义》,有斐阁 2007 年版,第 44 页。

22 我国刑法分则的部分条文明确将作为可能性作为不作为犯的成立条件(参见刑法第 429、445 条)。

23 [日]西田典之:“不作为犯论”,载[日]芝原邦尔等编:《刑法理论の现代的展开——总论 I》,日本评论社 1988 年版,第 80 页。

24 [日]山口厚:《刑法总论》,有斐阁 2007 年版,第 93 页。

25 [日]平野龙一:《刑法总论 I》,有斐阁 1972 年版,第 154 页。

26 [德]冈特·施特拉腾韦特、洛塔尔·库伦:《刑法总论 I——犯罪论》,杨萌译,法律出版社 2006 年版,第 377 ~ 378、386 页。显然,这种观点将作为可能性视为作为义务的前提。

27 Vgl. ,H. Jescheck/T. Weigend, Lehrbuch des Strafrechts Allgemeiner Teil, Duncker & Humblot , 5. Aufl. , 1996, S. 634; Schönke/Schröder/Lenckne, Strafgesetzbuch Kommentar, C. H. Beck, 26. Aufl. , 2001, S. 596.

28 [日]大谷实:《刑法讲义总论》,成文堂 2007 年新版,第 152 页。

29 [日]山口厚:《问题探究　刑法总论》,有斐阁 1998 年版,第 44 页。

30 [德]冈特·施特拉腾韦特、洛塔尔·库伦:《刑法总论 I——犯罪论》,杨萌译,法律出版社 2006 年版,第 402 页。

31 Vgl. ,H. Jescheck/T. Weigend, Lehrbuch des Strafrechts Allgemeiner Teil, Duncker & Humblot 5. Aufl. , 1996, S. 563ff.

32 参见[德]冈特·施特拉腾韦特、洛塔尔·库伦:《刑法总论 I——犯罪论》,杨萌译,法律出版社 2006 年版,第 404 页。

33 Vgl. ,C. Roxin, Strafrecht Allgemeiner Teil, Band I, C. H. Beck 4. Aufl. , 2006, S. 1083f.

34 Vgl. ,C. Roxin, Strafrecht Allgemeiner Teil, Band I, C. H. Beck 4. Aufl. ,2006,S. 1108f.

35 Vgl. ,Wessels/Beulke, Strafrecht Allgemeiner Teil, C. F. Müller 30. Aufl. ,2000,S. 139.

36 G. Jakobs, Strafrecht Allgemeiner Teil, 2. Aufl. ,Walter de Gruyter 1993,S. 480ff.

37 参见[德]冈特·施特拉腾韦特、洛塔尔·库伦:《刑法总论Ⅰ——犯罪论》,杨萌译,法律出版社2006年版,第236页以下。

38 参见[德]许迺曼:"罪责原则在预防刑法中的功能",载许玉秀、陈志辉编:《不移不惑献身法与正义——许迺曼教授刑事法论文选辑》,公益信托春风煦日学术基金2006年版,第608页。

39 [韩]李在祥:《韩国刑法总论》,韩相敦译,中国人民大学出版社2005年版,第262~263页。

40 参见[德]许迺曼:"罪责原则在预防刑法中的功能",载许玉秀、陈志辉编:《不移不惑献身法与正义——许迺曼教授刑事法论文选辑》,公益信托春风煦日学术基金2006年版,第609、611页。

41 [德]冈特·施特拉腾韦特、洛塔尔·库伦:《刑法总论Ⅰ——犯罪论》,杨萌译,法律出版社2006年版,第205~206页。

42 德国许多学者都相当有力地批判了功能责任论(参加李文健:《罪责概念之研究》,作者发行1998年版,第237页以下)。

43 [日]青井秀夫:《法理学讲义》,有斐阁2007年版,第59页。

44 [日]平野龙一:《刑法总论Ⅱ》,有斐阁1975年版,第271页。

45 [日]山口厚:《刑法总论》,有斐阁2007年版,第181~182页。

46 [德]冈特·施特拉腾韦特、洛塔尔·库伦:《刑法总论Ⅰ——犯罪论》,杨萌译,法律出版社2006年版,第236页。

47 在这种观点看来,作为可能性是作为义务的前提。因此,在纯正不作为犯中,缺乏期待可能性(无作为可能性)就意味着没有作为义务——引者注。

48 [韩]李在祥:《韩国刑法总论》,韩相敦译,中国人民大学出版社2005年版,第303页。

49 Vgl. ,C. Roxin, Strafrecht Allgemeiner Teil, Band I, C. H. Beck 4. Aufl. ,2006,S. 857.

50 黄荣坚:《基础刑法学(下)》,元照出版有限公司2006年版,第733页。

51 日本刑法同样基于期待可能性的原理,规定了更多的责任阻却事由。正因为如此,缺乏期待可能性而不成立犯罪的情形,事实上在日本也少见(参见黎宏:《日本刑法精义》,法律出版社2008年版,第227页)。

52 Vgl. ,C. Roxin, Strafrecht Allgemeiner Teil, Band I, C. H. Beck 4. Aufl. ,2006,S. 1107.

53 参见[韩]李在祥:《韩国刑法总论》,韩相敦译,中国人民大学出版社 2005 年版,第 263 页。

54 李立众:“期待可能性研究诸失误之匡正”,载《现代法学》2004 年第 3 期。

55 H. Jescheck/T. Weigend, Lehrbuch des Strafrechts Allgemeiner Teil, Duncker & Humblot 5. Aufl. ,1996, S. 504.

56 参见[日]大谷实:《刑法讲义总论》,成文堂 2007 年新版,第 356 页。

57 参见周道鸾、张军主编:《刑法罪名精释》,人民法院出版社 2007 年版,第 601 页。

58 也有学者认为,如果事实果真如此,医生取出一个人的肝脏进行移植的行为也是紧急避险。只不过在 99.9% 的情况下,都不存在这种“不得已”的情形(参见[日]西田典之:《刑法总论》,弘文堂 2006 年版,第 134 页以下)。

59 关于其他情形,参见黎宏:“紧急避险法律性质研究”,载《清华法学》2007 年第 1 期。

60 黄荣坚:《基础刑法学》(下),元照出版有限公司 2006 年版,第 664 页。

61 参见[日]山口厚:《刑法总论》,有斐阁 2007 年版,第 251 ~ 252 页。

62 参见[日]团藤重光:《刑法纲要总论》,创文社 1990 年版,第 331 页。

63 参见[日]福田平:《全订刑法总论》,有斐阁 2004 年版,第 222 页。

64 参见[日]中山研一:《刑法总论》,成文堂 1982 年版,第 397 页。

65 [日]浅田和茂:《刑法总论》,成文堂 2007 年补正版,第 361 页。

66 参见[日]前田雅英:《刑法总论讲义》,东京大学出版会 2007 年版,第 372 页。

67 参见[日]山口厚:《刑法总论》,有斐阁 2007 年版,第 33 页。

68 参见[日]浅田和茂:《刑法总论》,成文堂 2007 年补正版,第 361 页。

张明楷代表作

拾壹

中止犯的法律性质

中止犯的法律性质,是指中止犯减免处罚的根据。只有明确了中止犯的法律性质,才能处理中止犯的相关问题。

一、问题的提出

各国刑法一般没有直接规定中止犯减免处罚的根据,只是描述了中止犯的成立条件,但文字的特点决定了对刑法规定存在多种解释的可能性。怎样理解刑法所规定的中止犯成立条件,如何认定具体案件的行为人是否成立中止犯,则取决于对中止犯减免处罚根据的理解和把握。例如,我国刑法第 24 条虽然明文规定"在犯罪过程中……自动有效地防止犯罪结果发生的,是犯罪中止",但究竟是要求没有发生犯罪结果,还是仅要求行为人自动采取了防止犯罪结果发生的有效措施,则取决于对中止犯减免处罚根据的理解。如果认为,违法性减少(即法益侵害程度降低)是中止犯减免处罚的根据(或之一),那么,就只能做前一种理解;如果违法性减少不是中止犯减免处罚的根据(或之一),则有可能做后一种理解。再如,如何理解"自动",是否要求行为人出于悔罪的动机而中止犯罪,也取决于对中止犯减免根据的理解。

当然,解释者也可能按照刑法关于中止犯成立条件的规定,理解中止犯减免处罚的根据。例如,倘若解释者认为,刑法第 24 条中的"自动有效地防止犯罪结果发生"是指犯罪结果被有效地防止,因而没有发生犯罪结果,那么,就有可能(不是必然)将违法性减少作为中止犯减免处罚的根据

注　原文标题为"中止犯减免处罚的根据",发表于《中外法学》2015 年第 5 期。

(或之一)。

迄今为止,我国刑法理论基本上采用日本刑法理论的路径讨论中止犯减免处罚的根据,主流观点是法律说(违法减少、责任减少)与政策说的并合或综合。[1]在1997年之前的旧刑法时代,采用这样的路径无可厚非,因为我国旧刑法关于中止犯的处罚规定与日本刑法的规定相同,都是应当减免处罚。[2]既然如此,我国刑法理论完全可能借鉴日本的刑法理论。

我国以往的刑法理论之所以没有借鉴德国刑法理论关于中止犯免除处罚根据的理论(刑罚目的说),是因为我国旧刑法关于中止犯的减免处罚规定不同于德国刑法的规定。如所周知,德国刑法规定不处罚中止犯,或者说对中止犯免除处罚。如果中止犯中包含了另一个既遂的轻罪,则对中止犯免除处罚,但仍然处罚另一个既遂的轻罪。例如,在行为人成立入室盗窃的中止犯时,虽然不处罚盗窃的中止犯,但会处罚其中已经既遂的非法侵入住宅罪;行为人成立谋杀罪的中止犯时,虽然不处罚谋杀罪,但如果行为造成了伤害,则会处罚其中已经既遂的故意伤害罪。[3]这样的规定显然不同于我国旧刑法的规定,故我国以往的刑法理论难以借鉴德国刑法理论基于其本国刑法的规定所形成的刑罚目的说。

然而,虽然总的来说,我国现行刑法对中止犯规定的法律后果仍然是减轻处罚或者免除处罚,可是与旧刑法的规定明显不同。亦即,现行刑法并没有采取灵活的规定,而是具体规定为"没有造成损害的,应当免除处罚;造成损害的,应当减轻处罚"。那么,这样的规定究竟是与日本刑法的规定更相近,还是与德国刑法的规定更相近?将日本刑法学界基于其刑法灵活性的减免处罚规定所形成的理论,移植到我国刑法明确区分免除处罚与减轻处罚条件的立法例之下的做法,究竟是否合适?概言之,我国刑法理论关于中止犯减免处罚根据的讨论是否应当转变方向(以我国现行刑法规定为根据同时借鉴德国的学说),是值得进一步研究的问题。

二、日本学说的路径

日本刑法关于中止犯"应当减轻或者免除处罚"的规定,具有一定的灵活性。例如,虽然防止了犯罪结果,但如果仍然造成了一定损害(如中止了杀人行为,但仍然造成轻伤),也可能免除处罚。反之,即便中止了犯罪,没有造成任何损害(如杀人行为没有造成任何伤害),也可能只是减轻处罚。这样的规定,在给中止犯减免处罚根据的讨论带来灵活性的同时,[4]也带来了不少麻烦。

例如,倘若承认法律说的内容,认为中止犯的减免根据(之一)是违法性的消灭与有责性的消灭,那么,反对者会诘问:既然违法性与有责性已经消灭,为什么还会减轻处罚呢?而且,已经形成的违法性与有责性怎么可能消灭?同样,倘若认为中止犯的减免根据(之一)是违法性的减少与有责性的减少,那么,异议者会追问:既然违法性与有责性只是减少而没有消灭,为什么会免除处罚呢?于是,刑法理论上出现了违法性减少、消灭说与有责性减少、消灭说。这样,似乎违法性减少、有责性减少时,便对中止犯减轻处罚;如若违法性消灭、有责性消灭时,就对中止犯免除处罚。[5]问题是,中止犯的违法性与有责性能否消灭或者减少?[6]对此,可细分为三个问题展开讨论。

第一个问题:中止犯的违法性与有责性能否消灭?本文持否定回答。就违法性而言,在中止行为之前,行为已经威胁了法益,甚至给法益造成了一定损害。这种已经形成的威胁和造成的损害,不可能因为行为人对最终结果的放弃或者防止而消灭。例如,甲非法侵入住宅后以暴力对乙女实施强奸行为,并且造成乙女轻伤,但由于乙女的哀求而放弃奸淫行为。甲虽成立强奸中止,但是,其非法侵入住宅的违法性不可能消灭,其以暴力行为造成的轻伤结果这一违法性也不可能消灭。基于同样的理由,中止犯的有责性也不可能消灭。责任是对不法的责任,而不是所谓单纯的主观恶意或者人身危险性。[7]如上所述,在中止犯的场合,行为人已经着手实行了犯罪,[8]甚至可以认为已经实施了符合构成要件的不法行为,而且对已经造成的不法具有责任。既然如此,行为人的责任就不可能消灭。正因为如此,现在日本刑法理论均不认为中止犯的违法性与有责性可能消灭。[9]

第二个问题:中止犯的违法性能否减少?诚然,如果与既遂犯相比较,中止犯的违法性确实已经减少。这是因为,我国刑法第 24 条明文将没有发生犯罪结果作为中止犯的成立条件,即使行为人做出真挚努力意欲防止犯罪结果发生,但仍然发生犯罪结果的,并不成立犯罪中止。[10]所以,在违法性层面,只有将中止犯与既遂犯比较,才具有实际意义:如果已经发生犯罪结果因而已经既遂,就不成立中止犯。与此同时,只有与既遂犯相比较,才能说明为什么中止犯的成立以没有发生犯罪结果为前提。尽管如此,违法性减少说充其量只能为中止犯的减轻处罚提供部分根据,而不可能为中止犯的免除处罚提供任何根据。

如果与未遂犯比较,中止犯的违法性并没有减少。因为二者都可能表现为只是威胁了一定法益,也可能都表现为对法益造成了一定的损害。未遂犯因为没有发生犯罪结果,而可以从轻或者减轻处罚,但中止犯是应当减轻处罚或者免除处罚,就此而言,将违法性减少作为中止犯应当减免处罚的根据,明显缺乏说服力。不仅如此,(与未遂犯相比较的)违法性减少说不能说明共犯的中止问题。[11]例如,在正犯中止的场合,教唆犯与帮助犯依然成立未遂犯,而不可能得到中止犯的待遇。如果说中止犯的违法性减少,那么,由于违法具有连带性,狭义的共犯从属于正犯,于是,不得不承认教唆犯、帮助犯的违法性也减少,因而相应地对教唆犯与帮助犯也应当减免处罚。但是,从法律上与事实上来说,都并非如此。

王昭武博士指出,对于中止前的犯罪行为与中止行为本身应当作为整体考察,这一整体行动过程就统一地构成了动态的违法评价对象。由于中止犯是“自己中止了”的情形,而未遂犯是“被迫停止了”的情形,“虽然都存在发生既遂结果的危险性,但中止犯与未遂犯在既遂危险性上存在本质区别,与因‘意志以外的原因’而‘偶然地’阻止了既遂结果的未遂犯相比,在更为切实地阻止了既遂结果的发生这一点上,中止犯类型性地减少了违法性”。[12]在本文看来,这一观点虽然具有一定的合理性,但也不无疑问。

其一,整体考察方法认为,不能将着手实行与中止行为视为两个独立的行为,而应在价值的视角下将二者作为构成一个所为的要素来把握。[13]但是,整体考察方法难以自圆其说。从理论上说,不法的着手实行(被刑法所禁止)与并不违法的中止行为本身(被刑法所鼓励),具有本质的不同。[14]着手实行行为是构成要件该当行为,而中止行为不是构成要件该当行为;着手实行行为是造成法益侵害的违法行为,而中止行为是避免或者防止法益受侵害的行为;着手实行行为是故意实施的、表明行为人值得非难的行为,而中止行为则是表明行为人回到遵守法规范立场的行为。既然如此,中止行为与先前的着手实行行为就应是两个独立的、性质不同的行为。刑法规范具有行为规范的一面,可以告诉国民什么行为是刑法所禁止的,什么行为是刑法不禁止乃至鼓励的。对中止犯的整体考察方法,不利于发挥刑法的行为规范的机能。采取分割的考察方法,则可以使国民知道什么行为(中止前的着手实行行为)是刑法所禁止的、什么行为(避免或者防止法益侵害结果的行为)是刑法所鼓励的。[15]从实践上来看,整体考察方法难以解决具体案件。例如,甲以强奸故意对乙实施使用暴力,乙女为避免强奸,主动提出给甲5000元现金,甲拿走5000元现金后,放弃了强奸行为。如果采取整体的考察方法,就可能认为甲中止强奸的行为造成了被害人的财产损害,即属于强奸中止犯中的“造成损害”。可是,这一结论并不妥当。这是因为,在这种场合,只要单纯放弃强奸行为即可成立强奸罪的中止犯,而不需要采取积极措施防止结果发生。然而,单纯放弃强奸的中止行为,不可能造成他人财产损害。再如,A向被害人B的食物投放了毒药,B疼痛难忍,A顿生悔意立即开车将B送往医院,但途中因为过失导致汽车撞在电线杆上,造成了B死亡的结果。如果整体地考察A的行为,就会认为A造成了死亡结果,因而成立故意杀人罪的既遂犯。可是,这一结论实际上将A过失造成的结果归属于A先前的故意行为,难以被人接受。

其二,上述观点将责任或者特殊预防必要性的内容纳入了违法性的评价。所谓中止犯是“自己中止了”犯罪,未遂犯是因为“意志以外的原因”而“偶然地”阻止了既遂结果的表述,侧重的仍然是主观上的自动性与非自动性,但这已经不是违法性的内容。

其三,上述观点也并不完全符合事实。犯罪行为是一个过程,不同的手段与不同的对象都会影响犯罪行为的进程。在着手实行犯罪后至犯罪既遂前的任一阶段都可能出现未遂与中止,倘若将最早阶段的未遂犯(只是可以从轻或者减轻处罚)与最后阶段的中止犯(应当免除或者减轻处罚)相比较,难以认为中止犯的违法性小于未遂犯。例如,在实行终了后中止的场合,行为所具有的导致既遂结果发生的危险性并不小于未遂犯。或许有人认为,本文的这种比较不公平,只能将行为进程相同的中止犯与未遂犯相比较,亦即,只能将最早阶段的中止犯与最早阶段的未遂犯相比较,将最后阶段的中止犯与最后阶段的未遂犯相比较,进而得出结论。其实,即使这样比较,也未必能得出中止犯的违法性小于未遂犯的结论。这是因为,在许多案件中,结果的防止是否容易,并不是取决于被迫停止与主动中止,而是取决于其他诸多因素。例如,在偏僻山区投放毒药使他人食用后,行为人的中止行为几乎无济于事。反之,行为人用刀杀他人时被第三者阻止,则容易防止死亡结果发生。或许因为这样的原因,王昭武博士使用了“类型性地减少了违法性”的表述，这便意味着并不是任何中止犯的违法性都轻于未遂犯。然而，即使承认类型性地减少，但在真实的中止犯事实上没有减少违法性时，如何说明中止犯减免处罚的根据，就仍存在问题。例如，大体可以肯定的是，实行终了的中止时，其已经产生的法益侵害的危险，不可能小于未遂犯。在这样的场合，上述观点便难以说明中止犯免除处罚的根据。

第三个问题：中止犯的有责性能否减少？不可否认的是，“与未遂犯相比，解释中止犯的主观恶性较轻是容易的。我国学界通常的解释是：未遂犯是‘由于犯罪分子意志以外的原因而未得逞’，而中止犯是行为人‘自动’放弃犯罪或者‘自动’有效地防止了既遂结果的发生，可见，中止犯的主观恶性轻于未遂犯。对此应当没有异议”。[16]问题是，这里的“主观恶性”的具体内容是什么？如果说主观恶性是指再犯罪可能性，就不可能简单地将上述观点归纳为责任减少说。如果说主观恶性是指作为犯罪成立条件的责任，那么，行为人对已经形成的责任是否减少？倘若与既遂犯比较，是可以得出肯定结论的。因为责任是对不法的责任，在具有责任的前提下，责任的轻重首先由不法决定，由于中止犯的不法轻于既遂犯，所以，中止犯的责任也轻于既遂犯。德国也有学者认为，中止犯因为缺乏结果而减少了不法，并且同样在很大程度上减轻了责任，以至于能够放弃刑罚。[17]但是，与既遂犯比较得出的肯定结论，依然不能说明为什么对中止犯应当免除处罚或者减轻处罚。亦即，不法与责任消灭时，才能够放弃刑罚；单纯的减少时，充其量只能导致刑罚的减轻，而不可能导致刑罚的免除。

如果与未遂犯比较，实际上也难以得出中止犯的责任轻于既遂犯的结论。既然责任是对不法的非难可能性，那么，当行为人有责地实施了符合构成要件的不法行为时，责任就已经客观存在。这种已经存在的责任不可能因为事后的中止而减少。换言之，责任的大小在犯罪既遂或者行为终结时就已经确定了，事后的行为不可能减少已经确定的责任。日本有学者指出：“意思决定这种历史的事实虽然不允许事后的变更，但对于行为人的意欲的事后评价，则是可能事后变更的。”[18]可是，既然事实没有变更，怎么可能导致评价的变更？变更评价依据何在？正因为如此，曾根威彦教授指出：“与未遂犯相区别的中止犯的任意性要件，不同于故意的放弃，责任减少的根据，不是故意的放弃本身，而是在适法行为的期待可能性的困难状况下(中止行为是为了实现犯罪而着手实行的行为人自己实施的),反而选择了适法行为(中止行为),因而减少了非难。应当认为,在中止犯的场合,'基于自己的意思'而没有完成犯罪(=止于未遂的违法性)的结局是,责任比未遂犯(障碍未遂)减少了。"[19]这种解释也并非没有疑问。为什么在已经着手实行犯罪之后,适法行为的期待可能性会减少?这显然是因为行为人产生了犯罪故意后,一般会执意实现犯意。诚然,如果行为人被迫实施犯罪行为时,由于存在他人的胁迫,其适法行为的期待可能性会减少。可是,在中止犯的场合,犯罪故意是行为人自己产生的,如果因为行为人产生了犯罪故意,就认为其适法行为的期待可能性减少,便意味着先前产生犯罪故意反而对行为人有利。然而,自己故意造成的风险必须由自己承担,不能因为自己先前故意犯罪就减轻其责任。所以,本文难以接受曾根威彦教授的观点。

王昭武博士指出,以往的刑法理论不承认违法性的事后减少,又认为责任可以事后减少,是一种厚此薄彼的做法;但违法性与责任都是一种法律评价,都可以事后减少。[20]诚然,以往的刑法理论存在缺陷,但在本文看来,这种缺陷不在于厚此薄彼,而在于承认责任的事后减少。要克服这种缺陷,就必须肯定,不管是违法性还是有责性,都不可能事后减少。换言之,中止前实施的不法行为及其责任,不可能因为事后的中止行为而减少。如同甲驾驶车辆向沙漠行驶 10 公里后担心危险而自动返回,乙驾驶车辆向沙漠行驶 10 公里后车辆陷入沙漠之中的情形一样,就客观上向沙漠行驶了 10 公里,以及主观有能力且故意向沙漠行驶了 10 公里而言,甲乙是没有任何区别的,区别只是在于行驶 10 公里后的情形不同。

正是因为各种法律说存在缺陷(尤其是不能说明中止犯免除处罚的根据),所以,日本刑法理论的通说是并合说。亦即,采取法律说加政策说来说明中止犯减免处罚的根据。其中,有的学者主张违法性减少说与刑事政策说的并合,[21]有的主张责任减少说与刑事政策说的并合,[22]有的主张违法·责任减少说与刑事政策说的并合,[23]所谓的刑事政策说一般是指李斯特提出的金桥理论。[24]李斯特指出:"在跨越不可罚的预备行为与可罚的实行行为的界限的瞬间,为未遂所规定的刑罚就具体化了。这种事实已经不能变更,也不允许废弃与抹杀。但是,立法基于刑事政策的理由,可以为应当被科处刑罚的行为人驾设返回的金桥。事实上,立法承认对任意中止免除处罚。”[25]换言之，刑罚设立对中止犯免除处罚的规定，是为了在行为人实施犯罪行为的最后瞬间，通过期待、奖励中止来保护法益。[26]所以，金桥理论与奖赏理论有相似之处。[27]

但是，刑事政策说本身就存在疑问。其一，刑事政策说只是对刑法规定的描述，并没有说明立法者为什么要架起这座中止犯罪的黄金桥。其二，刑事政策说不能说明行为人中止犯罪的动机，因为毕竟多数犯罪人不知道刑法规定了中止犯免除处罚。“要想对不知道政策的人也给予中止犯的恩惠，就有必要提供相应的理论根据。”[28]但刑事政策说并没有提供。即使少数行为人知道免除处罚的规定，也不能说明为什么行为人起先违反法律实施杀人行为，后来又预想到中止犯免除处罚而放弃杀人行为？而且，事实上，在大多数案件中，行为人着手实行后根本没有考虑刑法上的后果。[29]其三，刑事政策说不能为中止犯的成立条件提供指导。例如，刑事政策说不可能为任意性或自动性提供任何指导，也不能将中止犯的成立限定在没有发生既遂结果的情形。根据刑事政策说，即使中止前的犯罪行为造成了一定的法益侵害，事实上仍然存在着黄金桥，也可以不处罚。但是，这既不符合德国刑法的规定（参见后述内容），也不符合我国刑法的规定。其四，在日本，刑事政策说同样不能说明什么情况下应当减轻处罚，什么情况下应当免除处罚。正如曾根威彦教授所言：“根据刑事政策说，犯罪论的评价与科刑可以分离，故区别刑罚的减轻与免除的理由基准在哪里，还有疑问。”[30]换言之，“政策说对于中止犯的法律效果，完全没有提供是应当减轻刑罚还是应当免除刑罚的指针。”[31]这主要是因为，“政策的考虑只能是事前的，而减免的裁量是事后的”。[32]

谢望原教授认为，“追求公平正义的刑事政策价值才是我国中止犯减免处罚的根据”。“我国刑事政策在处理中止犯罪问题时，首先选择了宽大为怀的立场（对中止犯首先考虑免除处罚），只要行为人的犯罪行为没有造成事实上的损害而中止继续犯罪的，即可对其免除刑事处罚；即便是行为人之犯罪行为造成了一定事实上的损害，但行为人自动中止犯罪的，也应当对其减轻处罚。可以肯定，我国刑法之所以对中止犯采取这种立场，完全是出于实现刑事政策公平正义价值的考虑——既对中止犯网开一面，鼓励其及时悬崖勒马，在犯罪结果出现前放弃继续犯罪或者有效防止犯罪结果发生；又对那些造成一定损害后果的犯罪人保留适当处罚余地，从而避免放纵犯罪的不公正现象发生。"[33]

诚然,对未造成损害的中止犯免除处罚与对造成损害的中止犯减免处罚,体现了公平正义。但是,这种不同于金桥理论的刑事政策说也不无疑问:首先,上述观点只是说明了我国关于中止犯减免处罚的规定,能够产生公平正义的效果,或者说有利于实现公平正义,但这并不意味着公平正义的刑事政策价值就是中止犯减免处罚的根据。其次,公平正义的刑事政策价值比较抽象,人们难以据此理解和认定中止犯的成立条件。例如,如何理解自动性,才符合公平正义的观念?对减轻处罚的中止犯与免除处罚的中止犯能否设立不同的自动性条件?这是上述观点难以回答的问题。最后,上述观点实际上只是考虑到了报应刑的观念,仅仅注意了减轻处罚与免除处罚的区别,而没有注重中止犯的"自动性"在中止犯中的地位与作用。

值得注意的是,我国现行刑法的规定不同于日本刑法,刑事政策说怎么可能说明造成损害的减轻处罚,没有造成损害的免除处罚?为什么造成了损害时就不得奖赏?既然在最后瞬间可以返回,那么,在杀人既遂之前返回的,为什么不能免除处罚?这是刑事政策说面临的重要问题。李立众博士指出:"对中止犯减免处罚的目的是为了救助、保护法益,因此,对中止犯是减轻处罚还是免除处罚,当然要视行为人对法益的救助状况而定,与对法益的保护程度成正比。当仅是虚惊一场、对法益没有造成实害时,行为人对法益的保护程度最高,应当给予行为人最大的奖励——免除处罚;行为人虽然消灭了既遂危险,但还是给法益造成了一定程度的损害时(如杀人的中止犯致人重伤),对其减轻处罚是较为合适的奖励……处罚与对法益的损害程度成正比,损害越大,减轻处罚的幅度越小,所以行为人在中止犯时应尽量避免给法益造成损害;如果出现了既遂结果,则不再享受中止犯减免处罚的优待。"[34]在本文看来,上述观点表面上是对刑事政策说的表述,实际上是对违法性减少程度的说明。所谓造成了损害与没有造成损害,无非是中止前的犯罪行为的违法性程度问题。但是,如前所述,违法性减少说并不能说明中止犯免除处罚的根据。

更为重要的是,政策说与法律说如何并合?事实上,以往的并合说并没有明确界定法律说与政策说的关系,只是简单地将二者综合起来。大体上说,由于人们认为中止犯只是违法性、有责性减少,但仅此还不可能为免除处罚提供根据，所以，加上刑事政策说的理由后，就可以说明为什么应当免除处罚。可是，日本刑法理论依然不能回答的是，为什么有些中止犯在违法性、有责性减少后，加上刑事政策的考虑，仍然只是减轻处罚，而没有免除处罚。现在，我国一些学者意识到这一问题，提出了谁主谁辅的问题，但如何并合的问题并没有得到解决。

李立众博士指出："在已经开始犯罪后（尤其在已经着手后），要求行为人停止犯罪，往往是很困难的。只有对行为人进行一定的利益诱导，才有可能诱使行为人放弃犯罪行为的完成。于是，通过约定如果防止了结果便给予减轻或者免除刑罚这一奖励，立法者为防止法益侵害结果进行最后的努力……对中止犯减免处罚就是出于诱导行为人关键时刻及时自我否定、防止犯罪既遂以救助、保护法益的刑事政策目的而设立的。当然，立法者之所以能够采取这一刑事政策，是以行为人客观上消灭了既遂危险（违法性减少）、主观上出于本人意愿（有责性减少）为事实基础的。"[35]

这一观点大体上是以法律说为基础的并合说。但是，其一，上述观点依然只是对刑法规定的描述，即使能够反映出中止犯的立法理由，也未能说明在具体案件中如何适用刑事政策说。其二，刑事政策说的采用以违法性减少与（或）有责性减少为前提，二者的减少加上政策的鼓励，因而可以免除处罚。但如上所述，这一观点不能说明为什么有的中止犯不能免除处罚而只是减轻处罚，亦即，在我国，为什么造成了损害时，只是因为违法性、有责性减少而减轻处罚，而不给予政策上的奖励？其三，一方面将违法性减少作为中止犯减免处罚的根据，另一方面又将减少程度作为刑事政策的内容再次考虑，存在重复评价的嫌疑。

王昭武博士指出，政策说"强调中止犯规定的预防功能，认为对于已开始实施犯罪者，通过给予减免其刑的恩惠，为其铺设一条'回归金桥'，可最大限度地防止犯罪的完成，因而又称为奖励说"。同时认为："中止犯的本质首先在于政策性考量，政策说并非法律说的补充，相反是法律说的基础，法律说是政策说的具体体现与补强"。[36]并将自己的观点称为"新综合说"。

但是，其一，如果说政策说是法律说的基础，那么，当行为人实行终了后为防止结果发生而做出了真挚的努力，但结果仍然发生时，倘若以中止犯论处减免处罚，也能为行为人铺设一条"回归金桥"，也可以最大限度地防止犯罪的完成,能够鼓励实行终了的行为人采取积极措施有效地防止结果的发生。正因为如此,德国不少学者主张,至少有必要对法律形式上既遂而实际上没有既遂的中止行为,类推适用德国刑法第 24 条关于中止犯的规定。[37]可是,我国刑法规定,只有有效防止了犯罪结果的发生,才成立犯罪中止。显然,以政策为基础的观点难以说明我国刑法关于中止犯的处罚规定。其二,既然以政策说为基础,那么,当行为人中止犯罪但造成了一定损害时,为什么只能减轻处罚,而不能免除处罚?换言之,“新综合说”难以解释我国刑法对中止犯的处罚规定。其三,倘若认为法律说是政策说的具体体现,那么,法律说与政策说便不属于同一层次,就无“综合”可言了。

综上所述,采取日本刑法理论的路径,以法律说与政策说的并合或者综合论证我国刑法中止犯减免处罚的根据,存在诸多疑问与障碍。

三、德国学说的路径

在德国,法律说大体上是 19 世纪的学说,早已退出历史舞台。金桥理论也只是在德国帝国法院的判例中占主导地位,现在已经处于边缘地位。[38]

德国当下占主导地位的是刑罚目的理论,主要有两种观点。第一种观点认为,在中止犯的场合,由于没有发生犯罪结果,所以,没有积极的一般预防的必要;又由于行为人在关键时刻回到了忠实于法规范的立场,因而也没有特殊预防的必要,于是,对中止犯免除处罚。[39]“从积极的一般预防的角度看,这意味着:行为人通过其中止已经表示出,他想认可规范,因而没有使得公众对规范效力的信任落空,也就不需要加以处罚。”[40]第二种观点认为,对中止犯之所以免除处罚,是因为没有一般预防的必要性。因为中止犯的行为人在关键时刻以自己的具体行动回到合法性立场,证明了法的有效性,即使不处罚也不会损害刑罚一般预防的目的。[41]根据第一种观点,一般预防必要性与特殊预防必要性的同时丧失,是中止犯免除处罚的根据。根据第二种观点,即使具有特殊预防的必要性,但只要没有一般预防的必要性,就能成为中止犯免除处罚的根据。

显然,上述观点与对刑罚正当化根据的理解相对应。如果认为刑罚的正当化根据是积极的一般预防与特殊预防,那么就会采取第一种观点。例如,罗克辛教授所主张的综合预防论,就是积极的一般预防与再社会化(重返社会)意义上的特殊预防的统合。[42]罗克辛教授指出,法治社会有两个对立目标的设定——保护社会与保障自由,必须使二者处于良好的均衡状态。为了保护社会,必须进行积极的一般预防。与此同时,必须保障犯罪人的人权,不能将具有受刑经历的人排除在社会之外,而必须使他们享有重返社会的机会。所以,刑罚的目的是一般预防与再社会化意义上的特殊预防。[43]于是,罗克辛教授认为,中止犯免除处罚的根据是没有一般预防与特殊预防的必要性。反之,如果认为刑罚的正当化根据只是积极的一般预防,就会采取第二种观点。

由于德国刑法规定对中止犯免除处罚,又由于中止犯在中止之前所形成的不法与责任是客观存在的,并不可能消除,所以,只能从缺乏预防目的角度讨论中止犯免除处罚的根据。于是,刑罚目的说成为德国刑法理论的通说。[44]

如后所述,德国刑法理论的路径值得我国刑法理论借鉴。不过,联系德国有关刑罚正当化根据的理论来看,其具体内容也不无疑问,因而也不可能完全照搬到我国刑法理论中来。

第一,本文承认,刑罚具有积极的一般预防的功能。例如,刑罚的适用有利于增强国民的规范意识,提高国民的法律意识,促进国民的守法观念,强化国民的法律认同。但是,要判断某个中止犯是否存在一般预防的必要性,是相当困难甚至是不可能的。换言之,关于积极的一般预防必要性的说法都是不确定的,而且在经验上是无法加以证明的。[45]即使是支持积极的一般预防论的学者也认为,这种理论还没有经验科学的基础。[46]事实上,人们也只是在象征性或者思想性的层面上主张积极的一般预防论,并力图避免积极的一般预防在经验上的可证明性。[47]“稍夸张地说,积极的一般预防正因为如此可能显得非常有吸引力,因为它的效果是无法通过经验加以证明的——或者更准确地说,是因为其效果在经验上是不可能证明的。就所有的目的而言,积极的一般预防在经验论上是免疫的;它基本上是‘不可反驳的’(不是可以证伪的)。”[48]既然力图避免经验上的可证明性,那么,法官就不可能根据积极的一般预防理论裁量刑罚,或者说,根据积极的一般预防理论裁量刑罚只具有象征性或者思想性层面的意义,而缺乏现实意义。在具体的个案中,因为不能判断是否具有积极的一般预防必要性,就不能决定应否免除处罚。例如，当行为人以杀人故意向被害人开了一枪，在能够继续开枪却自动不开枪时，司法人员如何判断已经没有积极的一般预防的必要性？这种行为是否“没有使得公众对规范效力的信任落空”？这是难以甚至不可能得出妥当结论的。既然如此，就难以根据一般预防必要性的丧失描述中止犯的成立条件。

第二，倘若从强化规范意识的角度来说，人们会认为，刑罚越是严厉就越能给国民产生深刻印象，因而越能强化国民的规范意识。果真如此，不仅会导致残酷的、不必要的刑罚，而且会使中止犯的免除处罚不复存在。事实上，不管在什么时间与地点，也不管犯罪发生与否，总是存在积极的一般预防必要性。所以，积极的一般预防理论并不能为中止犯的免除处罚提供根据。换言之，积极的一般预防虽然是量刑所期待的效果，事实上也会产生这样的效果，但它不是决定量刑内容的原理，[49]因而不能成为中止犯免除处罚的根据。

第三，按照罗克辛教授的观点，量刑时，积极的一般预防优于特殊预防，因此，在犯罪人没有特殊预防的必要性，但具有积极的一般预防必要性时，应当科处刑罚，而不能免除处罚。这与消极的一般预防论一样，仍然是将犯罪人作为实现其他利益或目的的工具予以利用。罗克辛教授在为积极的一般预防论辩护时指出：“行为人本人在能够对其行为归责的限度内，具有为了共同体而必须忍受刑罚的义务……行为人作为共同体的成员，为了维护共同体的秩序，根据对其自己行为的归责性程度而必须承担责任，因此是正当的。据此，行为人不是作为他人目的的手段而被利用的，而是在共同负担对所有人的命运的责任，作为享有同等权利、负有同等义务的国民的地位中得到确证的。”[50]但是，这一辩解缺乏说服力，因为积极的一般预防论在很大程度上是为了论证，即使犯罪人没有特殊预防必要性，但只要具有一般预防的必要，就应当科处刑罚。这本身就是将犯罪人作为一般预防的工具看待的。况且，如上所述，积极的一般预防恐怕永远都是有必要的，因为对于任何犯罪的量刑，人们都期待实现刑罚的学习效果、信赖效果、满足效果、确证效果。于是，在任何犯罪中都需要判处刑罚，这难以为中止犯的免除处罚提供根据。

第四，倘若认为只要没有一般预防的必要性，即使具有特殊预防的必要性，也不得科处刑罚，那么，就恐怕与中止犯免除处罚的目的相冲突。

由此看来,虽然刑罚目的说值得借鉴,但将积极的一般预防必要性的丧失作为中止犯免除处罚的根据,则存在疑问。

此外还必须注意的是,德国刑法理论之所以不再采取法律说,一方面是因为与未遂犯比较,中止犯的违法性与有责性并没有减少;另一方面,法律说也不符合德国刑法第24条第2款的规定。[51]但如后所述,在我国,对于中止犯的减免处罚根据,宜与既遂犯比较,因而有必要肯定违法性与有责性的减少。

四、本文的基本立场

如前所述,虽然我国刑法理论一直接照日本刑法理论的路径(并合说)讨论中止犯减免处罚的根据,但是,并合说本身存在明显的缺陷,而且我国现行刑法关于中止犯的处罚规定明显不同于日本刑法的规定,所以,不能继续采用日本刑法理论的路径。

我国刑法关于中止犯减免处罚的规定虽然不同于德国,但是,对于没有造成损害的中止犯免除处罚的规定,则与德国刑法完全相同。因此,我们可以借鉴德国刑法理论讨论中止犯减免处罚的根据。不过,一方面,我们不能笼统地讨论中止犯减免处罚的根据,而应首先着眼于讨论中止犯免除处罚的根据。另一方面,我们也不能完全割裂我国刑法第24条关于中止犯的两种法律后果的规定,不可能认为中止犯免除处罚的根据与中止犯减轻处罚的根据完全不同,因而分别确定两种中止的成立条件。例如,我们不可能认为,免除处罚的中止犯的自动性要求高于减轻处罚的中止犯,也不可能认为,二者的中止行为要求不同。所以,本文的看法是,首先说明中止犯免除处罚的根据,再思考为什么对造成损害的中止犯只是减轻处罚,而不是免除处罚。

在笔者看来,刑罚目的既包括一般预防,也包括特殊预防,其中的一般预防包含积极的一般预防与消极的一般预防。消极的一般预防与积极的一般预防并不是对立的。两者的目的都是预防犯罪,区别在于对刑罚功能的强调不同,或者说对发挥刑罚的何种功能进而实现预防犯罪的目的存在不同看法。但是,法定刑的确定、量刑与刑罚的执行阶段,目的的侧重点并不相同。就具体案件而言,决定是否免除处罚是一种量刑活动,所以,应当围绕量刑目的讨论中止犯免除处罚的根据。

首先,虽然我国刑法理论所主张的一般预防大多是指消极的一般预防,即“通过对犯罪分子适用刑罚,威慑、儆戒潜在的犯罪人,防止他们走上犯罪道路”,[52]但消极的一般预防必要性的丧失不可能成为对中止犯免除处罚的根据。因为根据消极的一般预防的原理,要对一般人产生威慑作用,就必须适用刑罚,而不是免除刑罚。所谓消极的一般预防必要性的丧失,意味着社会上没有潜在的犯罪人,但没有人会赞成这种结论。既然如此,就不能将消极的一般预防必要性的丧失,作为中止犯免除处罚的根据。而且,消极的一般预防主要是一种法定刑理论,而且是具有一定缺陷的法定刑理论,不能作为量刑目的予以考虑。[53]如果在量刑时注重消极的一般预防,为了威慑一般人而对行为人科处重刑,就使行为人成为预防犯罪的工具,因而不妥当。如上所述,也不能以积极的一般预防必要性的丧失作为中止犯免除处罚的根据。概言之,在量刑时难以或者不能考虑一般预防的目的,因此,不能将一般预防必要性的丧失作为中止犯免除处罚的根据。

其次,由于量刑时应当注重特殊预防,并且不能使一般预防优于特殊预防,[54]所以,缺乏特殊预防必要性才是中止犯免除处罚的根据。各国刑法的相关规定,都要求法官在量刑时考虑特殊预防的目的。例如,德国刑法第 46 条规定,法院在量刑时,应考虑犯罪人的履历、人身和经济情况及犯罪后的态度,尤其是为了补救损害所做的努力。奥地利刑法第 32 条规定,法院在量刑时,应当考虑刑罚和行为的其他后果对行为人将来在社会生活中的影响。日本刑事诉讼法第 248 条规定,在决定是否暂缓起诉时,应当考虑“犯罪人的性格、年龄和境遇,犯罪的轻重和情节,以及犯罪后的态度”。日本改正刑法草案第 48 条第 1 项规定,适用刑罚时,应当考虑犯罪人的年龄、性格、经历与环境、犯罪人在犯罪后的态度以及其他情节,并应当以有利于抑止犯罪和促进犯罪人的改善更生为目的。我国刑法第 5 条所规定的“刑罚的轻重,应当与犯罪分子……所承担的刑事责任相适应”实际上也是要求刑罚的轻重与犯罪人再犯罪相适应。[55]特殊预防是刑法所期待的未来的目的,如果行为人没有再犯罪的危险性,当然就没有科处刑罚的必要。由于中止犯在中止之前的违法性与有责性只是减少而没有消灭,故只能以特殊预防必要性的丧失作为免除处罚的根据。

再次,刑罚的正当化根据是报应的正当性与预防犯罪目的合理性,其中的报应是指责任报应,所以,报应刑就是责任刑。责任刑与预防刑可能存在冲突，报应与预防的关系，不是一个简单的谁主谁次、哪个居于第一位哪个居于第二位的关系，而是如何发挥报应刑与预防刑的优势，同时又如何克服报应刑与预防刑的缺陷的问题。所以，量刑时既要坚持责任主义原则，也要以预防犯罪为目的。一方面，量刑时不能出于一般预防的考虑而使刑罚超出责任刑的程度。另一方面，应当在责任刑的限度内考虑特殊预防的目的。根据点的理论，法官只能在责任刑的点之下考虑预防犯罪的需要；如果特殊预防的必要性小，就应当在责任刑之下从轻或者减轻处罚，少年犯便是如此；[56]如果没有特殊预防的必要性，则应当免除处罚，中止犯便是如此。

最后，需要讨论的是，中止犯自动中止犯罪这一事实，是表明责任刑的情节还是表明特殊预防的情节？倘若认为是后者，就可以认为，中止犯与未遂犯的违法性、有责性相同，但由于未遂犯具有特殊预防必要性，故不得免除处罚，而中止犯的自动中止表明其缺乏特殊预防的必要性，故应当免除处罚。倘若认为是前者，就仍然可以认为，中止犯的责任轻于未遂犯。但一定要注意的是，这里的责任不是指作为犯罪成立条件的责任，而是量刑责任。[57]量刑责任与犯罪人的特殊预防必要性大小不是对立关系，而是对应关系。[58]亦即，量刑责任重表明特殊预防的必要性大，量刑责任轻意味着特殊预防的必要性小，倘若量刑责任消灭，则没有特殊预防的必要性，因而免除处罚。由此看来，不管采取哪一种回答，即不管是将中止视为影响责任刑的情节还是视为影响预防刑的情节，都应当认为，自动中止这一事实是表明行为人没有特殊预防必要性的情节，是一种法定的免除处罚的量刑事由。[59]由于量刑的结局是免除刑罚处罚，且这一效果仅及于中止犯本人，因而也可谓一身的刑罚阻却事由。[60]

总之，中止犯的自动中止行为表明，不需要借助他人与国家机关，行为人就自动回到合法性的轨道，因而没有特殊预防的必要性，所以免除处罚。诚然，认为中止犯没有特殊预防的必要性或许是一个极为乐观的预测，[61]在某些情况下不一定完全如此。但是，既然刑法做出免除处罚的规定，就应当认为刑法推定中止犯没有特殊预防的必要性，这一立法推定不允许反证。[62]由于中止犯仍然存在违法性与有责性，只是缺乏特殊预防必要性，因此，中止犯不是违法阻却事由与责任阻却事由。

此外需要说明的是，如果仅以特殊预防必要性的丧失作为中止犯免除处罚的根据,那么,当行为人实行终了后基于悔悟而为防止结果的发生做出了真挚努力但未能避免结果发生时,也应当免除处罚。但是,根据我国刑法第 24 条的规定,这种情形依然成立既遂犯,而不能认定为中止犯。所以,中止犯免除处罚的根据必须包括违法性与有责性的减少,亦即,客观上必须没有发生构成要件结果(没有既遂),主观上不具有既遂犯的非难可能性。如前所述,违法性与有责性的减少只是相对于既遂犯而言,而不是相对于未遂犯而言。

在日本刑法理论中,中止犯的违法性减少与有责性减少是相对于未遂犯而言,这是因为中止犯是广义的未遂犯的一种特殊情形,中止犯与狭义的障碍未遂的处罚原则不同,所以,应当将中止犯与狭义的障碍未遂进行比较。但在我国,中止犯并不是未遂犯的一种特殊情形,因而没有必要与未遂犯比较。李立众博士指出:“在我国,应当在与未遂犯、预备犯相比较的基础上讨论中止犯减免处罚的根据……因为仅在分则条文既遂犯法定刑的基础上直接减免刑罚,尚不能立即实现中止犯的合理量刑;要合理确定中止犯的刑事责任,还必须与同类型的未遂、预备案件相比较——中止犯、未遂犯、预备犯没有发生既遂结果,对三者都应当宽大处理,但对中止犯应宽大到什么程度才合理呢,此时唯有与未遂犯、预备犯相比较,才能得出合理结论。”[63]诚然,中止犯既可以与既遂犯比较,也可以与未遂犯比较。但是,不能因为可以与未遂犯比较,就否认与既遂犯比较的合理性。其一,在我国,中止犯与未遂犯是相互独立的两种形态,相对于既遂犯而言都属于未完成形态,而且如前所述,二者的违法性与有责性并没有区别,所以,将中止犯与未遂犯比较时,并不是真正比较二者的违法性与有责性,仅仅是比较未完成犯罪的原因而已。其二,将中止犯与既遂犯比较意味着中止犯的违法性与有责性小于既遂犯,因而可以明确要求中止犯以没有既遂为前提。其三,与上一点相联系,如果仅与未遂犯比较,容易导致中止犯成为未遂犯的特殊情形,因而要求中止犯以未遂为前提。德国、日本刑法理论正是这样表述的。例如,松原芳博教授指出:“中止犯的恩典,仅限于减免作为中止对象的未遂犯的刑罚……可以说,这一点表明任意的中止行为降低了该未遂犯的要罚性或当罚性。”[64]再如,吉田敏雄教授在批判法律说时指出:“即使是在未遂后中止,未遂仍然是未遂。”[65]罗克辛教授在批判法律说时指出:“即使其后中止,一个未遂仍然是一个未遂。”[66]亦即,即使行为人在着手后中止犯罪,但先前的未遂仍然存在。但在我国,这样的表述必然引起歧义。况且,在我国,即使对中止犯免除处罚,也不是免除作为中止对象的未遂犯的刑罚,而是免除刑法分则所规定的以既遂犯为模式的刑罚。[67]

总之,与既遂犯相比,中止犯的违法性与有责性均有减少,仅此便能够减轻处罚。由于中止犯自动回到合法性的立场,导致特殊预防必要性的丧失,所以对中止犯应当免除处罚。在此意义上,本文也采取了并合说,只不过是违法减少、责任减少与缺乏特殊预防必要性(量刑目的说)的并合说。[68]

那么,为什么对造成损害的中止犯只能减轻处罚,而不能免除处罚呢?在本文看来,之所以如此,是因为中止前的行为已构成另一轻罪的既遂,因而是对另一轻罪的处罚,而就该既遂的轻罪而言,不存在免除处罚的根据。

笔者曾经指出,中止犯中的“造成损害”具有如下特点:一是“损害”仅限于行为造成的实害,不包括行为造成的危险;二是“损害”必须是刑法规范禁止的侵害结果;三是“损害”不限于物质性结果,也包括非物质性结果;四是“损害”仅限于对他人造成的损害,而不包括对自己造成的损害;五是“损害”必须是能够主观归责的结果,而不包括意外造成的结果。综合上述内容,便可得出如下结论:只有当行为符合了某种重罪的中止犯的成立条件,同时又构成了某种轻罪的既遂犯时,才能认定为中止犯中的“造成损害”。如强奸罪的中止犯已经构成了强制猥亵妇女罪的既遂犯,故意杀人罪的中止犯已经构成了故意伤害罪的既遂犯,入室抢劫的中止犯已经构成了非法侵入住宅罪的既遂犯,敲诈勒索罪的中止犯已经构成编造虚假恐怖信息罪的既遂犯;如此等等。[69]

刑法第24条第2款的规定表明,被免除处罚或者受到减轻处罚的是“中止犯”。据此,“造成损害”的行为,应当是中止“犯”的行为。但中止行为不是犯罪行为,中止前的行为才是具备构成要件符合性、违法性与有责性的犯罪行为。所以,“造成损害”的行为不应当包括中止行为。既然如此,就可以认为,对造成损害的中止犯不免除处罚而减轻处罚,就是因为先前的行为已经形成了一个轻罪的既遂犯。

如前所述,德国刑法对中止犯仅规定了免除处罚一种法律后果。如果对造成伤害结果的故意杀人罪中止犯也免除处罚,就必然导致罪刑不均衡。所以,德国刑法理论的通说与审判实践的做法是,重罪的中止犯造成轻罪的既遂时,属于重罪的中止犯与轻罪的既遂犯的竞合。其中既可能是想象竞合,也可能是法条竞合,但均按轻罪的既遂犯定罪量刑。[70]

与德国刑法相似,1960 年的苏俄刑法典第 16 条规定:“自动中止犯罪的人,只有在他已实施的行为中实际上含有其他犯罪构成时,才负刑事责任。”亦即,如果自动中止犯罪的人,其行为并没有实现其他犯罪,就免除处罚或者不处罚。“所以,预备行为和未遂行为只有当它们表现为侵害其他客体的行为并构成了独立的、既遂的犯罪时,才负责任。例如,在多数情况下,自动中止强奸未成年妇女的人应对猥亵行为承担责任,即对实际实施的危害社会的行为负责,(法律对此作了专门规定——《刑法典》第 120 条),而不是对犯罪人自动中止的强奸未遂负责。苏联最高法院和苏俄最高法院曾多次指出这一点。”[71]不难看出,苏联刑法理论实际上也肯定重罪的中止犯与轻罪的既遂犯的竞合,进而以轻罪的既遂犯论处。之所以如此,也是因为对没有造成轻罪既遂犯的中止犯免除处罚。意大利刑法第 56 条关于自动中止犯的规定与苏俄刑法相同,所以,意大利学者也指出:“自动中止排除未完成犯罪的可罚性,但如果已实施的行为本身能单独构成其他犯罪,行为人就应承担相应的刑事责任(例如,在进入他人住所后放弃实施盗窃行为,仍应按刑法典第 641 条第 1 款规定的侵犯住所行为处罚)。”[72]

但是,我国刑法理论与司法实践没有采取德国、苏联和意大利的做法,因为我国刑法第 24 条第 2 款后段明确规定了对“造成损害”的中止犯减轻处罚。如果采取德国、苏联和意大利的做法,在中止前的行为构成轻罪的既遂犯时以轻罪的既遂犯定罪量刑,就使我国刑法第 24 条第 2 款后段的规定丧失了意义,或者说没有存在的余地,也不符合文理解释的基本要求。换言之,我国刑法第 24 条第 2 款后段规定的宗旨,就否认了对“造成损害”的重罪的中止犯按照轻罪的既遂犯定罪量刑的做法。

不过,这只是形式上的差异,事实上都是对中止前的犯罪行为造成的既遂轻罪承担刑事责任,只不过德国、苏联与意大利的做法是直接按照既遂的轻罪定罪量刑,我国是按照所中止的重罪定罪,但减轻处罚的量刑大体上实际相当于对既遂的轻罪的量刑。例如,杀人行为造成重伤后中止杀人行为的,减轻处罚的结局是适用“三年以上十年以下有期徒刑”的法定刑,这正是故意重伤的法定刑。再如,侵入住宅后对被害妇女以暴力相威胁,后来中止强奸行为的,对其减轻处罚的结局相当于对非法侵入住宅罪的处罚。

当然,由于法定刑的错综复杂,刑法第 24 条所规定的减轻处罚的情形,也不可能完全与既遂的轻罪的处罚相对应。但是,由于中止犯中的"造成损害"实际上是指构成另一轻罪的既遂犯,所以,对"造成损害"的中止犯量刑时,既要受刑法第 63 条规定的制约,也要与轻罪的法定刑及其量刑实践相协调,即不应超过轻罪的法定刑裁量刑罚。例如,一般情节的故意杀人中止,如果造成了轻伤,原本应在轻伤害的法定刑("三年以下有期徒刑、拘役或者管制")之内裁量刑罚。但是,由于受刑法第 63 条关于减轻处罚规定的制约,只能在下一个量刑幅度内("三年以上十年以下有期徒刑")裁量刑罚,所以,此时判处三年徒刑乃至缓刑,才是合适的;倘若判处更重的刑罚,则明显难以实现罪刑之间的协调。入户抢劫、持枪抢劫致人轻伤后自动中止抢劫行为的,或者在公共场所当众强奸妇女致人轻伤后自动中止奸淫行为的,也应如此。[73]

总之,对没有造成损害的中止犯免除处罚,是因为其比既遂犯的违法性、有责性减少,并且没有特殊预防必要性;对造成损害的中止犯减轻处罚,是因为其中止前的行为构成轻罪的既遂犯,因而不能免除处罚。如所周知,"自动性"是区分中止犯与未遂犯的关键,按照本文的观点,只能以"没有特殊预防必要性"这一实质根据为指导判断行为人是否符合"自动性"的条件。

注释

1 参见陈兴良:《口授刑法学》,中国人民大学出版社 2007 年版,第 304 页;张明楷:《刑法学》,法律出版社 2011 年版,第 338 页;黎宏:《刑法学》,法律出版社 2012 年版,第 253 页;周光权:《刑法总论》,中国人民大学出版社 2011 年版,第 196 页。

2 我国旧刑法第 21 条第 2 款规定"对于中止犯,应当免除或者减轻处罚",日本刑法第 43 条后段规定"基于自己的意志中止犯罪的,应当减轻或者免除处罚"。

3 Vgl. , H. Jescheck/T. Weigend, Lehrbuch des Strafrechts. Allgemeiner Teil, 5. Aufl. , Duncker & Humblot ,1996, S. 549.

4 学者们不必讨论也难以讨论对何种中止应当免除处罚,对何种中止只能减轻处罚。

5 参见张明楷:《未遂犯》,中国法律出版社、日本国成文堂1997年联合出版,第332以下。

6 如无特别说明,有责性(责任)减少、消灭说中的有责性(责任),是指作为犯罪成立条件的有责性(责任)。

7 参见张明楷:《责任刑与预防刑》,北京大学出版社2015年版,第275以下。

8 在我国,虽然在预备阶段也可能存在中止,但是,一方面,预备阶段的中止在司法实践中基本上不可能受到有罪宣告,所以,实践中所处理的中止犯都是着手实行后的中止犯。另一方面,为了表述方便,本文只以着手后的中止犯为例展开讨论。

9 日本当今的刑法教科书一般只有违法减少说、责任减少说的表述,而没有违法消灭说、责任消灭说的表述(参见[日]前田雅英:《刑法总论讲义》,东京大学出版会2011年版,第167页;[日]山口厚:《刑法总论》,有斐阁2007年版,第278页;[日]井田良:《讲义刑法学·总论》,有斐阁2008年版,第422页;[日]松原芳博:《刑法总论》,日本评论社2013年版,第316页;等等)。

10 参见高铭暄、马克昌主编:《刑法学》,北京大学出版社、高等教育出版社2011年版,第158~159页。

11 Vgl. ,C. Roxin,StrafrechtAllgemeinerTeil, Band II,C. H. Beck,2003,S. 481f.

12 王昭武:"论中止犯的性质及其对成立要件的制约",载《清华法学》2013年第5期。

13 Vgl. , Lang – Hinrichsen, Bemerkungen zum Begriff der "Tat" im Strafrecht, in: Festschrift für Engisch, Frankfurt am Main, 1969, S. 370ff.

14 诚然,某些中止行为也可能同时触犯其他犯罪,或者说某些中止行为可能与犯罪行为竞合,但对中止行为本身不宜评价为不法行为。

15 参见[日]町田行男:《中止未遂の理论》,现代人文社2005年版,第47页以下。

16 李立众:"中止犯减免处罚根据及其意义",载《法学研究》2008年第4期。

17 Vgl. ,K. Ulsenheimer, Grundfragen des RücktrittsvomVersuch in Theorie und Praxis, DeGruyter1976,S. 94ff.

18 [日]香川达夫:《中止未遂の法的性格》,有斐阁1963年版,第97页。

19 [日]曾根威彦:《刑法总论》,弘文堂2008年版,第227~228页。

20 王昭武:"论中止犯的性质及其对成立要件的制约",载《清华法学》2013年第5期。

21 参见[日]平野龙一:《刑法总论II》,有斐阁1975年版,第333页;[日]福田平:《全订刑法总论》,有斐阁2001年增补版,第228页;[日]西原春夫:《刑法总论》,成文堂1987年版,第287页;[日]大谷实:《刑法讲义总论》,成文堂2012年新版,第384页。

22 参见[日]青柳文雄:《刑法通论Ⅰ》,泉文堂1978年版,第337页;[日]前田雅英:《刑法总论讲义》,东京大学出版会2011年版,第168页。

23 参见[日]大塚仁:《刑法概说(总论)》,有斐阁2008年版,第257~258页;[日]藤木英雄:《刑法讲义总论》,弘文堂 1987 年版,第 262 页。

24 Vgl. ,C. Roxin,StrafrechtAllgemeinerTeil, Band II,C. H. Beck,2003,S. 482(Roxin 教授同时主张,应避免将金桥理论称为刑事政策说,因为当今在德国占通说地位的刑罚目的说也是基于刑事政策的考量);[日]山口厚:《刑法总论》,有斐阁 2007 年版,第 278 页;王昭武:"论中止犯的性质及其对成立要件的制约",载《清华法学》2013 年第 5 期。

25 转引自[日]香川达夫:《中止未遂の法的性格》,有斐阁 1963 年版,第 40 ~ 41 页。

26 参见[日]野村稔:《未遂犯の研究》,成文堂 1979 年版,第 119 页。

27 Vgl. ,C. Roxin,Strafrecht Allgemeiner Teil, Band II,C. H. Beck,2003,S. 482.

28 [日]西田典之:《刑法总论》,弘文堂 2010 年版,第 314 ~ 315 页。

29 参见[日]吉田敏雄:《未遂犯と中止犯》,成文堂 2014 年版,第 136 页。

30 [日]曾根威彦:《刑法の重要问题(总论)》,成文堂 2005 年版,第 276 页。

31 [日]西田典之:《刑法总论》,弘文堂 2010 年版,第 315 页。

32 [日]团藤重光:《刑法纲要总论》,创文社 1990 年版,第 361 页。

33 谢望原:"论中止犯减免处罚之根据",载《华东政法大学学报》2012 年第 2 期。

34 李立众:"中止犯减免处罚根据及其意义",载《法学研究》2008 年第 4 期。

35 李立众:"中止犯减免处罚根据及其意义",载《法学研究》2008 年第 4 期。

36 王昭武:"论中止犯的性质及其对成立要件的制约",载《清华法学》2013 年第 5 期。

37 参见[德]冈特·施特拉腾韦特、洛塔尔·库伦:《刑法总论 I——犯罪论》,杨萌译,法律出版社 2006 年版,第 283 页。

38 Vgl. ,C. Roxin,StrafrechtAllgemeinerTeil, Band II,C. H. Beck,2003,S. 481ff.

39 Vgl. ,C. Roxin,StrafrechtAllgemeinerTeil, Band II,C. H. Beck,2003,S. 478.

40 [德]乌尔斯·金德霍伊泽尔:《刑法总论教科书》,蔡桂生译,北京大学出版社 2015 年版,第 302 页。

41 Vgl. ,E. Schmidhäuser,StrafrechtAllgemeinerTeil(Lehrbuch), 2. Aufl. ,J. C. B. Mohr, 1975,S. 623f.

42 Vgl. ,C. Roxin, Strafrecht Allgenmeiner Teil, Band I, 4. Aufl. , C. H. Beck 2006,S. 85f.

43 C. Roxin:"第二次世界大战のドイツにおける刑事政策と刑法学の发展について",[日]川口浩一、葛原力三译,载《关西法学论集》第 50 卷(2000 年)第 1 号。

44 关于德国中止犯理论的历史发展,参见[日]野译充:《中止犯の理论构造》,成文堂 2012 年版,第 187 页以下。

45 W. Hassemer:Generalprävention und Strafzumessung, in:von W. Hassemer;K. Lüderssen; W. Naucke:Hauptprobleme der Generalprävention, Frankfurt am Main : Metzner 1979, S. 35f.

46 参见[日]城下裕二:《量刑基准の研究》,成文堂 1995 年版,第 132 页。

47 G. Jakobs, Das Strafrecht Zwischen Funktioalismus und Alteuropaischem Prinzipiendenken, ZStW107(1995), S. 845.

48 [美]马库斯·德克·达博:"积极的一般预防与法益理论",杨萌译,载陈兴良主编:《刑事法评论》(第 21 卷),北京大学出版社 2007 年版,第 448 页。

49 参见[日]城下裕二:《量刑基准の研究》,成文堂 1995 年版,第 129、136 页。

50 C. Roxin:《刑法における责任と预防》,[日]宫泽浩一监译,成文堂 1984 年版,第 35页。

51 Vgl. ,C. Roxin, Strafrecht Allgemeiner Teil, Band II, C. H. Beck, 2003, S. 481f.

52 高铭暄、马克昌主编:《刑法学》,北京大学出版社、高等教育出版社 2011 年版,第 224 页。

53 参见[日]饭岛畅:"カント刑罚における预防の意义と应报の限界",载《香川法学》第 28 卷(2008 年)第 2 号。

54 参见张明楷:《责任刑与预防刑》,北京大学出版社 2015 年版,第 328 页以下。

55 参见张明楷:《刑法学》,法律出版社 2011 年版,第 492 页。

56 参见张明楷:"责任主义与量刑原理——以点的理论为中心",载《法学研究》2010 年第 5 期。

57 关于量刑责任的概念,参见[日]川崎一夫:《体系的量刑论》,成文堂 1991 年版,第 106 页以下。

58 即使作为犯罪成立条件的责任,其与特殊预防必要性大小也不是对立关系,而是对应关系。例如,故意责任重于过失责任,相应地也可以认为,故意犯的特殊预防必要性大于过失犯。再如,期待可能性大的行为人的特殊预防必要性大于期待可能性小的行为人。

59 参见[日]西田典之:《刑法总论》,弘文堂 2010 年版,第 316 页。

60 这也是德国刑法理论与判例的通说,Vgl. ,C. Roxin, StrafrechtAllgemeinerTeil, Band II, C. H. Beck, 2003, S. 488。

61 参见[日]山中敬一:《中止未遂の研究》,成文堂 2001 年版,第 10 页。

62 参见[日]伊东研祐:"积极的特殊预防と责任非难",载[日]内滕谦等编:《刑事法学の课题と展望》,成文堂 1996 年版,第 275 页。

63 李立众:"中止犯减免处罚根据及其意义",载《法学研究》2008 年第 4 期。

64 [日]松原芳博:《刑法总论》,日本评论社 2013 年版,第 319 页。

65 [日]吉田敏雄:《未遂犯と中止犯》,成文堂 2014 年版,第 133 页。

66 C. Roxin, StrafrechtAllgemeinerTeil, Band II, C. H. Beck, 2003, S. 481.

67 当然,本文也并不反对将中止犯与未遂犯进行比较,只是认为这样的比较缺乏实际意义。

68 倘若仅与未遂犯比较,认为中止犯必须像未遂犯一样没有既遂,那么,也可以认为本文仅采取了量刑目的说。

69 参见张明楷:“中止犯中的‘造成损害’”,载《中国法学》2013 年第 5 期。

70 Vgl. , H. Jescheck/T. Weigend, Lehrbuch des Strafrechts. Allgemeiner Teil, 5. Aufl. , Duncker & Humblot ,1996, S. 549.

71 [苏联]别利亚耶夫、科瓦廖夫主编:《苏维埃刑法总论》,马改秀、张广贤译,群众出版社 1987 年版,第 215 页。

72 [意]杜里奥 · 帕多瓦尼:《刑法利刑法原理》(注评版),陈忠林译评,中国人民大学出版社 2004 年版,第 277 页。

73 参见张明楷:“中止犯中的‘造成损害’”,载《中国法学》2013 年第 5 期。

张明楷

代表作

拾贰

共同犯罪的认定方法

在刑法理论中，共同犯罪可谓最复杂的问题。又由于共同犯罪是经常发生的现象，所以，如何认定共同犯罪，是刑法理论与司法实践的重要课题。

一、传统方法的缺陷

按照我国传统刑法理论，成立共同犯罪必须具备三个条件：第一，"共同犯罪的主体，必须是两个以上达到刑事责任年龄、具有刑事责任能力的人或者单位"；第二，"构成共同犯罪必须二人以上具有共同的犯罪行为"，"各行为人所实施的行为，必须是犯罪行为，否则不可能构成共同犯罪"；第三，"构成共同犯罪必须二人以上具有共同的犯罪故意"。[1]显然，认定共同犯罪的传统方法是，不区分共同犯罪的不同形态，统一确定共同犯罪的成立条件；符合共同犯罪成立条件的，即认定为共同犯罪；共同犯罪中的参与人便是共犯人。[2]这种方法有三个基本特点：一是不区分不法与责任，混合认定共同犯罪是否成立。在上述三个条件中，第一个基本上是责任条件，第二个是违法条件，第三个又是责任条件。[3]二是不区分正犯与狭义的共犯，整体认定共同犯罪是否成立。上述三个条件所讨论的是二人以上是否成立共同犯罪，而不是在确定正犯后，讨论哪些人的行为成立狭义的共犯（教唆犯与帮助犯）。三是仅判断共犯人是否实施了共同的犯罪行为，而不分别考察共犯人的行为与结果之间是否具有因果性，[4]抽象认定共同犯罪是否成立。

注　原文标题为"共同犯罪的认定方法"，发表于《法学研究》2014 年第 3 期。

(一)混合认定共同犯罪的缺陷

混合认定共同犯罪,表现为同时在不法与责任层面认定共同犯罪,而且先判断责任,再判断不法。这种认定方法存在明显缺陷。

1. 不利于处理没有责任的人参与共同犯罪的案件

例1:15周岁的甲入户盗窃时,请17周岁的乙为其盗窃望风。在乙的帮助下,甲顺利窃取了丙的2万元现金。按照通说,由于甲没有达到责任年龄,故甲与乙不成立共同犯罪,对乙不能以共犯论处。但是,这种结论不能被人接受。倘若乙为18周岁的盗窃犯望风,肯定成立盗窃罪的共犯;既然如此,其为15周岁的人望风,更应认定为犯罪。或许有人认为,对乙的行为可以直接以单个人犯盗窃罪论处。然而,其一,对乙不可能以直接正犯论处,因为乙没有直接实施将丙占有的财物转移给自己或第三者占有的实行行为,其望风行为根本不符合盗窃罪的直接正犯的条件。其二,对乙也不可能以间接正犯论处,因为只有作为幕后人控制或者支配了构成要件实现的人,才是间接正犯。[5]乙应邀为甲盗窃望风的行为,不可能成立间接正犯。由此可见,传统方法不利于共犯的认定。当直接实施构成要件行为的人缺乏责任能力、违法性认识的可能性、期待可能性等责任要素时,也存在完全相同的问题。

2. 不利于处理他人参与本犯的不可罚的事后行为的案件

例2:本犯甲盗窃大型赃物后,需要特殊工具分割赃物以便窝藏,乙知道真相却将特殊工具提供给甲,甲使用该工具顺利分割、窝藏了赃物。乙的行为是否成立赃物犯罪?按照传统观点,本犯不能成为赃物犯罪的主体,于是,乙与甲不构成共同犯罪。乙的行为也不是赃物犯罪的实行行为,故不成立赃物犯罪。但是,这种结论难以被人接受(参见本文第二部分)。

不难看出,认定共同犯罪的传统方法之所以难以处理上述案件,一个重要原因是没有将犯罪的实体区分为不法与责任,没有认识到共同犯罪是一种不法形态,导致责任判断在前。然而,责任是对不法的非难可能性,而不是一种单纯的心理状态,也不是一种单纯的行为意志或者行动计划。只有确定了不法之后,才能判断有无责任,而不可能相反。

(二)整体认定共同犯罪的缺陷

整体认定共同犯罪,表现为将二人以上的行为作为整体进而判断该整体是否成立共同犯罪,并且同时确定共同犯罪的性质;得出成立共同犯罪的结论之后，对各共犯人按照该犯罪定罪，再考虑共犯人在共同犯罪中所起的作用予以量刑。这种认定方法存在诸多问题。

1. 难以判断“共同的”犯罪行为

在部分共同正犯案件中（如参与人均手持凶器对被害人实施伤害行为），一般容易认定参与人存在共同的犯罪行为。但是，在共犯人以教唆、帮助的方式参与犯罪时，则难以判断是否存在共同的犯罪行为。因为“共同”包含了相同的意思，判断犯罪总是要从事实认定到规范评价。如若在事实认定阶段就否认了共同行为，无论如何也不能认定为共犯。正犯行为是符合分则条文规定的基本构成要件的行为，而教唆行为、帮助行为则不是；尤其是帮助行为，因为缺乏定型性而与正犯行为存在明显区别，看似日常生活行为，也可能成立帮助行为。所以，很难认定帮助行为与正犯行为是相同的行为。

例3：甲坐上乙驾驶的出租车后，发现前方丙女手上提着包，就让乙靠近丙行驶，乙知道甲的用意，依然靠近丙行驶。甲夺得丙的提包后，让乙加速行驶，乙立即提速并将甲送往目的地。在本案中，难以认为乙与甲有“共同的犯罪行为”。因为在离开甲的行为孤立地判断乙的行为时，根本不能得出乙实施了“犯罪行为”的结论，甚至可能认为乙实施的是正当业务行为。其实，传统的认定方法是一种循环论证。亦即，在肯定了乙是共犯的情况下，才说乙的行为是犯罪行为；可是，基于什么理由肯定乙是共犯呢？不得不说乙实施了犯罪行为。显然，这样的循环论证缺陷说服力。

2. 难以认定“共同的”故意

例4：甲向乙提议“收拾丙”，乙同意并与甲共同对丙实施暴力，导致丙死亡。事后查明，甲具有杀人故意，乙仅具有伤害故意，二者的故意内容并不相同。通说指出：“如果实施犯罪时故意的内容不同，就背离了共同犯罪故意的本意，因而也不能构成共同犯罪。例如一人基于伤害的故意，另一人是基于杀人的故意，即使先后或同时对同一对象实施的，也不能视为共同犯罪，只能按照各自的罪过和行为分别处理。”[6]可是，倘若不将本案认定为共同犯罪，又不能查明谁的行为直接造成了被害人的死亡时，就只能认定二人分别成立故意杀人未遂与故意伤害未遂。但这一结论并不妥当，也不符合共同犯罪的立法本旨（参见本文第二部分）。如果既否认共同犯罪，又强行让甲、乙均对死亡负责，则违反存疑时有利于被告的原则。反过来说,只有将甲、乙认定为共同正犯,才能使案件得到妥当处理,通说显然没有为类似案件提供处理根据。其实,参与一起具体犯罪的人,既可能有相同的故意,也可能有不同的故意。要求故意内容相同,必然导致许多案件难以得到妥当处理。

不仅如此,通说还自相矛盾。例如,通说认为,"共同犯罪故意的认识内容,包括……共同犯罪人认识到自己与他人互相配合共同实施犯罪";同时指出,在片面帮助的情形,"由于毕竟帮助他人犯罪,比较起来,还是以从犯处理为宜"。[7]可是,在片面帮助的场合,只是帮助犯主动与正犯配合,正犯并没有与帮助犯配合,因而不符合"相互配合"的要件。

3. 难以认定身份犯的共犯

例5:普通公民乙唆使国有公司出纳甲将保险柜的现金据为己有。某日深夜,二人到达现场,乙撬开财务室铁门,甲用其掌管的钥匙打开保险柜,取走10万元现金。由于传统的认定方法要求二人以上具有共同故意与共同行为,所以,当二人参与的犯罪是身份犯,而其中只有一人具备身份时,有身份者利用其身份实施的行为与无身份者的行为具有不同性质,于是出现认定的困难。也正因为如此,我国刑法理论与司法实践一直讨论的问题是,类似例5这样的案件,应如何确定共同犯罪的性质?司法解释的观点是,应当按照主犯犯罪的基本特征来确定共同犯罪的性质。[8]但是这种观点存在明显的缺陷:首先,在我国,行为人在共同犯罪中所起的作用大小,只是量刑的依据,而不是定罪的依据;司法解释导致先确定量刑情节后认定犯罪性质。其次,如果无身份者与有身份者在共同犯罪中都起相同的主要作用,便无法确定罪名。在例5中,很难认为二人的作用有明显差异。刑法理论虽然认为应当以正犯的行为性质确定共同犯罪的性质,但这种整体的认定方法,意味着非身份者与身份者的罪名必须相同,其结论明显不当(参见本文第二、三部分)。

4. 难以贯彻共犯从属性原理

"与正犯一样,共犯的处罚根据在于引起了法益侵害的危险性,这得到了广泛的认同。如果共犯的处罚根据与正犯的处罚根据相同,那么,对于共犯在什么阶段可以作为未遂犯处罚这一问题的回答,与对于正犯在什么阶段可以作为未遂犯处罚这一问题的回答,应当基本上是相同的。"[9]如后所述,之所以处罚共犯,是因为共犯通过促使或者帮助正犯实施实行行为,参与引起了法益侵害结果。因此,将正犯着手实行犯罪作为处罚共犯的条件,实属理所当然。[10]亦即,只有当正犯着手实行犯罪,使法益受到紧迫的危险时,才能处罚教唆犯、帮助犯。这正是共犯从属性说的结论。坚持共犯从属性说,就使罪刑法定主义得以坚持,构成要件的机能得以维护,共犯的处罚界限得以明确,"避免刑法将所有与结果具有因果性的行为都视为狭义的共犯,以致造成刑法界限之过度泛滥,严重破坏法的安定性"。[11]坚持共犯从属性说,有利于防止处罚不当罚的行为。事实上,当教唆者只是说了一句"杀死某人"时,即使对方完全默认,但仅此还没有处罚的必要性。[12]因为在被教唆者没有实施威胁法益的行为时,即使不处罚教唆者,也可以确保国民的平稳生活。同样,当乙提供一把刀给甲,但甲并没有使用刀实行犯罪时,对乙也不应以犯罪论处。否则,许多正当行为都会受到司法机关的怀疑,因而侵害国民的自由。共犯从属性还可以从我国刑法分则有关共犯行为正犯化的规定中找到法律根据。[13]但是,整体地认定共同犯罪,意味着并不是先判断谁是正犯,而是整体地判断谁和谁成立共同犯罪,这便不可能贯彻共犯从属性原则。我国司法机关经常对共同犯罪案件分案审理,并且先审理帮助犯,再将帮助犯的成立作为认定正犯的依据。这种本末倒置的做法没有以共犯从属性为前提,也容易造成冤假错案。

不难看出,传统认定方法之所以存在缺陷,是因为没有以正犯为中心认定共同犯罪。[14]整体认定共同犯罪的思路,导致人们思考、提出和回答一些没有意义的问题,进而影响了对参与人行为的认定。例如,当某人说甲与乙构成共同犯罪时,对方一般会问:"甲与乙构成何种共同犯罪?"或者会问:"甲与乙的共同犯罪的性质是什么?"其实,这类问题不仅没有任何意义,而且会导致定罪的困难。

例6:甲、乙与丙女共谋勒索财物,由丙女假装卖淫勾引被害人后,甲、乙立即到现场,丙女迅速离开,甲、乙向被害人勒索财物。在被害人识破真相后,甲、乙使用暴力抢劫被害人财物。倘若要问:"甲、乙、丙构成什么共同犯罪?"结果是,既不能回答构成抢劫罪的共同犯罪,也不能回答构成敲诈勒索罪的共同犯罪。

(三)抽象认定共同犯罪的缺陷

抽象判断参与人是否实施了所谓犯罪行为,而不具体考察其行为是否与结果之间具有因果性的传统认定方法,要么不当扩大了共犯的范围,要么不当扩大了既遂犯的范围。

1. 不当扩大共犯的处罚范围

例7:甲潜入丙家盗窃时,刚好被乙发现。乙知道甲会盗窃,就主动为甲的盗窃望风,但甲对此并不知情,乙的望风行为在客观上也没有为甲的盗窃起作用。按照传统的认定方法,乙实施了帮助行为,且有帮助故意,故成立盗窃罪的共犯。但是,在例7中,乙的行为与甲窃取他人财物的结果之间,缺乏物理的因果性与心理的因果性,事实上也没有促进甲的盗窃行为。将甲以盗窃罪的共犯论处,并没有根据。

2. 不当扩大既遂犯的处罚范围

不当扩大既遂犯的处罚范围,表现为两种情形:一是没有充分考虑共犯行为是否与正犯结果之间具有因果性;二是没有充分考虑共犯脱离的情形。

例8:甲意欲盗窃他人汽车,让乙提供了用于盗窃汽车的钥匙,但甲在使用乙提供的钥匙时,却不能打开车门。于是,甲用其他方法盗走了汽车。按照传统的认定方法,乙与甲有盗窃的共同故意和共同行为,故成立盗窃罪的共犯,乙对盗窃汽车的结果承担刑事责任。[15]可是,乙虽然对甲盗窃汽车实施了帮助行为,但其帮助行为与甲盗窃汽车既遂的结果之间既没有物理的因果性,也没有心理的因果性,让乙承担盗窃既遂的刑事责任,明显不当。

例9:"甲、乙共谋杀害丙,相约翌日到丙家共同将丙杀死;甲如期到丙家,而乙未去,甲一人将丙杀死。"通说指出:"共谋……是共同犯罪预备行为,共谋而未实行者无疑亦具备成立共同犯罪所需要的主客观要件……甲一人杀死丙的行为与乙参与密谋杀人是密不可分的,乙同样应负杀人罪既遂的罪责。"[16]显然,通说是以共谋属于预备行为因而是犯罪行为为由,来论证乙应当负杀人既遂责任的。然而,杀人预备行为不可能致人死亡。所以,在例9中,必须讨论乙是否脱离了共犯关系,亦即,必须考察乙先前与甲共谋的行为,是否与丙的死亡结果之间具有物理的或者心理的因果性,但通说并没有这样做。

不难看出,认定共同犯罪的传统方法,之所以不能对例7、例8得出正确结论,也难以对例9的不同情形得出妥当结论和提出适当理由,[17]是因为其只是抽象地判断共同犯罪的成立范围,而没有具体考察各共犯行为与结果之间的因果性。

针对传统方法的上述缺陷,根据共同犯罪的特点,本文就共同犯罪的认定提出以不法为重心、以正犯为中心、以因果性为核心的基本方法。

二、以不法为重心

共同犯罪是不法形态。[18]处理共同犯罪案件时,应当首先从不法层面判断是否成立共同犯罪,[19]然后从责任层面个别地判断各参与人是否具有责任以及具有何种责任。换言之,共同犯罪的特殊性只是表现在不法层面,共同犯罪的立法与理论只是解决不法层面的问题;在责任层面,共同犯罪与单个人犯罪没有区别。所以,必须以不法为重心认定共同犯罪。

从实质的观点进行考察,只有具备以下两个条件,才能认定为犯罪:其一,发生了违法事实(违法性);其二,能够就违法事实进行非难(有责性)。据此,犯罪的实体是违法与有责。[20]但是,由于刑法实行罪刑法定原则,所以,只有符合构成要件的违法行为,才成为犯罪的实体之一。责任是对不法的责任,[21]是针对符合构成要件的违法事实的非难可能性,所以,不法是责任的前提。现实生活中存在"没有责任的不法"(行为符合构成要件且违法,却没有责任),但绝对不存在"没有不法的责任"(行为不符合构成要件或者不违法,但行为人却有责任)。基于同样的理由,认定犯罪必须从不法到责任,而不可能相反。[22]刑法总则有关共同犯罪的立法所解决的问题是,应当将不法事实归属于哪些参与人的行为。就具体案件而言,认定二人以上的行为是否成立共同犯罪,只是解决二人以上的客观归责问题,或者说,只是认定二人以上的行为是不是造成法益侵害结果(包括危险)的原因;只要认定共同犯罪的成立,就要将法益侵害结果客观归属于参与人(而不论参与人是否具有主观责任)。至于各参与人对归属于他的结果是否承担主观责任,则需要个别的判断,但参与人是否具有责任以及具有何种责任,在共同犯罪中没有任何特殊性。

例10:甲与乙基于意识联络共同向丙开枪,甲射中丙的胸部,致丙死亡,乙射中丙的大腿,造成丙的轻伤。即使不考察乙的行为,也能认定甲的行为造成了丙的死亡结果。甲若具备杀人故意等责任要素,便成立故意杀人既遂。但是,倘若单独认定乙的行为,则不能将丙的死亡归属于乙的行为。即使乙具备杀人故意等责任要素，也仅成立故意杀人未遂；倘若乙仅具有伤害的故意，则仅成立故意伤害（轻伤）罪。但是，这种结论明显不当。共同犯罪的立法与理论就是为了将丙的死亡结果客观归责于乙的行为。亦即，只要认定乙的行为与丙的死亡结果之间具有因果性，那么，丙的死亡结果也要归属于乙的行为。如果乙具备杀人故意等责任要素，便成立故意杀人既遂。但是，倘若乙仅具有伤害的故意，即使乙的行为与丙的死亡结果之间具有因果性，也不能因为甲具有杀人故意，而认定乙构成故意杀人罪，只能按照乙的责任内容，认定为故意伤害致死。由此可见，认定共同犯罪，实际上解决的只是不法问题，亦即，哪些参与人的行为与结果之间具有因果性，据此应当将结果归属于其行为。至于各参与人的责任如何，则不是共同犯罪的立法与理论所要解决的问题。既然如此，司法实践就必须以不法为重心认定共同犯罪。

"违法（原则上）是连带的，责任是个别的"的命题，[23]也说明了共同犯罪是不法形态。如所周知，责任是不可能连带的。"'责任'的判断，在法政策上与对实施了符合构成要件的违法行为的人科处作为犯罪的法律后果的刑罚是否妥当的判断相联系。"[24]根据责任主义的要求，即使行为符合构成要件且违法，但倘若行为人没有责任，就不得以犯罪论处，不得科处刑罚。显而易见的是，在判断参与人是否值得处罚时，只能以每一个参与人是否具有责任为根据，而不能因为此参与人有责任，便处罚彼参与人。事实上，责任能力、责任年龄、故意内容、违法性认识的可能与期待可能性等责任要素，都只能进行个别判断。参与人甲具有责任能力，不意味着参与人乙也具有责任能力；参与人A具有期待可能性，不等于参与人B具有期待可能性。[25]在例10中，应当认定甲与乙的行为共同造成了丙的死亡（因为乙的行为与丙的死亡之间具有心理的因果性），丙的死亡结果必须归属于二者的行为，二者的行为都是违法的（违法的连带性）。但如上所述，不能因为这一点而让二者都承担故意杀人罪的责任，而是必须分别判断甲、乙二人的责任要素。倘若甲完全具备故意杀人罪的责任要素，乙是没有责任能力的精神病患者，则甲构成故意杀人罪，乙无罪（责任是个别的）。

例11:16周岁的甲与13周岁的乙共同轮流奸淫了幼女丙。由于二人共同实行，所以，丙遭受轮流奸淫的结果不仅要归属于甲的行为，而且要归属于乙的行为，据此，二人成立轮奸。即使乙没有达到责任年龄，对甲也要按照轮奸论处。[26]不难看出,参与人是否具备责任要素,不影响能否将结果归属于其行为。这也说明,共同犯罪是不法形态。

正犯的处罚根据与单个人的处罚根据相同。责任共犯论的缺陷与因果共犯论的优势,正好也说明共同犯罪是不法形态。

责任共犯说认为,由于共犯者将正犯者引诱至责任与刑罚中,所以共犯者也应受处罚。其经典表述是,“正犯实行了杀人行为,教唆犯制造了杀人犯”。根据责任共犯论,共犯的成立以正犯具有构成要件符合性、违法性、有责性为前提(极端从属性说)。可见,责任共犯论实际上认为共同犯罪是不法且有责的形态。但是,根据责任共犯论,甲唆使乙重伤甲的身体的,乙成立故意伤害罪,甲成立故意伤害罪的教唆犯。但这种观点不能被人接受。此外,根据责任共犯论,共犯尤其是教唆犯的危害主要在于使被教唆者堕落。换言之,不管被教唆者实施何种犯罪,教唆犯侵害的是被教唆者的自由、名誉、社会地位等综合性的利益。然而,如果说教唆犯是一种“堕落罪”,那么,刑法就应当对其规定独立的法定刑。可是,一方面,教唆犯侵害的法益与正犯侵害的法益相同,如故意伤害罪的教唆犯与其正犯所侵害的法益一样,都是被害人的身体健康。另一方面,各国刑法并没有对教唆犯规定独立的法定刑。[27]正因为如此,责任共犯论只具有学说史的意义。[28]责任共犯论之所以衰退,就是因为它没有将共同犯罪视为不法形态,而是将不法与责任结合在一起混合性地认定共同犯罪。责任共犯论的缺陷及其衰退,正好印证了共同犯罪是不法形态。

当今的通说为因果共犯论。[29]“因果共犯论的观点是,‘之所以处罚共犯,是因为其与他人引起的法益侵害之间具有因果性’,也称为惹起说。亦即,所谓共犯,是指将其他参与人作为媒介而间接地侵害法益的行为。因此,受侵害的法益相对于共犯者自身而言,也必须是应受保护的。”[30]如A请求正犯B杀害自己(A),正犯B杀害A未遂。虽然A的承诺无效,B的行为成立故意杀人罪,但是,由于刑法并不要求A保护自己的生命,故A没有引起法益侵害,因而不可罚。[31]因果共犯论内部又分为纯粹惹起说、混合惹起说和修正惹起说,[32]但都没有将责任的内容纳入共同犯罪中。

本文认为,与单个人犯罪的本质一样,共同犯罪的本质也是侵害法益。单独正犯是直接引起法益侵害的犯罪类型,共同正犯是共同引起法益侵害的犯罪类型,间接正犯是通过支配他人的行为引起法益侵害的犯罪类型,教唆犯与帮助犯则是通过正犯间接引起法益侵害的犯罪类型。换言之,共犯的处罚根据在于共犯通过正犯间接地侵害了法益,即处罚共犯者,是因为其诱使、促成了正犯直接造成的法益侵害。共犯的违法性由来于共犯行为自身的违法性和正犯行为的违法性。共犯行为自身的违法性,并不是指共犯行为本身具有行为无价值,而是指共犯不具有违法阻却事由(承认违法的相对性)。其一,"正犯"必须实施了符合构成要件的违法行为,否则,不能处罚教唆者与帮助者。所以,教唆未遂(教唆行为失败)是不可罚的,但未遂的教唆(被教唆者着手实行犯罪而未得逞)具有可罚性。其二,在正犯实施了符合构成要件的违法行为时,只要共犯没有违法阻却事由,就必须肯定共犯行为也是违法的。换言之,如果正犯侵犯的法益不是教唆者、帮助者必须保护的法益(共犯具有违法阻却事由),则只有正犯的行为成立犯罪。概言之,只有当共犯不具有违法阻却事由时,才能承认违法的连带性。反过来说,应当在例外情况下承认违法的相对性。本文所赞同的这种因果共犯论,正好说明共同犯罪是不法形态。

由于共同犯罪是不法形态,而不法是指行为符合构成要件且违法。所以,在认定共同犯罪时,首先要判断参与人中谁的行为符合什么罪的构成要件,法益侵害结果由哪些人的行为造成(或者说,哪些人的行为对结果的发生做出了贡献)。这方面的判断可谓构成要件符合性的判断,基本上表现为共犯的因果性的判断(参见本文第四部分内容)。

在前述例 1 中,15 周岁的甲入户盗窃造成了他人财产损失的结果(实施了符合盗窃罪构成要件的行为),17 周岁的乙的望风行为与结果之间具有心理的因果性。所以,该结果应当归属于乙的行为。在不法层面,甲是正犯,乙是帮助犯或者从犯。在此前提下,分别判断各自的责任。由于甲没有达到责任年龄,其行为最终不成立犯罪。乙具备各种责任要素,最终成立盗窃罪,而且应当以从犯论处。基于同样的理由与认定方法,倘若例 1 中的甲是缺乏其他责任要素的人,乙也成立盗窃罪的从犯。

在例 2 中,第三者帮助本犯窝藏赃物的行为是否成立共犯,取决于不处罚本犯的根据何在。如果说不处罚本犯,是因为本犯窝藏赃物的行为不具备构成要件符合性或不违法,那么,第三者的帮助行为也没有违法性,因而不可能构成共犯;反之,如果本犯窝藏赃物的行为具备构成要件符合性且违法性,只是缺乏有责性,则第三者的帮助行为也具有违法性,因而与本犯在不法层面成立共同犯罪，本犯只是由于缺乏有责性而不可罚，第三者如果具有责任，则依然成立共犯。如所周知，德国、日本等国刑法将赃物犯罪规定在财产罪中，盗窃犯（本犯）盗窃了他人财物后再窝藏赃物的，之所以不成立赃物犯罪，是因为没有侵犯新的法益（财产），本犯实施的窝藏行为，属于不可罚的事后行为。[33]在这种情况下，对于第三者帮助本犯窝藏赃物的行为，难以认定为犯罪。但在我国，赃物犯罪属于妨害司法的犯罪，盗窃犯（本犯）窃取他人财物后再实施窝藏等行为的，也妨害了司法，具备构成要件符合性与违法性。本犯之所以不成立赃物犯罪，不是因为没有侵犯新的法益，而是因为缺乏期待可能性（即缺乏责任）。根据限制从属性原理，只要正犯（例2中的本犯甲）的行为具备构成要件符合性与违法性，共犯便能成立。所以，如果认识到共同犯罪是不法形态，那么，就可以得出如下结论：第三者帮助本犯窝藏赃物的，也与本犯成立赃物犯罪的共同犯罪，本犯仍然是正犯，第三者是共犯。但是，由于本犯不具有期待可能性而不可罚，第三者并不缺乏期待可能性，故依然成立赃物犯罪的从犯，例2中的乙便是如此。

在通常情况下，行为符合构成要件就能推定行为具有违法性。但是，由于法益主体对自己法益造成的损害不可能具有违法性（如伤害自己身体、毁损自己财物的行为不违法），而法益主体完全可能与他人共同造成自己的法益损害，所以，在共同犯罪中，各参与人行为的违法性可能具有相对性，因而需要进一步在违法性层面做出判断。

例12：甲、乙、丙三名逃犯共同计划，如果有人追捕就开枪射击。在夜间逃亡的过程中，逃犯甲错将同案犯乙当作追捕者，以杀人的故意向其射击，但没有造成死亡。德国最高法院的判决认为，对被害人乙也要以谋杀未遂论处。[34]德国也有学者支持这一判决结论。[35]诚然，如果甲射击的是追捕者或者其他人，三名逃犯都要承担刑事责任。因为相对于三名逃犯而言，其他任何人的生命都是其不得侵犯的法益。但是，乙的生命、身体虽然是甲、丙不得侵犯的法益，但并不是乙不得损害的利益。既然如此，就必须承认，乙与甲、丙的共谋行为虽然与乙的生命危险之间具有心理的因果性，但是，由于乙对自己的生命危险阻却了违法性，故在不法层面，只有甲与丙成立共同犯罪，乙对自己生命的危险阻却违法性。不难看出，违法的连带性并不是绝对的。

综上所述,共同犯罪是不法形态,其特殊性仅存在于不法层面。当然,这并不意味着最终意义上的共同犯罪不需要责任,而是说对共同犯罪中各参与人的责任认定与单个人犯罪的责任认定没有区别(当然,各共犯人的故意认识内容会有所不同)。所以,在认定共同犯罪时,没有必要也不应当将责任内容作为重要问题。既不能将责任要素作为判断共同犯罪成立与否的条件,更不能先判断责任后判断不法。"共同犯罪"并不意味着各参与人最终均成立犯罪。其一,虽然在不法层面成立共同犯罪,但是,其中的部分参与人可能因为缺乏责任要素,最终并不成立犯罪,仅部分参与人乃至一个参与人最终成立犯罪。例 1 便是如此。其二,即使所有参与人均有所谓的共同行为与共同故意,但部分参与人可能存在违法阻却事由,而不可能成立共同犯罪,例 11 即如此。其三,由于共同犯罪只是不法形态,而参与人的行为最终构成何罪还取决于责任的内容,所以,在最终成立共同犯罪的情况下,虽然所有参与人都成立犯罪,但完全可能成立不同罪名的犯罪。在例 4 中,甲成立故意杀人罪,乙成立故意伤害(致死)罪;在例 6 中,甲、乙成立抢劫罪,丙成立敲诈勒索罪。

或许有人认为,本文观点违反刑法第 25 条第 1 款。该款规定:"共同犯罪是指二人以上共同故意犯罪。"我国传统理论与司法实践正是以对此款的一种解释结论(强调共同故意与共同行为,同时在不法与责任两个层面规定了共同犯罪)为依据的。然而,对任何一个法条都可能做出两种以上的解释,解释者不应当将其中一种解释结论当作真理,也不得将自己的前理解当作教义。事实上,对刑法第 25 条第 1 款可以做出多种解释。在本文看来,该款只是将共同犯罪限定在故意犯罪之内,而不是要求二人以上具有相同的故意。倘若要在上述规定中加一个"去"字,就应当说"共同犯罪是指二人以上共同去故意犯罪",而不是说"共同犯罪是指二人以上共同故意去犯罪"。[36]所以,该款规定并没有否认共同犯罪是一种不法形态。刑法第 25 条第 2 款规定:"二人以上共同过失犯罪,不以共同犯罪论处;应当负刑事责任的,按照他们所犯的罪分别处罚。"这一规定明显承认了共同过失犯罪的事实,只是对共同过失犯罪不按共同犯罪论处而已,也没有否认共同犯罪是一种不法形态。

三、以正犯为中心

共同犯罪分为简单的共同犯罪与复杂的共同犯罪。简单的共同犯罪是指共同正犯。[37]“复杂的共同犯罪,是指各共同犯罪人之间存在一定分工的共同犯罪。这种分工表现为:有的教唆他人使他人产生实行犯罪的故意,有的帮助他人实行犯罪使他人的犯罪易于实行,有的直接实行犯罪即实行该种犯罪构成客观要件的行为。”[38]在不法层面,任何复杂的共同犯罪都有正犯,不可能存在没有正犯的共同犯罪。[39]在认定复杂的共同犯罪时,不应当整体判断哪些人成立共同犯罪,而应当先判断正犯,再以正犯为中心判断其他参与人是否成立共犯。

“正犯是实现符合构成要件的实行行为这一过程中的中心人物或者核心人物。”[40]因为犯罪的本质是侵害或者威胁法益,具体表现为对法益造成侵害结果或者危险结果,而支配这种结果发生的人正是正犯。所以,在处理共同犯罪案件时,先确认正犯,在正犯的行为符合构成要件且违法的前提下,判断是否存在教唆犯、帮助犯,就变得相对容易。这是认定共同犯罪的最佳路径,没有必要抽象地讨论共同犯罪的成立条件。

正犯的行为与结果之间的因果关系(包括结果归属)是容易判断的。当甲持枪射中被害人心脏导致其死亡时,我们很容易将该死亡结果归属于甲的射击行为。在例1中,我们丝毫不会怀疑丙的2万元财产损失由甲的行为造成,而且能肯定甲的行为符合盗窃罪的构成要件并具有违法性。在肯定了甲的行为在不法层面成立盗窃罪之后,再判断乙的行为是否对甲的法益侵害做出了贡献,就可以从不法层面得出乙是否成立盗窃罪从犯的结论。在例3中,人们很容易判断丙女的财产损失是由甲的行为造成的,因而能直接认定甲的行为成立抢夺罪。同样,在肯定了甲的行为成立抢夺罪之后,再判断乙的行为是否对甲的法益侵害做出了贡献,是否具有违法阻却事由,就可以从不法层面得出乙是否成立抢夺罪从犯的结论。所以,以正犯为中心,可以使共同犯罪的认定更为容易。

根据在国内外居于通说地位的限制的正犯概念,“正犯原则上限于分则的构成要件所规定的行为”。[41]既然如此,就完全可能单独认定正犯。亦即,不管教唆者、帮助者是否成立共犯,司法机关完全可以不依赖于其他人而认定正犯。而且,正犯的认定与单个人犯罪(单独正犯)认定没有区别。以正犯为中心,就意味着在认定了正犯之后,只需要进一步判断哪些参与人的行为成立狭义的共犯。如果不以正犯为中心,而是将原本可以明确认定的正犯纳入所有参与人中进行整体判断,就不利于案件的妥当处理。

例13：甲、乙2000年曾因共同抢劫受到刑罚处罚。2011年七夕节下午，二人手机短信联系“骗个人来搞一下”。当晚二人将女丙骗上车并开车带至某公园。甲拉丙往树林里走，丙不愿意，乙朝丙大吼“你知道我是谁吗？”丙害怕，到树林后，甲一巴掌将丙打倒在地，并强迫丙脱掉衣服，丙不从，甲就对站在旁边的乙说“你去拿刀”。乙知道他们没有带刀，也知道甲这么说是为了吓唬丙，于是站着没动，也没说话。接着，甲强奸了丙，强奸时甲让乙翻丙的包，乙在附近一二米处从丙背包中获得手机一部、现金400元，二人均分。事后查明，关于事先预谋时说的“搞”，甲称是指劫色，乙称是指劫财。显然，甲是强奸罪的正犯，即使不考虑乙的行为，也可以顺利地认定甲的行为成立强奸既遂。问题是，乙是否成立强奸罪的共犯？在这种场合，如果整体判断二人是否有共同的强奸故意、共同的强奸行为，反而不能得出妥当理论，因为起初的“共谋”并没有形成共同的犯罪故意。正确的做法是，先肯定甲的行为是符合强奸罪的构成要件且违法的行为，成立强奸既遂。接下来判断乙的行为与甲的强奸既遂之间是否具有因果性。首先，从作为角度来说，乙虽然在甲强奸丙之前就对丙实施过暴力、胁迫行为，客观上为甲的强奸既遂起到了促进作用，但此时乙并没有强奸的故意。在此意义上说，乙此时虽然也是不法层面的共犯，但因为其缺乏故意，最终不能认定为强奸罪的共犯。其次，从不作为角度来看，乙此前实施的行为（包括将丙带至公园、对丙实施恐吓）客观上使丙处于孤立无援的境地，在当时的情形下使丙的性行为自主权陷入需要保护的状态，故对丙的性行为自主权具有保护义务，但乙并没有履行这一义务，因而与丙被强奸的结果之间具有因果性，且乙具有帮助的故意，所以对强奸罪成立不作为的共犯。[42]

根据共犯从属性的原理，对教唆犯与帮助犯的认定依赖于正犯，只有当正犯的行为具备构成要件符合性且违法时，教唆行为、帮助行为才可能成立犯罪。“如此认定的理由在于对共犯（教唆、帮助）的处罚根据的理解。亦即，这是因为，既然共犯的处罚根据与单独正犯一样，在于法益侵害（构成要件的结果）的引起（因果共犯论即惹起说），那么，如果没有产生作为处罚基础的法益侵害、危险，也就没有产生使刑法的介入、禁止（共犯处罚）正当化的事态。”[43]限制从属性的原理，决定了在共同犯罪的认定过程中，必须先认定正犯；只要正犯的行为具备构成要件符合性与违法性，即使没有责任,共犯也能成立。所以,共犯的从属性也要求以正犯中心认定共犯。

从不法层面认定正犯后,再认定狭义的共犯,不仅克服了认定"共同的犯罪故意"、"共同的犯罪行为"的难题,贯彻了共犯从属性原理,因而容易认定普通犯罪的共犯问题,也容易解决身份犯的共犯问题。身份犯的共犯其实有如下三个方面的问题值得深入探讨。

第一,有身份者与无身份者的共同犯罪。

在有身份者与无身份者共同犯罪的案件中,同样要先认定正犯。成立身份犯的正犯,一方面要求行为人具有特别身份,另一方面要求行为人实施了符合构成要件的违法行为。

首先,无身份者不可能成为身份犯的正犯。这是因为,在身份犯中,身份是正犯必须具备的构成要件要素,而且与身份相联系的"利用自己身份的行为"也是正犯必须具备的构成要件要素。正犯的行为必须具备构成要件的全部要素,据此可以肯定,在例5中,普通公民乙不可能成为贪污罪的正犯,只有国家工作人员甲才能成为贪污罪的正犯。在甲成为贪污罪正犯的情况下,乙便是贪污罪的共犯。

其次,认定身份犯的共犯,以正犯实施了符合构成要件的违法行为为前提。问题是,无身份者的行为符合非身份犯的构成要件时,应当如何处理?如前所述,以往的司法解释主张以主犯确定案件性质,但刑法理论的通说则主张按实行犯的性质确定案件性质。[44]其实,在身份犯的共同犯罪案件中,完全可能存在这样的局面:有身份者的行为符合身份犯的构成要件,因而是身份犯的正犯,无身份者的行为符合非身份犯的构成要件,因而是非身份犯的正犯。对此,现行通说的观点是难以解决的。

在本文看来,应当肯定正犯的相对性,同时运用想象竞合犯的原理。其一,当有身份者为身份犯的正犯时,无身份者对正犯实施了教唆、帮助行为,也没有触犯其他犯罪的情况下,只能按照身份犯触犯的罪名定罪量刑。如一般公民教唆国家工作人员收受贿赂的,对一般公民只能认定为受贿罪(教唆犯)。其二,在有身份者与无身份者共同犯罪,而有身份者为身份犯罪(贪污罪)的正犯(同时也是盗窃罪的正犯或者从犯),无身份者为非身份犯(盗窃罪)的正犯(同时也是身份犯即贪污罪的从犯),即无身份者与有身份者的共同犯罪行为同时触犯了两个以上罪名的情况下,应按照想象竞合犯的原则处罚:如果将其中一方认定为较重罪的从犯,导致对其处罚轻于较轻罪的正犯时(按较轻罪的正犯处罚更符合罪刑相适应原则时),则应将其认定为较轻罪的正犯。于是,有身份者与无身份者的罪名可能不同。

由此可见,以正犯为中心并不意味着一概以身份犯为中心。刑法第382条明文规定对内外勾结的行为以贪污罪的共犯论处,似乎表明以身份犯为中心。其实不然。刑法第382条的规定,一方面肯定了无身份者可以成立身份犯的共犯,另一方面是因为贪污罪的法定刑重于盗窃罪的法定刑,故规定对非身份犯以贪污罪的共犯论处。因此,倘若法定刑存在相反的情况,即如果非身份犯的法定刑更重时,以身份犯为中心认定共犯就会暴露出明显的缺陷。

第二,不同身份者的共同犯罪。

司法实践经常面临不同身份者共同犯罪时如何定罪的问题。按照本文的观点,只要以正犯为中心,且承认正犯的相对性,并运用想象竞合与法条竞合的原理,就非常容易解决。

例如,在面对非国有公司的工作人员甲,与国有公司委派到该非国有公司从事公务的国家工作人员乙共同侵占该非国有公司的财产的案件时,不应当整体地认定二者构成何种共同犯罪,而是首先判断正犯。如果二人共同侵占财产时仅利用了国家工作人员乙的职务便利,则乙是贪污罪的正犯,甲是贪污罪的从犯;如果二人共同侵占财产时仅利用了甲的职务便利,则甲是职务侵占罪的正犯,乙的国家工作人员身份没有意义,仅成立职务侵占罪的从犯。如果分别利用了各自的职务便利,那么,甲既是职务侵占罪的正犯,也是贪污罪的从犯;乙既是贪污罪的正犯,也是职务侵占罪的从犯。此时,每个人都触犯了两个罪名,但由于只有一个行为,故应按想象竞合犯的原理从一重罪论处。如果将甲认定为贪污罪的从犯,导致对其处罚轻于职务侵占罪的正犯时,则应将甲认定为职务侵占罪的正犯(此时,甲与乙虽然成立共同犯罪,但罪名不同)。[45]

再如,分管政法的党委副书记甲利用职务上的便利指使法官乙将有罪的人宣告无罪时,甲实施了滥用职权罪的正犯行为,也实施了徇私枉法罪的共犯(教唆)行为;由于徇私枉法罪是滥用职权罪的特别条款,所以,乙实施的徇私枉法罪的正犯行为,也可谓滥用职权罪的正犯行为。于是,甲、乙均同时触犯滥用职权罪与徇私枉法罪。根据处理法条竞合的原则,对乙只能按徇私枉法罪论处;对甲则既可以按滥用职权罪的正犯论处,也可以按照徇私枉法罪的共犯(教唆犯)论处,此时需要比较法定刑的轻重,对甲应从一重罪论处。[46]

第三,实施构成要件行为的人有身份却无责任。

例14:A为普通公民,B为某公司出纳,二人关系密切。A谎称要购买一辆汽车,唆使B将公司资金挪给自己使用,并"保证"自己的定期存款两周后到期即可归还。B信以为真,便将公司资金30万元挪出交给A。A使用该资金赌博并获利,在两周内将30万元归还给B所在的公司。

根据刑法第272条的规定,如果B知道A使用该资金赌博,便是挪用资金罪的正犯,A则可能成立共犯。[47]但是,B对于A使用30万元赌博的事实并不知情,没有认识到A利用资金进行非法活动,而是误以为A将资金用于购车,所以,缺乏挪用资金罪的故意。亦即,A的行为客观上引起了B实施挪用资金的行为,但没有引起B挪用资金的故意。[48]按照刑法理论的传统观点,"所谓教唆,就是唆使具有刑事责任能力没有犯罪故意的人产生犯罪故意"。[49]于是,A的行为不成立挪用资金罪的教唆犯。概言之,按照我国的传统观点,A与B不能成立挪用资金罪的共同犯罪,且均不受刑罚处罚。或许有人认为,A成立挪用资金罪的间接正犯。但是,这种观点并不成立。挪用资金罪是真正身份犯,在真正身份犯的场合,只有具备身份的人才可能成为正犯。间接正犯是正犯的一种,具有身份的人才可能成为间接正犯。德国刑法理论与判例几乎没有争议地认为,在身份犯中,间接正犯必须具有身份,否则只能成立教唆犯与帮助犯,而不可能成为间接正犯,因为间接正犯是正犯而不是共犯,刑法所规定的身份就是针对正犯而言的。[50]例如,德国学者指出:"在幕后欠缺作为该犯罪的构成要件的前提的特别资格时(真正身份犯),间接正犯被排除。"[51]德国联邦最高法院的判决也认为,无身份者不能成为身份犯的间接正犯。[52]如果认为间接正犯可以不需要特殊身份,就必然使构成要件丧失定型性,进而违反罪刑法定原则。[53]例如,国家工作人员甲外出时,让非国家工作人员的妻子乙收受贿赂,国家工作人员是受贿罪的正犯,其妻子为帮助犯;并非妻子是正犯、国家工作人员是帮助犯。[54]反之,即使妻子乙胁迫甲索取贿赂,并由乙亲手接受财物,乙也不可能成立受贿罪的间接正犯。

然而,在例14中,得出A与B均不成立挪用资金罪的结论,并不合适。其实,只要以不法为重心、以正犯为中心,以共犯从属性原理为指导,上述案件就迎刃而解:具有公司人员身份的B,客观上实施了符合挪用资金罪构成要件(挪用资金进行非法活动)的违法行为,在不法层面是正犯,但由于其没有故意,即缺乏责任而不可罚。可是,根据限制从属性说,只要正犯的行为具备构成要件符合性与违法性,教唆犯与帮助犯就得以成立。由于A的教唆行为引起了正犯符合构成要件的违法行为,并且具备故意等责任要素,所以,A成立挪用资金罪的教唆犯。[55]在实施构成要件行为的人有身份但不具备其他责任要素时,也是如此。

不难看出,以正犯为中心,在正犯行为符合构成要件且违法的前提下,再判断共犯的成立与否,就可以使共同犯罪的认定相当顺利,而且能够得出妥当结论。基于同样的理由,在司法实践中,对于共同犯罪案件不应当分案审理;更不得先审理教唆犯、帮助犯,后审理正犯,因为在没有正犯的情况下,是不可能认定教唆犯与帮助犯的。

诚然,我国刑法并没有使用"正犯"这一概念,但刑法分则就单独犯罪的规定,实际上是关于正犯的规定。刑法总则关于教唆犯、帮助犯的规定,也从反面肯定了正犯。[56]所以,刑法实质上规定了正犯。正如刑法并没有"犯罪构成"一词,但实际上规定了犯罪构成一样。有的学者以比较简单的共同犯罪案件为例,否认正犯概念的必要性,认为正犯概念对于解决行为人之间是否构成共同犯罪不起什么根本性作用。[57]也有学者认为,我国刑法采取了单一正犯体系,即所有参与犯罪的人均为正犯,"实行犯、教唆犯和帮助犯并无严格加以区分的必要……实行犯、教唆犯和帮助犯的行为都是相互联系、互相利用的,不能单独抽取出来进行独立的评价"。[58]其实,这样的观点显然旨在维护我国传统的共同犯罪理论及其认定方法,而没有发现问题的实质,没有认清共同犯罪的本质。事实上,如上所述,如果不是以正犯为中心,我们对许多犯罪束手无策,上述例14就充分说明了这一点。

四、以因果性为核心

由于犯罪有既遂与未遂之分,所以,在共同犯罪案件中,参与人是不是共犯人与参与人应否对法益侵害结果负责是两个不同的问题。共犯的因果性问题，既关系到共犯成立与否，也关系到共犯应在什么范围内承担责任。

例15：甲、乙二人同时开枪射击丙，但只有一发子弹击中丙。设定A、B两种情形：A情形为，甲击中了丙；B情形为，不能查明谁击中了丙。根据共同犯罪的立法，如果甲、乙二人成立共同犯罪，那么，在A情形中，乙也要对丙的死亡负责，在B情形中，甲、乙均要对丙的死亡负责；倘若甲、乙二人不成立共同犯罪，那么，在A情形中，乙仅成立杀人未遂，在B情形中，甲、乙均只成立杀人未遂。问题是，为什么一旦成立共同犯罪，甲、乙二人就都要对丙的死亡结果承担刑事责任？或许人们会说，这是因为刑法的规定。可是，刑法为什么这样规定？答案只能是：因为丙的死亡结果能够归属于甲、乙二人的行为，或者说，甲、乙二人的行为与丙的死亡结果之间都具有因果性。所以，共犯的因果性成为共犯论中特别重要的内容。正如日本学者所言："共犯论的核心，是能否认定共犯行为（共同或者间接）引起了法益侵害、危险的共犯的因果性问题，以及在具有因果性的前提下，将共犯构成要件限定在何种范围的共犯的限定性问题。"[59]

如前所述，认定共同犯罪必须以正犯为中心。在正犯行为不法时，认定共犯是否成立，意味着认定共犯行为是否与正犯的不法具有因果性。如果具有因果性，在不法层面便成立共犯，进而判断参与人是否具有故意。问题在于，共犯行为是必须与正犯行为本身具有因果性，还是必须与正犯造成的结果（正犯结果）具有因果性？一般来说，教唆犯的行为与正犯结果之间所具有的心理的因果性是容易认定的，[60]需要展开讨论的是帮助行为的因果性。

显而易见的是，由于正犯行为是正犯结果的原因，所以，如果帮助行为对正犯行为没有因果性，那么，就不可能与正犯结果之间具有因果性。问题是，当帮助行为仅对正犯行为具有促进作用，而没有对正犯结果起促进作用时，或者说与正犯结果之间没有因果性时，能否将正犯的行为结果归属于帮助犯？

抽象的危险说认为，一般来说，在正犯实行之际使正犯的实行更为容易的行为，就间接地对法益产生了危险，这便是作为从犯处罚的理由。因此，不仅不要求帮助行为与正犯结果之间具有因果性，而且不需要帮助行为与正犯行为之间具有因果性。例如，只要一般性地来看，行为强化、助长了他人的犯罪意思，就成立帮助犯。[61]我国传统理论在论述共同犯罪的成立条件时，只要求二人以上具有共同的犯罪行为，既没有要求共犯行为与结果之间具有因果性，也没有要求共犯行为与正犯行为之间具有因果性，基本上采取了这种抽象的危险说。但是，这种抽象的危险说没有区分可罚的帮助与不可罚的帮助，不可能适用于我国。

例16：乙与丙吵架后，甲以为乙会杀害丙，便将一把长刀递给乙，但乙根本没有杀害丙。按照抽象的危险说，甲的行为也“一般性地”助长了乙的犯意。可是，我国刑法规定的未遂犯是针对正犯而言，刑法第27条规定的帮助犯仅存在于共同犯罪之中，所以，甲的行为不可罚。

由此可见，抽象的危险说并不符合我国刑法的规定。另一方面，如果认为只要行为人实施了帮助行为，即使帮助行为对正犯行为没有产生影响也成立帮助犯，就不能区分对既遂犯的帮助与对未遂犯的帮助，更不能区分对未遂犯的帮助与帮助未遂。[62]

例17：甲欲入户盗窃丙的财物，让乙将丙家的钥匙放在自己家楼下的信箱里，乙答应后将丙家的钥匙错放在他人家的信箱里。甲没有发现钥匙，就采用其他方法入户盗窃了丙家的财物。如果采取抽象的危险说，也会认为乙应当承担盗窃既遂的责任。可是，乙的所谓帮助行为与甲的盗窃行为、盗窃结果之间没有因果性。乙的帮助行为未遂，而不是对未遂犯的帮助，更不是对既遂犯的帮助。所以，不应当将甲的盗窃结果归属于乙的行为。

具体的危险说认为，帮助行为的因果性尤其是心理的因果性是难以限定的，应当予以放弃，而有必要采取“促进”公式，亦即，采用客观归责原理的“危险增加论”，从行为时点有专门知识的人的视点来考察，如果认为帮助行为“提高了正犯行为的成功机会”，就成立既遂的帮助。[63]据此，向入户盗窃的人提供入户钥匙的，即使正犯没有使用该钥匙，但只要事前能够认定该钥匙可能是必要的，就应认定为既遂的帮助。[64]显然，具体的危险说同样不能区分对既遂犯的帮助与对未遂犯的帮助，也不能区分对未遂犯的帮助与帮助未遂。

例18：正犯甲决意入户盗窃，乙知情并提供了入户的钥匙，但是，甲出门时忘了带乙提供的钥匙，到现场后翻窗入户窃取了财物。虽然事前能够肯定入户盗窃需要钥匙，但将乙的行为认定为既遂的帮助，明显不当。

正犯行为说认为，只要帮助行为与正犯行为具有因果性即可，或者说，“只要帮助行为使正犯行为可能、容易，或者促进、强化了正犯行为，就足以认定帮助的因果性”。[65]“德国历来的判例采取的立场是，不要求帮助行为与正犯结果之间具有因果性，只要帮助行为促进（fördern）了正犯‘行为’就足够了。据此，B将仓库的钥匙交给A，但A认为该钥匙对侵入仓库不起作用，最后用另外的方法侵入仓库窃取了财物时，或者A将铁钳作为侵入仓库使用的工具交给了A，但A没有使用铁钳而用别的方法侵入仓库窃取了财物时，B要被认定为盗窃既遂的帮助。”[66]正犯行为说有两点理由：其一，帮助犯是指帮助正犯者，[67]因此，“只要帮助行为援助了正犯，使正犯行为更为容易就足够了。应当将帮助犯的因果关系理解为在物理上或者心理上使正犯行为更为容易”。[68]其二，帮助行为只能使正犯行为容易，而不可能成为结果的直接原因。所以，将帮助行为与正犯所引起的结果之间的因果关系作为问题，直接证明帮助的因果性，本身是很勉强的。从共犯从属性说的立场出发，正犯行为与结果之间的因果关系要作为正犯的犯罪行为来考虑，帮助行为的法益侵害性以正犯行为与结果之间的因果关系为前提，只要帮助行为与正犯行为之间具有促进关系就可以了。[69]

但是，其一，从文理上说，刑法所规定的帮助正犯者，并不意味着只是对正犯行为起促进作用。其二，诚然，帮助行为与正犯结果之间不可能有直接的因果关系，但帮助犯的特点本来就是通过他人间接地引起法益侵害结果。因此，完全可以判断帮助行为是否与正犯结果之间具有间接的因果性，亦即，帮助行为是否经由正犯行为对结果起到了促进作用。其三，所谓对正犯行为起促进作用的认定标准是相当模糊的。在正犯没有使用帮助者提供的侵入仓库的工具时，难以判断该帮助行为对正犯行为起到了促进作用。其四，如果认为只要帮助行为与正犯行为具有因果性就够了，就无法区分对正犯未遂的帮助与对正犯既遂的帮助。于是，仅仅为未遂的可罚性提供基础的行为，同时也成为对既遂承担责任的根据。这明显不妥当。[70]其五，正犯行为说实际上是违法共犯论的立场，但是，违法共犯论的观点存在重大缺陷。[71]

正犯结果说认为，只有当帮助行为与正犯结果之间存在因果性时，才能使帮助犯承担既遂的责任。[72]本文提倡这一观点。

首先，既然采取因果共犯论，就只能采取正犯结果说。根据因果共犯论,共犯的处罚根据在于通过正犯引起符合构成要件的法益侵害结果,因此,只有当帮助行为从物理上或者心理上促进、强化了正犯结果时,才能为帮助犯的处罚提供正当化根据。如果帮助行为对构成要件结果的出现没有产生影响,就不可能将正犯结果归属于帮助行为,帮助者就不可能承担既遂的责任。而要认定共犯通过正犯引起了构成要件结果,就要求帮助行为促进了正犯结果。否则,就不可能说,帮助行为通过介入正犯行为造成了法益侵害结果。在例7中,乙虽然主动帮甲望风,但客观上没有对甲的盗窃结果产生任何影响,因而没有物理的因果性;又由于甲不知道乙在为自己的盗窃望风,乙的望风行为没有从心理上强化、促进甲的犯意,因而与甲的盗窃结果之间没有心理的因果性。不仅如此,乙的望风行为与甲的盗窃行为本身也没有任何因果性。所以,乙对甲的盗窃不可能承担任何刑事责任。

其次,只要区分对未遂的帮助与对既遂的帮助,就必须采取正犯结果说。如果将对结果没有促进的行为作为对既遂的帮助犯予以处罚,便使得对未遂的帮助与对既遂犯的帮助之间丧失了界限。在例8中,甲着手实行盗窃行为时,使用的就是乙所提供的钥匙。就此而言,乙的帮助行为还只是对未遂的帮助。但是,乙提供的钥匙对甲盗走汽车的结果并没有起促进作用。因此,乙仅承担盗窃未遂的刑事责任。如果让乙对甲盗窃汽车的结果承担盗窃既遂的刑事责任,就意味着乙要为与自己行为没有因果关系的结果承担刑事责任,明显不当。

最后,因果关系是归责的必要要件,对帮助犯也不例外。就单独正犯以及共同犯罪中的正犯而言,因果关系是将结果客观归责于正犯的必要条件。如果结果的发生与正犯的行为之间没有因果关系,就不可能令正犯对结果负责。帮助犯是刑罚扩张事由,既然将结果归责于正犯以因果关系为前提,那么,对于帮助犯而言,也必须提出这样的要求;否则,就与帮助犯的这种刑罚扩张事由明显不相当。也可以说,认为帮助犯对与自己的行为没有因果关系的结果也要承担既遂犯的刑事责任,是主观主义刑法理论的结论,为当今刑法理论所不取。

综上所述,只有当帮助行为与正犯结果之间具有物理的因果性或者心理的因果性时,帮助犯才对正犯结果负责。帮助行为与正犯结果的物理因果性,主要表现为如下情形:其一,没有帮助行为,就不可能发生正犯结果。

例如，帮助犯向正犯提供盗窃保险柜的钥匙，正犯窃取了保险柜内的现金。其二，帮助行为使正犯结果范围扩大。例如，正犯向帮助犯借枪杀人，帮助犯提供了手榴弹，导致多人死亡。其三，帮助行为使结果程度加重。例如，正犯向帮助犯索要麻醉剂抢劫，帮助犯提供了致人死亡的化学品，导致正犯抢劫时致人死亡。其四，帮助行为使正犯结果提前。例如，帮助犯提供被害人的行踪，使正犯迅速杀害被害人。其五，帮助行为使正犯结果发生的危险性增大（使结果发生更为容易）。例如，正犯准备撬窗入户盗窃，帮助犯提供了入户盗窃的钥匙，使正犯盗窃更为容易。帮助行为与正犯结果的心理因果性主要表现为强化正犯造成结果的决意，或者使正犯安心实施法益侵害行为、造成法益侵害结果。

例19：与乙男具有不正当关系的甲女，得知乙想杀害自己的妻子丙时便对乙说："如果你杀了丙，我就会和你结婚。"甲强化了乙的杀人动机，降低了乙放弃犯意的可能性，乙杀害了丙。对此，应当肯定甲的行为与正犯结果之间具有心理的因果性。[73]

当然，在具体案件中，有的帮助行为可能与正犯结果之间既具有物理的因果性，也具有心理的因果性。例如，望风行为不仅使正犯安心盗窃，而且在客观上阻止了被害人立即发现正犯行为，从而使正犯盗窃既遂时，便是如此。

在采取正犯结果说时，还有几个需要讨论的问题。

第一，关于正犯行为说与正犯结果说的关系，德国有学者指出，"只要对正犯的行为方式产生了影响，实际上就与结果之间具有因果关系"。[74]日本也有学者认为，"如果促进了正犯行为，自然就能评价为促进了正犯结果"。[75]其实，促进正犯的行为与促进正犯的结果是应当区别的。在例8中，乙的帮助行为虽然促进了正犯的盗窃行为，却没有促进正犯的结果。

例20：帮助犯将盗窃金库所用的钥匙提供给正犯，正犯使用该钥匙时用力过猛，导致钥匙断在锁中，于是正犯采用其他方法打开了金库，盗走了现金。可以认为，正犯使用帮助犯提供的钥匙时，已经着手实行盗窃行为，帮助犯的行为的确促进了正犯行为。但是，由于正犯以其他方法打开了金库，故不能认为帮助犯的行为促进了正犯的结果。由此可见，对正犯行为的因果性与对正犯结果的因果性，是存在区别的。[76]

第二，在采取正犯结果说的同时，是否还要求帮助行为与正犯行为之间具有因果性。日本有学者指出:“鉴于共犯的处罚根据是介入正犯行为引起结果,作为(广义的)共犯的成立要件的客观方面的问题,不仅要求与最终的结果之间具有因果关系,而且要求有使正犯行为更为容易的因果性。”[77]从逻辑上说,只有与正犯行为具有因果性的帮助行为,才可能进一步与正犯结果之间具有因果性。但事实上,如果能够肯定帮助行为与正犯结果之间具有因果性,就必然能够肯定帮助行为与正犯行为之间具有因果性。另一方面,在否定了帮助行为与正犯结果之间具有因果性时,如果能够肯定帮助行为与正犯行为具有因果性,则能认定为未遂犯的帮助犯。前述例 8 即是如此。

第三,在采取正犯结果说时,是否要求帮助行为与正犯结果之间具有“没有前者就没有后者”的条件关系?这在德国、日本均存争议。[78]在本文看来,这取决于是否同意对条件关系进行修正以及如何理解正犯结果(是否采取具体的结果观)。

例 21:甲决意杀害丁,知情的乙与丙并无意识联,却分别向甲提供了性能相同的枪支,甲使用乙提供的枪支杀害了丁。根据条件关系必要说的观点,乙与丙的行为都难以成立帮助犯,因为即使没有乙提供的枪支,甲也会用丙提供的枪支杀害丁,反之亦然。但是,其一,如果对条件关系进行修正,[79]那么,乙、丙的行为与丁的死亡之间均有条件关系。其二,如果认为死亡结果并不是抽象意义上的丁的死亡,而是丁在什么时间、被什么枪支击中什么部位而死亡,则能肯定乙的帮助行为与丁的死亡之间具有条件关系。换言之,只要存在如若没有该帮助行为,就不会出现此时、此种形态的正犯结果,就可以肯定帮助的因果性。[80]在本文看来,采取条件说时,完全可能同时采取合法则的条件说。[81]在例 21 中,乙提供的枪支合法则地引起了丁死亡的结果,必须肯定乙的行为与丁死亡之间的物理的因果性。

第四,帮助行为与正犯结果缺乏物理的因果性时,并不必然意味着同时缺乏心理的因果性。在缺乏物理的因果性时,需要判断有无心理的因果性,反之亦然。当然,由于物理的因果性比较容易判断,故应先判断物理的因果性。[82]

在例 21 中,虽然丙的行为事实上与丁的死亡结果之间没有物理的因果性,但丙的行为也强化、促进了甲的犯意,因而与丁的死亡结果之间具有心理的因果性。[83]

例22:甲打算入户盗窃,乙知情后将撬门工具提供给甲。甲携带该撬门工具和自己准备的万能钥匙前往丙家,甲先使用万能钥匙打开了丙家的门,窃取了巨额财物。在此案中,乙提供撬门工具的行为,虽然与甲的盗窃结果之间没有物理的因果性,但该行为强化、促进了甲的盗窃犯意,因而与结果之间具有心理的因果性。

由此可见,物理的帮助与心理的帮助,并不等同于物理的因果性与心理的因果性。在例22中,乙实施的是物理的帮助行为,但与正犯结果之间仅具有心理的因果性。再如,帮助犯只是向盗窃正犯口述如何打开他人汽车门以及如何发动汽车的方法,正犯按照帮助犯所述方法盗走汽车的,帮助犯的行为与正犯结果之间具有物理的因果性。又如,帮助犯向盗窃正犯提供了盗窃汽车所需要的钥匙,如果帮助犯不提供该钥匙,正犯就不会决意实行犯罪时,该帮助犯的物理的帮助行为,实际上与结果之间也具有心理的因果性。

问题是,在什么情况下,物理的帮助行为会产生心理的因果性?一种观点认为,即使正犯已经具有盗窃的故意,甚至在实行过程中也没有使用帮助犯提供的钥匙,但提供钥匙的行为也可能与正犯结果之间具有心理的因果性。[84]据此,任何物理的帮助行为都与正犯结果之间具有心理的因果性,这种绝对观点会使因果性的判断丧失意义。本文认为,就这类案件而言,可以区分三种情形:其一,乙知道甲将入户盗窃,而将入户钥匙提供给甲,但甲到了现场后首先使用自己携带的工具入户盗窃了他人财物。在这种情况下,仍能肯定乙的帮助行为与甲的盗窃结果之间具有心理的因果性。因为甲在盗窃过程中清楚地知道,即使自己的钥匙打不开门,但还有乙提供的钥匙,所以,乙的帮助行为强化了甲的犯意。其二,甲到了现场后,首先使用乙提供的钥匙,但发现乙的钥匙根本不起作用,于是使用自己的钥匙入户盗窃了财物。在这种情况下,乙的帮助行为只是与正犯的着手实行盗窃的行为之间具有物理的因果性,但与正犯结果之间既没有物理的因果性,也没有心理的因果性。既然甲明知乙的钥匙不起任何作用,就不能认为乙的帮助行为仍然在强化甲的犯意。所以,乙仅成立未遂犯的帮助犯。其三,如若甲到现场后首先使用乙提供的钥匙,并且打开门窃取了财物,则可以认为,乙提供钥匙的行为与甲的盗窃结果之间既具有物理的因果性,也具有心理的因果性。

第五,共犯行为与正犯结果之间是否具有因果性(尤其是心理的因果性)与帮助者有没有故意,是两个不同的问题。不要以为,心理的因果性以有共同故意为前提。例如,乙只是单纯描述仓库门窗破损、无人看守、容易被盗的事实,却引起了乙的盗窃犯意,乙实施了盗窃行为。可以肯定,乙的行为与甲的行为结果之间具有心理的因果性,但甲并没有教唆故意。这再一次说明,在不法层面理解和认定共同犯罪是完全可行的。

第六,所谓共犯的脱离,实际上也是共犯的因果性问题。亦即,共犯放弃或者被迫停止共犯行为后,由他人导致结果发生时,在什么样的情况下,否认共犯的先前行为与正犯结果之间具有因果性(即肯定共犯的脱离),从而只让共犯承担中止犯或者未遂犯的刑事责任?换言之,在某些情形下,行为人虽然实施了共犯(教唆或者帮助)行为,但如果后来又消除了该行为对犯罪的促进作用,导致先前的共犯行为与结果之间不具有因果性时,就属于共犯的脱离。因此,所谓共犯的脱离,实际上是指同时消除已经实施的共犯行为与结果之间的物理因果性与心理因果性。

例 23:甲入户盗窃,邀约乙为其盗窃望风,乙同意并为甲望风。但在甲入户后,乙悄悄溜走了,甲不知情。对此,如果能够肯定乙离开之前的行为与甲的盗窃既遂之间没有因果关系,那么,就属于共犯的脱离,乙仅承担中止或者未遂犯的刑事责任。反之,乙依然对正犯结果承担刑事责任。

显然,共犯脱离的判断,与前述因果性的判断并没有实质区别。就例 23 而言,由于甲一直以为乙在为自己的盗窃望风,所以,即使乙离开了望风现场,其行为依然使得甲安心盗窃,因而与甲的盗窃结果之间具有心理的因果性。反之,倘若在甲盗窃既遂之前,乙明确告诉甲自己要离开现场,不再为甲望风,但甲依然独自盗窃的,乙便切断了自己先前的望见行为与甲后来盗窃既遂之间的因果性,因而成立共犯的脱离。在前述例 9 中,乙并没有如约到达现场,实际上将自己不参与杀害行为的决定通知到了甲,所以,乙是否对甲造成的死亡结果负责,取决于甲与乙的共谋内容。例如,如果乙与甲共谋了杀害丙的地点、方法等内容,甲按照共谋内容杀害了丙,或者共谋内容表现为乙促使甲产生杀害丙的决意,都可以肯定乙的共谋行为与甲的杀害结果之间具有因果性。但是,倘若甲提出杀害丙,只是邀约乙次日一同前往丙家共同杀害丙或者让乙为自己的杀害行为望风,乙次日却没有到达现场的,则不能认为乙的共谋行为与甲的杀害结果之间具有因果性。此时,乙脱离了共犯关系,充其量仅成立故意杀人的预备犯。

同理,共同正犯的脱离也是因果性的判断问题。

例 24:一对夫妻想杀死其女儿的非婚生孩子,在二人以为已经杀死孩子后,丈夫先行离开。妻子后来发现孩子还活着,就独自将女儿杀死。[85]丈夫与妻子先前共同实施的杀害行为,与孩子生命处于危险状态具有因果性,因此,二人成立故意杀人未遂的共同正犯。但是,在丈夫离开后,妻子独自将女儿杀害的结果就不能归属于丈夫先前的行为,因此,妻子必须独自承担杀人既遂的刑事责任。

反之,即使部分正犯放弃了自己的行为,但只要其已经实施的行为与其他正犯结果之间具有因果性,就必须对该结果负责。

例 25:甲与乙以轮奸犯意对丙女实施暴力,甲奸淫后,乙出于同情放弃了奸淫行为。有学者以强奸罪属于亲手犯、奸淫行为不具有可替代性为由,认为乙的行为成立强奸罪的中止犯。[86]其实,强奸罪并不是亲手犯。[87]更为重要的是,乙虽然中止了自己的奸淫行为,但其中止前的暴力行为与甲对丙女实施奸淫的结果之间具有因果性。既然如此,就必须将甲奸淫丙女的结果归属于乙的行为;又由于乙具有强奸罪的故意,所以,乙同样成立强奸既遂。

五、简短的结论

综上所述,共同犯罪的认定应当以不法为重心(从不法到责任),以正犯为中心(从正犯到共犯),以因果性为核心(从物理因果性到心理因果性)。因此,不能将不法与责任混为一体认定共同犯罪,也不能整体地讨论共同犯罪的成立与否,更不能忽视因果性的判断。

犯罪的实体是不法与责任,“犯什么罪”不只取决于不法,还取决于责任,而共同犯罪解决的是不法问题,故完全没有必要提出和回答“共同犯罪犯的是什么罪”这样的问题。如例 4,只要查明甲、乙共同对丙实施暴力导致丙死亡,就应认定二人成立共同犯罪,并将死亡结果客观归属于二人的行为,二人在不法层面对死亡负责(客观归责)。至于甲与乙的主观责任(各自的故意内容)以及构成何罪,则需要各别认定。由于甲持杀人故意,故成立故意杀人罪既遂;由于乙仅有伤害故意并对死亡有过失,故成立故意伤害(致死)罪。所以,在二人成立共同犯罪时,对二人所认定的罪名可能并不相同。既然如此,就完全没有必要追问二人以上共同构成什么罪的问题。

根据本文的观点,刑法理论与司法实践完全可以淡化“共同犯罪”的概念。换言之,只要以不法为重心,以正犯为中心,以因果性为核心判断数人参与犯罪的案件,那么,首先要在不法层面认定正犯(包括共同正犯),确定了正犯之后,就必须将结果或者危险客观归属于正犯行为;其次,判断哪些参与人的行为与正犯结果之间具有因果性,只要具有因果性,就可以肯定其为不法层面的共犯;再次,分别判断各参与人的责任(如责任年龄、故意的内容等),进而确定参与人所触犯的罪名;最后,按照我国刑法关于主犯、从犯、胁从犯、教唆犯的处罚原则,分别给各参与人量刑。不难看出,在其中的任何一个步骤,都没有必要提出和回答“谁和谁成立共同犯罪”、“共同犯罪犯的什么罪”这样的问题。所以,即使不使用“共同犯罪”的概念,也完全可以认定数人共同参与犯罪的现象。诚然,我国刑法使用了“共同犯罪”的概念,但我国刑法有关共同犯罪的规定的确存在多种解释的可能性。

注释

1 高铭暄、马克昌主编:《刑法学》,北京大学出版社、高等教育出版社 2011 年版,第 163～165 页。

2 如所周知,“共犯”一词具有不同含义,有时指广义的共犯,有时指狭义的共犯;有时侧重于行为,有时侧重于行为人。“共犯”一词在本文中也会具有不同含义,相信读者容易识别。此外,如后所述,虽然笔者主张淡化“共同犯罪”的概念,但由于本文所针对的是传统观点,故不得不使用该概念。

3 按照行为无价值论的观点,第三个条件是主观违法要素。

4 诚然,通说也认为,共同犯罪行为与危害结果之间具有因果性。但是,通说强调的是共同犯罪行为作为有机整体与危害结果之间具有因果性(参见高铭暄、马克昌主编:《刑法学》,北京大学出版社、高等教育出版社 2011 年版,第 164 页);而且,通说是在认定结局的意义上说明因果关系的,亦即,只要二人以上具有共同行为与共同故意,全部参与人的行为就与危害结果之间具有因果关系。

5 Vgl. ,C. Roxin, Strafrecht Allgenmeiner Teil, Band II, C. H. Beck 2003, S. 22f;[日]西田典之:《刑法总论》,弘文堂 2010 年版,第 328 页。

6 王作富主编:《刑法》,中国人民大学出版社 2009 年版,第 138 页。

7 高铭暄、马克昌主编:《刑法学》,北京大学出版社、高等教育出版社 2011 年版,第 165 ~ 166 页。

8 参见最高人民法院、最高人民检察院 1985 年 7 月 8 日《关于当前办理经济犯罪案件中具体应用法律的若干问题的解答(试行)》;最高人民法院 2000 年 6 月 30 日《关于审理贪污、职务侵占案件如何认定共同犯罪几个问题的解释》。

9 [日]佐伯仁志:"教唆の未遂",载[日]阿部纯二等编:《刑法基本讲座》(第 4 卷),法学书院 1992 年版,第 209 页。

10 参见[日]平野龙一:《刑法总论 II》,有斐阁 1975 年版,第 347 页以下。

11 何庆仁:"我国刑法中教唆犯的两种涵义",载《法学研究》2004 年第 4 期。

12 参见[日]前田雅英:《刑法总论讲义》,东京大学出版会 2011 年版,第 464 页。

13 参见周光权:"'被教唆的人没有犯被教唆的罪'之理解",载《法学研究》2013 年第 4 期。

14 如通说认为,"所谓共同的犯罪行为,指各行为人的行为都指向同一犯罪,互相联系,互相配合,形成一个统一的犯罪活动整体"(高铭暄、马克昌主编:《刑法学》,北京大学出版社、高等教育出版社 2011 年版,第 163 页)。

15 例如,通说指出:"只要属于整个犯罪的行为有机体中任何一个实行犯的行为直接造成了犯罪结果,整个犯罪便告完成和既遂,全体犯罪人都必须负犯罪既遂之责"[高铭暄主编:《刑法专论》(上编),高等教育出版社 2002 年版,第 330 页]。

16 高铭暄主编:《刑法专论》(上编),高等教育出版社 2002 年版,第 362 ~ 363 页。

17 在我国,"共谋"一词实际上包含了不同的情形,由于例 9 的案情过于简单,故乙应否对丙的死亡负责还需要具体判断,不可得出唯一结论。

18 本文在三阶层体系下展开讨论,所谓"不法",是指行为符合构成要件且具有违法性。

19 "犯罪"一词有时仅在不法层面而言,有时在不法且有责的意义上而言(参见张明楷:《犯罪构成体系与构成要件要素》,北京大学出版社 2010 年版,第 70 页以下)。与之相应,"共同犯罪"既可能仅指不法层面的共同犯罪,也可能指不法且有责意义上的共同犯罪。

20 参见[德]乌尔斯·金德霍伊泽尔:"论犯罪构造的逻辑",徐凌波、蔡桂生译,载《中外法学》2014 年第 1 期;[日]前田雅英:《刑法总论讲义》,东京大学出版会 2011 年版,第 29 页。

21 Vgl. ,C. Roxin, Strafrecht Allgenmeiner Teil, Band I, 4. Aufl. , C. H. Beck 2006, S. 226.

22 参见张明楷:《犯罪构成体系与构成要件要素》,北京大学出版社 2010 年版,第 49 页以下。

23 参见[日]山口厚:《刑法总论》,有斐阁 2007 年版,第 300 页。

24 ［日］内藤谦:《刑法讲义总论(下)I》,有斐阁 1991 年版,第 737 页。

25 正因为如此,德国刑法第 29 条规定:“对每一个参与人的处罚,都不得考虑其他人的责任,只能根据参与人自身的责任处罚。”

26 传统观点认为,对甲不能以轮奸论处(参见王作富主编:《刑法分则实务研究(中)》,中国方正出版社 2010 年版,第 855 页)。但是,这样的结论存在诸多缺陷(参见钱叶六:“‘轮奸’情节认定中的争议问题研讨”,载《江淮论坛》2010 年第 5 期)。

27 参见［日］松原芳博:《刑法总论》,日本评论社 2013 年版,第 368 页。当然,英美刑法略有不同。亦即,“无论被教唆犯罪的等级如何,‘教唆犯罪’是普通法上的一种轻罪”。而且,在英美普通法上,教唆犯罪仅限于唆使他人“实施构成任何重罪的行为,或者是与妨碍公正、破坏和平相联系的轻罪行为”。美国的《模范刑法典》关于教唆犯的规定则适用于唆使他人实施所有犯罪的情形(参见［美］约书亚·德雷斯勒:《美国刑法精解》,王秀梅等译,北京大学出版社 2009 年版,第 383 页以下)。

28 Vgl. ,C. Roxin, Strafrecht Allgenmeiner Teil, Band II, C. H. Beck 2003,S. 133.

29 除了责任共犯论与因果共犯论以外,还存在违法共犯论。此说也认为,共犯的成立只要求正犯的行为具备构成要件符合性与违法性。可见,违法共犯论同样承认共同犯罪是不法形态。

30 ［日］西田典之:《刑法总论》,弘文堂 2010 年版,第 336 ~ 337 页。

31 违法共犯论否认违法的相对性,认为 A 使正犯 B 实施了杀人未遂的违法行为,故成立故意杀人罪的教唆犯。但这种结论不合理。

32 参见［日］曾根威彦:《刑法学基础》,黎宏译,法律出版社 2005 年版,第 137 页以下。

33 参见［日］山口厚:《刑法各论》,有斐阁 2010 年版,第 349 页以下。

34 BGHSt 11,268.

35 Vgl. , H. Jeschck/T. Weigend, Lehrbuch des Strafrechts. Allgemeiner Teil, 5. Aufl. , Duncker & Humblot,1996, S. 675.

36 参见张明楷:《刑法学》,法律出版社 2011 年版,第 348 页以下;此外,也可能将该款解释为对共同正犯的规定。

37 因篇幅所限,本文不能对共同正犯的认定展开讨论,但本文提出的认定方法同样适用于共同正犯。共同正犯的特别之处只是在于,参与人究竟是成立共同正犯还是狭义的共犯,这是成立广义共犯之后的内部区分问题。

38 高铭暄、马克昌主编:《刑法学》,北京大学出版社、高等教育出版社 2011 年版,第 169 页。

39 当然,当不法层面的正犯缺乏责任要素时,在责任层面就可能只有共犯,而没有正犯。

40 C. Roxin, Strafrecht Allgenmeiner Teil, Band II, C. H. Beck 2003,S. 9.

41 C. Roxin, Strafrecht Allgenmeiner Teil, Band II, C. H. Beck 2003, S. 7.

42 参见姚诗:“先前行为与实行过限下知情共犯人的刑事责任”,载《法学研究》2013年第5期。

43 [日]山口厚:《刑法总论》,有斐阁2007年版,第309页。

44 参见马克昌主编:《犯罪通论》,武汉大学出版社1999年版,第584页;林维:“真正身份犯之共犯问题展开”,载《法学家》2013年第6期。

45 最高人民法院2000年6月30日《关于审理贪污、职务侵占案件如何认定共同犯罪几个问题的解释》指出:“公司、企业或者其他单位中,不具有国家工作人员身份的人与国家工作人员勾结,分别利用各自的职务便利,共同将本单位的财产非法占为己有的,按照主犯的犯罪性质定罪。”这一解释明显不当。既然一般公民与国家工作人员相勾结伙同贪污者能成立贪污罪的共犯,公司、企业人员更能构成贪污罪的共犯。

46 另参见张明楷:《刑法学》,法律出版社2011年版,第398页。

47 参见最高人民法院1998年4月29日《关于审理挪用公款案件具体应用法律若干问题的解释》第8条。

48 在A于三个月内将资金归还给B所在公司的前提下,B挪用资金给A用于购车的“故意”,并不是刑法上的挪用资金罪的故意。

49 高铭暄、马克昌主编:《刑法学》,北京大学出版社、高等教育出版社2011年版,第176页。

50 Vgl. ,C. Roxin, Strafrecht Allgenmeiner Teil, Band II, C. H. Beck 2003, S. 109, 138; [德]冈特·施特拉腾韦特、洛塔尔·库伦:《刑法总论I——犯罪论》,杨萌译,法律出版社2006年版,第292、309页。

51 H. Jeschck/T. Weigend, Lehrbuch des Strafrechts. Allgemeiner Teil, 5. Aufl. , Duncker & Humblot, 1996, S. 664.

52 BGHSt 9. 370,参见[日]松宫孝明:《刑事立法と犯罪体系》,成文堂2003年版,第259页。

53 参见[日]团藤重光:《刑法纲要总论》,创文社1990年版,第155页。

54 参见[日]团藤重光:《刑法纲要总论》,创文社1990年版,第159页;[日]大塚仁:《刑法概说(总论)》,有斐阁2008年版,第162页;[日]山口厚:《刑法总论》,有斐阁2007年版,第72页。

55 参见张明楷:“共犯对正犯故意的从属性之否认”,载《政法论坛》2010年第5期。

56 参见钱叶六:“双层区分制下正犯与共犯的区分”,载《法学研究》2012年第1期。

57 参见杨兴培:“共同犯罪中的正犯、帮助犯理论的反思与批评”,载《法治研究》2012年第8期。

58 刘明祥:“‘被教唆的人没有犯被教唆的罪’之解释”,载《法学研究》2011年第1期。

59 [日]佐伯仁志:《刑法总论の考え方、楽しみ方》,有斐阁2013年版,第370页。

60 当然,在特殊情况下,不排除教唆行为仅与正犯行为之间具有因果性。

61 参见[日]野村稔:《刑法总论》,成文堂1998年补订版,第421页以下。

62 参见[日]山口厚:《问题探究　刑法总论》,有斐阁1998年版,第252页。

63 Vgl. ,F. Schaffstein,Die Risikoerhöhung als onjektives Zurechnungsprinzip im Strafrecht, insbesondere bei der Beihilfe,in: Festschrift für Richard M. Honig, Otto Schwartz & Co. Göttingen,1970,S. 175ff.

64 R. D. Herzberg,Anstiftung und Beihilfe als Straftatbestände,GA 1971, S. 7.

65 H. Jeschck/T. Weigend,Lehrbuch des Strafrechts. Allgemeiner Teil, 5. Aufl. ,Duncker & Humblot,1996,S. 694.

66 [日]西田典之:《共犯理论の展开》,成文堂2010年版,第193页。

67 如日本刑法第62条规定:"帮助正犯的,是从犯。"

68 [日]川端博:《刑法总论讲义》,成文堂2006年版,第575页。

69 参见[日]植松正等编:《现代刑法论争I》,劲草书房1997年版,第341页。

70 Vgl. ,C. Roxin, Strafrecht Allgenmeiner Teil, Band II, C. H. Beck 2003,S. 192ff; [日]曾根威彦:《刑法总论》,弘文堂2008年版,第263页。

71 参见杨金彪:《共犯的处罚根据》,中国人民公安大学出版社2008年版,第44页以下。

72 参见[日]小岛阳介:"精神的帮助における因果关系について",载《法学论丛(京都大学)》第161卷(2007年)第4号。

73 参见[日]松原芳博:《刑法总论》,日本评论社2013年版,第379页。

74 C. Roxin, Was ist Beihilfe?, in Festschrift für Koichi Miyazawa, nomos,1995,S. 502 f.

75 [日]大塚仁等编:《大コンメンタ-ル刑法》(第五卷),青林书院1999年版,第576页。

76 参见[日]小岛阳介:"精神的帮助における因果关系について",载《法学论丛(京都大学)》第161卷(2007年)第4号。

77 [日]岛田聪一郎:"他人の行为の介入と正犯成立の限界(二)",载《法学协会杂志》第117卷(2000年)第3号。

78 参见[德]约翰内斯·韦塞尔斯:《德国刑法总论》,李昌珂译,法律出版社2008年版,第330~331页;[日]西田典之:《共犯理论の展开》,成文堂2010年版,第189页以下。

79 亦即,在数个行为引起一个结果的情况下,如果除去一个行为结果将发生,除去全部行为结果将不发生,则全部行为都是结果发生的原因(Vgl. ,H. Welzel,Das Deutsche Strafrecht,11. Aufl. ,Walter de Gruyter & Co. 1969, S. 41)。

80 参见[日]内田文昭:"帮助の因果性",载《判例タイムズ》第717号(1990年)。

81 参见张明楷:“也谈客观归责理论”,载《中外法学》2013 年第 2 期。

82 当然,在存在物理的因果性的情况下,也可以再进行心理的因果性的判断。不过,这种判断只是对量刑有一定意义,对定罪不起实质作用。

83 参见[日]西田典之:《共犯理论の展开》,成文堂 2010 年版,第 199 页。

84 参见[日]佐伯仁志:《刑法总论の考え方、楽しみ方》,有斐阁 2013 年版,第 372 ~ 373 页。

85 Vgl. ,C. Roxin, Strafrecht Allgenmeiner Teil, Band II, C. H. Beck 2003, S. 79f.

86 陈兴良:《共同犯罪论》,中国社会科学出版社 2006 年版,第 372 ~ 373 页。

87 亲手犯的基本标志是没有成立间接正犯的可能性。可是,妇女利用无责任能力的男性强奸其他妇女的行为,无疑成立强奸罪的间接正犯。另参见[日]山口厚:《刑法各论》,有斐阁 2010 年版,第 109 页。

张明楷

代表作

拾叁

法条竞合与想象竞合

如何区分法条竞合与想象竞合，不仅涉及罪数论的诸多理论问题，而且涉及对相关犯罪现象的处罚原则（如对于法条竞合中的特别关系能否例外采取重法条优于轻法条的原则）。但是，我国刑法理论一直没有正确区分法条竞合与想象竞合，导致许多争议偏离了焦点，使得相关问题未能得到妥当的解决。

一、区分的必要性

法条竞合与想象竞合的法律后果存在两个区别：其一，在法条竞合的特别关系中，当减轻法条属于特别法条时，根据特别法条优于普通法条的原则，不能从一重罪论处，必须适用减轻法条。[1]与之不同，想象竞合采取从一重罪处罚的原则。其二，即使对于法条竞合的其他关系（如补充关系）适用重法条，但法条竞合时只能适用一个法条，其他法条被排斥适用。与之相反，想象竞合时并不是只适用一个法条，而是同时适用行为所触犯的数个法条，在判决中应当明示被告人行为触犯的数个罪名（想象竞合的明示机能，详见本文第三部分），[2]只是按其中较重犯罪的法定刑量刑而已。正因为如此，法条竞合时仍属单纯一罪（或本来的一罪），而想象竞合原本为数罪，只是作为科刑上一罪处理。[3]显然，“如果将想象竞合与法条竞合的法律后果相比较，就会证实一个论断，即除了在法条竞合里也可能优先适用较轻的刑罚，它们的法律后果几乎没有差异”。但是，“不应由此得出结论认为，除了特殊关系，法条竞合的其他情况都可以被当做想象竞合处

注　原文标题为“法条竞合与想象竞合的区分”，发表于《法学研究》2016年第1期。

理”。[4]所以,各国刑法理论与司法实践都区分法条竞合与想象竞合;采用不区分二者的大竞合论的观点,[5]并不可取。

如所周知,我国刑法分则没有根据地设置了不少“特别法条”,[6]其中存在如果严格采取特别法条优于普通法条的原则,就会导致罪刑不相适应的现象。最典型的是,“特别法条”设置的法定刑虽然轻于普通法条的法定刑,却不具有减轻根据,反而具有加重理由(表面上是基本类型与减轻类型的竞合,实质上是基本类型与加重类型的竞合)。例如,按照刑法理论公认的说法,诈骗罪仅侵犯了财产,保险诈骗罪不仅侵犯了财产,而且侵犯了金融管理秩序。既然如此,设置有关保险诈骗罪的特别规定时,其法定刑就应当重于(至少同于)诈骗罪的法定刑。[7]但刑法第 198 条却恰恰相反,对保险诈骗罪规定了轻于普通诈骗罪的法定刑。[8]罪刑相适应是刑法的基本原则,必须得到贯彻。如果采取重法条优于轻法条的原则,可以贯彻罪刑相适应的原则,但可能违反刑法第 266 条中“本法另有规定的,依照规定”的规定。就保险诈骗罪与合同诈骗罪的关系来说,保险诈骗罪依然会被认定为特别法条,而适用特别法条的结局,也不可能做到罪刑相适应。倘若认定保险诈骗罪与普通诈骗罪(或合同诈骗罪[9])并不是法条竞合而是想象竞合,则从一重罪处罚,可以贯彻罪刑相适应原则,但人们可能对二者属于想象竞合的结论存在疑问。

长期以来,我国刑法理论基本上采用了单一的形式标准区分法条竞合与想象竞合,甚至通过介入案件事实判断两个法条之间是否存在包容(包摄)与交叉等关系,结果是将大量的想象竞合纳入法条竞合(尤其是其中的特别关系),进而导致案件的处理不能贯彻罪刑相适应原则。换言之,我国的许多学者虽然严格坚持德国、日本处理法条竞合中的特别关系的原则(即特别法条优于普通法条),却又没有按照德国、日本的刑法理论确定特别关系,导致特别关系的范围包含了德国、日本的吸收关系与想象竞合。所以,如何区分法条竞合与想象竞合,是需要我国刑法理论重新审视的问题。

在本文看来,形式标准是必要的,但形式标准只是一个前提性的标准,而不是唯一标准。除了形式标准之外,还必须有实质标准:法益的同一性与不法的包容性。亦即,即使符合了形式标准,但如果不符合实质标准,也不能认定为法条竞合,而只能认定为想象竞合乃至实质的数罪。

二、形式的标准

法条竞合与法条关系不是等同概念。但是,只有理顺了法条关系,才能明确其中的哪些情形可能成立法条竞合,哪些情形不可能成立法条竞合。

大体而言,刑法分则条文之间存在如下几种关系:其一,对立关系(异质关系、排他关系),表现为属于A概念的事项不可能也属于B概念,反之亦然。因此,一个行为只能触犯其中一个法条,不可能同时触犯两个法条。典型的是侵占(委托物)罪与盗窃罪,[10]前者的行为对象是行为人自己占有的财物,后者的行为对象是他人占有的财物,所以,一个行为不可能同时触犯侵占(委托物)罪与盗窃罪(当然,共同占有时除外)。其二,包容关系(包摄关系),表现为属于A概念的所有事项都属于B概念,但反过来则不成立。例如,任何杀人行为必然经过一个伤害的过程,不可能存在没有伤害过程却直接致人死亡的情形(如投毒致人死亡必然经过伤害肠胃的过程,勒杀致人死亡时必然出现"颈部损伤出现窒息征象"的轻伤害),因此,所有的故意杀人罪都触犯故意伤害罪,或者说,故意杀人罪包含了故意伤害罪,但不能说故意伤害罪同时触犯故意杀人罪。其三,交叉关系,表现为属于A概念的事项中有一部分属于B概念,属于B概念的事项中有一部分同时属于A概念。换言之,A法条与B法条所规定的构成要件存在部分重合时,就属于交叉关系(参见后述内容)。其四,中立关系,即从法条的文字表述及其内容来看,二者之间不存在上述三种关系,但一个行为可能同时触犯两个法条。例如,故意杀人罪与故意毁坏财物罪是互不相干的两个犯罪,但故意杀人行为完全可能同时触犯故意毁坏财物罪(如刺杀行为同时毁坏了被害人身着的价值数额较大的西服)。[11]

显然,在对立关系的场合,不仅不可能存在法条竞合,而且基本上不可能成立想象竞合。我国刑法理论一般认为,法条之间存在包容关系或交叉关系时,便是法条竞合。[12]法条之间的包容与交叉关系,不需要借助具体案件事实的联结,而是通过对构成要件的解释就可以发现。换言之,法条竞合关系是逻辑关系,而不是事实关系。[13]想象竞合则是现实行为触犯了数个法条,是具体案件事实使得数个法条被触犯,被触犯的数个法条之间不一定具有包容与交叉关系。在本文看来,这一形式区分标准大体是成立的。

例如,规定诈骗罪的第266条与规定票据诈骗罪的第194条,均使用了"诈骗"这一动词,且诈骗的对象均为"财物",而且,所有票据诈骗行为都同时符合诈骗罪的构成要件,但诈骗行为并不一定属于票据诈骗,据此就能确定二者之间存在包容关系,因而符合法条竞合的形式标准。再如,刑法第260条之一规定的虐待对象是未成年人、老年人、患病的人、残疾人,第260条规定的虐待对象是家庭成员。当行为人虐待未成年的、老年的、患病的或者残疾的家庭成员时,就存在交叉关系,符合法条竞合的形式标准。刑法第263条规定了8种加重抢劫的情形,其中存在诸多交叉关系,如入户抢劫与持枪抢劫(持枪入户抢劫)、持枪抢劫与抢劫银行(持枪抢劫银行)、持枪抢劫与在公共交通工具上抢劫(持枪在公共交通工具上抢劫),均存在交叉关系,符合法条竞合的形式标准。

当然,并不是只有当两个法条使用了相同的动词时,才属于法条竞合;只要对构成要件的解释使得两个法条所规定的行为之间存在包容或交叉关系,就符合了法条竞合的形式标准。例如,规定滥用职权罪的第397条与规定私放在押人员罪的第400条并没有使用相同的动词,但通过对构成要件的解释可以得知,私放在押人员是一种特殊的滥用职权行为,不管私放在押人员的行为表现为何种样态,都不影响两个法条之间的包容关系。倘若不考虑其他标准,后者就是前者的特别法条。再如,规定重大飞行事故罪的第131条与规定交通肇事罪的第133条,虽然没有使用相同的动词,但对二者所规定的构成要件进行解释的结论是,后者可以包含前者,即造成重大飞行事故的行为,同时符合交通肇事罪的构成要件,但构成交通肇事罪的行为则不一定符合重大飞行事故罪的构成要件,因而符合法条竞合的形式标准。

但是,倘若只有借助特定的案件事实,才能使两个法条之间产生关联(甚至是包容关系),案件事实改变后,两个法条之间处于中立关系乃至对立关系时,就不应当认定为法条竞合。例如,刑法第232条规定的是故意杀人罪,第275条规定的是故意毁坏财物罪,二者不存在法条竞合关系。倘若借助杀人时毁坏他人衣服(假定价值数额较大)的行为仅成立故意杀人罪这一案件事实与合理结论,也可能认为二者之间存在特殊关系。亦即,衣服是财物,故意毁坏衣服的行为成立故意毁坏财物罪,但故意杀人行为导致衣服毁坏的仅成立故意杀人罪，所以，故意杀人罪包含了故意毁坏财物罪。于是，故意杀人罪与故意毁坏财物罪是包容关系，前者成为后者的特殊法条。但是，一旦改变事实，就并非如此。例如，甲毁坏了乙的汽车，构成故意毁坏财物罪，随后杀害了乙，构成故意杀人罪，无论如何也看不出二者之间存在包容与交叉关系。

再如，规定破坏电力设备罪的第 118 条与规定盗窃罪的第 264 条，也不存在法条竞合关系。一方面，前者使用的动词是“破坏”，只要使电力设备的效用减少或者丧失，就属于破坏，而不要求转移电力设备的占有；后者使用的动词是“盗窃”，要求转移财物的占有，而不要求使财物的效用减少或者丧失。因此，一个行为能否同时触犯刑法第 118 条与第 264 条取决于具体的案件事实。亦即，如果行为人仅仅毁坏电力设备，就不可能同时触犯刑法第 264 条。只有当行为人将电力设备转移给自己或者第三者占有，并且使电力设备的效用减少或者丧失，进而危害公共安全时，才同时触犯刑法第 118 条与第 264 条。所以，这种情形不可能是法条竞合，而只能是想象竞合。

我国刑法理论之所以将大量的想象竞合纳入法条竞合，一个重要原因是通过具体案件事实确立两个法条之间的包容与交叉关系。例如，有教科书指出：“《刑法》第 305 条规定的伪证罪与《刑法》第 310 条规定的窝藏、包庇罪，在行为人都想包庇犯罪分子的情况下，就可能发生交叉性的法条竞合。”[14]显然，这是借助了“行为人都想包庇犯罪分子”这一案件事实，才得出法条竞合的结论。然而，从对构成要件的解释上说，窝藏、包庇罪与伪证罪在行为主体、行为状态和行为内容方面存在明显的差异，难以认定为法条竞合。[15]

随着德国刑法理论的引进，有学者主张将我国现有的罪数论转向德国的竞合论，[16]所以，有必要讨论中立关系的法条之间能否成立法条竞合这一问题。贝林(Beling)认为，两个法条处于中立关系时，既可能出现法条竞合，也可能出现想象竞合。[17]这种观点也是德国当今刑法理论的通说。在中立关系的场合，由行为触犯两个法条的通常性来决定法条竞合与想象竞合的区分。详言之，一个行为通常同时触犯 A 罪与 B 罪时，A 罪与 B 罪就属于法条竞合；不具有通常性时，则会成立想象竞合乃至数罪(实质竞合)。例如，故意伤害与故意毁坏财物两个罪是中立关系，在故意伤害行为同时毁坏被害人衣服的场合,由于二者具有通常性,故属于法条竞合(吸收关系);但在其他不具有通常性的场合,则认为两个法条之间没有法条竞合关系。再如,入户盗窃与故意毁坏财物(指破坏门窗等)是法条竞合关系(吸收关系);但在其他不具有通常性的场合,则不是法条竞合,一个行为同时触犯这两个法条时,就是想象竞合。[18]可是,这样的观点恐怕难以为我国学者接受。

德国竞合理论的基本框架是,将仅适用一个法条的情形均作为法条竞合处理,所以,法条竞合就是法条单一的情形;虽然应当适用数个法条,但只有一个行为或者一个所为时,就是想象竞合,所以,想象竞合就是行为单一或者所为单一;如果既不是法条单一,也不是行为单一,就是实质竞合(或实在竞合)。换言之,在德国,某个可罚行为的不法内容(指有责的不法内容,下同)能够由一个法条予以充分评价时,就适用该法条而排除其他法条的适用,此时便是法条竞合。显然,德国的法条竞合并没有要求法条之间具有逻辑上的包容或交叉关系,只是看适用一个法条能否充分评价行为的不法内容。所以,德国的法条竞合概念并非名副其实。正因为如此,德国有学者建议,以法条单一的概念替代传统的且有争论的法条竞合概念更为妥当。[19]

从德国的竞合论体系来看,将所有仅适用一个法条的情形均归入法条竞合没有明显的缺陷。在德国,所有的罪数与竞合问题都必须分别归入法条竞合、想象竞合与实质竞合三类之中,于是导致法条竞合的范围较宽,尤其是导致法条竞合中的吸收关系的范围宽泛。[20]可是,我国刑法理论起先并没有接受这种法条竞合理论,而且,我国刑法理论已经将法条竞合限定为法条之间具有包容或交叉的情形。这可谓约定俗成,再改变这一形式标准并不合适。刑法学不是自然科学,当人们已经完全习惯于将法条竞合限定为法条之间具有包容或交叉关系的情形时,推翻这种观念的做法,恐怕很不现实。例如,竞合论的概念较少固然是一种优势,但从我国刑法分则的规定来看,过少的概念并不能归纳全部情形。而且,我国已经接受了日本刑法理论的诸多概念,而要放弃这些概念也几乎不可能。一位学者可以放弃使用许多概念,但一个学界只能使概念越来越多。事实上,我国刑法理论也不可能完全接受德国刑法理论关于法条竞合的界定。例如,在我国,不管是根据"竞合"的日常含义,还是根据学术传统,恐怕没有人会赞成故意伤害罪与故意毁坏财物罪存在法条竞合的结论。再如,甲侵占了代为保管的乙的财物后,向乙谎称财物被盗(所谓护赃诈骗),导致乙放弃财物的返还请求权。德国刑法理论重视的是所谓共罚的事后行为与主犯罪之间的关系,进而提升到法条竞合关系。亦即,如果事后的护赃诈骗行为属于确保侵占行为所获取的利益的行为,它就应当退居于主犯罪(侵占罪)之后。于是认为,共罚的事后行为与侵占罪之间属于法条竞合中的吸收关系。[21]但在我国,刑法理论重点讨论的是,护赃行为是另成立诈骗罪,还是在侵占罪中一并处罚(共罚的事后行为),而不会认为二者之间属于法条竞合。[22]由此看来,我国没有必要肯定中立关系的法条之间存在法条竞合。

此外,我国刑法理论与司法实践原本就过于宽泛地肯定了法条竞合关系,特别明显的是将诸多想象竞合误认为法条竞合的特别关系。[23]在这种理论背景下,再肯定中立关系的法条之间也存在法条竞合,无疑会雪上加霜,导致对案件的处理更加不符合罪刑相适应原则。

总之,两个法条之间存在包容或交叉关系是法条竞合的形式标准。如果不符合这一标准,就必须将其排除在法条竞合之外。但是,符合这一形式标准的也不必然是法条竞合,而是需要在此基础上进行实质标准的判断。

三、法益的同一性

如上所述,包容与交叉关系是通过对法条规定的构成要件的解释而形成的,但对构成要件解释的结果必然是,即使两个法条所保护的法益完全不同,也可能出现法条之间交叉的现象。例如,刑法第 293 条规定的寻衅滋事罪包括“随意殴打他人,情节恶劣的”行为,刑法第 309 条规定的扰乱法庭秩序罪包括“殴打司法工作人员”的行为,两个法条都使用了“殴打”一词,而且后者要求殴打特定的司法工作人员,于是二者具有包容关系。但是,如果将二者认定为法条竞合,就会导致扰乱法庭秩序罪是特别法条,从而适用特别法条优于普通法条,其结果是:随意殴打他人情节恶劣的,适用“五年以下有期徒刑、拘役或者管制”的法定刑,殴打司法工作人员的,反而仅适用“三年以下有期徒刑、拘役、管制或者罚金”的法定刑,这明显不妥。再如,刑法第 275 条规定的故意毁坏财物罪的最高刑为 7 年有期徒刑,刑法第309条规定的扰乱法庭秩序罪包括"毁坏法庭设施……情节严重"的行为。单纯从逻辑关系来看,后者的行为地点与行为对象具有特殊性,因而人们会认为后者是特别法条。然而,倘若得出这种结论,适用特别法条优于普通法条的结果是,毁坏普通财物的最高可能判处7年有期徒刑,而毁坏法庭设施的最高只能处3年有期徒刑,这显然不当。[24]

正因为如此,国外刑法理论一直注重从实质上区分法条竞合与想象竞合。例如,主张犯罪的本质是侵犯道义的小野清一郎教授指出:"犯罪不是单纯的侵犯规范,而是对道义的背反、对道义的侵犯,而且是在国家的刑法中作为应受处罚的行为而予以规定的,国家做出这样的规定是为了实现自己的道义……必须在这种根本观念下讨论犯罪的单复……构成要件本身就是反道义行为的定型,构成要件的充足就体现了行为的反道义性……想象竞合与法条竞合的区分,应以道义的意义的单复为依据。道义的意义同一的场合就是法条竞合,道义的意义不同的场合就是想象竞合。"[25]但是,其一,犯罪是对道义的背反或者侵犯的观点,已经落后于我们的时代,因而不再有人赞成。其二,道义的意义的同一与否,也是无法具体判断的。小野清一郎教授在其教科书中认为,杀人罪与毁坏财物罪之间也可能存在法条竞合,[26]可是,"在这种场合,在什么意义上存在构成要件的道义的意义的同一性呢"?[27]

法益的同一性是德国学者毛拉赫(Maurach)强调的区分标准。"法条竞合时,虽然可以评价说一个行为符合数个构成要件,但只适用其中一个构成要件就可以充分评价完事实上的不法内容。"数个构成要件"完全保护的是同一法益时应认定为法条竞合,侵害了不同的法益时则应认定为想象竞合"。[28]只要承认犯罪的本质是侵害法益,并且法条竞合时适用一个法条就可以充分评价行为的不法内容,而想象竞合时只适用一个法条不能充分评价行为的不法内容,那么,首先就必须承认法益的同一性是区分法条竞合与想象竞合的一个实质标准。亦即,法条竞合时只有一个法益侵害事实,想象竞合时则有数个法益侵害事实。详言之,法条竞合时,虽然行为同时违反了数个罪刑规范,但仅侵害了其中一个罪刑规范的保护法益,因为规范之间存在包容或交叉关系,不需要也不应当认定其行为触犯数罪,否则就是重复评价。亦即,"就同一的法益侵害、法益危殆适用复数的刑法予以处罚,从法益保护的观点来看是不当的二重处罚"。[29]想象竞合时,由于行为侵害了数个罪刑规范的保护法益，因而触犯了数个罪刑规范，需要认定其行为触犯数罪。

需要说明的是，由于刑法规定的某些犯罪所保护的是双重法益（复杂客体），因此，所谓“只有一个法益侵害事实”，是指行为仅侵害了一个犯罪的保护法益；所谓“有数个法益侵害事实”，是指行为侵害了两个以上犯罪的保护法益。例如，抢劫行为既侵犯了人身也侵犯了财产，虽然同时触犯盗窃罪，但其侵害的法益没有超出抢劫罪的保护法益，其与盗窃罪属于法条竞合（特别关系）。[30]反之，在他人心脏病发作时，盗窃他人的急救药品（假定数额较大）导致他人死亡的，则属于想象竞合。因为故意杀人罪的保护法益是生命而不包括财产，盗窃罪的保护法益是财产而不包括生命，可上述行为侵害了两个犯罪的保护法益，故不是法条竞合而是想象竞合。

那么，在上述盗窃药品致人死亡的案件中，为什么最终按故意杀人罪的法定刑量刑，却又不能仅适用一个故意杀人罪的法条，承认二者之间为法条竞合呢？或者说，为什么虽然最终仅按故意杀人罪的法定刑量刑，而必须认定为想象竞合，并在判决书中明示其行为同时构成故意杀人罪与盗窃罪呢？

首先，刑法的机能是保护法益和保障国民自由。对任何一个案件的不法内容，只有既充分评价又不重复评价，才能既保护法益也保障国民自由。如果一个人的行为同时侵害了他人的生命与财产，而法官仅评价其行为构成故意杀人罪，便没有对他人的财产予以保护，这不利于实现刑法的保护法益机能。反之，如果宣告一个杀人行为同时构成故意杀人罪与故意伤害罪，就属于重复评价，有悖刑法保障国民自由的原理。

其次，刑法规范是裁判规范，法官必须根据刑法的规定、犯罪的本质以及具体的案件事实判断犯罪的数量。一罪与数罪的区分，与对数罪是否并罚是两个不同的问题。首先，虽然可能以犯罪构成为标准区分一罪与数罪，但由于犯罪构成包含了成立犯罪所要求的全部要素，一个案件完全可能在某一方面只符合一个犯罪构成的相关要件，而在另一方面完全符合两个犯罪构成的相关要件，故需要以实质标准来决定犯罪构成符合性的评价次数。结果是，只能以犯罪的本质为标准判断行为符合几个犯罪构成。质言之，由于刑法的目的是保护法益，犯罪的本质是侵害法益，所以，应当根据行为所侵犯的法益数量评价其符合几个犯罪构成或者构成几个犯罪。

或者说，行为侵犯了一个犯罪的保护法益时，成立一罪；行为侵犯了数个犯罪的保护法益时，成立数罪；行为数次侵犯一个犯罪的保护法益时，成立数罪。概言之，在被告人的行为侵害了数个法条保护的不同法益时，判决书必须肯定被告人的行为触犯了数罪。

再次，刑法虽然具有行为规范的一面，但“在对真实没有偏见的观点看来，我们不能说法律是对市民发布的，如果真要如此，那么就要完全不一样的去形塑法律，它必须更具体，并且要具有民俗性的，它必须是用日常语言的说法来表达出来，他不应该是用非常有限的表述方式来规定的。而且，它必须被说明被教授”。[31]事实上，一般人并不直接阅读刑法条文，而是通过起诉书、判决书（包括刑事裁定书）了解刑法内容。另一方面，“法律不是靠明确的条文来表现，而是在一个个案件的判决中清晰地展示出来”。[32]这虽然是普通法规则，但同样适用于成文法。日本学者指出：“法就是观念上已经固定的存在，对其正确理解的判决是法的具体化。”[33]德国学者也认为，“大部分的法律都是经过不断的司法裁判过程才具体化，才获得最后清晰的形象，然后才能适用于个案，许多法条事实上是借裁判才成为现行法的一部分”。[34]刑法只有运用到现实生活中才具有意义。判决书是对刑法的活生生的解读，解读得越明确，刑法的内容就越容易被一般人理解，刑法就越能发挥行为规范的作用，从而实现特殊预防与一般预防。[35]就本文所讨论的问题而言，要发挥刑法的行为规范的作用，就必须注重想象竞合的明示机能。

想象竞合的明示机能，是指由于被告人的行为具有数个有责的不法内容，在判决宣告时，必须将其一一列出，做到充分评价，以便被告人与一般人能从判决中了解其行为触犯几个犯罪，从而得知什么样的行为构成犯罪。[36]上述盗窃急救药品致人死亡的案件中，倘若判决仅宣告被告人的行为构成故意杀人罪，可能使被告人与一般人产生盗窃药品的行为不构成盗窃罪的误解，这便不利于对盗窃罪的特殊预防与一般预防。再如，被告人甲、乙、丙等人酒后无故殴打被害人A、B、C，造成A轻伤、B轻微伤，并摔坏了C的手机（数额较大）。倘若判决仅宣告甲、乙、丙等人的行为构成寻衅滋事罪，就可能使被告人与一般人误认为醉酒后致人轻伤的行为不构成故意伤害罪、酒后毁坏他人财物的行为不构成故意毁坏财物罪，这便不利于发挥刑法的行为规范作用。只有一一指明甲、乙、丙等人的行为构成寻衅滋事罪、故意伤害罪与故意毁坏财物罪，才有利于实现对随意殴打他人行为、酒后伤人行为、酒后故意毁坏他人财物行为的特殊预防与一般预防。

最后，刑事判决不仅对被害人的心理起安抚作用，而且涉及对被害人的赔偿等问题。在法条竞合的场合，没有必要将被告人所触犯的法条全部列举出来，就可以解决问题。例如，对抢劫案件仅适用刑法第263条，就足以对被害人的心理起安抚作用，而且能够解决退赔等问题，根据本不需要适用刑法第264条。但在上述甲、乙、丙等人寻衅滋事的案件中，如果仅认定甲、乙、丙等人的行为构成寻衅滋事罪，由于该罪是对公共秩序的犯罪，就不足以对A起安抚作用，也不利于通过附带提起民事诉讼使C获得赔偿。

总之，将法益的同一性作为区分法条竞合与想象竞合的标准，既具有理论根据，也具有现实意义。根据法益的同一性这一实质区分标准，一般来说，刑法分则中不同章节所规定的犯罪基本上不可能是法条竞合（或许存在例外）。例如，生产、销售伪劣产品罪与诈骗罪的保护法益分别为经济秩序（消费者享用合格产品的权利）与财产，使用假币罪与诈骗罪的保护法益分别为货币的公共信用与财产，[37]过失致人死亡罪与交通肇事罪的保护法益分别为人的生命与公共安全，诈骗罪与招摇撞骗罪的保护法益分别为财产与国家机关工作人员的信用，盗窃罪与盗伐林木罪的保护法益分别为财产与森林资源，报复陷害罪与滥用职权罪的保护法益分别为公民的民主权利与国家机关公务的合法、公正、有效执行以及公民对此的信赖，它们之间都不可能成为法条竞合关系，而应认定为想象竞合。[38]再如，过失致人死亡罪的保护法益是个人的生命，医疗事故罪的保护法益是公众生命、身体的安全和国家的卫生管理秩序。虽然说保护社会法益以保护个人法益为最终目的，但不能说个人法益等同于或者包括了社会法益或者国家法益。因此，过失致人死亡罪与医疗事故罪不是法条竞合，而是想象竞合。[39]同样，前述寻衅滋事罪与扰乱法庭秩序罪也不可能是法条竞合，只能是想象竞合。

法益的同一性还意味着法益主体的同一性。亦即，如果行为侵害了不同法益主体的相同法益，也不可能属于法条竞合。例如，虽然故意杀人罪与故意伤害罪是特别关系，但这只是就同一法益主体而言；一个行为同时致A死亡和B伤害时，不可能属于法条竞合，而要认定为想象竞合。[40]再如,公司人员甲将自己职务上占有的手提电脑,谎称是自己所有而出卖给乙。甲的行为虽然侵犯的只是财产,但由于法益主体不同(分别为公司与乙),二者之间不可能形成法条竞合。如果认为甲只实施了一个行为,则必须认定为想象竞合。[41]

如果严格采取法益同一性的实质标准,基本上可以明确区分法条竞合与想象竞合。正如日本学者町野朔所言:“作为判断是否存在法条竞合的标准,仅刑罚法规保护的同一性这一点即为已足,而且这一点也必须是决定性的。”[42]不过,在我国当前的理论背景下,或许还需要被迫承认,如果此章(节)所规定的犯罪保护双重法益,彼章(节)所规定的犯罪仅保护前者中的一个法益时,不排除成立法条竞合的可能。例如,诈骗罪与金融诈骗罪虽然规定在刑法分则的第五章与第三章,由于前者保护的法益是单一的财产,而后者保护的法益包括财产与金融秩序,人们完全可能认为二者之间存在法条竞合关系。此外,某个法条究竟是保护单一法益还是保护双重法益,首先是一个解释论的问题;而人们在解释法条时,又会考虑到法定刑的轻重,因而会得出不同结论。例如,人们可能认为,盗窃罪保护的是单一的财产,而盗伐林木罪保护的是财产与森林资源,故前者是普通法条,后者是特别法条。再如,在《刑法修正案(九)》删除嫖宿幼女罪之前,人们也可能认为,嫖宿幼女罪既保护幼女的性行为自主权(或所谓身心健康),也保护社会管理秩序,而奸淫幼女罪的保护法益是单一的性行为自主权,故二者之间存在特别关系。[43]

然而,如果一概承认上述情形属于特别关系,并且只能适用特别法条,就必然导致罪刑不相适应。[44]换言之,如果仅以上述形式标准与法益的同一性的实质标准为根据进行判断,会违反罪刑相适应原则。例如,倘若认为嫖宿幼女与奸淫幼女是特别关系,按照特别法条优于普通法条的原则,则对嫖宿幼女致幼女重伤、死亡的行为也仅适用嫖宿幼女罪的法定刑,而不能适用奸淫幼女的规定,这种违反罪刑相适应原则的结论显然不能被人接受。这或许也是《刑法修正案(九)》废除嫖宿幼女罪的一个重要原因(只不过这一废除建立在对法条关系的错误判断基础上)。倘若认为嫖宿幼女致人重伤、死亡行为成立奸淫幼女与嫖宿幼女的想象竞合,则可以解决所有问题。因为嫖宿幼女罪的不法内容并不能包含致人重伤、死亡的内容。所以,需要在前述区分标准的基础上进一步增加不法的包容性这一实质判断标准。

四、不法的包容性

如前所述,只有当两个法条之间存在包容或者交叉关系时,才有可能属于法条竞合。包容关系是特别关系的外在表现形式。如所周知,特别关系的基本特征是,甲法条(刑罚法规)记载了(包含了)乙法条的全部特征(或要素),但同时至少还包含一个进一步的特别特征(要素),使之与乙法条相区别。[45]其中的甲法条是特别法条,乙法条是普通法条。例如,之所以说故意杀人罪是故意伤害罪的特别法条,是因为故意杀人罪的犯罪成立条件不仅包含了故意伤害的全部要素,而且还有多于(或高于)故意伤害罪的要素(杀人行为与杀人故意)。之所以说抢劫罪是盗窃罪的特别法条,是因为盗窃是指违反他人意志,将他人占有的财物转移给自己或者第三者占有,而抢劫罪的强取行为也是违反他人意志,将他人占有的财物转移给自己或者第三者占有;抢劫罪不仅包含了盗窃罪的全部特征,而且还包含一个进一步的特别特征(使用暴力、胁迫或者其他方法)。[46]在我国,最成问题、最有争议的主要是法条竞合中的特别关系。因为处理法条竞合中的其他关系时,尽管表述不同,但结果基本上是适用重法条,而特别关系的处理原则是特别法条优于普通法条,所以,面临"特别法条"的不法内容重而法定刑轻时,就必然出现应当如何处理的争论。换言之,处理特别关系是否必须严格遵守特别法条优于普通法条的原则?如果严格遵守该原则导致罪刑不相适应时,应当如何处理?笔者现在见到和想到的是三种做法。

第一种做法,容忍罪刑不相适应的局面,交由立法者解决,或者不承认有罪刑不相适应的局面(既然立法者如此规定,那么就是罪刑相适应的,解释者不能认为罪刑不相适应)。[47]

但是,将任何问题交由立法者,不是解释者应有的态度;使刑法条文相协调,不仅是立法者的任务,也是解释者的任务。既然刑法第 5 条规定了罪刑相适应原则,就必须遵循该原则,在解释论上使各种犯罪都受到相应的处罚。

坚持认为适用所谓"特别法条"不可能导致罪刑相适应的观点,也不是实事求是的态度。例如,刑法第 264 条所规定的普通盗窃罪的法定最高刑为无期徒刑,但刑法第 345 条对盗伐林木罪所规定的最高刑为 15 年有期徒刑。倘若认为盗伐林森罪是特别法条,那么,其不法程度是否轻于盗窃罪呢？显然不是。例如，最高人民法院2000年11月22日《关于审理破坏森林资源刑事案件具体应用法律若干问题的解释》第15条规定："非法实施采种、采脂、挖笋、掘根、剥树皮等行为，牟取经济利益数额较大的，依照刑法第二百六十四条的规定，以盗窃罪定罪处罚。"显然，倘若行为人剥100棵树皮的盗窃行为，其数额达到100万元时判处无期徒刑，那么，行为人盗伐了相同的100棵树，其价值远远超过100万元时，不可能因为其行为符合了盗伐林森罪的构成要件，就认为（或者声称立法者认为）其不法程度低于盗窃罪，更不能认为仅判处15年以下有期徒刑是合适的。

在此，笔者不得不引用耶林的名言："在我眼里，那种完全不顾其裁判所带来之结果，并且将责任完全推给立法者，而仅对法典的条文进行机械式适用的法官，其实不能被称为法官；他只是司法机器中一个无感情、死板的齿轮。法官不应该是这样的。在我眼里，正义的理想，并非要法官扑灭心中的法感，也不是要他在那种错误的忠诚观念下，放弃所有对制定法做出评断的机会。过去曾经有一个时期，人们把扑灭法官心中的独立思考与感受、完全无主体性以及将自身主体性完全托付给制定法这些现象，看作正义理念的胜利。诸位先生们，这个时代已经被我们抛诸脑后。因为，我们发觉到，在所有的生活关系里，死板的规则并不能取代人类；世界并不是被抽象的规则统治，而是被人格统治。"[48]总之，一直主张实质解释论并主张通过解释解决立法缺陷的笔者，不会采取上述第一种做法。

第二种做法，有条件地采取重法条优于轻法条的原则，以便做到罪刑相适应。

如所周知，冯亚东教授在三十多年前针对一起按销售假药罪论处只能适用"二年以下有期徒刑、拘役或者管制"的法定刑，而按诈骗罪论处则应适用"十年以上有期徒刑或者无期徒刑"的法定刑的案件，提出了重法条优于轻法条的原则。[49]笔者也一直主张，存在法条竞合的特别关系时，通常按特别法条优于普通法条处理，但在例外情况下，按重法条优于轻法条处理。"适用重法条优于轻法条的原则必须符合以下三个条件：其一，行为触犯的是同一法律的普通法条与特别法条。其二，同一法律的特别法条规定的法定刑，明显轻于普通法条规定的法定刑，并缺乏法定刑减轻的根据，而且，根据案件的情况，适用特别法条明显违反罪刑相适应原则。其三，刑法没有禁止适用普通法条，或者说没有指明必须适用特别法条。否则，必须适用特别法条。”[50]笔者的上述主张，一方面是顾及我国刑法理论将诸多想象竞合认定为法条竞合的现象，另一方面也是考虑到我国刑法理论上已经出现了重法条优于轻法条的表述。

重法条优于轻法条的表述虽然受到了强烈批判，[51]但其结论的实质合理性（符合罪刑相适应原则）是毋庸置疑的。一方面，“法条竞合，不是构成要件符合性判断的问题，而是犯罪成立后的刑罚法规（法条）的适用问题”，[52]因而，选择重法条并不存在违反罪刑法定原则的疑问。另一方面，在笔者提出的限制条件下，重法条的选择符合罪刑相适应原则，而不是所谓重刑主义。

事实上，即使是在德国，两个法条存在特别关系时，也不是绝对地适用特别法条，而是存在被排除法的重生或者劣位法的复活。例如，强奸罪是强制猥亵罪的特别法条，然而，一旦行为人强奸中止或者未遂，德国判例与刑法理论就会按强制猥亵既遂定罪量刑。行为成立谋杀罪的中止时，虽然不处罚谋杀罪（因为对中止犯免除处罚），但如果造成了伤害，则应认定为故意伤害罪的既遂犯。[53]这种被排除法的重生或者劣位法的复活，实际上也是重法条优于轻法条，只不过德国刑法理论使用了另一种表述。

尽管如此，本文也不打算为重法条优于轻法条辩护和做进一步的论证，只是借鉴德国、日本区分法条竞合的特别关系与想象竞合的实质标准提出下面的第三种做法。

第三种做法，将不法内容重而法定刑轻的情形排除在法条竞合之外，认定为想象竞合。亦即，在一个行为同时触犯两个法条时，只有当适用其中一个法条能够包含另一法条的不法内容时，或者说只适用其中一个法条能够充分评价行为的所有不法内容时，在符合前述两个标准的前提下，两个法条才是法条竞合；倘若适用任何一个法条都不能完全评价行为的不法内容，即使符合前述两个标准，也只能认定为想象竞合。[54]换言之，倘若学者们坚持认为，“既然立法者已经将特殊法独立加以规定，就应该严格依法办事，不能由司法机关司法人员随意选择”，[55]“法条竞合概念意味着只要存在特别关系，特别法条的适用优先性是不可动摇的，而无须过问特别法条的轻重”，[56]则就可以通过否认特别关系并承认想象竞合来解决我国刑法分则的相关问题。

“罪数论·竞合论是在实体法上经过了对某一行为的违法、责任的判断阶段后,为量刑提供基础的领域的讨论。”[57]“竞合理论(Konkurrenzlehre)是犯罪行为理论(Lehre von der Straftat)和不法结果理论(Lehre von der Unrechtsfolgen)之间的缝合点。”[58]所以,罪数论也好,竞合论也罢,就是为了解决量刑问题。或者说,“正确的刑罚裁量终究是整个竞合理论的目的”。[59]据此,不考虑罪刑相适应的要求,而单纯从形式逻辑出发研究罪数或者竞合问题,是一种方向性的偏差。

量刑的基准是责任,或者说是有责的不法。[60]如果A法条的不法内容(程度)完全能够包容B法条的不法内容(程度),那么,就只需要适用A法条,而不可能适用B法条。如果A法条的不法内容不能包容B法条的不法内容,当甲的行为同时存在A法条的不法内容与B法条的不法内容时,适用其中任何一个法条,都不能对甲的行为内容进行充分评价。在这种场合,就必须认定为想象竞合。在德国,“一个行为(犯罪事实)的不法内容,只要适用一个刑罚法规就能够穷尽全部评价时,便是法条竞合;在有必要适用数个刑罚法规进行评价时,就是想象竞合(观念的竞合)”。[61]罗克辛教授也明确指出:“特别关系的确定,也并不一定总是一个纯粹的逻辑问题。必须通过对被排除适用一方的构成要件的不法程度进行目的论的考量予以补充的现象并不罕见。”[62]在日本,刑法理论在区分法条竞合与想象竞合时,也充分考虑法定刑的轻重,判断适用一个法条能否充分评价行为的不法内容。例如,日本刑法第223条第1项对强制罪作了如下规定:“以加害生命、身体、自由、名誉或者财产相通告进行胁迫,或者使用暴行,使他人实施并无义务实施的事项,或者妨害他人行使权利的,处三年以下惩役。”日本刑法第193条规定:“公务员滥用职权,使他人履行没有义务履行的事项,或者妨害他人行使权利的,处二年以下惩役或者监禁。”由于滥用职权包括利用职权相要挟的行为,所以,从逻辑关系上看,两个法条之间也存在特别关系(第193条为特别法条)。但是,由于公务员滥用职权罪的法定刑轻于强制罪的法定刑,仅适用一个法条不能充分评价行为的不法内容,因此,日本刑法理论的通说认为,“公务员使用暴力、胁迫手段实施滥用职权的行为时,成立本罪与强制罪的想象竞合”。[63]再如,日本刑法第195规定了特别公务员暴行、凌辱、虐待罪,[64]其中的暴行、凌辱、虐待包括使被害人产生肉体、精神痛苦的一切行为,其中当然包括强制猥亵、强奸行为。[65]在此意义上说,特别公务员暴行、凌辱、虐待罪与强制猥亵罪、强奸罪是特别关系（前者为特别法条）。但是，由于特别公务员暴行、凌辱、虐待罪的法定刑低于强制猥亵罪、强奸罪的法定刑，而且适用其中任何一个法条都不可能充分评价行为的不法内容，所以，日本刑法理论的通说与判例认为，特别公务员在执行其职务之际实施强制猥亵、强奸行为的，属于想象竞合，而不是法条竞合。[66]

概言之，前述法益的同一性，重在解决对行为的不法性质的评价问题，而没有完全解决对不法程度的评价问题。对不法性质的充分评价，不等于对不法程度的全面评价。然而，充分评价不法程度具有重要意义。首先，刑法的目的是保护法益，犯罪的本质是侵害法益。行为对法益的侵害不仅存在同一与否的问题，而且存在轻重不同的问题。将一个严重侵害A法益的行为评价为轻微侵害A法益的行为，明显不当；反之亦然。例如，将盗窃数额特别巨大评价为盗窃数额较大，就明显不符合刑法的法益保护目的与犯罪的本质。其次，刑法分则所规定的法定刑之所以存在区别，一个重要原因是不法内容（程度）不同。所以，一个并不充分的评价就会导致法定刑选择的错误，进而导致量刑的偏差，必然违反罪刑相适应原则。只有充分评价行为的不法内容，才能保证法定刑选择的正确与量刑的适当。最后，如前所述，刑法虽然是裁判规范，但无疑具有行为规范的作用。只有充分评价行为的不法内容，才能使行为规范发挥应有的作用。例如，在《刑法修正案（九）》施行之前，当行为人嫖宿幼女致人死亡时，倘若仅认定为嫖宿幼女罪，就没有评价其致人死亡的不法内容，会导致被告人与一般人认为，嫖宿幼女的行为致人死亡时，也不会因为致人死亡而加重刑罚。这显然不利于发挥刑法的行为规范机能，也不利于实现刑罚的特殊预防与一般预防目的。

所以，即使侵害的法益相同或者说不法的性质相同，但如果适用一个法条不能充分评价行为的不法内容时，就必须认定为想象竞合（参见后述内容）。这是因为，“通过设立想象竞合，能够在判决中充分评价行为人的法益侵害态度（想象竞合的明示机能）……对一个行为必须在妥当的、所有的法律观点之下作出判断”。[67]

反过来说，在符合法益的同一性标准的场合，只有当适用一个法条也能充分评价行为的不法内容，且法条之间具有包容关系时，才应认定为法条竞合的特别关系。于是，法条竞合与想象竞合的区分并不是固定不变的,而是取决于适用一个法条能否充分评价行为的不法内容。换言之,当A、B两个法条在通常情况下是法条竞合时,不排除在特殊情况下(适用一个法条不能充分评价行为的不法内容)是想象竞合。

借鉴德国、日本刑法理论与判例的基本观点,联系我国刑法分则的具体规定,通常属于法条竞合但特殊情况下(或相对于其他情形)属于想象竞合的情形主要有以下几类:

第一,既遂的A重罪与较轻的B罪是法条竞合时,未遂的A重罪与较轻的B罪可能是想象竞合。

例如,在德国,虽然抢劫罪是盗窃罪的特别法条,但如果一个行为同时构成抢劫未遂与盗窃既遂时,则不再是法条竞合,而是想象竞合。[68]因为在这种情况下,如果仅认定为抢劫未遂,就没有评价盗窃既遂的不法内容;仅评价为盗窃既遂,则没有评价抢劫未遂的不法内容,所以,必须用想象竞合来评价这一犯罪事实。再如,虽然德国联邦最高法院的判例认为,杀人与伤害是法条竞合中的补充关系,[69]但根据作为通说的"单一理论",杀人故意必然同时包含伤害身体的故意,身体伤害是发生死亡的必经状态,于是杀人行为完全包含了伤害行为,规定杀人罪与伤害罪的条文是特别关系。[70]罗克辛也教授认为,二者是特别关系,因为在概念上杀人必然伴随了伤害这一过渡阶段。但罗克辛教授同时指出,不管二者是什么关系,"在杀人罪与多种形态的伤害罪中,对杀人罪的处罚不能充分包含案件的不法内容时,就可能存在想象竞合"。[71]换言之,如果认定为杀人罪导致处罚较轻,因而不能评价特殊伤害的不法内容时,就不得按照法条竞合处理,而应认定为想象竞合,按特殊的伤害既遂量刑。

我国刑法也存在这样的情形。例如,甲准备了入户抢劫的工具,以抢劫故意侵入他人住宅后发现住宅内没有人,于是盗窃了他人价值1万元的财物。虽然抢劫罪是盗窃罪的特别法条,但如果仅认定为抢劫罪,就没有评价甲盗窃既遂的不法内容;如果仅认定为盗窃既遂,就没有评价其抢劫预备的不法内容。只有认定为想象竞合,才能做到充分评价,并实现想象竞合的明示机能。再如,一般来说,故意杀人罪是故意伤害罪的特别法条,所以,在通常情况下,对故意杀人行为(不管是既遂还是未遂)要适用特别法条按故意杀人罪论处。但是,在行为人以特别残忍手段实施杀人行为致人重伤造成严重残疾时,如果再按特别法条认定为故意杀人未遂,就会对行为人从轻或者减轻处罚。然而，这样的处罚不能充分评价行为人“以特别残忍手段致人重伤造成严重残疾”的不法内容，所以，此时应认定为想象竞合，从一重罪处罚。亦即，认定行为触犯数罪，同时适用故意伤害罪的“十年以上有期徒刑、无期徒刑或者死刑”的法定刑，且不再适用未遂犯的从宽处罚规定。唯此，才能做到罪刑相适应。[72]或许有人认为，刑法第234条第2款有“本文另有规定的，依照规定”的表述，本文的上述观点违反了这一规定。其实不然，“本法另有规定的，依照规定”是就法条竞合而言，但在想象竞合的场合，必须从一重罪处罚。

第二，B罪与A罪的基本条款是法条竞合时，B罪与A罪的加重条款（或其中一部分）可能是想象竞合。

例如，刑法第151条第3款规定：“走私珍稀植物及其制品等国家禁止进出口的其他货物、物品的，处五年以下有期徒刑或者拘役，并处或者单处罚金；情节严重的，处五年以上有期徒刑，并处罚金。”刑法第153条第1款规定：“走私本法第一百五十一条、第一百五十二条、第三百四十七条规定以外的货物、物品的，根据情节轻重，分别依照下列规定处罚：（一）走私货物、物品偷逃应缴税额较大或者一年内曾因走私被给予二次行政处罚后又走私的，处三年以下有期徒刑或者拘役，并处偷逃应缴税额一倍以上五倍以下罚金。（二）走私货物、物品偷逃应缴税额巨大或者有其他严重情节的，处三年以上十年以下有期徒刑，并处偷逃应缴税额一倍以上五倍以下罚金。（三）走私货物、物品偷逃应缴税额特别巨大或者有其他特别严重情节的，处十年以上有期徒刑或者无期徒刑，并处偷逃应缴税额一倍以上五倍以下罚金或者没收财产。”倘若以第151条为基准，可以认为第153条为补充法条；倘若以第153条为基准，则第151条是特别法条。当走私珍稀植物制品偷逃应缴税额较大或者巨大时，可以肯定第151条第3款是法条竞合的特别法条。但是，当走私珍稀植物制品偷逃应缴税额特别巨大时，如果依然认为第151条第3款是特别法条，认定为走私国家禁止进出口的货物、物品罪，就不能充分评价偷逃数额特别巨大关税的不法内容，所以，必须认定为想象竞合，从而既评价走私国家禁止进出口的货物、物品的不法内容，又评价偷逃数额特别巨大关税的不法内容。

再如，刑法第198条规定，有下列情形之一，进行保险诈骗活动，数额较大的，处5年以下有期徒刑或者拘役，并处1万元以上10万元以下罚金;数额巨大或者有其他严重情节的,处5年以上10年以下有期徒刑,并处2万元以上20万元以下罚金;数额特别巨大或者有其他特别严重情节的,处10年以上有期徒刑,并处2万元以上20万元以下罚金或者没收财产。刑法第266条规定,诈骗公私财物,数额较大的,处3年以下有期徒刑、拘役或者管制,并处或者单处罚金;数额巨大或者有其他严重情节的,处3年以上10年以下有期徒刑,并处罚金;数额特别巨大或者有其他特别严重情节的,处10年以上有期徒刑或者无期徒刑,并处罚金或者没收财产。倘若学者们坚持认为保险诈骗罪是普通诈骗的特别法条,[73]则只能在保险诈骗数额为普通诈骗的数额较大或者巨大范围内时,承认二者是特别关系。因为在这种场合,适用特别法条认定为保险诈骗罪,或许也能充分评价行为对保险秩序与财产的不法侵害内容。但是,如若行为人保险诈骗数额达到了普通诈骗应当判处无期徒刑的数额特别巨大(如2000万元)标准,则此时保险诈骗与普通诈骗便是想象竞合。因为在这种场合,如果仍然认定为特别关系,适用特别法条认定为保险诈骗罪,此时适用的法定刑为"十年以上有期徒刑",只能评价对保险秩序和数额巨大财产的不法侵害内容,而不能充分评价对数额特别巨大财产的不法侵害内容,所以,必须认定为想象竞合,认定行为同时触犯两罪,并按重罪(普通诈骗罪)的法定刑处罚。同样,刑法第266条中的"本法另有规定的,依照规定"也只是就法条竞合而言。例如,在保险诈骗数额较大财物时,就属于"本法另有规定",因而应依照保险诈骗罪论处。

再如,倘若学者们坚持认为原有的嫖宿幼女是奸淫幼女的特别法条,[74]那么,按照不法的包容性的实质标准,这种特别关系只存在于嫖宿幼女与通常的奸淫幼女(刑法第236条第2款)之间。[75]例如,当行为人实施一次嫖宿幼女行为时,按特别法条认定为嫖宿幼女罪,或许也可实现罪刑相适应的要求。但是,当行为人嫖宿幼女致人重伤、死亡时,必须认定为嫖宿幼女与奸淫幼女致人重伤、死亡的想象竞合;[76]当行为人嫖宿三名以上幼女时,必须认定为嫖宿幼女与"奸淫幼女多人"的想象竞合。只有这样,才能充分评价行为的不法性质与不法内容。

又如,倘若学者们坚持认为盗窃罪与盗伐林木罪是法条竞合的特别关系,[77]那么,按照不法的包容性的实质标准,这种特别关系仅限于盗伐林木的财物价值(不法程度)没有超出15年有期徒刑程度的情形。换言之,当盗伐林木所造成的财产侵害程度需要判处无期徒刑时，其与盗窃罪之间便是想象竞合。这是因为，如果仅认定为法条竞合的特别关系，就没有对重大财产侵害这一不法内容进行充分评价，而仅认定为盗窃罪就没有评价对森林资源的侵害内容。所以，只有认定为想象竞合犯，才有充分评价行为的不法性质与不法内容。

在此可能遇到的诘问是，凭什么说适用一个法条没有充分评价不法内容？由解释者自己决定会不会导致定罪量刑的恣意性？答案其实很简单：根据法定刑与量刑规范（量刑实践）判断适用一个法条是否充分评价了行为的不法内容，不仅容易而且不会恣意。一方面，法定刑的轻重主要取决于有责的不法内容，而不是单纯取决于客观不法或责任类型。虽然一般预防必要性大小也影响法定刑，但一般预防与责任是密切联系的。例如，盗窃罪的法定刑之所以高于故意毁坏财物罪，从表面上说是因为前者具有非法占目的，从实质上说是因为具有非法占有目的（尤其是其中的利用意思）才使得一般预防必要性大，亦即，一般人容易基于利用意思窃取他人财物；而故意毁坏财物罪的成立不以非法占有目的为前提，一般人不会轻易毁坏他人财物，故一般预防的必要性小。所以，一般预防必要性大小实际上意味着有责的不法严重。另一方面，由于法定刑有一定的幅度，所以，在实行量刑规范化的当下，根据量刑规范可以进一步细化不法内容的判断。以前述保险诈骗罪与诈骗罪的关系为例。诈骗罪的最高刑是无期徒刑，保险诈骗罪的最高刑是15年有期徒刑。所以，关键在于骗取多少财物会判处无期徒刑。倘若从2016年起，司法实践对诈骗价值3000万元以上财物的才判处无期徒刑，那么，对于保险诈骗低于3000万元的行为，认定为保险诈骗罪或许仍能充分评价行为的不法内容。一旦保险诈骗超过了3000万元，则应认为，仅认定为保险诈骗罪就不能充分评价该行为对财产的不法侵害程度，所以，需要认定为想象竞合，从一重罪（诈骗罪）处罚。再如，倘若从2016年起，司法实践对盗窃价值200万元以上财物的判处无期徒刑，那么，在盗伐林木价值低于200万元时，认定为盗伐林木罪仍能充分评价行为的不法内容。一旦盗伐林木价值超过了200万元，则应认为，仅认定为盗伐林木罪就不能充分评价该行为对财产的不法侵害程度，所以，需要认定为想象竞合，从一重罪（盗窃罪）处罚。显然，在此问题上，只要对法定刑与量刑规范（量刑实践）稍作比较，就能得出合理结论，而不会导致定罪量刑的恣意性。

第三,结果加重犯与基本犯是法条竞合,但与加重结果所触犯的罪之间则是想象竞合。

结果加重犯与基本犯是最典型的特别关系。[78]例如,抢劫致人死亡与普通抢劫是特别关系。行为人抢劫致人死亡时,必须适用抢劫致人死亡的特别法条,不得适用基本法条认定为普通抢劫。但是,就与故意杀人罪、过失致人死亡的关系而言,抢劫致人死亡与故意杀人罪、过失致人死亡罪则是想象竞合。

德国联邦法院认为,"谋杀罪与抢劫致死罪之间是想象竞合,因此,故意引起的死亡正是抢劫的结果,据此,在有罪判决中就可能明确指出(明示)特别重大而且危险的抢劫行为"。[79]亦即,对以杀人手段实现目的的抢劫行为,应认定谋杀罪与故意抢劫致人死亡是想象竞合,而不是法条竞合。这一观点也得到了德国刑法理论的普遍认可。例如,耶赛克教授与魏根特教授指出:"如果并不缺乏结果加重犯的基本构成要件,加重结果不仅可以由过失而且可以由故意实现时,就必须承认结果加重犯与该故意构成要件或过失构成要件之间是想象竞合。因为只有采用这样的认定方法,才能说明具体案件中加重结果是由故意引起还是由过失引起。"[80]

在我国,将抢劫故意致人死亡认定为抢劫致人死亡与故意杀人的想象竞合,不仅能够发挥上述明示机能,而且在基本犯未遂时,有利于量刑的合理化。例如,行为人计划杀死他人后取得财物,但杀害他人后因害怕刑罚处罚而自动放弃了取得财物的行为,或者由于意志以外的原因而未能得取财物。在这种情况下,如果仅认定为抢劫(致死)罪,首先存在是否适用中止犯、未遂犯的规定的问题,如果适用则明显导致罪刑不相适应。倘若认定为抢劫(致死)罪与故意杀人罪的想象竞合犯,则最终可以按故意杀人罪的既遂犯处罚,从而保证量刑的合理性。

存在疑问的是,将上述情形认定为想象竞合,是否存在重复评价的嫌疑?答案是否定的。一方面,上述评价首先旨在实现想象竞合的明示机能,从而有利于实现特殊预防与一般预防目的,而不是为了使行为人受到双重处罚。另一方面,想象竞合时,只是认定行为触犯数罪,而不是按数罪处罚,只是适用一个最重的法定刑,所以,并不存在对行为人不利的重复评价。

此外,结果加重犯与基本法条之间是法条竞合,但形式上属于结果加重而刑法没有加重法定刑,因而不成立结果加重犯的,属于想象竞合。例如,在《刑法修正案(九)》施行之前,绑架致人死亡是绑架罪的结果加重犯,故绑架致人死亡与普通绑架之间是特别关系。但是,《刑法修正案(九)》没有将绑架致人死亡规定为结果加重犯。于是,在行为人绑架致人死亡的场合,不能仅定绑架罪,必须认定为绑架罪与过失致人死亡罪的想象竞合,再按绑架罪的法定刑处罚。

综上所述,特别关系与想象竞合的区别是相对的,而非固定不变的。接下来需要讨论的是,法条之间具有交叉关系的情形,是否存在法条竞合?

例如,日本刑法第 224 条规定:"略取或者诱拐未成年人的,处三个月以上七年以下惩役。"第 225 条规定:"以营利、猥亵、结婚或者对生命、身体的加害为目的,略取或者诱拐他人的,处一年以上十年以下惩役。"山口厚教授认为,在以营利、猥亵等目的的略取、诱拐未成年人这一部分,略取、诱拐未成年人罪与营利目的等略取、诱拐罪就形成交叉关系,适用重法条优于轻法的原则。[81]但是,日本的通说以及德国的竞合论并不承认法条竞合的交叉关系。这是因为,在上述交叉关系的场合,如果只适用一个重法条,就没有充分评价行为的不法内容,不能发挥想象竞合的明示机能。例如,当行为人以营利、猥亵等目的略取、诱拐未成年人时,如果仅适用第 224 条,就没有评价其不法目的;如果仅适用第 225 条,就没有评价略取、诱拐未成年人这一内容。只有认定为想象竞合,在判决中明示行为同时触犯第 224 条与第 225 条,才能实现对不法内容的充分评价。不难看出,只要重视想象竞合的明示机能,就会否认交叉关系属于法条竞合。

再如,我国有学者指出,当行为人冒充国家机关工作人员招摇撞骗,骗得财物时,就成立外延上的交叉关系。据此,刑法第 266 条与第 279 条存在交叉关系,属于法条竞合的交叉关系,适用原则是重法优于轻法。[82]可是,首先,招摇撞骗罪并没有将财物作为保护法益,因而不以骗取财物为要件,"招摇撞骗"并无宾语,只不过是"冒充国家机关工作人员"的同位语,只要向他人冒充国家机关工作人员,就属于招摇撞骗。换言之,实践中的冒充国家机关工作人员骗取财物只是案件事实,而不是第 279 条的构成要件内容。因此,上述两个法条之间并没有交叉关系。其次,退一步来说,即使承认二者之间存在交叉关系,也不是法条竞合。因为如果仅适用第 279

条认定为招摇撞骗罪,就没有评价行为对财产的不法侵害内容;如果仅适用第266条认定为诈骗罪,就没有评价对国家机关公共信用的不法侵害内容。只有认定为想象竞合,在判决中明示行为触犯上述两个罪名,只是适用一个重法定刑,才能全面评价行为的不法内容。最后,认为诈骗罪与招摇撞骗罪是法条竞合,同时主张实行重法优于轻条的观点,明显不符合刑法第266条的"本法另有规定的,依照规定"的规定。亦即,如果对冒充国家机关工作人员骗取财物的行为认定为诈骗罪(重法),就违反了刑法第266条的规定。于是,持上述观点的学者指出:"可以将'本法另有规定的,依照规定'理解为对诈骗罪的特别法与普通法的法条竞合的法律适用原则的规定,而不适用于诈骗罪中的择一关系的法条竞合。对于择一关系的法条竞合,可以径直采用重法优于轻法的原则。"[83]但是,做出如此解释的根据,还存在疑问。事实上,与其这样解释,不如承认冒充国家机关工作人员骗得财物的行为是想象竞合。这样,既可以就行为侵害了不同法益进行充分评价,又实现想象竞合的明示机能,还维持了处罚的协调性,且不至于违反刑法第266条的规定。

再如,当行为人虐待的家庭成员属于未成年的被监护人时,如果认定为法条竞合,那么,要么仅适用第260条评价为虐待罪,因而就没有评价对未成年的被监护人这一特定对象进行虐待的不法内容;要么仅适用第260条之一评价为虐待被监护人罪,因而就没有评价虐待家庭成员这一不法内容。只有认定为想象竞合犯,才能全面评价行为的不法内容。

综上所述,只有重视想象竞合的明示机能,在刑法分则条文之间存在交叉关系时,就不能承认法条竞合,只能认定为想象部合。

五、简短的结语

总之,"一行为违反了数条相互之间不能通过法条竞合排除的刑法规定,就构成想象竞合"。[84]而能否通过法条竞合排除,并非只是考虑数个法条之间是否存在包容与交叉关系,还必须考虑适用一个法条能否充分评价行为的不法性质与不法内容(程度)。只有当适用一个法条能够充分评价一个行为的所有不法内容时,才可能属于法条竞合。反之,应当认定为想象竞合。本文的观点使得法条竞合与想象竞合的区分并不固定,但并不会导致区分的恣意性;本文的观点导致法条竞合减少、想象竞合增加,但并不是为了实现重刑主义,而是为了实现刑法的公平正义,实现刑罚的特殊预防与一般预防目的。

"在特别关系的法条竞合中,能否采用重法优于轻法原则,始终是我国刑法学界关于法条竞合理论关注的一个核心问题,而且争论时间持续达25年之长,至今仍然没有平息的迹象。"[85]倘若从立法论角度来说,如此持续的争论显然是立法者滥设法定刑不均衡的"特别法条"所致。虽然在解释学上原本不应当有形式解释论与实质解释论的争论,但在对待法定刑不均衡的"特别法条"方面,的确存在形式解释论与实质解释论的争论。形式解释论者注重法条之间的逻辑关系,但并不权衡法条之间是否协调,不顾虑个案的判决是否符合罪刑相适应原则,或者将问题推给立法者;实质解释论者则认为,法条竞合并不是一个单纯的逻辑关系,而是要将公平正义、量刑的合理化贯彻于法条竞合与具体个案之中。这是因为,"如果一项罪行与对之设定的刑罚之间存在着实质性的不一致,那么就会违背一般人的正义感"。[86]同样,一项判决与所判之罪之间存在实质性的不一致,也会违背一般人的正义感。本文显然是实质解释论的产物,旨在实现刑法的公平正义,实现刑罚的特殊预防与一般预防。当然,本文不可能平息这方面的争论;相反,可能使争论更加激烈(或者说,本文可能受到更多的批判)。

还想重复说明的是,我国刑法理论不仅采用单一的形式标准区分法条竞合与想象竞合,而且离开法条的保护法益,通过设想具体事实使法条之间产生包容或交叉关系,结局是将大量的想象竞合纳入法条竞合的特别关系。许多学者虽然将德国、日本处理法条竞合特别关系的原则(即特别法条优于普通法条)当作一项铁则,却又没有按照德国、日本的刑法理论确定特别关系,[87]导致特别关系的范围包含了德国、日本的吸收关系与想象竞合。同样,我国刑法理论与司法实践虽然接受了源于德国的想象竞合概念,却忽略了想象竞合最重要的、德国刑法理论与司法实践最强调的明示机能,导致原本属于想象竞合的交叉关系都成为法条竞合。这是值得反思的一种现象。

笔者始终反对宽泛地确定法条竞合的范围,不顾及处理结论是否合理而坚持特别法条优于普通法条原则的做法。换言之,为了处理结论合理,实现刑法的正义理念,实现特殊预防与一般预防目的,要么有限地适用重法条优于轻法条的原则,要么限缩法条竞合的范围,将需要适用重法条的情形排除在特别关系之外。笔者以前赞成有限地适用重法条优于轻法条的原则,采取的是前一路径;本文所提出的法条竞合与想象竞合的重新区分,[88]采取的是后一路径。虽然前后路径不同,但对具体案件的处理结论完全相同,可谓殊途同归吧。

注释

1 法条竞合关系,并不限于形式上的此条与彼条之间的关系;同一法条内的不同款项之间,以及同一款项内的不同构成要件之间,也可能存在法条竞合关系。例如,刑法第236条第1款与第2款、第1款与第2款、第2款与第3款均存在法条竞合关系。再如,刑法第263条只有一款,其中后段规定的8项加重抢劫与前段规定的普通抢劫,就是典型的法条竞合(特别关系)。

2 参见[日]只木诚:《罪数论の研究》,成文堂2009年补订版,第187页以下。

3 参见[日]前田雅英:《刑法总论讲义》,东京大学出版会2015年版,第392、399页;[日]山口厚:《刑法总论》,有斐阁2007年版,第365、379页;[日]井田良:《讲义刑法学·总论》,有斐阁2008年版,第523、532页。

4 [德]冈特·施特拉腾韦特、洛塔尔·库伦:《刑法总论Ⅰ——犯罪论》,杨萌译,法律出版社2006年版,第445~446页。

5 参见陈洪兵:"不必严格区分法条竞合与想象竞合——大竞合论之提倡",载《清华法学》2012年第1期。

6 之所以使用引号,是因为刑法理论的通说认为这些法条是特别法条,但本文可能认为它们不是特别法条。

7 诚然,人们也可能认为保险诈骗罪具有减轻处罚的根据(参见蔡道通:"特别法条优于普通法条适用",载《法学家》2015年第5期)。但从不法内容来看,由于保险制度与秩序对人们越来越重要,保险公司的财产应当得到同等保护,所以,保险诈骗的不法程度不可能轻于普通诈骗与合同诈骗。刑法没有理由对保险诈骗的被害人采取弱保护的事政策立场。日本刑法没有规定特别的诈骗罪,对保险诈骗行为按普通诈骗罪处理(绝大多数国家刑法都是如此)。德国刑法第265条对保险诈骗设置了预备犯的既遂化的规定,并且处罚其中的未遂犯(相当于处罚未完成的预备行为);该条同时规定,如果行为符合了普通诈骗罪的构成要件,则按普通诈骗罪论处。这足以说明,对保险诈骗罪的处罚不得轻于普通诈骗罪。

8 此外,我国刑法中还存在特别法条设置的法定刑与普通法条设置的法定刑完全相同(基本类型与相同类型的竞合)的情形。例如,刑法第375条第1款规定的伪造、变造、买卖、盗窃、抢夺武装部队公文、证件、印章犯罪的法定刑，与第280条第1款规定的伪造、变造、买卖、盗窃、抢夺、毁灭国家机关的公文、证件、印章犯罪的法定刑完全相同（而且前者还遗漏了毁灭行为）。再如，第368条所规定的阻碍军人执行职务罪的法定刑，与第277条所规定的妨害公务罪的法定刑完全相同。对此，适用特别法条并不会导致罪刑不相适应。不过，从立法论上而言，第375条第1款与第368条的规定是完全没有必要的特别法条。

9 为了论述的方便，以下仅以保险诈骗罪与普通诈骗罪的关系展开讨论。

10 完整的表述应当是规定侵占（委托物）罪的法条与规定盗窃罪的法条。为了表述方便，本文一般以罪名取代法条。

11 以上参见［日］山火正则："法条竞合の诸问题（1）"，载《神奈川法学》第7卷（1971）第1号。

12 参见陈兴良、龚培华、李奇路：《法条竞合论》，复旦大学出版社1993年版，第22页以下；吴振兴：《罪数形态论》，中国检察出版社1996年版，第173页；高铭暄、马克昌主编：《刑法学》，北京大学出版社、高等教育出版社2011年版，第186页；王作富主编：《刑法》，中国人民大学出版社2009年版，第171页。本文也只是照顾到这种通说，才将交叉关系当作法条竞合的形式标准。但如后所述，交叉关系均属于想象竞合。

13 参见陈兴良：《口授刑法学》，中国人民大学出版社2007年版，第372页以下。

14 王作富主编：《刑法》，中国人民大学出版社2009年版，第170页。

15 法条之间是否存在包容与交叉，首先取决于构成要件内容，不能仅因为两个罪的主观目的或者动机相同，就认为二者之间具有包容或交叉关系。例如，盗窃罪与诈骗罪都是以非法占有目的为前提，但不能认为二者之间存在包容与交叉关系。

16 参见陈兴良："刑法竞合论"，载《法商研究》2006年第2期；陈兴良："从罪数论到竞合论——一个学术史的考察"，载《现代法学》2011年第3期。

17 参见［日］山火正则："法条竞合の诸问题（1）"，载《神奈川法学》第7卷（1971）第1号，第8页以下。

18 Vgl., C. Roxin, Strafrecht Allgemeiner Teil, Band II, C. H. Beck, 2003, S. 858f;［德］冈特·施特拉腾韦特、洛塔尔·库伦：《刑法总论Ⅰ——犯罪论》，杨萌译，法律出版社2006年版，第436页。

19 H. Jescheck/T. Weigend, Lehrbuch des Strafrechts. Allgemeiner Teil, 5. Aufl., Duncker & Humblot, 1996, S. 732.

20 需要说明的是，德国法条竞合的特别关系与补充关系的范围并不宽泛。

21 参见［德］Ingeborg Puppe："基于构成要件结果同一性所形成不同构成要件实现之想象竞合"，陈志辉译，载《东吴法律学报》第17卷第3期。

22 参见陈兴良主编：《刑法总论精释》，人民法院出版社2011年版，第703页以下；张明楷:《刑法学》,法律出版社 2011 年版,第 432、906 页;周光权:《刑法总论》,中国人民大学出版社 2011 年版,第 260 页。

23 刑法理论一直认为,刑法第 140 条是普通法条,第 141 ~ 148 条是特别法条,但刑法第 149 条规定了重法条优于轻法条的例外原则。现在看来,这种观点也值得反思。例如,刑法第 140 条所规定的生产、销售伪劣产品罪的最高刑为无期徒刑。刑法第 148 条规定:"生产不符合卫生标准的化妆品,或者销售明知是不符合卫生标准的化妆品,造成严重后果的,处三年以下有期徒刑或者拘役,并处或者单处销售金额百分之五十以上二倍以下罚金。"倘若说第 148 条是特别法条,再联系第 149 条的规定,就不能回答如下问题:立法者对生产、销售不符合卫生标准的化妆品的犯罪究竟是想科处较轻的刑罚,还是想科处较重的刑罚? 主张第 148 条是特别法条的观点实际上意味着,立法者原本打算对生产、销售不符合卫生标准的化妆品的犯罪科处较轻的刑罚,于是设置了第 148 条;但随即又担心处罚较轻,于是再设置第 149 条。或许否认特别关系、认定为相互补充关系或者想象竞合,才能理顺关系。

24 当然,肯定会有人说"这是立法问题,只能通过修改法律来解决,而不能通过另设法条竞合与想象竞合的区分标准来解决"。本文则认为,这是解释论的问题,而不是立法论的问题。

25 [日]小野清一郎:《犯罪构成要件の理论》,有斐阁 1953 年版,第 402 页。

26 [日]小野清一郎:《犯罪讲义》,有斐阁 1948 年版,第 266 页。

27 [日]山火正则:"法条竞合の诸问题(1)",载《神奈川法学》第 7 卷(1971)第 1 号。

28 R. Maurach, Drutsches Strafrecht, Allgemeiner Teil, 3. Aufl. , Karlsruhe, 1965, S. 636f. 这一观点在日本得到了山火正则、铃木茂嗣、町野朔、前田雅英、山口厚等教授的支持。参见[日]山火正则:"法条竞合の本质",载《法学》1971 年第 4 号;[日]铃木茂嗣:《刑法总论》,成文堂 2011 年版,第 275 页以下;[日]町野朔:"法条竞合论",载[日]内藤谦等编:《平野龙一古稀祝贺论文集》(上卷),有斐阁 1991 年版,第 410 页以下;[日]前田雅英:《刑法总论讲义》,东京大学出版会 2011 年版,第 555 页;[日]山口厚:《刑法总论》,有斐阁 2007 年版,第 365、379 页。

29 [日]町野朔:"法条竞合论",载[日]内藤谦等编:《平野龙一古稀祝贺论文集》(上卷),有斐阁 1991 年版,第 420 页。

30 参见[日]山口厚:《刑法总论》,有斐阁 2007 年版,第 367 页。

31 [德]亚图・考夫曼:《法律哲学》,刘幸义等译,台北五南图书出版公司 2000 年版,第 119 页。

32 [美]安东尼・刘易斯:《言论的边界》,徐爽译,法律出版社 2010 年版,第 3 页。

33 [日]平野龙一:"刑法解释中的判例与学说",黎宏译,载《国家检察官学院学报》2015 年第 1 期。

34 [德]卡尔・拉伦茨:《法学方法论》,陈爱娥译,商务印书馆 2003 年版,第 20 页。

35 参见张明楷:“明确性原则在刑事司法中的贯彻”,载《吉林大学社会科学学报》2015年第4期。

36 Vgl. , C. Roxin, Strafrecht Allgemeiner Teil, Band II, C. H. Beck, 2003, S. 831; H. Jescheck/T. Weigend, Lehrbuch des Strafrechts. Allgemeiner Teil, 5. Aufl. , Duncker & Humblot, 1996, S. 718.

37 日本刑法理论的通说也不承认二者之间为法条竞合,而是认定为包括的一罪(参见[日]西田典之:《刑法各论》,弘文堂2012年版,第331页)。例如,山口厚教授认为,法条竞合中并不存在吸收关系,同时认为吸收一罪属于包括的一罪(参见[日]山口厚:《刑法总论》,有斐阁2007年版,第366页);使用假币罪与诈骗罪属于包括的一罪(参见[日]山口厚:《刑法各论》,有斐阁2010年版,第423页)。

38 参见丁慧敏:《论刑法中的法条竞合》,清华大学法学博士学位论文(2013年),第107页以下。

39 参见吕英杰:“刑法法条竞合理论的比较研究”,载陈兴良主编:《刑事法评论》(第23卷),北京大学出版社2008年版,第483页。

40 行为人开一枪导致两人死亡时,也是想象竞合。因为生命为个人专属法益,两人死亡意味着存在两个法益侵害事实。

41 Vgl. , C. Roxin, Strafrecht Allgemeiner Teil, Band II, C. H. Beck, 2003, S. 822.

42 [日]町野朔:“法条竞合论”,载[日]内藤谦等编:《平野龙一古稀祝贺论文集》(上卷),有斐阁1991年版,第420页。

43 参见陈兴良:“法条竞合的学术演进——一个学术史的考察”,载《法律科学》2011年第4期。

44 如果特别法条的法定刑较重或者与普通法条的法定刑相同,则没有明显的缺陷。

45 Vgl. , C. Roxin, Strafrecht Allgemeiner Teil, Band II, C. H. Beck, 2003, S. 848.

46 当然,与德国、日本不同的是,我国刑法对普通盗窃存在数额较大的要求,因而难以认为在任何情形下抢劫罪都是盗窃罪的特别法条。但是,一方面,可以肯定,相对不要求数额较大的盗窃类型而言,持枪抢劫是携带凶器盗窃的特别法条,入户抢劫是入户盗窃的特别法条。另一方面,在数额较大的前提下,抢劫罪无疑是盗窃罪的特别法条。

47 参见周光权:“法条竞合的特别关系研究”,载《中国法学》2010年第3期;车浩:“强奸罪与嫖宿幼女罪的关系”,载《法学研究》2010年第2期。

48 [德]鲁道夫·冯·耶林:《法学是一门科学吗?》,李君韬译,法律出版社2010年版,第81页。

49 冯亚东:“论法条竞合后的从重选择”,载《法学》1984年第4期。不过,冯亚东教授并没有严格区分法条竞合与想象竞合。在本文看来,销售假药罪与诈骗罪是想象竞合而不是法条竞合。

50 张明楷:《刑法学》,法律出版社 2011 年版,第 424 页。

51 参见肖开权:“法条竞合不能从重选择——与冯亚东同志商榷”,载《法学》1984 年第 8 期;陈兴良:“法条竞合的学术演进——一个学术史的考察”,载《法律科学》2011 年第 4 期;刘明祥:“嫖宿幼女行为适用法条新论”,载《法学》2012 年第 12 期;周光权:“法条竞合的特别关系研究”,载《中国法学》2010 年第 3 期;车浩:“强奸罪与嫖宿幼女罪的关系”,载《法学研究》2010 年第 2 期;王强:“法条竞合特别关系及其处理”,载《法学研究》2012 年第 1 期。

52 [日]井田良:《讲义刑法学・总论》,有斐阁 2008 年版,第 524 页。

53 Vgl., H. Jescheck/T. Weigend, Lehrbuch des Strafrechts. Allgemeiner Teil, 5. Aufl., Duncker & Humblot, 1996, S. 549;[日]山火正则:“法条竞合の诸问题(2)”,载《神奈川法学》第 7 卷(1971 年)第 2 号。

54 再次特别声明,不法内容仅限于有责的不法内容,而不包括没有责任的不法内容。因为没有责任的不法既不成立犯罪,也不能作为量刑情节予以考虑(参见张明楷:《论影响责任刑的情节》,载《清华法学》2015 年第 2 期)。

55 陈兴良:“法条竞合的学术演进——一个学术史的考察”,载《法律科学》2011 年第 4 期。

56 周光权:“法条竞合的特别关系研究”,载《中国法学》2010 年第 3 期。

57 [日]只木诚:“罪数论・竞合论”,载[日]山口厚、甲斐克则编:《21 世纪日中刑事法の重要课题》,成文堂 2014 年版,第 73 页。

58 [德]约翰内斯・韦塞尔斯:《德国刑法总论》,李昌珂译,法律出版社 2008 年版,第 458 页。

59 [德]Ingeborg Puppe:“基于构成要件结果同一性所形成不同构成要件实现之想象竞合”,陈志辉译,载《东吴法律学报》第 17 卷第 3 期。

60 参见张明楷:《责任刑与预防刑》,北京大学出版社 2015 年版,第 239 页以下。

61 [日]只木诚:“念的竞合における明示机能”,载《研修》2011 年 4 月号(总第 754 号)。

62 C. Roxin, Strafrecht Allgemeiner Teil, Band II, C. H. Beck, 2003, S. 850.

63 [日]山中敬一:《刑法各论》,成文堂 2009 年版,第 766 页。另参见[日]团藤重光:《刑法纲要(各论)》,创文社 1990 年版,第 125 页;[日]大塚仁:《刑法概说(各论)》,有斐阁 2005 年增补版,第 622 页;[日]大谷实:《刑法讲义各论》,成文堂 2013 年新版,第 631 页。

64 特别公务员,是指执行或者辅助执行审判、检察或者警察职务的人员。

65 [日]大谷实:《刑法讲义各论》,成文堂 2013 年新版,第 633 页;[日]山中敬一:《刑法各论》,成文堂 2009 年版,第 768 页;[日]山口厚:《刑法各论》,有斐阁 2010 年版,第 609 页;大审院 1915 年 6 月 1 日判决,载《大审院刑事判决录》(第 21 辑),第

717 页。

66 参见[日]团藤重光:《刑法纲要(各论)》,创文社 1990 年版,第 128 页;[日]大塚仁:《刑法概说(各论)》,有斐阁 2005 年增补版,第 624 页;[日]大谷实:《刑法讲义各论》,成文堂 2013 年新版,第 634 页;[日]山中敬一:《刑法各论》,成文堂 2009 年版,第 768 页;[日]西田典之:《刑法各论》,弘文堂 2012 年版,第 486 页;[日]前田雅英:《刑法各论讲义》,东京大学出版会 2015 年版,第 481 页;[日]山口厚:《刑法各论》,有斐阁 2010 年版,第 609 页;大阪地方裁判所 1993 年 3 月 25 日判决,载《判例タイムズ》第 831 号,第 246 页。

67 H. Jescheck/T. Weigend, Lehrbuch des Strafrechts. Allgemeiner Teil, 5. Aufl., Duncker & Humblot, 1996, S. 718.

68 Vgl., C. Roxin, Strafrecht Allgemeiner Teil, Band II, C. H. Beck, 2003, S. 851; H. Jescheck/T. Weigend, Lehrbuch des Strafrechts. Allgemeiner Teil, 5. Aufl., Duncker & Humblot, 1996, S. 720.

69 BGHSt 16, 123. 其实,补充关系与特别关系只是观察角度不同(参见柯耀程:《刑法竞合论》,中国人民大学出版社 2008 年版,第 142 页)。

70 Vgl. Volkey Krey, Strafrecht Besonderer Teil, Band 1, 11. Aufl., Kohlhammwer, 1998. S. 114ff.

71 Vgl., C. Roxin, Strafrecht Allgemeiner Teil, Band II, C. H. Beck, 2003, S. 856.

72 或许有人认为,将上述行为认定为故意杀人未遂但不从轻、减轻处罚,也能实现罪刑相适应。但是,在法定刑相同,认定为故意伤害罪没有法定的从宽处罚情节,而认定为故意杀人罪有从宽处罚情节的情况下,当然应认定为前者,否则便没有对不法内容进行充分评价。

73 严格地说,二者应是想象竞合而不一定是法条竞合[参见吕英杰:“刑法法条竞合理论的比较研究”,载陈兴良主编:《刑事法评论》(第 23 卷),北京大学出版社 2008 年版,第 483 页]。

74 如前所述,笔者认为二者是想象竞合。因为二者不符合法益的同一性的标准,因而不是法条竞合。

75 参见劳东燕:“强奸罪与嫖宿幼女罪的关系新论”,载《清华法学》2011 年第 2 期。

76 并非嫖宿幼女与过失致人重伤、过失致人死亡的想象竞合。

77 如前所述,从法益的同一性来看,将二者确定为想象竞合更为合适。

78 Vgl., C. Roxin, Strafrecht Allgemeiner Teil, Band II, C. H. Beck, 2003, S. 849ff;[日]平野龙一:《刑法总论 II》,有斐阁 1975 年版,第 410 页。

79 BGHSt 27 66[67],转引自[日]只木诚:“观念的竞合における明示机能”,载《研修》2011 年 4 月号(总第 754 号)。

80 H. Jescheck/T. Weigend, Lehrbuch des Strafrechts. Allgemeiner Teil, 5. Aufl., Duncker

& Humblot,1996,S. 723.

81 参见[日]山口厚:《刑法总论》,有斐阁2007年版,第368页。

82 陈兴良:《规范刑法学》(上册),中国人民大学出版社2008年版,第277~279页。

83 陈兴良:《判例刑法学》(上卷),中国人民大学出版社2009年版,第510页。陈兴良教授认为交叉(交互)竞合的两个法条之间存在择一关系。

84 [德]冈特·施特拉腾韦特、洛塔尔·库伦:《刑法总论I——犯罪论》,杨萌译,法律出版社2006年版,第442页。

85 陈兴良:"法条竞合的学术演进——一个学术史的考察",载《法律科学》2011年第4期。

86 [美]E. 博登海默:《法理学:法律哲学与法律方法》,邓正来译,中国政法大学出版社1999年版,第287页。

87 例如,在德国的竞合论中,特别关系仅限于加重或减轻(特权)构成要件、结合犯与存在加重的正犯者要素三种情形(Vgl. ,C. Roxin,Strafrecht Allgemeiner Teil, Band II, C. H. Beck,2003,S. 848ff)。在日本,特别关系仅存在于基本类型与加重类型、基本类型与减轻类型之中(参见[日]山口厚:《刑法总论》,有斐阁2007年版,第367页)。

88 本文观点是在比较系统阅读德国、日本有关法条竞合与想象竞合的文献的基础上形成的,基本上是对德国、日本相关学说的借鉴与援引,但能妥当处理我国刑法的相关规定。

图书在版编目(CIP)数据

犯罪论的基本问题 / 张明楷著. -- 北京:法律出版社,2017(2023.2 重印)
ISBN 978 - 7 - 5197 - 0965 - 5

Ⅰ. ①犯… Ⅱ. ①张… Ⅲ. ①犯罪学 - 研究 - 中国 Ⅳ. ①D924.114

中国版本图书馆 CIP 数据核字(2017)第 130715 号

犯罪论的基本问题
FANZUILUN DE JIBEN WENTI

张明楷 著

责任编辑 吴 昉
装帧设计 乔智炜

出版发行 法律出版社
编辑统筹 法律教育出版分社
责任校对 刘 琳
责任印制 刘晓伟
经 销 新华书店

开本 710 毫米×1000 毫米 1/16
印张 26.75 **字数** 394 千
版本 2017 年 6 月第 1 版
印次 2023 年 2 月第 5 次印刷
印刷 固安华明印业有限公司

地址:北京市丰台区莲花池西里 7 号(100073)
网址:www.lawpress.com.cn
投稿邮箱:info@lawpress.com.cn
举报盗版邮箱:jbwq@lawpress.com.cn
销售电话:010 - 83938349
客服电话:010 - 83938350
咨询电话:010 - 63939796

书号:ISBN 978 - 7 - 5197 - 0965 - 5
定价:58.00 元
凡购买本社图书,如有印装错误,我社负责退换。电话:010 - 83938349